A Study of Cooperation on Disaster Relief
and Reduction Among China, Japan and the ROK

# 中日韩救灾减灾合作研究
## 中日韩救灾减灾合作研讨会论文集

主编/虞少华

编者/宋均营　张薇薇
　　　母耕源　张　键

社会科学文献出版社
SOCIAL SCIENCES ACADEMIC PRESS (CHINA)

# 序　言

　　中日韩合作在2008年中日韩领导人福冈会议后进展迅速、风生水起，可能得益于当时中日、韩日等双边关系有所改善，地区经济危机给各方带来的共同压力，以及应对地区传统与非传统安全问题的合作需要。一句话，推动力来自相同的紧迫感与寻求互利共赢的意识。而在中日韩合作涉及的多个领域中，灾害管理又是走得最快的领域之一。2008年12月13日中日韩领导人发表的《三国伙伴关系联合声明》中，首次将灾害管理定为三国交流合作的具体领域，通过《三国灾害管理联合声明》，并就具体合作内容达成共识。2009年10月31日，首次中日韩灾害管理部门部长级会议在日本举行。

　　近两年地区经济合作与安全形势都面临一些复杂因素，但中日韩合作势头未受明显影响，三国灾害管理合作更趋密切，原因主要有两方面。一方面，中日韩三国在传统安全领域还有较大立场差异，属非传统安全领域的灾害管理合作则更加务实和容易取得共识，三国都有意借此加强各方间政治互信并为三国在其他领域合作创造条件。另一方面，2011年3月11日的日本特大地震海啸灾害，进一步凸显了中日韩进行救灾减灾合作的必要性。正如《三国灾害管理联合声明》所指出的，三国经常面临地震、台风、洪灾、泥沙灾害、海啸等自然灾害危险，应就项目、倡议、成功实践、经验教训、科学技术等内容开展交流，以加强灾害管理能力。日本地震、海啸、核泄漏三位一体的灾害使三国看到，防灾减灾需要有有效的地区合作反应体系，在最短的时间里提供援助；同时，在地缘联系紧密、经济依存度很高的东亚地区，灾害传递性极强，极易波及他国，而对一国生产和经

济造成的破坏也会损害整个链条，从而连带影响其他国家。正是在这一背景下，与第二次中日韩灾害管理部门部长级会议几乎同步，2011年10月27日至28日，中国国际问题研究所主办了"中日韩救灾减灾合作研讨会"。本书所收录的，就是这次研讨会上中日韩三国与会者所发表的论文。

此次会议有四个议题，分别是：中日韩三国的救灾减灾体系；中日韩救灾减灾合作的现状、问题与前景；核能安全与中日韩合作；中日韩媒体在救灾减灾合作中的角色与作用。前两个议题主要意在全面比较三国救灾减灾相关机制的特点，分析三国救灾减灾合作的困难与问题，在此基础上探讨三国互相借鉴的重点与合作的途径。后两个议题分别选择了救灾减灾合作的两个重点领域，希望对日本"3·11"震灾后成为关注重点的核能安全问题进行集中研讨，并着重探索具有独特作用的三国媒体如何在中日韩救灾减灾合作中扩大正面影响、避免负面效应。本书论文的作者，也即"中日韩救灾减灾合作研讨会"的中日韩与会代表分别来自三国不同部门，他们中有的是本国特定职能部门的官员，有的是相关领域的权威专家，还有专业和资深的媒体人。这种组合试图使论文既能集萃三国救灾减灾的有益经验并研究具体问题，又能对今后的合作途径进行理论的探讨。每个议题都分别有中国、日本、韩国的代表写作，从而在一定程度上体现了不同国家和不同领域的代表性。我们希望这些论文中的宝贵经验与理论思考，能对继续推动中日韩救灾减灾合作起到参考作用，也希望能对中日韩合作的整体发展产生积极影响。

与一般学术论文集不同，本书将每篇论文都翻译成另外两种文字，这也是考虑到畅通三国合作渠道的需要，尤其是在救灾减灾这一专业性较强的领域的合作需要。在组织研讨会和编辑论文集的过程中，我们得到了中国外交部刘振民部长助理，亚洲司杨健副司长、朱晓红处长等的宝贵指导，以及中国国际问题研究所曲星所长、郭宪刚副所长的直接领导和部分环节的亲自参与。中日韩三国合作秘书处首任秘书长申凤吉大使也给予了积极支持。在此向他们以及其他给予过帮助的人们一并致以衷心谢意。

# 序　文

　中日韓の協力は、2008年の3カ国首脳による福岡での会談後、急速に進展し、非常に順調に進んできた。当時の中日、韓日等の2国間関係の改善や、地域の経済危機が各方面にもたらした共通の圧力、および地域の伝統的、非伝統的な安全問題に対応する協力の必要性によるものだろう。ひと言でいえば、共通の緊迫感と互恵、ウィンウィンを求める意識が推進力となっている。中日韓協力は多分野にわたっており、防災協力も、最も進展が速い分野の一つである。2008年12月13日、中日韓の首脳が発表した「3国間パートナーシップに関する共同声明」で、防災協力を3カ国の交流・協力の具体的分野として初めて定めて「3国間防災協力に関する共同発表」を採択し、具体的な協力内容についても合意した。2009年10月31日には、中日韓防災担当閣僚級会合が日本で開催された。

　ここ2年ほど、地域の経済協力と安全の情勢は複雑な要因に直面したが、中日韓の協力の勢いは明確な影響を受けておらず、3カ国の防災協力はより密接となっている。その理由は主に二つあり、一つは、2011年3月11日に日本で発生した特大の地震と津波の災害が、中日韓の防災・減災協力の必要性を一段と際立たせたことである。もう一つは、中日韓3カ国が伝統的な安全分野ではまだ立場に大きな違いがあるのに対し、非伝統的な安全分野である防災協力ではより実務的に対応し、合意を得やすくなっていることであり、3カ国ともこれを機に各国間の政治的な相互信頼を強化し、その他の分野の協力のため良い

条件をつくり出そうとしている。まさに「3国間防災協力に関する共同発表」が指摘した通り、3カ国は常に地震、台風、洪水、土砂、津波などの自然災害の危険に直面しており、プロジェクトや提案、成功した実践、経験と教訓、科学技術等の内容について交流を進め、防災能力を強化すべきである。

地震と津波、放射能漏れが一体となった日本の災害は、防災・減災が有効な地域の協力対応システムをもち、最も短時間で援助を提供する必要があることを認識させてくれた。同時に、地縁的に緊密な連係があり、経済依存度も高い東アジア地域では、災害の伝播性が極めて強く、極めて容易に他国に影響が波及するため、一つの国の生産や経済に対する破壊が全ての連環に損害を与え、相互に他国に影響を及ぼすことも分かった。まさにこうした背景の下、第2回中日韓防災担当閣僚級会合とほぼ歩調を合わせ、中国国際問題研究所は2011年10月27、28日に「中日韓防災協力国際シンポジウム」を主催した。本書に収録したのは、今回のシンポジウムで中日韓3カ国の参加者が発表した論文である。

今回の会議には四つの議題があり、それぞれ、中日韓3カ国の防災・減災システム、中日韓防災・減災協力の現状・課題と展望、原子力エネルギーの安全性と中日韓協力、中日韓メディアの防災・減災協力における任務と役割である。前二者の議題は主に3カ国の防災・減災関連体制の特徴を全面的に比較し、協力の困難と問題点を分析し、その上で3カ国が相互に参考とすべき重点と協力の道筋を探ることである。後二者の議題は、防災・減災協力の二つの重点分野をそれぞれ選び、日本の3. 11大震災後に大きな注目点となった原子力エネルギーの安全性の問題について集中的に討議し、同時に、独特な役割をもつ3カ国メディアが中日韓防災・減災協力の中でいかにプラスの影響を拡大し、マイナスの効果を回避するかということを重点的に探った。

本書の論文の筆者は「中日韓防災協力国際シンポジウム」に参加した中日韓の代表で、それぞれ3カ国の異なる部門から来ている。各国の特定の職能部門の職員もいれば、関係分野の権威的な専門家もいるし、プロとしてキャリアのあるマスメディア界の方もいる。こうした組み合わせは、3カ国の防災・減災の有益な経験を集めて具体的な問題を研究できるようにするとともに、今後の協力の道筋に対して理論的な探究も可能とするためである。各議題の論文は中国、日本、韓国の代表が書いており、それぞれの国とそれぞれの分野を一定

程度代表している。われわれはこれらの論文における貴重な経験と理論的思考が、中日韓防災・減災協力を引き続き推進していくために参考となる価値を有し、中日韓協力の全体的な発展に積極的な影響を与えることを希望する。

　一般の学術論文集と異なり、本書の各論文は別の２種類の言語に翻訳した。これは３カ国の協力のルートを円滑にする必要性、特に防災・減災という専門性の強い分野での協力の必要性を考慮したためである。シンポジウムの準備と論文集の編集の過程で、中国外交部の劉振民部長助理（次官補）、外交部アジア司の楊健副司長（副局長）、朱暁紅処長（課長）らの貴重な指導、中国国際問題研究所の曲星所長と郭憲剛副所長の直接の指導、そして一部活動への直接の参加を賜った。中日韓３カ国協力事務局の初代事務局長、申鳳吉大使にも積極的な支持をいただいた。皆さまとその他の支援してくれた方々に対し、こころより感謝申し上げます。

# 머리말

중일한 협력은 2008년 후쿠오카 중일한 정상회의 이후 짧은 시간내에 급속히 추진되었는데 이는 당시 중일, 한일 등 양자관계의 개선, 역내 각 측에 대한 지역 경제위기의 공동 압력 및 지역내의 전통과 비전통의 안보문제 대응을 위한 협력 수요 등 요인이 작용한 결과이다. 한마디로 말하면 이런 추진력은 공통되는 긴박감과 호혜, 상생에 대한 추구 의식에서 비롯된 것이다. 중일한 협력이 진행되는 여러 분야에서도 재난관리 협력은 가장 원활하게 추진되고 있는 분야이다. 2008년 12월 13일, 중일한 정상은 '중일한 3국 동반자 관계를 위한 공동성명'을 발표하여 최초로 재난관리를 3국 교류와 협력의 구체적인 분야로 확정하였으며 '재난관리 협력에 관한 중일한 3국 공동발표문'을 채택하여 구체적인 협력 내용에 인식을 같이 했다. 2009년 10월 31일에는 제1차 '중일한 재난관리 기관장회의'가 일본에서 개최되었다.

최근 2년간, 지역내 경제 협력과 안보 형세는 일부 복잡한 요소의 영향을 받아왔지만 중일한 협력 추세는 큰 영향을 받지 않았으며 3국간의 재난관리 협력은 보다 긴밀해졌다. 그 원인는 다음과 같은 2가지 방면이 있다. 하나는 2011년 3월 11일 일본 대지진과 해일 재난 발생으로 중일한 3국간 재난구조와 피해경감 분야에서의 협력 필요성이 부각된 것이다. 다른 하나는 중일한 3국은 전통 안보 영역에서 입장이 큰 차이를 보이고있는 반면 비전통 안보 영역인 재난관리 협력이 더욱 실무적이고 인식을 같이하기 쉽다는 점을 감안하여 3국 모두 이를 통해 역내 각측간의 정치신뢰를 강화함으로써 기타 영역에서의 3

국간 협력을 위해 여건을 마련하려는 의도이다. '재난관리 협력에 관한 중일한 3국 공동발표문'에서 지적한 바와 같이 3국은 지진, 태풍, 홍수, 산사태, 해일 등 자연재해의 위험에 자주 직면하게 되는데 프로젝트, 창도, 성공적인 실천, 경험과 교훈, 과학기술 등 다방면의 교류를 전개하여 재난관리 능력을 강화하여야 한다. 일본 지진, 해일, 방사능 누출의 삼위일체 재난을 통해 3국은 방재 및 피해경감에서 효과적인 지역협력 대응시스템 구축과 최단 시간내의 상호 지원이 필요하며 또한 지정학적으로 연계가 밀접하고 경제적 상호 의존이 높은 동아시아지역에서 재난 전파성이 강하여 타국에 영향을 미치기 쉬우며 한 나라의 생산과 경제에 대한 파괴도 전반 지역 산업 사슬에 손해를 주어 기타 나라에도 영향을 미치게 된다는 점을 절실히 느끼게 되었다. 바로 이러한 배경하에 중국국제문제연구소는 제2차 '중일한 재난관리 기관장회의'의 개최 시간에 맞춰 2011년 10월 27일부터 28일까지 '중일한 재난 구조와 방재 협력 심포지엄'을 주최하였다. 이 책은 이번 심포지엄에서 중일한 3국 참석자들이 발표한 논문을 수록하였다.

이번 심포지엄은 '중일한 3국의 재난구조와 방재 시스템', '중일한 3국 재난구조와 방재 협력의 현황, 문제점 및 전망', '원자력안전과 중일한 3국 협력', '중일한 3국 재난구조와 방재 협력을 위한 매스 미디어의 역할' 등 4개 의제가 있다. 앞의 두 의제는 주로 3국의 재난구조와 방재 관련 메커니즘 특점에 대한 전면적인 비교 및 3국의 재난구조와 방재 협력에서 직면하게 되는 어려움과 문제점에 대한 분석을 바탕으로 3국간에 상호 참고할 중점과 협력하는 경로를 연구 토론하려는 것이다. 뒤의 두 의제는 재난구조와 방재 협력의 두 중점 분야를 각기 선정하여 일본 3.11 지진 재난 발생후 중점 주목 사안으로 부상된 원자력안전문제에 대해 연구 토론하며 중일한 재난구조와 방재 협력에서 긍정적인 영향을 확대하고 부정적인 효과를 모면하기 위한 3국 매스 미디어의 특별한 역할을 검토하려는 것이다. 이 책에 수록된 논문의 저자는 이번 '중일한 재난 구조와 방재 협력 심포지엄'에 참석한 중일한의 대표들이다. 그들 중에는 각국의 특정직능부서 관계자 또는 관련 분야의 권위자가 있는가 하면 전문지식과 경험이 풍부한 미디어 관계자들도 있었다. 이러한 인원 구성은 3국의 재난구조와 방재 관련 유익한 경험 및 구체적인 문제에 대한 연구는 물론 향후의 협력 경로에 대한 이론적인 연구와 토론이 논문에 반영될 수 있는 보장이 되었다. 중일한 3국의 대표들은 의제별로 논문을 제출하였는데 이는 일정한 정도에서 국가별, 분야별의 대표성을 보장하였다. 논문에서 제시된 소중한 경험과 이론적인 탐구가 중일한 재난구조와 방재 협력의 지속직인 추진에 중요한 참고가 되고 중일한 협력의 전반적인 발전에 긍정적인 영향을 발휘하기 바란다.

　　일반적인 학술논문집과 달리 이 책에서는 모든 논문을 다른 두가지 언어로 번역하였는데 이 또한 3국 협력에서의 소통 원활성 특히는 재난구조와 방재라는 전문성이 강한 분야에서의 협력 필요성을 고려한 것이다. 심포지엄의 주최와 논문집의 편집 과정에 중국외교부의 려우전민 차관, 아시아국의 양지안 부국장, 주쇼홍 처장 등은 소중한 지도를 아끼지 않았으며 중국국제문제연구소 취싱 소장, 궈시앤강 부소장은 직접 영도하고 일부 회의 일정에 몸소 참여하기도 하였다. 중일한 3국 협력사무국 초대 사무국장인 신봉길 대사도 적극 지지해 주었다. 이 자리를 빌어 이분들과 도움을 준 모든 분께 진심으로 감사드린다.

# 外交部刘振民部长助理在
# "中日韩救灾减灾合作研讨会"开幕式上的讲话

（2011年10月27日，中国国际问题研究所）

尊敬的曲星所长、申凤吉秘书长，

各位专家、各位来宾，

女士们、先生们：

大家上午好！在这秋高气爽的十月，来自中日韩三国的政府官员和专家学者聚集北京，共商救灾减灾合作大计，对于三国人民具有重要意义。东北亚是灾害多发地区，中日韩开展救灾减灾合作潜力巨大，本次研讨会的举行可谓恰逢其时，相信研讨会将对三国救灾减灾合作作出积极贡献。

中日韩三国地缘相近、文化相通、利益相关，是一衣带水的友好邻邦。三国开展合作既有良好的历史和现实基础，也有广阔的发展前景。自1999年启动以来，在三方共同努力下，三国合作不断取得积极进展。2008年以来，三国在10+3框架外先后举行了四次领导人会议，陆续建立起17个部长级会议和50多个工作层交流对话平台，合作机制不断丰富和完善。三国贸易、投资、科技、交通、能源等务实合作蓬勃发展，特别是贸易投资合作快速发展。1999年三国间贸易量为1300亿美元，2010年已增长到接近6000亿美元，中国成为日、韩第一大贸易伙伴，日、韩成为中国主要外资来源地。三国社会人文交流活跃、频繁而密

切，三国年度人员往来已从1999年的650万人次增长到2010年的1700万人次。三国还共同致力于推进区域合作，在10+3、东亚峰会、亚太经合组织、联合国等地区和国际组织内的沟通协调不断加强。三国睦邻友好关系日益巩固，已成为事实上的"利益共同体"。

2012年，我们将迎来中日邦交正常化40周年和中韩建交20周年，中方将作为协调国主办第五次三国领导人会议。我相信，以此为契机，中日、中韩关系将会有新的发展，三国合作也将会取得新的成果。

与其他领域相比，三国救灾减灾合作起步较晚，是一个新生事物，但发展势头良好。三年前，在中国遭受汶川特大地震灾害时，包括日韩在内的许多国家纷纷伸出援手，让中国人民感受到了温暖。日本救援队在中国遇难者遗体前默哀的情景给中国人民留下了深刻印象，极大地拉近了两国的国民感情。2011年3月，当日本发生巨震、海啸和核泄漏三重灾害，造成重大人员伤亡和财产损失时，中韩两国政府和人民感同身受，在物质上和精神上都给予日本大力支持。特别是在三国领导人会议期间，中国国务院总理温家宝和韩国总统李明博亲赴灾区慰问灾民，给灾区人民送去了温暖，带去了重建家园的信心和希望。中国人常说"大爱无疆"，"天灾无情人有情"。不断发生的重大灾害，一方面警醒我们要提高防灾意识，强化防灾措施，做好防灾工作，另一方面也一再凸显了三国地缘相近、利益相关、情感相通的事实，促使我们要进一步深化三国防灾减灾合作，共同应对灾难和挑战。

在三国政府部门的积极努力和社会各界的大力支持下，三国救灾减灾合作近年来取得一系列积极进展。2008年12月，第一次中日韩领导人会议发表了《三国灾害管理联合声明》，提出强化合作共同提升灾害管理能力。2009年10月，第一届三国灾害管理部门负责人会议在日本举行，对三国救灾减灾合作做出全面规划。2011年5月，在第四次领导人会议上，温家宝总理就三国救灾减灾合作提出一系列倡议，得到日韩两国领导人的积极响应和支持。三国领导人会议还就救灾减灾合作的原则和措施达成了重要共识。可以说，三国救灾减灾合作正不断取得新的进展并日益走向深入。

今天在座的有来自中日韩三国的政府官员、专家和学者，相信各位通过交流和碰撞，将迸发出新的思想火花，为三国救灾减灾合作提供新的活力和动力。中日韩三国各有优势，在救灾减灾体系建设方面可以相互借鉴、相互学习，取长补短，更好地应对各种灾害，保障人民的福祉。各国媒体、学术团体、民间组织在

救灾减灾中也可发挥积极作用。研讨会可就这些问题进行深入探讨，建言献策，提供创新思路。我相信，在社会各界的共同努力下，三国救灾减灾合作一定会越做越好。

最后预祝研讨会取得圆满成功！

谢谢大家。

# 「中日韓防災協力シンポジウム」開幕式での
# スピーチ

中国外交部部長助理　劉　振民
2011年11月27日

尊敬する曲星所長、申鳳吉事務局長：

各専門家のみなさん、ゲストのみなさん：

　みなさん、おはようございます。このさわやかな秋空の10月、中日韓3カ国から来た政府職員、専門家、学者のみなさんが北京に集まり、防災・減災協力の大計を共に論じることは、3カ国の国民にとって重要な意義を有しています。北東アジアは災害の多発地域であり、中日韓3カ国による防災・減災協力は非常に大きな潜在力をもっています。今回のシンポジウム開催はまさに時宜を得ており、3カ国の防災・減災協力に積極的に貢献すると信じています。

　中日韓3カ国は地縁的に相近く、文化的に互いに通じ合い、利益も関連し合っており、一衣帯水の友好的な隣国です。3カ国の協力には良好な歴史的、現実的な基礎があるだけでなく、幅広い発展の将来性もあります。1999年にスタートして以来、各国の共同の努力の下、3カ国の協力は絶えず、積極的に進展してきました。2008年以降、3カ国は10+3の枠組み以外でも、前後4回にわたり首脳会談を開催、17の閣僚級会議と50以上の実務レベルの対話の場を

次々に設立し、協力メカニズムを絶えず充実させ、整備してきました。

　3カ国の貿易、投資、科学技術、交通、エネルギー等の実務的な協力は大いに発展しており、特に貿易と投資の協力は急速に発展しています。1999年に3カ国間の貿易額は1300億ドルでしたが、2010年には6000億ドル近くに増加しました。中国は日本、韓国の最大の貿易パートナーとなり、日本、韓国は中国にとって主要な外資導入元になっています。3カ国の社会的、人的、文化的な交流も活発、頻繁かつ密接で、年間の往来人数は1999年の延べ650万人から2010年の延べ1700万人に増えました。3カ国はまた、地域協力の推進にも共に力を入れ、10+3、東アジアサミット、ＡＰＥＣ、国連など地域および国際組織内の意思疎通や協調も絶えず強化されています。3カ国の善隣友好関係は日増しに強固になっており、既に事実上の「利益共同体」となっています。

　私たちは来年、中日国交正常化40周年と中韓国交樹立20周年を迎えるとともに、中国は議長国として第5回3カ国首脳会談を主催します。これを契機とし、中日、中韓関係が新たな発展をみせ、3カ国の協力も新たな成果を得ると信じています。

　他の分野と比べ、3カ国の防災・減災協力のスタートはやや遅く、新たに生じてきたものではありますが、発展の勢いは良好です。3年前、中国が汶川特大地震の災害に遭った時、日韓を含む多くの国が次々と援助の手を差し伸べ、中国の人民は温かい思いやりを感じとりました。中国の犠牲者の遺体を前に日本の救援隊が黙とうを捧げた情景は、中国の国民に深い印象を残し、両国の国民感情を大いに近づけることになりました。

　日本で今年3月、地震と津波、放射能漏れという三重の災害が起こり、深刻な死傷者の発生と財産の損失を招いた時、中韓両国の政府と国民は、わが身のことのように思い、物質的、精神的に日本を大いに支えました。特に3カ国首脳会談の際、中国国務院の温家宝総理と韓国の李明博大統領は自ら被災地を訪れて被災者を慰問し、人々に温かさを送って家庭を再建する自信と希望をもたらしています。

　中国人は「大きな愛は無限」「天災は無情、人は有情」としばしば申します。絶えず発生する重大な災害は、一方で私たちに防災意識を高め、防災対策を強化し、防災活動をきちんとするよう警戒を呼び掛けてくれると同時に、もう一方で、3カ国が地縁的に相近く、利益も関連し合い、情感も相通じているとい

う事実を繰り返し浮かび上がらせ、私たちが3カ国の防災・減災協力をさらに深化させ、共同して災害と試練に立ち向かうように促します。

　3カ国政府部門の積極的な努力と社会各界の力強い支持の下、3カ国の防災・減災協力には近年、一連の積極的な進展がありました。2008年12月、第1回中日韓首脳会談は「3国間防災協力に関する共同発表」を出し、協力を強め、共同して防災能力を高めることを提案しました。2009年10月、第1回3カ国防災担当閣僚級会合が日本で開かれ、3カ国の防災・減災協力について、全面的な計画を打ち立てました。今年5月の第4回首相会談では、温家宝総理が3カ国の救済・減災協力について一連の提案を出し、日韓両国首脳の積極的な反応と支持を得ました。3カ国の救済・減災協力はまさに、絶えず新たな進展を得て、日増しに深まっていると言えます。

　本日ご在席されているのは、中日韓3カ国から来られた政府職員、専門家、学者の方々です。みなさんが交流と対話を通じ、思想の火花を飛び交わせ、3カ国の防災・減災協力に新たな活力と動力を提供してくれると信じています。中日韓各国にはそれぞれに優位性があり、防災・減災システム整備の分野で相互に手本とし、学習し合い、相補い合うことによって、各種の災害により適切に対応し、国民の福祉を保障することができます。各国のメディア、学術団体、民間組織も防災・減災の中で積極的な役割を果たすことができます。シンポジウムはこれらの問題について深く検討し、政策を提言し、独創的な考え方を提供してくれるでしょう。社会各界の共同の努力の下、3カ国の防災・減災協力がきっとよりよく進むと信じています。

　最後に、シンポジウムが円満に成功することを祝したいと思います。

　みなさん、ご清聴、ありがとうございました。

# '중일한 재난구조와 방재 협력 심포지엄' 개회식에서의 려우전민 차관의 연설

(2011년 10월 27일, 중국국제문제연구소)

존경하는 취싱 소장님, 신봉길 사무국장님,
그리고 이 자리에 참석하신 전문가 여러분, 귀빈 여러분!
신사, 숙녀 여러분!

　　안녕하십니까! 가을 느낌이 물씬 풍기는 10월에 중일한 3국의 정부 관계자와 전문가, 학자들이 베이징에 모여 재난구조와 방재 협력 관련 의제를 함께 연구 토론하는 것은 3국의 국민들에게 있어서 중요한 의미가 있는 행사입니다. 동북아는 재난 다발지역으로서 중일한 3국이 재난구조와 방재를 위한 협력을 전개하는 것은 잠재력이 있는 사업입니다. 적절한 시기에 개최된 이번 심포지엄이 3국의 재난구조와 방재 협력에 반드시 적극적인 기여를 할 것이라고 믿습니다.

　　중일한 3국은 지정학적으로 관계가 밀접하고 문화가 서로 비슷하고 이해관계가 얽매인 친선적인 이웃 나라입니다. 3국간의 협력은 튼튼한 역사와 현실적인 기반이 있을 뿐만 아니라 광활한 발전 전망도 있습니다. 3국 협력은 1999년을 시작으로 3국의 공동 노력하에 지속적으로 추진되었습니다. 2008년 이후, 3국은 10+3 (아세안+ 중일한) 틀에 독립되어 총 4회의 정상회의를 개최하였으며 17개의 장관급회의와 50여 개의 업무차원의 교류와 대화 플

15

랫폼을 연이어 구축함으로써 협력 메커니즘을 지속적으로 보완하여 왔습니다. 3국간의 무역, 투자, 과학기술, 교통, 에너지 등 분야의 실무차원의 협력이 폭넓게 진행되었습니다. 특히, 무역 투자 협력이 급속히 발전하였습니다. 1999년 3국간의 교역량은 1,300억 불에 불과하였지만 2010년에 이르러 6,000억 불로 늘어났습니다. 중국은 일본, 한국의 최대 교역국이 되었으며 일본과 한국은 중국의 주요 외자 원천국으로 되었습니다. 3국의 사회, 인문 교류도 활발하게 진행되었는데 3국간 연간 인적 왕래수는 1999년의 650만에서 2010년의 1,700만으로 증가되었습니다. 또한 3국은 지역협력 추진을 위해 적극 노력하여 왔습니다. 아세안+ 중일한 정상회의, 동아시아정상회의, 아시아태평양경제협력체회의 (APEC), 유엔 등 지역과 국제 기구 내에서의 상호 소통과 조율을 지속적으로 강화하였습니다. 3국의 선린우호관계도 갈수록 튼튼해지면서 3국은 사실상 이미 '이익 공동체'로 되었습니다.

중일 국교 정상화 40주년 및 중한 수교 20주년이 되는 내년에 중국은 사무협조국으로서 제5회 중일한 3국 정상회의를 주최하게 될 것입니다. 이를 계기로 중일, 중한 관계는 새로운 비전이 있을 것이며 3국 협력도 새로운 성과를 거두게 될 것이라고 믿습니다.

기타 분야와 비교할 때, 3국의 재난구조와 방재 협력은 늦게 시작되었지만 그 발전 추세는 매우 좋아보입니다. 3년전 중국에서 원촨 지진 재난 발생시, 한일을 비롯한 많은 나라에서 지원을 아끼지 않았습니다. 중국 국민들은 여러 나라의 따뜻한 정을 몸소 느꼈습니다. 중국 사망자 시신 앞에서 묵념하는 일본구조대의 모습에 중국 국민들은 큰 감동을 받았으며 양국 국민의 감정을 돈독히 하였습니다. 지난 3월, 일본에 지진, 해일과 방사능 누출 재난으로 많은 사상자가 발생하고 막대한 재산 피해를 입었을 때에도 중한 양국 정부와 국민들은 같이 슬퍼하면서 물질과 정신적으로 일본을 적극 지원하였습니다. 특히, 3국 정상회의 기간에 원자보오 중국 국무원 총일와 이명한 한국 대통령은 피해지역을 직접 찾아가 이재민들은 위안해 주었으며 이재민들에게 따뜻한 정을 전해 줌으로써 삶의 터전을 재건하는 자신감과 희망을 심어주었습니다. 중국 사람들은 '사랑에는 국경이 없다', '자연재해는 무정하지만 인간은 다정하다'는 말을 늘 합니다. 근년 들어 다발 추세를 보이는 중대한 재난은 우리들이 방재 의식을 향상하고 방재 조치를 보강하며 방재 업무를 잘 수행할 것을 경계하는 한편 3국간의 지정학적 관계 밀접성, 이익의 관련성, 정감의 유사성을 다시 인식하게 함으로써 3국간 방재 협력을 한층 심화하고 재난과 도전에 공동 대응하도록 하였습니다.

　근년 들어, 3국간 재난구조와 방재 협력은 3국 정부 부서의 적극 노력과 민간 차원의 적극 지원에 힘입어 일련의 긍정적인 성과들을 거두었습니다. 2008년 12월, 제1회 중일한 정상회의에서는 '재난관리 협력에 관한 중일한 3국 공동발표문'을 채택하여 재난관리 능력 향상을 위해 협력을 강화할 것을 제출하였으며 2009년 10월에는 제1차 '중일한 재난관리 기관장회의'를 일본에서 개최하고 3국간 재난구조와 방재 협력을 전면적으로 기획하였습니다. 지난 5월에 개최된 제4회 3국 정상회의에서 원자바오 총리는 3국 재난구조와 방재 협력에 관한 일련의 창의를 제기하였는데 한일 양국 정상의 긍정적인 호응과 지지을 얻었습니다. 또한 3국 정상회의는 재난구조와 방재 협력의 원칙과 조치 등 내용에 인식을 같이 하였습니다. 3국의 재난구조와 방재 협력이 지속적으로 추진되고 있으며 점차 심층적으로 발전되고 있다고 볼 수 있습니다.

　오늘 이 자리에는 중일한 3국의 정부 관계자와 전문가, 학자들이 계십니다. 여러 분의 교류와 소통을 통해 새로운 발상들이 도출되어 3국의 재난구조와 방재 협력에 새로운 활력과 원동력을 제공할 것이라고 믿습니다. 중일한 3국 모두 자체의 우위가 있기에 재난구조와 방재 시스템 구축에 있어서 서로 배우고 서로 참고할 수 있으며 장단점을 서로 보완하여 다양한 재난에 보다 잘 대응하고 국민의 복지를 보장해 줄 수 있습니다. 각 국의 매스 미디어, 학술단체, 민간기구도 재난구조와 방재 영역에서 긍정적인 역할을 발휘할 수 있습니다. 이번 심포지엄도 이러한 문제들에 대해 심층적으로 토론 연구하여 좋은 건의와 방법을 제기하고 혁신적인 발상을 제시할 수 있습니다. 전반 사회의 공동 노력 하에 중일한 3국간의 재난구조와 방재 협력은 반드시 더욱 폭넓게 진행될 것이라 믿습니다.

　끝으로 심포지엄의 원만한 성공을 기원합니다.

　감사합니다.

# "灾害无国境，救援见人情"

## ——中日韩救灾减灾合作研讨会主题发言

中日韩三国合作秘书处秘书长　申凤吉
（2011年10月27日，中国国际问题研究所）

首先请允许我向中国国际问题研究所（CIIS）曲星所长、虞少华研究员表示感谢，谢谢他们邀请我参加这么重要的会议。另外，请允许我向中国外交部部长助理刘振民先生表示感谢，谢谢他百忙之中抽出时间来参加这次会议并作了开幕致辞。我在2004年至2007年担任韩国驻华使馆公使期间，曾多次访问过中国国际问题研究所。但是这次以三国合作秘书处这一新建组织秘书长的身份来访，感触颇多。这也是我就任三国合作秘书处秘书长以来第一次出访海外。

这次中国国际问题研究所邀请中日韩三国专家举办灾害救援专题研讨会，正如东风恰至，可谓是时机正好。

众所周知，2008年5月中国四川省发生了大规模地震，夺去了数万人的生命。2011年3月11日日本东部发生大地震，造成了重大人员伤亡和财产损失，而且海啸引发的核电站事故更是造成了东北亚地区普遍恐慌。2011年7月韩国遭遇特大洪水，蒙受了重大生命、财产损失。回望过去，中日韩三国数年内发生的多起大规模灾害，可谓是令我们切实体会到了何为"灾害面前无国境"。

从这一点来讲，我认为这次专题讨论会具有以下几点特别意义。

首先，这是"3·11"日本东部大地震以后中日韩三国专家首次坐在一起，可以说三国政府机构、研究所、学术界、舆论界、民间组织（NGO，Non-Governmental Organization）等各界专家是精英荟萃，齐聚一堂。

其次，讨论议题不仅包括一般性灾害救援，而且就核安全问题还进行了正式协商，另外媒体的作用与功能也被涵括在内，相当具体、务实、专业。

最后，2011年5月中日韩三国东京峰会时，曾谈到三国秘书处在相关灾害管理救援中的作用。这是在那之后三国合作秘书处首次参与相关会议。

众所周知，中日韩三国峰会2008年第一次召开时签订了相关公文以推动灾害管理合作。此后灾害管理部门负责人会议也一直定期持续得以召开。

2010年5月济州峰会通过了《2020中日韩合作展望》。这一文件就中日韩三国合作规划达成多项共识，其中包括分享相关信息和技术以共同应对自然灾害、减少东北亚灾害风险等内容。

日本福岛海啸及核电事故之后，如何加强三国间灾害管理合作成为社会焦点，堪称热点话题。2011年5月第四次中日韩三国领导人峰会在日本东京举行。会后发表会议宣言，对3月11日东日本大地震引起的人员伤亡和财产损失表示深切慰问，并对灾害与危难时刻互相帮助之重要性做出了强调。

会议宣言中三国合作的第一条即为灾害管理与核安全相关内容。宣言声明，考虑到东日本大地震，"日本政府承诺同中、韩及国际社会分享在核事故和地震中吸取的经验教训"。并且宣言还重申了三国在灾害管理与核安全领域合作的重要性，决定按照另行拟定之附件推动相关合作。

在另行拟定的附件中三国一致认为，发生在一国的灾难不仅给该国，也给其他两国带来同样的痛苦。三国确认，三国愿尽最大努力进行合作，加强防灾救灾能力建设，并强化灾难发生时的援助体系。

另外在该附件中三国还协商决定，将充分发挥三国合作秘书处的作用以稳步推进上述措施得以实施。

针对上述诸项问题，我相信今天在座的各位专家将会达成深度合作协议。三国合作秘书处现在尽管拥有一批来自中日韩三国的非常优秀的青年才俊在工作，但是在应对诸如灾害管理之类的专业问题上尚需继续努力，这也是实情。但是我们三国合作秘书处无论如何都会尽最大努力。特别是，不仅是对政府机构，对民间领域的各项活动我们也会尽最大努力予以支持协助。

大规模灾害发生时，就灾害救护人员的出入境、救护设备与物资的通关、共

同应对体系的建立等问题，中日韩三国有必要提前拟定一套各方通用的共通标准与程序，以求做到应对更为快捷有效。据我所知，上述峰会附件中的第2、3、4项即为相关配套措施，而且明天在北京召开的中日韩三国灾害管理部门负责人会议也会对该问题展开讨论。

除此之外我还想强调一点，那就是附件第1项中谈到的"举行演练和加强能力"的必要性。在我来这里之前，日本驻韩国使馆受本国政府指示向三国合作秘书处寻求帮助，请求三国合作秘书处能够为加强三国沟通与协调，推动演练（桌面演练）和多重灾害联合演练之进行而做出努力。也就是说希望能够预想各种灾害类型，三国提前制定脚本，并在此基础上三国灾害管理的相关负责人员聚在一起进行模拟演练、查漏补缺。今后三国合作秘书处将与三国政府进行协商，以求模拟演练能够早日得以实施。

如果说过去三国间协议多少都有些流于形式的话，那么我想"3·11"福岛事件之后，我们则应该把三国间灾难应对举措做到实处。福岛事件前与后应该有个明确的转变。

这次研讨会聚集了三国的顶尖专家，因此我们可以期待，这次会议能够推出更多具体可行的有效举措。明天三国灾害管理部门负责人会议即将召开，我也打算出席并且计划重申这一内容。

"灾害面前无国境"，"灾害面前无政治"，在灾害管理与救援领域我认为中日韩三国应该最先敞开心扉，携手开展合作。

最后请允许我再次向中国国际问题研究所表示感谢，谢谢他们搭建了这么一个平台，为我们提供了这样一次有意义的讨论机会。

谢谢！

# 災害に国境はない

## 中国国際問題研究所主催韓中日災害救助
## シンポジウム基調演説

中日韓三国協力事務局局長　申鳳吉

（2011.10.27　北京）

　　まず、このような重要な会議に招請して頂いたCIISの曲星所長、虞少華研究員に感謝申し上げます。また、お忙しい中にも関わらず、今回の会議に出席、開会の辞をして頂いた中国外交部の劉振民部長補佐にも感謝の言葉を申し上げます。私は2004年から2007年まで、駐中韓国大使館公使として勤務し、CIISを幾度か訪問したことがありますが、このように三ヶ国協力事務局という新しい組織の事務総長として訪問した事に特別に感慨深い思いです。特に今回の訪問は、私が事務総長に就任して以来、初の海外出張であります。

　　今回、中国国際問題研究所が韓中日三ヶ国の専門家を招請し、災害救助シンポジウムを開催したことは非常に時期適切であると考えます。

　　周知の通り、2008年5月には中国・四川省で大規模な地震が発生し、数万人が命を失う大惨事が起こりました。また、去る3月11日には東日本で大地震が発生し、莫大な人命損失と物的被害がありました。更に、津波による原子力発電所事故の危険性も直接に経験しました。そして7月には韓国で大規模な

洪水が発生し、相当な人的物的被害がありました。まさに、韓中日三ヶ国でこ
こ何年間に起きた同時多発的な大規模災害は災害に国境がないということを実
感させました。

　そうした点で今回のシンポジウムは下記のような、いくつかの特別な意味を
持っていると考えます。

　まず第一に、3.11東日本大震災以来、韓中日三ヶ国の専門家たちが一堂に
会する最初の会議という点です。三ヶ国の政府機関、研究所、学界、言論界、
NGO要人などの専門家たちが総集合したといえます。

　第二に、討論議題も災害救助一般だけでなく、原子力安全性の問題も本格的
に協議することになり、また、メディアの役割と機能にまで及ぶ非常に具体
的、現実的で専門的な議題を扱うという点です。

　第三に、去る5月、東京三ヶ国首脳会議が災害管理の構造と関連三ヶ国事務
局の役割を言及して以来、初めて三ヶ国協力事務局が災害関連会議に参加する
ことになったという点です。

　周知のように、韓中日三ヶ国首脳会議は2008年第一回別途首脳会議時に災
害管理協力に対する公式文書を採択し、災害管理機関長会議を定例化してきて
います。

　2010年5月済州首脳会議時には、三ヶ国間の協力ビジョンを総網羅した『ビ
ジョン2020』を採択し、三ヶ国が災害に共同で対処して東北アジアの災害軽
減に寄与するために災害情報政策および技術共有をするという内容が含まれま
した。

　このような災害管理協力は日本・福島での津波および原子力発電所の事故以
来、三ヶ国が協力しなければならない最も重要な論争点となりました。去る5
月、東京で開催された韓中日首脳会議の首脳宣言文も3月11日に発生した東
日本大震災による人命損失と物的被害に対して哀悼の意を表わし、災害と苦境
時における相互支援の重要性を強調しました。

　首脳宣言文は特に災害管理および原子力安全を三ヶ国協力の最初の項目に定
め、東日本大震災を目の当たりにし、「日本は原子力発電所事故と地震から得
た教訓を中国および韓国、国際社会と幅広く共有する」と宣言しました。ま
た、災害管理および原子力安全分野での三ヶ国協力の重要性を再確認し、別途
の付属文書を通じて協力を強化することに決めました。

別途作成された付属文書では、三ヶ国の中の一つの国家で発生する災害が、一つの国家それだけでなく他の二つの国家にも同様に苦痛を与えるということに見解を同じくし、災害発生時の援助システム強化それだけでなく、災害予防および災害救護能力向上に協力する為に最大限努力することを確認しました。

　また、この付属文書は上記措置の持続的な推進のために三ヶ国協力事務局を最大限活用することに合意しました。

　上記の様々な問題に対して、今日この席に集まられた各専門家たちが深みある協議をして下さると信じています。三ヶ国協力事務局では三ヶ国で選んだ非常に優秀で若い人材が仕事をしていますが、まだ災害管理のような専門的な問題を扱うほどの準備はできていないのが事実です。しかし、私どもとしてはどんな形態であれ事務局ができる最大限の努力をするようにします。特に政府機関それだけでなく民間分野の堤防活動に対しても私どもが協力できるように最大限努力します。

　大規模災害発生時、韓中日三ヶ国がより効率的で効果的に対応するためには、災害救護に必要な人材の出入国、救護装備と救護物資の通関、共同対応体系などに関し、相互間で適用できる共通の基準と手続きをあらかじめ用意しておくことが必要でしょう。先立って申し上げた首脳会議付属文での第2、3、4項は正にこのための推進対策であると言えます。明日、北京で開催される韓・中・日三ヶ国災害管理機関長会議でもこの問題が議論されるとの事です。

　これと共に私が強調して申し上げたい事は、付属文書1項にて言及された『訓練実施および力量強化』の必要性です。私がこちらにくる前、韓国に駐在する日本大使館で、本国政府の訓令であることを前提にしたシミュレーション（TTX —table top exercise— 卓上訓練）および多様な形態の災害のための合同訓練実施に三ヶ国が合意するように事務局が努力してくれる事を要請してきました。災害の様々なパターンを想定し、事前にシナリオを三ヶ国が作り、これを土台に三ヶ国の災害関連責任者らが一ヶ所に集まって模擬訓練をし、不備点を補完しようということです。今後、三ヶ国協力事務局は模擬訓練を早期に実施することができるように三ヶ国政府と協議していきます。

　その間の三ヶ国間協議が多少形式的な面に流れたとすれば、3.11福島事故以後の三ヶ国間災害対策はすぐに実行に入ることができる具体的対策にならなければなければならないと考えます。福島の前と後は確かに区分されなければ

なければならないと考えます。

　特に今回のシンポジウムは三ヶ国のトップレベルの専門家がみな集まっただけに、具体的、且つすぐ施行に移すことができる様々な対策が出てくること事を期待します。

　私は明日開催される三ヶ国災害管理機関長会議にも参席し、この点を強調するつもりです。

　もう一度私は「災害に国境はない」という点を強調したいです。また「災害は政治ではない」とも申し上げたいです。韓中日三ヶ国が何よりも最初に心を開いて協力しなければならない分野は、この分野であると考えます。

　最後に、このような意味ある討議の機会を用意して下さった中国国際問題研究所にもう一度、感謝申し上げます。

# 재난에는 국경이 없다

## 중국 국제문제연구소 주최 한중일 재난구조심포지움 기조연설

한중일 3국 협력사무국 사무국장  신봉길
(2011.10.27  북경)

   우선 이 중요한 회의에 초청해주신 CIIS 취싱 (曲星) 소장님, 우소화 연구원에게 감사드립니다. 또한 바쁘신 와중에도 이번 회의에 참석, 개회사를 해주신 중국 외교부의 류쩐민 부장조리에도 감사의 말씀을 드립니다. 저는 2004년부터 2007년까지 駐中한국대사관 공사로 재직하면서 CIIS를 여러 차례 방문한 적이 있습니다만 이렇게 3국협력 사무국이라는 새로운 조직의 사무총장으로 방문하니 특별히 감회가 깊습니다. 특히 이번 방문은 제가 사무총장으로 취임한 이래 첫 해외출장이기도 합니다.

   이번에 중국 국제 문제 연구소가 한중일 3국의 전문가를 초청하여, 재난구조 심포지엄을 개최 한 것은 특별히 시의적절 하다고 생각합니다.

   아시다시피 2008년 5월에는 중국 쓰촨성에서 대규모의 지진이 발생, 수만명이 목숨을 잃는 대참사가 일어났습니다. 또한 지난 3월 11일에는 동일본에서 대지진이 발생 막대한 인명 손실 과 물적 피해가 있었습니다. 또 쓰나미로 인한 원자력발전소 사고의 위험성도 직접 경험했습니다. 그리고 지난 7월에는 한국 에서 대규모 홍수가 발생, 상당한 인적 물적 피해가 있었습니다. 그야

말로 한중일 세 나라에서 지난 몇 년사이에 일어난 동시다발적인 대규모재해는 재난에 국경이 없다는 것을 실감하게 했습니다.

그런 점 에서 이번 심포지엄은 아래와 같은 몇가지 특별한 의미를 가지고 있다고 생각합니다.

첫째 3.11 동일본 대지진 이래 한중일 3국 전문가들이 만나는 첫 회의라는 점입니다. 3국의 정부기관, 연구소, 학계, 언론, NGO 인사 등 전문가들이 총집합 했다고 할수있습니다.

둘째 토론 의제도 재난 구조일반뿐만 아니라 원자력안전성문제를 본격적으로 협의하게 됐고 또, 미디어의 역할과 기능까지 포함한 매우 구체적, 현실적이고 전문적인 의제를 다룬다는 점입니다.

셋째로 지난 5월 동경3국 정상회의가 재난관리구조와 관련 3국 사무국의 역할을 언급한 이래 처음으로 3국 협력사무국이 재난관련회의에 참여하게 되었다는 점입니다.

주지하다시피, 한중일 3국정상회의는 2008년 제1차 별도 정상회의시 재난관리협력에 대한 공식문서를 채택하고, 재난관리기관장회의를 정례화하여 오고 있습니다.

지난 2010년 5월 제주 정상회의시에는 3국간의 협력 비전을 총망라한 "비전 2020"을 채택 3국이 재해에 공동 대처하고 동북아시아의 재해 경감에 기여하기 위해 재난 정보 정책 및 기술 공유를 한다는 내용을 포함하였습니다.

이러한 재난 관리 협력은 일본 후쿠시마 에서의 쯔나미 및 원전 사태 이래 3국이 협력해야 할 가장 중요한 이슈가 되었습니다. 지난 5월 동경에서 개최된 한중일 정상회의의 정상선언문도 3월 11일 발생한 동일본 대지진으로 인한 인명손실과 물적 피해에 대해 애도를 표하고 재난과 곤경시에 상호지원의 중요성을 강조 하였습니다.

정상선언문은 특히 재난관리 및 원자력 안전을 3국 협력의 첫째 항목으로 정하고, 동일본 대지진을 돌아보며, '일본은 원전 사고와 지진으로부터 배운 교훈을 중국 및 한국, 국제 사회와 폭넓게 공유한다' 고 선언하였습니다. 또한 재난관리 및 원자력 안전분야에서의 3국협력의 중요성을 재확인하고 별도의 부속문서를 통해 협력을 강화하기로 결정하였습니다.

별도로 작성된 부속문서에서는 3국 중 한 국가에서 발생하는 재해가 한 국가 뿐만 아니라 다른 두 국가에 동일하게 고통을 준다는 데 견해를 같이 하였으며, 재난 발생시 원조 시스템 강화 뿐만 아니라 재해예방 및 재해구호 능력 향상을 위하여 협력하는데 최대한 노력할 것을 확인했습니다.

또한 이 부속 문서는 상기 조치의 지속적인 추진을 위하여 3국 협력 사무국을 최대한 활용하기로 합의하였습니다.

상기의 여러 문제들에 대해서는 오늘 이 자리에 모이신 여러 전문가들이 깊이 있는 협의를 해주실 것으로 믿습니다. 3국 협력사무국에는 세나라 에서 뽑은매우 우수한 젊은 인재들이 일하고 있습니다만 아직 재난 관리와 같은 전문적인 문제를 다룰만한 준비가 되어있지 않은 것이 사실입니다. 그러나 저희로서는 어떤 형태로든 사무국이 할 수 있는 최대한의 노력을 하도록 하겠습니다. 특히정부기관 뿐만 아니라 민간분야의 제방활동에 대해서도 저희가 협력할 수 있도록 최대한 노력하겠습니다.

대규모 재난 발생시 한중일 3국이 보다 효율적이고 효과적으로 대응하기 위해서는 재난 구호에 필요한 인력의 출입국, 구호장비와 구호물자의 통관, 공동 대응 체계 등에 관해 상호간 적용할 수 있는 공통의 기준과 절차를 미리 마련해두는 것이 필요할 것입니다. 앞서 말씀 드린 정상회의 부속문서의 제2,3,4항은 바로 이를 위한 추진대책으로 알고 있습니다. 내일 북경에서 개최되는 한,중,일 3국 재난관리 기관장 회의에서도 이문제가 논의 될 것으로 알고 있습니다.

이와 함께 제가 강조해서 말씀 드리고 싶은 사항은 부속문서 1항에 언급된 "훈련실시 및 역량 강화" 의 필요성입니다. 제가 이곳에 오기 전 한국에 주재하는 일본 대사관에서 본국정부의 훈령임을 전제로 시뮬레이션 (TTX—table top exercise—탁상 훈련) 및 다양한 형태의 재난을 위한 합동 훈련 실시에 3국이 합의 할수있도록 사무국이 노력해줄 것을 요청해왔습니다. 재난의 여러 가지 패턴을 상정,사전에 시나리오를 3국이 만들고 이를 바탕으로 3국의 재난 관련 책임자들이 한자리에 모여 모의훈련을 해보고 미비점을 보완하자는 것입니다. 앞으로 3국 협력 사무국은 모의 훈련을 조기에 실시 할 수 있도록 3국 정부와 협의 할 것 입니다.

그 동안의 3국간 협의가 다소 형식적인 면에 흘렀다면, 3.11 후쿠시마 사태 이후의 3국간 재난 대책은 바로 실행에 들어갈 수 있는 구체적 대책이 되어야 한다고생각합니다. 후쿠시마의 전과 후는 확실히 구분되어야한다고 생각합니다.

특히 이번 심포지엄은 3국의 최고 전문가가 다 모인 만큼 구체적이고 바로 시행으로 옮길 수 있는 여러 대책들이 나올 수 있길 기대합니다.

저는 내일 개최되는 3국재난관리 기관장회의에서도 참석 이점을 강조할 생각입니다. 다시 한번 저는 '재난에는 국경이 없다'는 점을 강조하고 싶습니다. 또한 '재난은 정치가 아니다'라는 말씀을 드리고 싶습니다. 한중일 3국이 가장 먼저 마음을 열고 협력해야 할 분야는 이 분야라고 생각합니다.

이와 같은 의미 있는 토의의 기회를 마련해주신 중국 국제 문제 연구소에 다시 한번 감사를 드립니다.

# 目　录

# 目　録

# 목 록

3

# 加强中日韩救灾减灾交流，
# 促进三国救灾减灾合作

李全茂<sup></sup>

李全茂 *

中日韩三国同处东北亚地区，所遭受的自然灾害类型相似，在救灾减灾领域有着许多可以借鉴的经验。下文将从中日韩救灾减灾合作的角度谈一些看法。

## 一　充分认识自然灾害的严重性

自然灾害是不以人的意志为转移的客观存在，不论我们愿意不愿意，欢迎不欢迎，自然灾害这位不速之客总是要降临的。目前，人类的科学技术进步很快，水平很高。我们的潜水器可以潜入深海，我们的卫星可以飞上月球，飞向火星，甚至飞向更远的宇宙，但是，人类并没有进入天堂，并没有进入一个能够避免和防止任何危险的保险箱。各种自然灾害时时刻刻都在威胁着我们的安全。特别是随着气候的进一步变化，极端气候现象越来越多，造成的灾难越来越严重。据

* 李全茂，中华人民共和国民政部救灾司救灾专员，曾任民政部优抚司调研员，民政部新闻办副主任、主任，民政部办公厅副巡视员，辽宁省民政厅副厅长等职，近年来侧重于研究自然灾害救助管理工作。

联合国政府间气候变化专门委员会2007年的评估：到2080年，全球平均气温将提高2~4度，11亿~32亿人将饮水困难，2亿~6亿人将受到饥饿威胁，沿海地区2亿~7亿人将遭受洪涝灾害。从目前的感觉看，这个评估报告绝不是危言耸听，它的预测，正在一步一步变成严峻的现实。

1. 干旱、高温和缺水问题越来越严重。这些年来，中国的干旱、高温和缺水问题越来越突出。2010年初，我国西南五省发生百年不遇的秋冬春连旱，造成611.19万公顷农田受灾，2655.3万人次饮水困难。2010年全年的旱情共造成12704.2万人次受灾，3384.2万人饮水困难，受灾面积1325.86万公顷，绝收面积267.23万公顷，直接经济损失756.7亿元。2011年，全国又有云南、贵州、广西等13个省份遭受旱灾。据8月底统计，受灾人口已达5082万人，饮水困难人口达1232万人，农作物受灾面积达455.5万公顷，绝收面积达77万公顷，直接经济损失达274亿元。贵州部分地区和四川宜宾、泸州的几个县，出现了历史记录上从没有过的持续高温，从没有过的最小的降雨量，从没有过的受旱范围，从没有过的干旱灾害。

这是从数字和时间上来看，要从亲眼目睹和实际感受来看，就更加深切。由于工作的原因，我多次到干旱灾区了解旱情，每次看到的都是大片的田野干裂，大片的庄稼颗粒无收，大片的果树干旱得不结果子。葵花本来是向着太阳转的，由于过于干旱，太阳走它不走，太阳落山了，葵花还是有的向东，有的向南。在华北、西北、西南，严重的干旱造成一个个湖泊水库干涸，一条条河流干涸，一眼眼水井干涸，一处处地下水的水位严重下降。就北京而言，五六十年前，北京市区往下挖几米就有泉水冒出来，现在打井得打二三十米深才能出水。过去，在香山、八大处，到处是叮咚作响、清澈见底的泉水，现在不下雨几乎看不到水。香山的双清别墅原来有两条清泉从院子流过，因此得名双清别墅，现在一条清泉也看不见了，成了"双干别墅"。八大处的半山腰过去有户人家，门口有水井，井上有辘轳，说明这家人是用辘轳绞水的。前些年我们去看时，井还在，辘轳还在，但井干涸了，水没有了。过去，北京的水是自给的，现在需要从黄河流域，甚至从长江流域往北京调水。干旱带来的严重后果随处可见，令人焦虑。

2. 极端天气现象增多。随着气候的变化，极端天气现象有所增多。以2010年为例，中国极端天气事件频繁发生，屡破历史极值。2010年初新疆和内蒙古部分地区的低温和降雪量屡超历史极值；7月中旬至8月底，全国大部出现历史同期罕见的极端高温；西南地区出现近60年来最严重的干旱；入汛较常年提前两

2

个月，南方和北方部分地区屡遭暴雨袭击，多个地方降雨量突破当地历史纪录。其中，甘肃舟曲县、福建泰宁县、陕西安康市、吉林永吉县、辽宁宽甸县等地，短时降雨量都突破了有水文记录以来的最大值。甘肃河西走廊、内蒙古西部、重庆、江西等地出现了历史罕见的强对流天气；11月下旬，内蒙古部分地区出现了30年未遇的强降雪过程，比往年雪期提前了近40天；12月中旬，南方地区出现大范围强雨雪天气，湖南、江西、浙江等12个省（自治区、直辖市）区域平均降水量是历年同期区域平均降水量的10倍。2011年10月初，台风"纳沙"登陆广西，造成人员伤亡和财产损失。当地的老人讲，以往，台风大都是在6、7、8月份来袭，最近几年，到了9月底10月初，台风还要祸害我们，现在的天气真有些怪。可见，极端天气现象越来越多，越来越严重。

3. 自然灾害造成的损失巨大。对这个问题，中日韩三国应该都深有感触。据媒体报道，2011年3月11日，日本发生了9.0级大地震，引发海啸、核泄漏、火灾等次生灾害，造成重大损失。据共同社10月9日报道：截至10月7日，强震和海啸致死人数达15822人，仍有3926人失踪，死亡和失踪人数共19748人，经济损失超过1000亿美元。2011年9月初，第12号台风"塔拉斯"横扫日本东南沿海，使9个县的居民遭受重大损失，死亡和失踪的人数接近百人，数千人被围困。9月中旬，台风"洛克"又登陆日本，再次造成人员和财产的损失。这两次台风灾害，对于刚刚遭受严重地震灾害的日本人民，无疑是雪上加霜，用日本的俗话说，是"马蜂蜇了哭肿的脸"。

韩国同样是自然灾害的受害国。远的不说，2011年7月下旬，韩国首尔遭受了104年一遇的暴雨袭击，4天时间降雨量达700毫米，是全年降雨量的一半。暴雨造成53人死亡，14人失踪，1万多人一时无家可归。

自然灾害给中国造成的损失更加突出。2008年一年之内，中国就遭受了两次特大自然灾害。一次是发生在1月上旬到2月上旬的低温雨雪冰冻灾害。这次灾害降温幅度大（比往年偏低2~4度）、持续时间长（20多天）、波及范围达20个省份，造成129人死亡，4人失踪，48.5万间房屋倒塌，168.6万间房屋损坏，2万公里高速公路瘫痪，22万公里普通公路受阻，电力、通信严重受损，几百万旅客滞留在旅途，因灾经济损失1516亿多元。另一次重大灾害是发生在2008年5月12日的汶川8级地震，这次地震造成的损失更为严重：死亡69227人，失踪17923人，受伤37万多人，有796万多间房屋倒塌，2454万多间房屋损坏，受灾人口达4625万多人，经济损失8451亿元。

在世界历史上，给人类造成重大损失的有两大因素：一种是战争，另一种就是自然灾害。虽然没有专门的统计和准确的比较，但自然灾害给人类造成的损失并不比战争给人类造成的损失小多少，甚至在有些年份，还要超过战争造成的损失。在中国历史上，许多重灾年都导致数百万，甚至上千万人口死亡，如道光二十九年（1849年），全国因灾死亡约1500万人。光绪二年至光绪四年（1876~1878年），全国因灾死亡约1000万人。民国17年至民国19年（1928~1930年），全国因灾死亡约1000万人。随着经济、社会、科技的发展，自然灾害给人类造成损失的比重越来越大。可以这样说，对世界大多数国家来说，进入20世纪80年代以来，给人类带来最重大损失的已经不是战争，而是自然灾害。当前，和平、发展与合作，仍然是世界的主流。珍视生命，热爱和平，反对战争，加强合作，向往幸福，是世界各国人民共同的愿望和追求的目标。在世界各国人民的共同努力下，除了少数国家、少数地区在一段时间内仍然存在战争的因素外，世界的广大地区、多数国家，发生战争的因素应该越来越少，越来越小。但是恰恰相反，自然灾害不但不会减少，而且受气候变化的影响，可能会越来越多，越来越严重。1990~1999年，联合国组织开展了"国际减灾十年"的活动。10年过去了，全球自然灾害造成的损失比10年前提高了3倍。这说明我们防灾减灾的步伐远远赶不上自然灾害加重的步伐。因此，减灾救灾工作是摆在人类面前的一个共同紧迫、永恒的话题。任何国家，任何地区，都应该把防灾减灾救灾工作放到更重要的位置，投入更多的人力财力，开展更扎实更有效的工作，取得更明显更普遍的成效。

大家知道，国家与国家，都是有区域界限的。任何国家得不到另一个国家的允许，是不能跨越国界去巡逻、去训练、去开发、去作业的。但是由于气候的变化、地球内部的运动变化而引起的自然灾害是可以跨越国界的，并且可以不经过允许而欣然前往。因此，自然灾害是具有国际性和地区性的，只有全世界各国人民都重视减灾防灾救灾工作，我们才能把全球自然灾害造成的损失降到最低。只有一个地区的人民都重视起来，行动起来，我们才能把这个地区自然灾害造成的损失降到最低。正因为如此，才有了政府间气候变化委员会，才有了《联合国气候变化框架公约》，才有了《京都议定书》，才有了巴厘岛路线图，才有了越来越多国家减少气体排放的共同认识和共同行动。中日韩几次首脑会议以及我们这次研讨会，把应对自然灾害作为一个重要内容，我认为是非常及时的，非常必要的。我们的研讨会以及研讨会精神的贯彻落实，毫无疑问，将不同程度地促进中

日韩三国的防灾减灾工作，降低自然灾害给我们这个地区带来的生命财产方面的损失。

# 二 中国减灾救灾的基本经验

在减灾救灾方面，日本和韩国具有相对先进的经验，非常值得中国学习借鉴。但中国在长期的减灾救灾实践中，也探索和总结出了一些有效做法和基本经验，早在数千年之前，我们的祖先就在防灾减灾救灾方面进行了有益的探索。西周时期，国家就设置了管理农业的职官和专管天文气象的机构。致力于防灾减灾的历史事件更是数不胜数，如大禹治水、李冰父子修都江堰、西门豹修漳水12渠、秦国修郑国渠、张衡制造地动仪等。但是真正有计划有组织地全面大规模地开展防灾减灾救灾工作，是在中华人民共和国成立之后，特别是在改革开放之后。中国政府从法制建设、领导体制、减灾救灾机制等各个方面进行了积极的探索，也总结出了有效的做法和基本的经验，主要经验如下。

一是有一个比较完善的防灾救灾法制体系。20世纪80年代以来，中国先后出台了30余部有关减灾救灾的法律法规。比如《中华人民共和国防洪法》、《中华人民共和国防震减灾法》、《中华人民共和国气象法》、《自然灾害救助条例》、《地质灾害防治条例》、《破坏性地震应急条例》、《人工影响天气管理条例》等。特别是2010年《自然灾害救助条例》的出台，从法律上肯定了灾害救助方面多年来形成的工作原则、制度、方法，确立了灾害救助工作在国家应急法律体系中的地位，使灾害救助工作进入了依法行政的新阶段。

二是建立了科学的减灾救灾领导体制机制。科学的减灾救灾体制机制的内容非常丰富，我把它概括为四句话：中央政府统一指挥，有关部门密切配合，地方政府分级负责，社会各界广泛参与。

在中央层面，在国务院统一领导下，分别设立了国家减灾委员会、国家防汛抗旱总指挥部、国务院抗震救灾指挥部、国家森林防火指挥部和全国抗灾救灾综合协调办公室等机构，负责减灾救灾的协调和组织工作。这些机构，虽然人员组成、工作职能和工作内容有部分交叉，但工作重点各有侧重。国家减灾委员会是一个包括减灾救灾各有关部门在内的灾害管理综合协调机构，负责组织协调全国抗灾救灾工作。国家防汛抗旱总指挥部主要负责大江大河治理、防汛抗旱工作，国务院抗震救灾指挥部主要负责预防地震和地震发生以后的抗灾救灾工作，国家

森林防火指挥部主要负责如何预防火灾和灭火救灾。各个部门既有分工，又有合作。有时我支持配合你，有时你支持配合我。在特别重大的自然灾害发生之后，中央政府还要成立国务院抗灾救灾总的指挥机构，统一指挥抗灾救灾工作。比如，在2008年初抗击大面积低温雨雪冰冻灾害中，中央政府成立了国务院煤电油运和抢险抗灾应急指挥中心，统筹协调指挥抗击低温雨雪冰冻灾害和煤电油运保障工作。2008年5月12日和2010年4月14日，中国先后发生了汶川8.0级特大地震和玉树7.1级强烈地震，国务院都先后成立了抗震救灾总指挥部，全面加强对各方面抗震救灾力量的统一领导，统一指挥，实现了最佳的抗灾救灾效果。各级地方政府也成立了职能相近的减灾救灾协调机构，负责本级本地区的减灾救灾工作。

同时，在长期的减灾救灾实践中，我们还建立了符合中国国情、具有中国特色的减灾救灾工作机制。这些机制主要包括以下几方面的内容：

——灾害应急响应机制。中央政府应对突发性自然灾害预案体系分为三个层次，即国家总体应急预案、国家专项应急预案和部门应急预案。政府各部门根据自然灾害专项应急预案和部门职责，制定更具操作性的预案实施办法和应急工作规程。重大自然灾害发生后，在国务院统一领导下，相关部门各司其职，密切配合，及时启动应急预案，按照预案做好各项抗灾救灾工作。灾区各级政府在第一时间启动应急响应，成立由当地政府负责人担任指挥、有关部门作为成员的灾害应急指挥机构，负责统一制定灾害应对策略和措施，组织开展现场应急处置工作，及时向上级政府和有关部门报告灾情和抗灾救灾工作情况。

——灾害信息发布机制。按照及时准确、公开透明的原则，中央和地方各级政府认真做好自然灾害等各类突发事件的应急管理信息发布工作，采取授权发布新闻通稿，组织记者采访，举办记者招待会、新闻发布会等多种方式，及时向公众发布灾害的发生发展情况、应对处置工作进展和防灾避险知识等相关信息，保障公众的知情权和监督权。

——救灾应急物资储备机制。中国已经建立起以物资储备仓库为依托的救灾物资储备网络，国家应急物资储备体系逐步完善。目前，全国已建立和正在建立的中央级生活类救灾物资储备仓库达17个，并不断建设完善中央级防汛物资、森林防火物资等物资储备库。部分省、市、县建立了地方救灾物资储备仓库，抗灾救灾物资储备体系初步形成。

——灾情预警会商和信息共享机制。国家建立了由民政、国土资源、水利、

6

农业、林业、统计、地震、海洋、气象等主要涉灾部门参加的灾情预警会商和信息共享机制，开展灾害信息数据库建设，启动国家地理信息公共服务平台，建立灾情信息共享与发布系统，建设国家综合减灾和风险管理信息平台，及时为中央和地方各部门灾害应急决策提供有效支持。

——重大灾害抢险救灾联动协调机制。重大灾害发生后，各有关部门发挥职能作用，及时向灾区派出由相关部委组成的工作组，了解灾情和指导抗灾救灾工作，及时协调有关部门，提出救灾意见，帮助灾区开展救助工作，防范次生、衍生灾害的发生。

——灾害应急社会动员机制。国家已初步建立以抢险动员、搜救动员、救护动员、救助动员、救灾捐赠动员为主要内容的社会应急动员机制。注重发挥人民团体、红十字会等民间组织、基层自治组织和志愿者在灾害防御、紧急救援、救灾捐赠、医疗救助、卫生防疫、恢复重建、灾后心理支持等方面的作用。重大自然灾害一旦发生，我们都以多种形式，动员社会各界行动起来，以捐款、捐物、志愿服务等各种方式支持救灾工作。中华民族历来有一方有难、八方支援的优良传统，社会捐赠的热情特别高，效果特别明显。以2008年汶川地震为例，全国捐款捐物的人数达到数亿人，累计接收社会各界捐赠款物计790多亿元人民币。全国有500多万志愿者和社会工作者奔赴灾区救灾现场，从事现场搜救、医疗救护、卫生防疫、心理抚慰、现场募捐、救灾物资装卸配送等志愿服务。这种社会大捐赠，大支援，是抗灾救灾的巨大力量，为夺取救灾的胜利发挥了巨大作用。

三是建立了抢险救灾应急体系。进入21世纪以来，我国以应急救援队伍、应急响应机制和应急资金拨付机制为主要内容的救灾应急体系初步建立，应急救援、运输保障、生活救助、卫生防疫等应急处置能力大大增强。

——应急救援队伍体系。以公安、武警、军队为骨干和突击力量，以抗洪抢险、抗震救灾、森林消防、海上搜救、矿山救护、医疗救护等专业队伍为基本力量，以企事业单位专兼职队伍和应急志愿者队伍为辅助力量的应急救援队伍体系初步建立。国家陆地、空中搜寻与救护基地建设加快推进。应急救援装备得到进一步改善。

——应急救助响应机制。根据灾情大小，中央将应对突发自然灾害划分为四个响应等级，明确各级响应的具体工作措施，将救灾工作纳入规范的管理工作流程。灾害应急救助响应机制的建立，基本保障了受灾群众在灾后24小时内能够得到救助，基本实现"有饭吃、有衣穿、有干净水喝、有临时住所、有病能医"

的目标。

——救灾应急资金拨付机制。包括自然灾害生活救助资金、特大防汛抗旱补助资金、水毁公路补助资金、内河航道应急抢通资金、卫生救灾补助资金、文教行政救灾补助资金、农业救灾资金、林业救灾资金在内的中央抗灾救灾补助资金拨付机制已经建立。同时，国家积极推进救灾工作分级管理、救灾资金分级负担的救灾工作管理体制，充分调动地方政府的积极性，保障地方救灾投入，有效保障受灾群众的基本生活。

四是构建了自然灾害立体监测体系。这个体系包括建立地面监测、海洋海底观测和天—空—地观测在内的自然灾害立体监测体系，灾害监测预警预报体系初步形成。

——灾害遥感监测业务体系。成功发射环境减灾小卫星星座 A、B 星，卫星减灾应用业务系统粗具规模，为灾害遥感监测、评估和决策提供了先进的技术支持。

——气象预警预报体系。中国成功发射"风云"系列气象卫星，建成了遍布全国的新一代天气雷达、高空气象探测站 L 波段探空系统和区域气象观测站。初步建立了全国大气成分、酸雨、沙尘暴、雷电、农业气象、交通气象等专业气象观测网，基本建成了比较完整的数值预报预测业务系统，开展灾害性天气短时临近预警业务，建成了包括广播、电视、报纸、手机、网络等覆盖城乡社区的气象预警信息发布平台。

另外，中国还建成了水文和洪水监测预警预报体系、地震监测预报体系、地质灾害监测系统、环境监测预警体系、野生动物疫源疫病监测预警系统、病虫害监测预报系统、海洋灾害预报系统、森林和草原火灾预警监测系统、沙尘暴灾害监测与评估体系。这些自然灾害检测体系，为防灾救灾工作提供了比较先进的科技支撑，在灾害预警预报、灾害响应、灾情评估、灾后恢复重建等方面发挥着越来越重要的作用。

五是实施了一系列减灾工程。近年来，国家实施了防汛抗旱、防震抗灾、防风防潮、防沙治沙、生态建设等一系列重大减灾工程，如大江大河治理工程、农村困难群众危房改造工程、中小学危房改造工程、中小学校舍安全工程、病险水库除险加固工程、农村饮水安全工程、水土流失重点防治工程、农田灌排工程、生态建设和环境治理工程、建筑和工程设施的设防工程、公路灾害防治工程。这一系列工程的实施，提高了各个方面的防灾抗灾能力。

# 三 关于共同做好防灾减灾工作的意见和建议

中日韩三国地理相邻，文化相近，感情相通，三国人民的友谊源远流长。近年来，随着中日韩关系的迅速发展，中日韩三国在减灾救灾领域的合作不断加强。2009年，我国民政部罗平飞副部长率团参加了在日本举办的第一届中日韩灾害管理部门负责人会议，会议取得积极成果。2010年10月，民政部李立国部长率团参加了在韩国仁川召开的第四次亚洲部长级减灾大会，并在大会上做了主旨发言。会议通过的《仁川宣言》和《亚太地区通过适应气候变化减轻灾害风险仁川区域路线图》两份文件，对推动亚洲区域减灾合作正发挥着积极作用。不仅如此，中日韩三国在应对自然灾害方面已经有了良好的合作。2008年5月12日，中国汶川发生8级地震后，日本政府和日本人民、韩国政府和韩国人民，都向中国提供了大量的援助资金和救灾物资，还分别派出了专业救援队，到灾区抢救遇险群众。这充分体现了日本人民、韩国人民对中国人民的深情厚谊。对于日本和韩国遭受的自然灾害，中国政府和人民也给予了积极的支持和帮助。早在1923年，日本关东发生了8.3级大地震，70多万间房屋被毁被烧，14万多人死亡。地震发生3天后，中国在自身非常困难的情况下，立即组织了一支由30多人组成的救护队，由中国红十字会理事长庄得之和医务长牛惠霖带队，赴日本开展救护和医疗工作。中国派出的这支医疗救护队，是第一支到达日本的国际救援队。中国救援队不但抢救生命、医治伤病员，还把药品和现金赠送给日本赤十字社。日本1923年11月号的《国际写真情报》杂志，真实地记录了中国救助队的出色工作，并称中国救助队"非常活跃，载誉归国"（见《中国减灾》2011年4月下）。2011年初，日本发生大地震，中国又派出了救助队，到日本开展救助工作。只要韩国发生特别重大的自然灾害，并向中国提出救援信息，中国政府也一定会给予积极的支持和帮助。

中日韩三国在减灾救灾方面已经有了良好的合作，并且，我们在这一方面的合作会越来越好。这是因为三国领导人对这项工作越来越重视，三国人民已经对这项工作达成了共识，三国越来越频繁的经济往来、越来越密切的民间往来，也需要我们共同做好自然灾害的应对工作，同时，我们相距比较近，给我们共同应对自然灾害从客观上提供了可能。

为了共同应对自然灾害，做好防灾救灾工作，我认为中日韩三方应着重在以

下几个方面进一步努力。

第一，应进一步树立"以防为主"的思想意识。中国唐代大医学家孙思邈说过：上医医未病之人，中医医欲病之人，下医医已病之人。拿这个观点来审视我们的防灾减灾工作，我们是属于上医、中医，还是下医呢？我认为有些属于上医，有些属于中医，但属于下医的仍比较多。因为我们的许多工作还是处在被动的救灾状态。灾害来了，紧急行动，抗灾救灾。这紧急行动，是完全应该的，是十分必要的。但当我们紧急行动起来的时候，有些房屋已经倒塌，有些人员已经伤亡，灾害已经造成，不可挽回。现在，我国农村还有许多贫困家庭住在陈旧、简陋、不结实的泥巴房里。这些泥巴房抗灾性能比较差，一遇严重的台风、暴雨、大一点的地震，就会倒塌。因此，我们应该把工作的重点放在治"未病之人"和"欲病之人"上，在防灾减灾上早下工夫，下大工夫。这样，在自然灾害突然来袭时，我们才能"任凭风浪起，稳坐钓鱼台"，尽量减少灾害损失。

对自然灾害，预防和不预防的结果大不一样，预防工作做得好与差结果也大不一样。根据中国科协防灾减灾学术报告会特邀报告摘要的资料显示，在日本，1923年大地震造成了14万余人死亡，后来由于不断地采取了一系列防范措施，地震造成的损失大大减少。1987年东京又一次遭受了大地震，只造成了2人死亡和53人受伤。再比如美国，差不多级别的飓风，加强防御和不加强防御结果大不一样。2011年8月，飓风"艾琳"登陆美国东海岸。美国高度重视，总统奥巴马提前结束休假，返回工作岗位，并发表电视讲话，动员人民高度重视防灾减灾工作。沿海居民转移200多万人，政府出动10万兵力实施救助。沿海城市的街道堆满了沙袋，地铁口搭上了防雨布，街上的橱窗和居民的窗户都钉上了木板。虽然也有损失，但比起2005年"卡特里娜"飓风造成的损失要小得多。"卡特里娜"飓风造成美国上万人死亡，百万人流离失所，新奥尔良市瘫痪，经济损失上千亿美元。而这次飓风"艾琳"仅造成25人死亡。防不防大不一样，重视不重视大不一样。

由上所述，三国灾害管理合作的重点，也应该放在减灾防灾上。通过三方合作，共同攻关，在防震、防旱、防台风、防洪涝、防泥石流、防沙尘暴等方面有所突破，有所前进，从根本上做好减灾救灾工作。

第二，应加强三国灾害管理合作的机构建设。中日韩灾害管理合作，是跨国灾害管理，其中的组织、协调、联络工作是大量的，任务是繁重的，没有一个常设机构来承担这项任务是不行的。中日韩三国领导人已经就建立三国合作秘书

处达成了共识，并成立了三国合作秘书处，任命了秘书处处长。但这个秘书处应该是比较实际的，具有一定职能的机构和组织，处于正常、健康和高效的运转状态，在减灾救灾方面发挥显著作用。中日韩各国也应成立相应的机构，这样才便于联系协调，卓有成效地开展工作。同时还需要建立三国灾害管理合作的良性机制。没有一种良好的机制，做好三国灾害管理合作就会非常困难。这种机制起码得包括下列内容。①会议制度。一年之内最好召开一次三国灾害管理合作的会议，就三国共同关心的防灾减灾救灾工作进行交流或总结。②联系制度。主要解决谁来联系、找谁联系、怎么联系的问题。③重大灾害救助紧急会商制度。一国有了重大自然灾害，三国合作秘书处应组织三国有关部门进行紧急磋商，研究应对措施等。这种机制的逐步建立，是保障三国灾害管理合作的必要条件。

第三，应进一步加强经验交流。中国有句俗话：两人分享一个幸福，一个幸福就会变成两个幸福；两人分担一个痛苦，一个痛苦就会变成半个痛苦。中日韩三国，在防灾救灾方面都取得了明显的成绩，都积累了丰富的经验。这些经验都是减灾救灾实践工作的总结，其中凝结着三国人民的智慧和汗水，来之不易，具有很强的指导性和实用性。三国的减灾救灾经验有相同的、类似的，也有不同的、各具特色的，加强经验交流，就会把一家的经验变成三家共用的经验，促进三方的减灾救灾工作。经验交流，可以以召开经验交流会的形式，交流各国各地的经验，也可以以现场观摩的形式，实地学习借鉴。可以介绍实际的做法和措施，也可以展望和研究未来的减灾救灾工作。可以以政府的名义举办，也可以以民间团体的名义举办。同时，也可以以媒体和书面的形式相互介绍，达到相互学习、相互借鉴、相互促进的目的。

同时，还应该加强对减灾救灾教训的反思和总结。教训，从某个方面来讲，也是经验，总结好了，也会成为成功的因素。伟大的领袖毛泽东说过，错误和挫折教训了我们，使我们比较聪明起来，我们的事情就办得好一些。应该说，中日韩在减灾救灾方面，有成绩，也有不足。就中国来说，对地震的预报，对海啸的应对，对暴雨对城市造成的内涝等，我们都有不足。加强对这些不足的研究，认真地总结教训，用这些反面教材教育我们，是做好减灾救灾工作的重要内容。

第四，应进一步加强科学技术的合作研究。做好防灾减灾救灾工作，说到底，还要依靠先进的科学技术。有了先进的科学技术，减灾救灾工作就能够事半功倍。中日韩三国，在科学技术研究开发方面，都有比较强的实力，都取得了比较明显的成就。就中国而言，减灾救灾的科学研究和实验早在一千多年前就开始

11

了。比如说地震，人们讲中国有一次地震预报很准确，那就是对1975年2月4日发生在辽宁海城、营口一带的7.3级地震的预报，说这是人类首次对7级以上地震的成功预报。其实，有资料证明，早在公元138年的东汉顺帝永和三年二月三日，汉朝的科学家张衡就利用自己制作的地动仪，准确地预报出了千里之外的陇西要发生强烈地震的信息。不过由于种种原因，当时的政府没有采取预防措施。所以，加强科学技术的研究开发，是减少和预防自然灾害的最根本最有效的措施。中日韩三国可以通过采取一定的措施，加强防灾减灾科学技术的研究，不断取得新进展。中日韩三国科学技术比较先进，加强研究，加强合作，就一定能取得新的突破，取得减灾救灾的新成就。至于合作研究的形式，可以协商。既可以相互提供科学技术的研究成果，也可以共同攻关，解决科研中的困难和问题；既可以各自研究，互通情况，又可以组成由三国科研人员共同参加的一个研究机构，一起研究、实验、开发，尽快使减灾救灾的科学研究不断取得新成果。这个研究机构既可以放在政府，也可以放在大学。2011年5月22日，在日本东京召开的中日韩领导人会议，就建立"亚洲校园"达成了共识。如果这个计划能够实施，那么，中日韩共同研究防灾减灾的机构应该放在"亚洲校园"，紧紧围绕防灾减灾救灾开展科学研究，力求早出成果，多出成果，出大成果。

加强防灾减灾科学技术研究的一个重要的方面，是加强对自然灾害规律的研究。任何事物都是有规律的，自然灾害这个事物也是有规律的，有规律，我们就有可能发现它，认识它，抓住它，进而运用它，利用它，为人类服务。

第五，应做好民间的减灾救灾经验的挖掘和总结。中国、日本、韩国，都有悠久的历史。三国的人民在与自然灾害的长期斗争中，都积累了一定的宝贵经验。认真研究、吸收、利用这些经验，对于我们做好防灾减灾救灾工作，将起到积极作用。比如，中国1976年的唐山大地震，就有许多经验可以总结。我有一位朋友，住在离唐山不远的秦皇岛。在地震发生的当天下午，他赶着驴车外出办事，回来后已是晚上。他把毛驴牵进驴棚，送上草料。可是，毛驴一反常态，就是不吃草料。不但不吃，还不顾一路辛苦，从房子里逃了出来。主人把它牵进去，它又逃了出来。主人纳闷：这是怎么回事呢？结果，那天夜里，唐山发生了大地震。还有一家人，半夜里自家的狗一个劲地抓门撞门。任凭主人怎么呵斥它，它就是不听，仍一个劲地抓门撞门。主人纳闷，狗从来不这样啊，今天是怎么了，就起来准备看看。没想到一开门，狗咬住他的裤子就往外面拖。他奋力反抗，狗越咬越紧，越拖劲越大。没办法，他只好跟着狗来到院子里。不一会，地

震发生了。这条狗救了主人一命。唐山地震发生之前，还出现过井水浑浊、水塘冒泡、鸡兔跳窝、金鱼跳缸等征兆。海城地震发生前，也出现过600多起地下冒水、900多起动物异常的现象。比如，在严寒的冬天，青蛇不在地下冬眠，爬出地面，结果被冻僵。这就是民间观察到的经验。像这样的经验一定还有很多。我们把它们加以利用，服务于我们的防灾减灾救灾工作，一定能够取得明显的效益。

第六，应加强共同的培训和演练工作。培训和演练是把理论学习变为防灾减灾实践的有效途径。中国有句俗话：光说不练假把势。之所以说一个人是假把势，就是说他只说不做，只说不会做，理论不和实践相结合。历史的经验说明，凡是防灾救灾做得比较好的，都是培训和演练工作做得好的。这些年来，日本群众之所以在灾害到来时自救互救技能不断提高，与注重演练密不可分。再比如，我国四川安县的桑枣中学，平时经常组织教师学生进行预防地震的演练，提高了抗地震的心理素质和技术。在汶川大地震中，学校2000多名师生成功转移，没有一个伤亡。在这方面，韩国也有许多成功的例子。因此，中日韩应该多组织防灾培训演练。可以共同组织实施，也可以一方组织，其他方观摩，共同提高。

第七，应进一步做好信息共享工作。灾害信息的共享是做好各项减灾救灾工作的基础。中日韩三国共同面临着台风、沙尘暴、地震、海啸、森林火灾等自然灾害的威胁，应该在信息共享方面有更多的作为。一是应建立24小时灾害信息联络站，及时把本国掌握的灾情信息传送给各方，确保各种灾害信息在第一时间使各方得到共享和使用。二是扩大信息共享范围。利用各自的卫星系统、短波广播电台、海洋观测系统等，把灾害信息共享的范围扩大到雨情、旱情、疫情、扬沙和沙尘暴情，以及全球地震活动情况和风暴潮、海浪、海冰等海洋灾害情况。三是加强防灾科学技术信息的交流，比如建筑物的防震技术、沿海地区的防风暴潮技术等。四是做好信息共享的反馈。把各自在灾害信息共享方面所取得的效果及时反馈给对方，以总结经验，提高效率，进一步促进三方在灾害信息共享方面的合作。

第八，应进一步做好相互支援工作。中日韩三国近在咫尺，我们的相互救援工作不仅必要，而且可能。我们建议把三方相互支援的好传统继承下来，发扬下去，进一步加强重大灾情发生后的紧急援助和协作，相互提供必要的支持和帮助。这里面有两个重要的因素。一是求助。即受灾国发生特大自然灾害时，要及时向其他国提供灾害信息和求援的信息。二是救助。其他国在了解灾害情况并确

认对方需要后，根据受灾国的请求，尽快实施支援，包括物资支援、资金支援、设备支援、救助队伍的支援、医疗支援等，最大限度地帮助受灾国减少灾害造成的损失。

为做好三方的相互支援工作，必须做好有关准备。比如制定有关跨国援助的各项政策，确保跨国救助政策的实行。比如制定免税政策、开辟救助绿色通道，保障救助人员和物资快速入关、快速通行等。

第九，应开展由三方人员共同参加的调查研究活动。百闻不如一见，到实地调研的效果要比坐在会议室里单纯地交流效果好得多。因此，三方应在减灾救灾方面进一步开展共同的调查研究活动。到对方的防灾减灾的现场、灾害救助的现场、灾后重建的现场走一走，看一看，这有利于增进了解、开阔思维，有利于在应对自然灾害诸方面达成共识，有利于加深对对方经验的学习和吸收，达到共同提高的良好效果。

第十，应加强防灾减灾救灾的民间交流和文化交流。除了三国政府减灾救灾的合作外，还应该加强民间在减灾救灾方面的交流，以弥补政府间合作的不足。中日韩的文化，有许多相同和相近之处，特别是书法绘画艺术，是相通的。我们应该通过文化艺术这种生动活泼的形式，来反映、介绍和交流减灾救灾工作，达到相互促进、共同提高的目的。最好是成立一个中日韩减灾救灾文化协会，由三国既热爱减灾救灾工作又热爱文化艺术的人士，专门组织开展民间减灾救灾文化的交流，推动三国的防灾减灾救灾工作。

日本的仙台地区，是日本"3·11"地震的中心地区。90多年前，中国伟大的思想家鲁迅先生曾在这里求学。20多年后，他在一篇文章中写道：无穷的远方，无数的人们，都和我有关。这无穷的远方，无数的人们，我想应该包括日本，特别是包括仙台，以及他所尊敬的藤野先生，还应该包括韩国人民。这种思天下之人、忧天下之忧的精神，值得我们继续发扬光大。这些年来，中日韩三国关系在各领域取得了举世瞩目的长足发展。政治、经济以及民间的交往越来越密切。我们有理由相信，随着中日韩三国关系的迅速发展，中日韩三国在减灾救灾领域的合作会越来越好，取得的成绩会越来越大，自然灾害给我们三国人民造成的危害和损失一定会相对地越来越小。中日韩三国人民的明天肯定会更美好。

# 日本的防灾体制和东日本大地震给今后的防灾体制带来的影响

加藤孝明*

## 一 序言

日本现在的防灾体制是以曾经造成5000多人受灾的1959年伊势湾台风为契机，于1961年确立的。之后，以灾害为契机多次进行过修正、改善，直至现在。特别是1995年的阪神淡路大地震时，日本防灾对策的基础——防灾基本计划被从根本上修正，得到了大幅的扩充。进而在2001年国家实施的中央省厅重组中设置了内阁府，内阁府在防灾对策上对各省厅的防灾进行了一元化调整，一并统括了起来。同时新设防灾担当大臣，成立了比以前更进一步的综合推进防灾体制，直至现在。

2011年3月11日发生的东日本大地震是造成了多达2万人受灾的日本历史上

---

* 加藤孝明，东京大学生产技术研究部都市基盘安全工学国际研究中心副教授，东京都火灾预防审议会、东京都地域危险度测定调查委员会、东京都防灾都市建设推进计划检讨委员会、神奈川县灾害预想调查委员会等自治体的都市防灾领域的专门委员。

最大的灾害。直至2011年10月，日本还处于自治体（市町村政府）的复兴计划内容不断巩固的阶段。这次地震也是近代日本发生的第一次大范围灾害，从灾害发生到现在为止的过程中，产生了各种各样的课题，可想而知会促成对今后防灾体制的重新审视。

本文简要介绍日本的防灾体制，也将涉及以3·11东日本大地震为教训重新审视今后防灾体制的方向性问题。另外，从东日本大地震中得到的经验、教训应该怎样反映到今后防灾体制中的问题需要根据今后的动向来决定，本文只是笔者从个人视角出发进行的考察。

关于日本的防灾体制，日本内阁府的主页上载有英中韩三国语言的手册。另外，还有中文版的《日本灾害对策体制》（滕五晓、加藤孝明、小出治著，2003，中国建筑工业出版社，中国），请读者参考。

# 二　日本防灾体制的特征

## 1. 以《灾害对策基本法》为顶点的法律体系

日本现行的防灾对策以1961年制定的《灾害对策基本法》为顶点，确立了靠各种相关法律来支撑防灾体制的法律体系。1961年以前也存在各种防灾关系法，分别支撑着预防、应急应对、恢复、复兴的对策实施。1959年袭击了浓尾平原的伊势湾台风造成了超过5000人受灾的前所未有的灾害。以这次大灾害为教训，得出"以前各项法律的个别、对症疗法式的应对存在局限，横跨组织的综合应对必不可少，同时需要在对策的实施上明确责任主体，以此为前提有计划地展开防灾"等结论，以这次教训为基础，日本于1961年制定了《灾害对策基本法》。

《灾害对策基本法》规定了防灾责任的明确化、防灾相关组织、防灾计划的体系、灾害预防·应急对策·恢复等各阶段的对策体制的框架、财政金融措施等，也规定了使国家、都道府县、市町村以及与灾害相关的组织能够进行具有整合性应对的防灾体制的框架。

如图1所示，日本防灾对策的法律体系经历了大规模的自然灾害和事故，以这些教训为基础不断推进完善，直至现在。特别是在1995年的阪神淡路大地震后新设了7项法律。

表1为灾害预防、灾害应急应对、恢复、复兴的相关法律一览。

| 契機となった災害 | 災害政策にかかわる主な法制度 | 防災計画・体制など |
|---|---|---|
| 1940年<br>　45　枕崎台風——→<br>　46　南海地震　——→<br>　47　カスリーン台風→<br>　48　福井地震——→ | 49 水防法<br>47 災害救助法<br>49 水防法<br>50 建築基準法 | |
| 1950年<br><br>59　伊勢湾台風—→ | 60 治山治水緊急措置法；<br>61 災害対策基本法；<br>62 激甚災害に対処するための特別の財政援助等に関する法案 | |
| 1960年<br>　61　豪雪——→<br>　64　新潟地震——→ | 62 豪雪地帯対策特別措置法<br>66 地震保険に関する法律 | 61防災の日創設<br>62中央防災会議設置<br>63防災基本計画 |
| 1970年<br>73桜島噴火・浅間山噴火—→<br><br>76東海地震発生可能性の研究発表（地震学会）——→<br><br><br><br>78　宮城沖地震　——→ | 73活動火山周辺領域における非難施設等に関する法律（78活動火山対策特別措置法）<br><br>78大規模地震対策特別措置法；<br>80地震防災対策強化地域における地震対策緊急整備事業に係る国の財政上の特別措置に関する法律）<br>81建築基準法一部改正 | 79（東海地震）地震防災計画 |
| 1980年 | | 83防災週間創設 |
| 1990年<br>　95兵庫県南部地震（阪神・淡路大震災）——→<br><br><br><br><br><br><br><br><br><br>99JCO臨界事故——→<br>広島豪雨——→ | 95地震防災対策特別措置法；<br>　建築物の耐震改修の促進に関する法律；<br>　大規模地震対策特別措置法一部改正；<br>96特定非常災害の被害者の権利利益の保全等を図るための特別措置に関する法律；<br>97密集市街地における防災地区の整備の促進にかんする法律；<br>98被災者生活再建支援法<br>99原子力災害対策特別措置法<br>00土砂災害警戒区域における土砂災害防止対策の推進に関する法律 | 95防災基本計画全面修正；<br>　防災とボランテイアの日等創設 |

| 2000年 | 01水防法一部改正；03特定都市河川浸水被害対策法 | 01内閣府設置 |
| | | 03東海地震対策大綱； |
| 00　東海豪雨——→ | | 東南海・南海地震対策大綱； |
| | | 東海地震防災対策推進基本計画； |
| | 02東南海・南海地震に係る地震防災対策の推進に関する特別措置法 | 05東海地震の防災推進戦略； |
| | 04日本海溝・千島海溝周辺海溝型地震に係る地震防災対策の推進に関する法律の一部改正 | 東南海・南海地震の地震防災戦略； |
| | | 首都直下地震対策大綱； |
| 04　新潟・福島豪雨等——→ | 05水防法一部改正； | 06日本海溝・千島海溝周辺海溝型地震対策大綱； |
| | 　　土砂災害警戒区域における土砂災害防止対策の推進に関する法律　の一部改正； | 日本海溝・千島海溝周辺海溝型地震防災対策推進基本計画； |
| | 06建築物の耐震改修の促進に関する法律； | 首都直下地震の地震防災戦略； |
| 　　　　新潟県中越地震——→ | 　　宅地造成等規正法一部改正 | 災害被害を軽減する国民運動の推進に関する基本方針； |
| | | 08日本海溝・千島海溝周辺海溝型地震の地震防災戦略； |
| | | 09中部圏・近畿圏直下地震対策 |

**图1　主要的灾害和防灾相关法律制定的关系**

资料来源：内阁府（2011）。

## 表1　防災相関法律一覧

| （基本法関係） | （災害応急対策関係） |
|---|---|
| 災害対策基本法（昭和36年法律第223号）<br>海洋汚染等及び海上災害の防止に関する法律<br>　（昭和45年法律第136号）<br>石油コンビナート等災害防止法<br>　（昭和50年法律第84号）<br>大規模地震対策特別措置法<br>　（昭和53年法律第73号）<br>原子力災害対策特別措置法<br>　（平成11年法律第156号）<br>東南海・南海地震に係る地震防災対策の推進に関する特別措置法<br>　（平成14年法律第92号）<br>日本海溝・千島海溝周辺海溝型地震防災対策の推進に関する特別措置法<br>　（平成16年法律第27号） | 災害救助法（昭和22年法律第118号）<br>消防組織法（昭和22年法律第226号）<br>海上保安庁法（昭和23年法律第28号）<br>消防法（昭和23年法律第186号）<br>水防法（昭和24年法律第193号）<br>警察法（昭和29年法律第162号）<br>自衛隊法（昭和29年法律第165号） |
| | （災害復旧・復興関係） |
| （災害予防関係） | 森林国営保険法（昭和12年法律第25号）<br>罹災都市借地借家臨時処理法<br>　（昭和21年法律第13号） |
| 砂防法<br>　（明治30年法律第29号）<br>建築基準法（昭和25年法律第201号）<br>森林法（昭和26年法律第249号）<br>特殊土壌地帯災害防除及び振興臨時措置法<br>　（昭和27年法律第96号）<br>気象業務法（昭和27年法律第165号）<br>海岸法（昭和31年法律第101号）<br>地すべり等防止法（昭和33年法律第30号）<br>台風常襲地帯における災害の防除に関する特別措置法（昭和33年法律第72号）<br>豪雪地帯対策特別措置法<br>　（昭和37年法律第73号）<br>10、河川法（昭和39年法律第167号）<br>11、急傾斜地の崩壊による災害の防止に関する法律（昭和44年法律第57号）<br>12、活動火山対策特別措置法<br>　（昭和48年法律第61号）<br>13、地震防災対策強化地域における地震対策緊急整備事業に係る国の財政上の特別措置に関する法律（昭和55年法律第63号）<br>14、地震防災対策特別措置法<br>　（平成7年法律第111号）<br>15、建築物の耐震改修の促進に関する法律<br>　（平成7年法律第123号）<br>17、土砂災害警戒区域における土砂災害防止対策の推進に関する法律 | 農業災害補償法（昭和22年法律第185号）<br>農林水産業施設復旧事業費国庫補助の暫定措置に関する法律（昭和25年法律第169号）<br>中小企業信用保険法<br>　（昭和25年法律第264号）<br>公共土木施設災害復旧事業費国庫負担法<br>　（昭和26年法律第97号）<br>公営住宅法（昭和26年法律第193号）<br>漁船損害等補償法（昭和27年法律第28号）<br>鉄道軌道整備法（昭和28年法律第169号）<br>10、公立学校施設災害復旧費国庫負担法<br>　（昭和28年法律第247号）<br>11、天災による被害農林漁業者等に対する資金の融通に関する暫定措置法<br>　（昭和30年法律第136号）<br>12、空港法（昭和31年法律第80号）<br>13、小規模企業者等設備導入資金助成法<br>　（昭和31年法律第115号）<br>14、激甚災害に対処するための特別の財政援助等に関する法案<br>　（昭和37年法律第150号）<br>15、漁業災害補償法<br>　（昭和39年法律第158号）<br>16、地震保険に関する法律<br>　（昭和41年法律第73号）<br>17、防災のための集団移転促進事業に係る国の財政上の特別措置等に関する法律<br>　（昭和47年法律第132号）<br>18、災害弔慰金の支給等に関する法律<br>　（昭和48年法律第82号）<br>19、被災市街地復興特別措置法<br>　（平成7年法律第14号） |

| | |
|---|---|
| （平成12年法律第57号）<br>18、特定都市河川浸水被害対策法<br>　（平成15年法律第77号） | 20、被災区分所有建物の再建等に関する特別措置法（平成7年法律第43号）<br>21、特定非常災害の被害者の権利利益の保全等を図るための特別措置に関する法律<br>　（平成8年法律第85号）<br>22、被災者生活再建支援法<br>　（平成10年法律第66号）<br>23、株式会社日本政策金融公庫法<br>　（平成19年法律第57号） |

资料来源：内阁府（2011）。

## 2. 全国一致的防灾计划、防灾体制的体系

日本的防灾计划、防灾体制是由《灾害对策基本法》规定的，是一个全国一致的体系（见图2）。

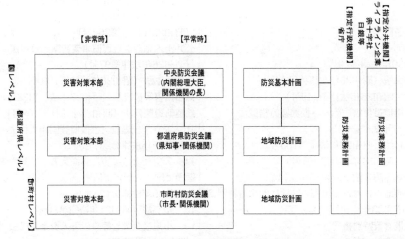

图2　日本的防灾体制、防灾计划的体系

行政的防灾计划按国家、都道府县、市町村的行政阶层逐一对应，且相互整合。除此之外，被称为指定行政机关的国家省厅，被称为指定公共机关的日本银行、电力公司、通信公司等提供公共服务的机关制订的计划也从国家级别到地方级别形成了与行政整合的体系。

在防灾计划上，分为国家的防灾基本计划、都道府县以及市町村的地区防灾计划、指定行政机关及指定公共机关的防灾业务计划，每种都在《灾害对策基本法》中有明确规定的法定计划。

防灾基本计划是日本灾害对策的根基，作为中央防灾会议根据《灾害对策基

本法》第34条制订的防灾领域的最高级别计划，在以防灾体制的确立、防灾事业的推进、灾后复兴的迅速恰当实施、防灾相关科学技术及研究的振兴、防灾业务计划及地区防灾计划为重点的事项上规定了基本的方针。视为对象的灾害有：地震、风水灾、火山、雪灾等自然灾害，海上灾害、航空灾害、铁路灾害、公路灾害、核能灾害、危险品等灾害，大规模火灾、林野灾害等事故（人为）灾害。按不同灾害类别分别规定了灾害预防、事前对策、灾害应急、灾害恢复·复兴等防灾的各阶段。其中，对于防灾主体的国家、都道府县、市町村以及居民的责任、任务分担也作出了表述。经1963年的初版和1995年的彻底改定后，又不断进行修正，直至现在。

根据这项计划，都道府县、市町村和指定行政机关、指定公共机关分别制订了地区防灾计划和防灾业务计划。行政、行政机关、公共机关的计划按组织的上下级关系对应并进行了整合。例如，市町村的地区防灾计划被整合到了都道府县的地区防灾计划中。地区防灾计划及防灾业务计划的内容由对策的实施主体制订，将对策的实施所需的所有要素包括了进来。

在支撑防灾的组织方面，作为常设的组织在国家级别上设立了中央防灾会议，在都道府县级别、市町村级别上设立了地方防灾会议。

中央防灾会议以内阁总理大臣为会长，由全部国务大臣、主要公共机关的长官以及有识之士组成，是防灾基本计划的制订主体，由内阁府任事务局。

在地方防灾会议方面，都道府县由都道府县知事担任会长，市町村由市长、村长担任会长，由役所的局长及各地区的相关公共机关的代表组成，是地区防灾计划的制订主体。

灾害发生时，受灾的都道府县、市町村会立刻设立灾害对策本部。发生跨越都道府县的大规模灾害时，国家会在内阁府设立以防灾担当大臣为本部长的非常灾害对策本部。发生更严重的灾害时，会在首相官邸设立以内阁总理大臣为本部长的紧急灾害对策本部。另外根据需要，国家还可以设立现地灾害对策本部。

## 3. 日本防灾体制的课题

关于防灾体制的课题，可以列举以下四点。

第一点，防灾对策的实施主体是位于行政级别最下层的市町村。原则上是由市町村实施对策，都道府县负责支援市町村并进行调整，国家负责支援都道府县并制定财政措施。一般来说，灾害属于特定地区的现象，并且对相距较远的地区

的信息搜集具有局限性，因此可以说这种体制是合理的。但是，在发生重大灾害时，市町村的负担会相对加重。特别是规模小的市町村本来人员就少，发生灾害时职员自己都会成为受灾者，因此会降低灾害应对能力，无法满足灾害应急应对的庞大需求。为了应对跨越都道府县的大规模灾害，国家设立了非常灾害对策本部和紧急灾害对策本部。但是，除了广域消防援助队等一部分功能之外，需要在搜集信息的基础上作出判断，国家不会自动开展救援，因此在大规模灾害的应对体制上尚有探讨的余地。

第二点，"复兴"在防灾对策的各阶段中不是独立存在的。在《灾害对策基本法》以及防灾基本计划中，是按防灾计划的事前计划、应急应对、恢复·复兴进行分类的。对于将损坏设施复原的"恢复"阶段和以受灾为契机进行新地区建设的"复兴"阶段应加以明确划分。

第三点，在复兴上缺乏足够的综合视野。在灾害预防、灾害应急应对方面，设立了防灾会议、灾害对策本部等横跨组织的机构，这些机构通过整体调整和指挥实现了综合应对。但是在复兴阶段，担任这项功能的组织在法律上没有被明确规定。1995年阪神淡路大地震时，为了推进综合复兴对策的开展，在政府中设立了以内阁总理大臣为本部长的"阪神淡路大地震复兴对策本部"，但是在法律上没有做出规定。一部分学会提出了制定复兴基本法的要求。在探讨综合、统合地推进复兴所需的法律框架的必要性方面还有很大余地。

第四点，在都道府县、市町村，支撑防灾行政的人才并不是防灾的专家。一部分都道府县、市町村设立了"危机管理监"，但基本上来说由一般的职员担任防灾负责人的情况比较多。很明显，防灾计划的制订要求高度的专业性。关于在行政系统中设立防灾专业职员的问题还有很大的探讨余地。

# 三　科学技术在防灾上的反映

防灾基本计划中包含了防灾相关科学技术及研究的振兴。日本防灾的特点之一是防灾依靠科学技术支撑。

中央防灾会议为了将最新的成果在防灾政策上反映出来，设立了由有识之士参加的专门调查会，定期探讨防灾对策的方向性问题。近年来探讨了关于大规模水灾对策的专门调查会（2006~2010年）、首都直下地震避难对策等专门调查会（2006~2008年）的主题。

支撑防灾体制的科学技术的研究被纳入国家级别的科学技术基本政策中并推进展开。现在有10个重要的研究开发课题正在进行中。紧急地震速报的实用化等由科学技术支撑的防灾体制的确立已经有所进展。

# 四 通过地震防灾战略对防灾对策进行进度管理

## 1. 地震防灾战略

"地震防灾战略"是延续20世纪90年代后半期在日本的行政中积极引入政策评价、行政评价的做法，于2005年开始实施。意图改善以前防灾计划中防灾对策的达成目标不明确的现象，切实加强对防灾对策的进度管理。

地震防灾战略在2004年的中央防灾会议上报告并通过。以中央防灾会议专门调查会设定的对象——大规模地震为对象，以灾害预想为基础，在减轻人员受灾、经济损失的方面，于2004年度中制定了包含达成时间在内的具体目标（减灾目标），将这些目标与国家、地方公共团体、相关机构、居民共享，确立各种投资和对减灾效果的把握，并对达成情况进行了监督。

现在，以国家的"减灾目标"为顶点，在自治体级别上也设立了防灾对策的进度管理计划。关于减灾目标，在人员受灾及经济损失方面明确地震的对象范围、达成时间以及减灾效果，在中央防灾会议上确定。另外，为了达成减灾目标，设定了由对象地区、对策的内容、达成时间、应达成的数值目标构成的政策目标。对于都道府县、市町村，也以国家的减灾目标为基础制定了各地区的目标。不仅是大规模地震，对于各地区有可能发生的灾害也同样制定了地震防灾战略。

表3列举了国家（中央防灾会议）的地震防灾战略及减灾目标。各个对象地震的减灾达成期限都是10年，人员受灾（死者人数）的减灾目标多为减半。另外，内阁府于2009年4月公布了东海地震以及东南海、南海地震的地震防灾战略的跟踪结果，根据各个目标，将减灾目标的达成情况（在2007年末的时间点上）评估为22%~31%。

表2　国家（中央防灾会议）的地震防灾战略、减灾目标

| 地震防災戦略の対象地震 | 策定時期 | 期間 | 減災目標 | |
| --- | --- | --- | --- | --- |
| | | | 人的被害<br>（死者数） | 経済被害 |
| 東海地震 | H17.3.30 | 10年間 | 半減 | 半減 |
| 東南海·南海地震 | H17.3.30 | 10年間 | 半減 | 半減 |
| 首都直下地震 | H18.4.21 | 10年間 | 半減 | 4割減 |
| 日本海溝·千島海溝周辺<br>海溝型地震 | H20.12.12 | 10年間 | 4～5割減 | 1/4減 |
| 中部圏·近畿圏直下地震 | 未策定 | — | — | — |

## 2. 地震防灾战略的课题

由于地震防灾战略公布了减灾目标以及作为具体目标的数值，因此一目了然，在防灾对策的进度管理上也具有一定的效果，值得肯定。

另外，也存在死者减半、经济损失减半的减灾目标与实现目标所需的个别政策的具体目标之间的关联性不明确的问题，原因是地震受灾预想方法的局限使得无法将全部对策效果定量化，有待研究的进一步展开。

另外，在都道府县、市町村的防灾对策实施中，有防灾对策的实施受数值约束的倾向，与数字无关的对策实施相对受到轻视。同时，国家整体的目标公布起来很容易，但落实到市町村级别上就会出现矛盾。例如，人员死亡的重要原因是建筑倒塌，为了减少死亡人数需要减少倒塌建筑的数量。但是，在人口增加、建筑聚集的市町村，减少死亡人数是非常困难的。另外，在人口显著减少的地区，即使不推进防灾对策也能够达成目标。

# 五　民间部门的计划及应对

## 1. 民间、市民的职责

民间、市民的职责在1995年的《防灾基本计划》的根本改定中被加入了进来。《灾害对策基本法》中列出的组织只有国家、都道府县、市町村、指定行政机关、指定公共机关等"公共机关"，但鉴于面对大规模灾害时行政的局限性，又明确规定了民间、市民是防灾对策的主体。

阪神淡路大地震以后，"自助、共助、公助"等概念被越来越多地使用起来。"自助"指的是在防灾对策的实施、推进上，每个市民、每个企业应承担的职责；"共助"指的是地区共同体、各企业应承担的职责；"公助"指的是行政应承担的职责。

在当今的日本，这些概念在防灾对策的实施、推进上是必定会使用的概念。

## 2. 市民的活动

市民的活动包括一直以来的地区社会的活动、1995年阪神淡路大地震以后在日本确立起来的志愿者活动。

地区社会方面，以"町会"组织为中心组织了自主防灾团体，实施防灾训练、需救护者对策（残疾人、孤寡老人、伤病者等）、受灾后的避难所运营等筹备计划。另外，町会是以地区共同体为单位几乎遍布全国的组织，具有"居民自己的自治组织"和"负责受行政委托的宣传活动等业务的基层行政组织"这两方面的功能。阪神淡路大地震时的情况所示，发生大规模灾害时，由于来自地区外的支援断绝，地区社会活动的重要性被普遍认识到。

另外，发生阪神淡路大地震的1995年又被称为"志愿者元年"，因为来自全国的志愿者在受灾地区进行了对受灾者的志愿活动。各地设立的志愿者组织实现了网络化，通过此后灾害中受灾者支援活动的经验，志愿者提供的支援被定型化，现在已经成了大规模灾害中不可缺少的重要角色之一，地区防灾计划中也加入了对来自全国的志愿者的接受体制。

## 3. BCP（Business Continuity Plan）/ BCM（Business Continuity Management）

基本来说，企业的防灾对策依靠的是各企业的自助努力，但后来新引入了BCP / BCM的概念，即业务持续计划和管理。这是为了使企业即使受灾也不会中断重要的事业，即使中断也尽可能在短期内重新开始，并防止中断导致顾客流失到与其有竞争关系的其他公司以及市场占有率降低、企业评价下降等现象而制定的一种经营战略。支撑体系的完善、替代办公室的确保、要员的确保、迅速的安全确认等都是具体对策的典型例子。从长远来看，BCP/BCM是与企业的利益直接相关的概念，具有自律地推进对策的可能性。

2003年的"中央防灾会议"中设置的"关于发挥民间和市场的力量来提高防

灾能力的专门调查会"提出了BCP/BCM的必要性，拟定了制定BCP/BCM所需的手册，现在正在逐渐向全国普及。不仅在企业中，在行政组织中也正开展BCP/BCM的制定。

最近，不仅在各个企业，在大城市企业聚集的地区也出现了这样的设想，即在DCP（District Continuity Plan，业务地区持续计划）概念指引下，完善地区的基础设施以使地区全体能够实现业务持续。

### 4. 民间部门的活动与今后的发展

关于地区社会的活动方面，其活力正在降低是现在面临的课题。日本正在迎来65岁以上人口超过总人口23%的超高龄社会。从地方来看，超过30%的地区也不少。町会活动的主要承担者成了高龄者。另外，在城市中，对町会活动漠不关心的群体正在增加，地区社会的力量明显降低，这是一个亟待解决的课题。为了应对这个课题，让各种阶层都参与地区社会的活动是必不可少的，各地也不断出现了如将中学生也吸纳进来的动向。

志愿者在东日本大地震发生之前虽然积累了一些活动经验，但在东日本大地震发生时，志愿者人数明显偏少。具体情况还有待正确的统计和分析，但与以前的受灾地相比，可以得知受灾地位置较远且交通不便是重要的原因。为了保证在各种灾害面前都能稳定地发挥作用，实行志愿者休假等支撑志愿者活动的社会体制的扩充不可或缺。

企业活动方面，正在以行政为先导来推进BCP/BCM的普及。面向大企业的普及已有一定程度的发展，但向中小企业的普及还只实现了一部分，这也是一个课题。

# 六　近年的新动向

## 1. 复兴准备（事前复兴）

参考1995年阪神淡路大地震的复兴经验，为了顺利实现复兴，需要从受灾前就进行复兴的准备。受这种动向的影响，1998年对《防灾基本计划》做出修正时，提出了充实复兴对策的要求，事前的复兴准备被列入了计划中。复兴准备一般也被称为事前复兴。

复兴准备（事前复兴）的设想包括三点：①事先对灾后推进的复兴对策的步

骤和推进方法展开讨论；②事先探讨复兴时的将来目标并共享；③考虑到受灾后复兴事业的难度，提前实现复兴城市建设，提高城市对灾害的承受能力。

复兴准备正在都道府县和政令指定都市级别的大城市中开展。东京都从1995年阪神淡路大地震后就开始了探讨，现在已经制定了与①对应的"震灾复兴指南"（2003年3月）和与②对应的"复兴地面设计"（2001年）。训练方面，推行了以熟悉指南为目的来进行行政职员训练的"都市复兴图上训练"，以及从2004年开始以和市民共享复兴城市建设的步骤为目的的居民参加型研讨会——"复兴城市建设模拟训练"，意图实现事前复兴在社会中的确立。另外还制定了复兴城市建设的相关条例，同时不断完善为顺利实现综合复兴所需的法律框架。

### 2. 受援计划的制订

作为保证受灾地区能够迅速且顺利地接受国家援助的计划，日本正在制定受援计划。以"保证能够迅速且顺利地接受从远方向受灾地提供援助的广域消防援助队、自卫队"为目的，日本也正准备开展接受据点的设立。东京都现在正处于制订计划的阶段。

## 七 东日本大地震的经历在现阶段的教训

中央防灾会议就这次发生的东日本大地震设置了"关于以东北地区太平洋海面地震为教训的地震、海啸对策专门调查会"，讨论了地震、海啸对策在今后的发展方向，并就"针对今后大规模灾害来扩充防灾对策的方向性"进行了探讨，并于2011年9月末完成了报告书。

针对大范围的巨大灾害，为了不发生"预想外"、"超出预想"的情况，会议提议重新审视各种防灾计划的前提——灾害预想，并对包含《防灾基本计划》的防灾计划内容做出修改。当前，日本正在这个方向上扩充防灾体制。

## 八 结语

从很多意义上来说，日本是防灾先进地区，这种意义并非仅指多种自然灾害风险并存这一事实。日本也是在亚洲率先进入经济稳定增长和低增长期，并最先迎来超高龄社会和人口负增长社会的国家。既有的体制是以过去时代的潮流——

经济增长、人口增加为前提的，还没有跟上现在的潮流。可以说，目前的状况是既有的体制与现实之间产生了巨大的差距。以东日本大地震为契机开始的对防灾体系的重新审视不仅应考虑到"预想外"、"超出预想"的情况，还要着眼于这个差距，为填补这个差距而努力建立新的防灾体系。日本今后要做的工作是成为在亚洲地区引领下个时代方向的试验田。一起共同探讨、分享经验是非常重要的。

**参考文献**

1. 内閣府（2011）:「日本の災害対策」，http://www.bousai.go.jp/1info/pamph.html]
2. 都市防災美化協会（2011）:「時代の潮流を見据えた防災まちづくりのあり方に関する調査研究」都市防災美化協会

（葛奇蹊　译）

# 朝鲜半岛防灾系统

李光一[*]

## 一 灾害的类型

### 1. 韩国灾害类型可以分为自然灾害、人为灾害、社会性灾害

（1）自然灾害：台风、洪水、暴雨、强风、风浪、海啸、暴雪、雷击、干旱、地震、沙尘暴、赤潮以及由其他自然现象引起的灾害。

（2）人为灾害：火灾、坍塌、爆炸、交通事故、生化放射事故、环境污染事故以及其他与此类似并且超过总统令规定规模的灾害。

（3）社会性灾害：由能源、通信、交通、金融、医疗、上下水道等国家基础设施瘫痪与传染病扩散等所造成的灾害。

---

[*] 李光一，韩国国际防灾学会常务副会长。

# 二 灾害管理组织的变迁

表1 灾害管理组织的变迁

表1 灾害管理组织的变迁

|  | 中央政府灾害管理组织 | 地方政府灾害管理组织 |
|---|---|---|
| 自然灾害管理 | ·1961年7月成立经济企划院国土建设厅 | ·由建设防灾局治水防灾科负责 |
| 人为灾害管理 | ·主要从担当火灾事务管理的消防部门开始<br>·1975年8月内务部民防委总部之下新设消防局<br>·成立内务部民防委灾害管理总部灾害管理局 | ·由建设防灾局灾害管理科负责<br>·1971~1974年，由于政府组织法的修订，在首尔、釜山设置了消防总部<br>·之后在其余的广域市和各道都设置了消防总部 |
| 联合灾害管理 | ·2004年6月成立消防防灾厅 | ·与消防总部的完全联合和部分联合 |

# 三 灾害行政组织

（1）韩国的行政安全部部长，作为中央灾害安全对策总部部长，统筹灾害管理，并且其下设行政安全部与消防防灾厅两大组织。

（2）行政安全部统筹国家灾害管理，负责社会性灾害的管理；消防防灾厅负责自然灾害、人为灾害的管理，同时执行消防和民防委的业务。

（3）灾害政策推进内容如下。

①构建自然和人为灾害的预防性应对体系：

——分季节对灾害类型进行事前分析，由相关机关协作进行预防性应对；

——防范暴雪，召开暴雪对策研究会议，制定预防方针；

——灾害发生，紧急支援受灾群众，由相关部门等调整政策。

②强化国家基础设施保护：

——制定国家基础设施保护方针，通报给国家基础设施管理机关；

——收集各部门以及专家意见，管理97个机关与260个国家基础设施；

——取消国家基础设施原有指定以及开始新一轮指定（中央安全管理委员会）。

③强化社会性灾害对应机能：

——统管21个危机管理手册的审批与检查；

——随时检查并不断完善各部门以及地方政府的危机管理手册；

——受"天安舰事件"影响，统一检查危机管理手册。

④发现并改善国民安全死角：

——系统调查威胁国民生活安全的因素；

——提前发现危险因素，强化灾害初期应对（运作薄弱设施定期检查组）；

——检查灾害预防机构、酷暑应对状况、青少年锻炼设施、地区庆典等；

——政府的安全管理对策。

（4）安全管理对策。政府为了把安全事故和死亡率的比率降至安全管理先进国家水平，而从法政部层面上推进的政策。[①]

（5）政府分类安全管理对策。

①类型1：生活安全：

——面对高密度、尖端化的生活环境，为了国民的生活安全，推进系统性政策；

——特别是要集中推进对自杀、虐待儿童、灾害弱势群体的安全对策以及教育生活、业余生活中的安全事故预防。

②类型2：交通安全：

——摆脱以车辆为主的交通政策，树立以步行者为中心的交通安全政策；

——扩充道路以及地铁安全设施；

——改善现有交通安全对策的不足之处，提高交通相关产业之效率。

③类型3：火灾安全：

——通过制定应对大型火灾的预案，最大限度地减少人员、财产损失。

④类型4：产业安全：

——以显著减少产业灾害为目标，强化火灾多发地带的安全政策；

——强化教育、宣传，严格遵守密闭空间等危险工作环境下的安全守则等；

——通过实现造船业、填埋工作事故最小化等，强化产业安全管理。

⑤类型5：犯罪安全：

---

① 2008年全部死亡人员中，安全事故死亡人数由12.4%下降到6%（OECD平均值为5.9%）。

——预先根除急速增加的针对儿童的性暴力以及各种犯罪行为，为防止各类犯罪，构筑社会安全系统。

⑥类型6：食品、保健安全：

——为应对每年发生的食物中毒事件，强化食品安全管理，如改善餐饮环境等；

——为防止传染病以及工作场所的猝死等，从法政部层面上制定保健安全对策。

⑦类型7：其他：

——统一检查河川老化设备设施，通过改建补建最大限度地减少洪水灾害，为了防止水质污染，制定有效的安全对策；

——强化全国范围内大灾害的安全应对预案，如筹划制定地震、山林火灾的安全制度，推进防沙、治沙工程等；

——强化应对港湾设施安全事故、大型海洋污染事故等的灾害安全对策；

——构建可移动国家灾害安全信息中心；

——构建灾害安全信息收集、加工系统；

——从国土海洋部、气象厅、消防防灾厅等44家灾害相关机关发出的灾害信息中，收集与国民生活密切相关的15种灾害信息；

——为使国民更容易地接触到散布于各个机关、部门之中的灾害信息，把这些零散信息综合加工为灾害安全信息；

——开发可移动基础灾害安全网；

——开发一般个人电脑以及智能手机可以使用的移动网站；

——以《灾害和安全管理基本法》规定的3大灾害领域中的15种主要灾害类型为对象，开发移动网站。

为使使用者能够更容易地找到相关灾害信息，按灾害类型，把安全信息细分为以下七种形态。

表2　安全信息的七种形态

| 类　别 | | 信息类型 |
|---|---|---|
| 灾害通告 | 灾害情况 | 实时提供灾害进展信息 |
| | 灾害位置 | 在地图上标出各种灾害的发生位置 |

| 危险通告 | – | 在地图上标出山体滑坡、山林火灾、坍塌、洪水等危险地区 |
|---|---|---|
| 交通、气象 | 交通信息 | 发布交通灾害发生以及道路阻塞信息（提供出发地、目的地、可选路线） |
| | 气象信息 | 发布关于沙尘暴、台风、暴雨等的防灾气象信息 |
| 灾害统计 | 按类型分 | 按灾害类型统计发生次数、受灾程度等信息 |
| | 按地区分 | 按地区统计灾害次数、受灾程度等信息 |
| 图片与影像 | 图片信息 | 按灾害类型，发布灾害事件的图片信息 |
| | 影像信息 | 按灾害类型，发布新闻、应对等影像信息 |
| 措施/应对要领 | 应对要领 | 按灾害类型，向民众发布应对要领信息 |
| | 主要设施 | 发布区域避难设施以及医院等主要设施的信息 |
| 其他信息 | 新闻、舆论信息 | 按灾害类型，发布新闻舆论信息 |
| | 其他信息 | 发布不包括在以上所列信息条目之外的其他信息 |

# 四　行政安全部的作用与组织

（1）灾害的定义。

是指那些给国民生命、安全以及国家带来危害或者有可能会带来危害的事件，可分为自然灾害、人为灾害、社会性灾害。

自然灾害和人为灾害由消防防灾厅主管，行政安全部作为灾害统筹管理部门，也负责状况管理、调整相关部门对策、提供政策支持等工作。

社会性灾害，在事态尚不严重时由主管部门直接应对，同时行政安全部发挥其统筹作用；但是当事态变得严重之后，由行政安全部组建中央灾害安全对策总部，直接统筹管理灾害应对措施。

（2）2009年甲型H1N1流感扩散时，组建、运作了中央对策总部（2009年11月4日~2009年12月11日）。

（3）中央灾害安全对策总部。

① 社会性灾害达到严重事态时，由行政安全部部长担任中央总部长，第二副部长担任次长，灾害安全室室长担任执行协调员，组建中央灾害安全对策总部。

② 自然灾害以及人为灾害：由次长（消防防灾厅厅长）、执行协调员（消防防灾厅次长）、调控负责人以及实际业务组共同组成消防防灾厅的公务人员。

③ 中央总部长统管大型灾害的防范、预警、减轻、重建等相关事项，通过采取必要措施、协调各部门职责制订协同支援方案，并且协议、处理中央重建总部以及地方对策总部所要求的部门之间、地区之间的协调事项。

④ 中央善后重建总部部长由主管部门的部长担任；地区对策总部部长由市、道知事（地方政府领导）担任。

表3　国家危机管理手册

| 领域Field | 类型Type | 主管机关Primary Agency |
|---|---|---|
| 灾害 Disaster | 暴风和洪水灾害<br>Storm and Flood | 消防防灾厅<br>National Emergency Management Agency |
| | 地震灾害<br>Earthquake | 消防防灾厅<br>National Emergency Management Agency |
| | 山林火灾Wildfire | 山林厅 Forest Service |
| | 高速铁路大型事故<br>Large-scale incident of High-speedrailway | 国土海洋部<br>Ministry of Land, Transport and Maritime Affairs |
| | 大众密集设施大型事故<br>Large-scale incident of Densely crowded facility | 消防防灾厅<br>National Emergency Management Agency |
| | 大规模环境污染<br>Large-scale Environmental pollution | 环境部 Ministry of Environment<br>国土海洋部<br>Ministry of Land, Transport and Maritime Affairs |
| | 化学有害物质泄漏事故<br>Harmful Chemical Leakage | 环境部 Ministry of Environment<br>雇佣劳动部<br>Ministry of Employment and Labor<br>知识经济部<br>Ministry of Knowledge Economy |
| | 堤坝崩塌<br>Dam Collapse | 国土海洋部<br>Ministry of Land, Transport and Maritime Affairs |
| | 地铁大型火灾事故<br>Large-scale incident of Subway | 国土海洋部<br>Ministry of Land, Transport and Maritime Affairs |
| | 共同管道灾害<br>Commonduct Disaster | 国土海洋部<br>Ministry of Land, Transport and Maritime Affairs |
| | 传染病<br>Infectious Disease | 福利保健部<br>Ministry for Health and Welfare |
| | 牲畜疾病<br>Livestock Disease | 农林水产食品部<br>Ministry for Food, Agriculture, Forestry and Fisheries |

| 国家核心基础设施 National Critical Infrastructure | 电力<br>Electric power | 知识经济部<br>Ministry of Knowledge Economy |
|---|---|---|
| | 原油供给<br>Oil supply | 知识经济部<br>Ministry of Knowledge Economy |
| | 核安全<br>Nuclear Power Plant Security | 教育科学技术部<br>Ministry of Education, Science and Technology<br>知识经济部<br>Ministry of Knowledge Economy |
| | 金融电算<br>Finance and Computing | 金融委员会<br>Financial Service Commission |
| | 陆路货物运输<br>Overland Freight | 国土海洋部<br>Ministry of Land, Transport and Maritime Affairs |
| | 饮用水<br>Water | 国土海洋部<br>Ministry of Land, Transport and Maritime Affairs<br>环境部 Ministry of Environment |
| | 医疗保健<br>Public Health and Medical Service | 福利保健部<br>Ministry for Health and Welfare |
| | 信息通讯<br>Information and Communication | 广播电视通讯委员会<br>Broadcasting and Communication Commission |
| 安全<br>Security | 骚乱、暴动 Riots and Disturbance | 警察厅<br>National Police Agency |

# 五　依据灾害类型决定防灾对策

据观测，在过去的100年间，地球气温上升幅度大约为0.74℃。但是朝鲜半岛在过去的100年间，气温大约上升了1.5℃，超过世界平均值（0.74℃）两倍有余。济州岛地区的海平面在40年间上升了22厘米，平均每年上升幅度为5.5毫米，这比世界平均水平（1.8毫米）要高出许多。

众所周知，从1906年到2005年，气温上升主要是因为人们为了生活便利而排出的温室气体（$CO_2$、$CH_4$、$NO_2$等）。据联合国政府间气候变化委员会（IPCC）展望，尽管世界各国不断努力，但从2000年到2030年全世界的温室气体仍会以25%~90%的幅度持续增加。而且即使在2030年以后，矿物燃料仍在能源界占据主导地位。

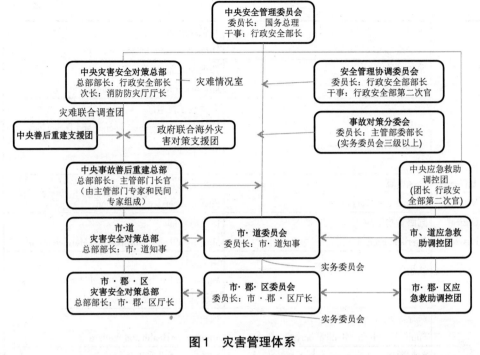

图1 灾害管理体系

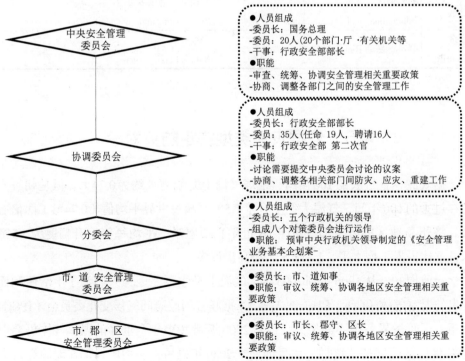

图2 安全管理委员会

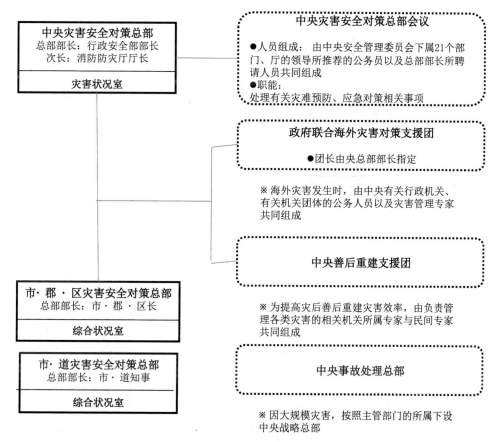

**图3 灾难安全对策总部**

　　由于上述现象，在之后的数十年之内，气候变化将无可阻拦，朝鲜半岛气候变化幅度将仍处于危险水平，高于世界平均气温。但是韩国政府对气候变化的应对方案还不尽如人意。特别是保护国民生命与财产安全的防灾系统尚未形成，仍处于需要具体完善的阶段。

　　举个例子，预计10年后亦即21世纪20年代，与20世纪90年代相比，降水量将超过5%以上，暴雨集中。而20年之后（21世纪30年代），朝鲜半岛降水量会以10%的速度骤减，气温将以每年超过2℃的速度持续攀升。预计在21世纪20年代因暴雨而造成的受灾额将达到56兆韩元以上，相当于2008年韩国国家预算额（257兆韩元）的22%。如果气温上升与酷暑现象一直持续的话，那么21世纪30年代以后，每年将周期性地有300多人死于气候变化。

◆国家安全管理基本计划(5年)

| 制定、下达方针<br>国务总理 - 中央有关部门（厅） | → | 制定、提交计划<br>中央有关部门(厅) – 国务总理 | → | 审议、确定指示<br>中央安全管理委员会-国务总理 – 中央部门(厅) |

◆国家安全管理执行计划(1年)

| 制定、提出计划<br>按照基础计划，中央有关部门(厅) – 国务总理 | → | 审议、确定下达指示<br>中央安全管理委员会- 国务总理 – 中央部门(厅) | → | 执行计划、下达指示<br>中央部门(厅) – 市、道及灾害管理负责机关 |

◆市、道安全管理计划(1年)

| 制定、下达方针<br>行政安全部(收集消防防灾厅意见) – 市、道 | → | 制定计划<br>市道灾害管理负责机关统合计划 | → | 审议、确定报告<br>市、道安全管理委员会；市、道行政安全部 |

◆市、郡、区安全管理计划(1年)

| 制定、下达方针<br>市道 - 市、郡、区 | → | 制定计划<br>市·郡·区 灾害管理相关机构 计划综合 | → | 审议、确定报告<br>市·郡·区 安全管理委员会；市·郡·区-市·道 |

图4 国家安全管理计划体系

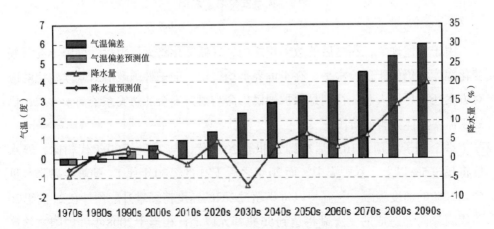

图5 通过模拟地区气候预测得出的气温与降水量变化

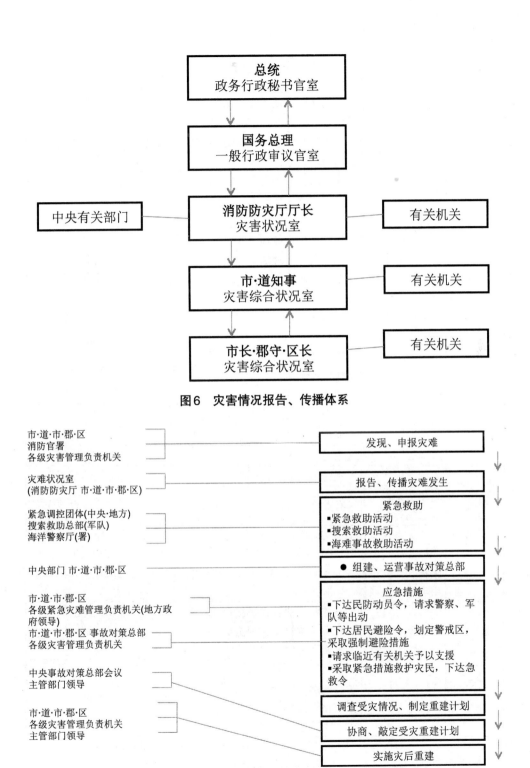

图6 灾害情况报告、传播体系

图7 灾害善后重建体系

## 表4  安全管理主要法规

| 安全管理对象 | | 有关法律 | 相关部门 |
|---|---|---|---|
| 设施安全 | 桥梁 | 《道路法》《铁道安全法》《城市铁道法》《农渔村道路整顿法》 | 国土海洋部 行政安全部 |
| | 堤坝 | 《关于堤坝建设以及周边地区支援相关法规》《河川法》 | 国土海洋部 |
| | 水利设施 | 《河川法》《小河川整顿法》 | 国土海洋部 消防防灾厅 |
| | 港湾 | 《港湾法》 | 国土海洋部 |
| | 公共办公建筑 | 《学校设施产业促进法》《国有资产管理法》《地方财政法》 | 教育科学技术部 计划财政部 行政安全部 |
| | 公寓 大型建筑物 | 《建筑法》《住宅法》 | 国土海洋部 |
| | 百货商场等大型贩卖设施 | 《建筑法》《流通产业发展法》 | 国土海洋部 |
| | 酒店 | 《建筑法》《观光振兴法》《公众卫生管理法》 | 国土海洋部 文化体育观光部 |
| | 剧场 | 《演出法》《建筑法》 | 文化体育观光部 |
| | 电梯等 | 《索道、轨道法》 | 国土海洋部 |
| | 游玩设施 | 《观光振兴法》 | 文化体育观光部 |
| | 高尔夫球场、滑雪场等 | 《有关体育设施设置利用的法规》 | 文化体育观光部 |
| | ×《灾害及安全管理基本法》、《消防基本法》、《消防设施维持及安全管理相关法规》、《消防设施公共产业法》、《危险物品安全管理法》、《设施物安全管理相关特别法》、《建筑技术管理法》、《建筑产业基本法》适用于以上各项。 | | |
| 产业安全 | 石油化学 | 《石油及石油替代燃料产业法》《有害化学物质管理法》《水质环境保护法》 | 知识经济部 环境部 劳动部 |
| | 燃气 | 《城市燃气产业法》《高压燃气安全管理法》《液化石油燃气安全及产业管理法》《大气环境保护法》 | 知识经济部 环境部 劳动部 |

| | | | |
|---|---|---|---|
| | 制造产业机构 | 《产业密集活性化及工厂设立相关法规》《产业标准化法》《升降机制造及管理相关法规》《企业活动限定、缓和相关特别措施法》 | 知识经济部 劳动部 |
| | 建筑产业机构 | 《建筑技术管理法》《建筑设备管理法》《建筑法》《城市及居住环境整顿法》 | 国土海洋部 劳动部 |
| | ×《产业安全保健法》适用于以上各项。 | | |
| 交通安全 | 道路交通 | 《道路交通法》《轿车管理法》 | 行政安全部 国土海洋部 |
| | 地铁 | 《城市地铁法》 | 国土海洋部 |
| | 铁路 | 《铁路安全法》 | 国土海洋部 |
| | 海上安全 | 《海洋交通安全法》《船舶安全法》《渔船法》《海洋污染防治法》 | 国土海洋部 |
| | 水上安全 | 《水上休闲安全法》 | 消防防灾部 国土海洋部 |
| | 航空安全 | 《航空法》 | 国土安全部 |
| 火灾等安全领域 | 火灾、爆炸 | 《消防基本法》《枪炮、刀剑、火药等管制法》《由火灾引起的赔偿与投保相关法规》 | 消防防灾厅 行政安全部 企划财政部 |
| | 山林火灾 | 《山地管理法》 | 农林水产食品部 |
| | 电气 | 《电气产业法》《技工产业法》《电气通信产业法》《电气用品安全管理法》 | 知识经济部 |
| | 原子能 | 《原子能法》《韩国原子能安全技术院法》 | 教育科学技术部 |
| | 矿产 | 《矿产保安法》《硅尘肺预防与硅尘肺保护者相关法规》 | 知识经济部 |
| | ×《灾害及安全管理基本法》、《消防基本法》、《消防设施维持及安全管理相关法规》、《消防设施公共产业法》、《危险物品安全管理法》、《设施物安全管理相关特别法》、《建筑技术管理法》、《建筑产业基本法》适用于以上各项。 | | |

| 急救等善后重建相关领域 | 《消防基本法》<br>《灾害及安全管理基本法》<br>《水难救护法》<br>《应急医疗相关法规》<br>《警察官职务执行法》 | 消防防灾厅<br>福利保健家庭部<br>国土海洋部 |
|---|---|---|

（1）针对气候变化，采取对策。

降水量的增加与降水强度的变化将会成为气候变化加重灾害的最主要因素。由此我们可以预测，未来洪水将会增加，因局域性集中降雨所造成的灾害也会增多。

对于因气候变化而增加的洪水流量，若不通过考虑改造河道或者整顿洪水调解设施等来加以疏导，那么将来会有更多的河川洪水泛滥，令我们难以应对。在制定抗洪对策时，我们必须考虑到这一点，必须考虑到社会变化条件。此外，由于水系的安全系数会随着外力的增加相对显著降低，我们应该对设备安全管理标准进行重新审视。再者，我们还必须清楚，要整顿河川或洪水调解设施，要实现受气候变化影响较大的整顿目标，是需要相当长一段时间的。

为了解决这些课题，我们有必要设定一个具体方案，以应对因受气候变化影响而超过计划规模或者超过整顿标准的洪水。

在讨论如何制订具体方案以应对气候变化时，我们要摈弃以往的治水防灾计划，要制定流域综合性对策，而不是局部有限的治水对策。对于洪灾，从短期来说，尽管我们可以把治洪当做主要任务，疏洪导水，但是我们脑海里一定要有一个清晰的概念，那就是在地球温室效应的影响下，气候变化以后将会成为一种普遍现象。作为泛政府气候变化应对蓝图里的主要预案，我们要根据气候变化推想灾害类型、规模，设定具体方案时要力争使相关灾害损失降到最低限度，要把它做成中长期方案：

①推测分析灾害规模在气候变化影响下如何发生变化；

②分析在社会结构变化影响下灾害规模如何发生变化；

③构建体系，按照灾害类型查漏补缺，强化管理。

（2）设定国家防灾目标，制定中长期战略，应对未来灾害。

由于各项开发工作与大城市人口、设施的过度集中，人们担心灾害会变得大型化、多样化。据世界银行调查，首尔位于各种自然灾害（地震、海啸除外）

高发城市之列。这次调查，共选定了20个大城市。（The World Bank,2003年报告《Building Safer Cities》）

为应对大型灾害，我们需要提高各种社会基础设施的设计标准。另外提高现有设施的加固标准，虽可以增加安全性，但由此经济负担会加倍，这就要求我们做好取舍。在制定安全标准时，我们要考虑到政府的财政负担，分阶段、合理地加以推进。在确定改造修缮顺序时，对安全系数最为薄弱的设施要给予优先考虑。除此之外，还有一点也不容忽视，那就是我们在判断安全与否时要考虑两套标准：一套是由中央政府按照设施与重要程度的不同统一划定的现有标准，另外一套则要考虑地区居民对安全的关注度以及期待值。我们要通过这两套标准，在地区分担比例上达成共识：

①分析上调设计标准所带来的灾害减轻效果与经济负担；

②设定国家中期财政运作计划及各阶段安全系数；

③参考安全系数，确定各类设施的改造修缮顺序；

④为实现国家防灾目标，制定相关制度以及预算运作计划。

（3）构建预防、重建系统，避免灾害重演。

对于目前安全系数比较薄弱的设施、地区，如洪水多发或者灾害高发地区等，其应对根本就是要具体分析灾害现存因素，制定结构性和非结构性对策：

①分析灾害预防以及重建预算，导出改善方案；

②完善法制，从法律上、制度上避免灾害重演；

③制订中长期计划，确保各阶段预算目标。

（4）创新降灾技术，建设防灾产业基础设施。

由于防灾领域含有很多跨学科（multi-disciplinary）因素，作为传统学科，其个别核心技术、独创技术等与国家研发产业实际相结合，形成了一套应用性很强的实用技术。从这一点来看，防灾领域的发展空间很大：

①调查国内外防灾技术相关动向；

②开发能够事先感知各种灾害的技术、材料；

③制订中长期总体规划，扶植防灾产业；

④制订防灾出口产业战略计划。

（5）强化弱势领域，应对气候变化。

据预测，随着气候变化，未来在世界范围内与气候相关的各种自然灾害与别的灾害相比，其危险系数将大大增加：

① 强化管理，应对酷暑；

② 强化管理，应对干旱；

③ 强化管理，应对超级台风。

（6）构建综合管理体制，加固防灾薄弱设施，推进标准化建设。

为了以后能够实现防灾产业对外输出等战略目标，我们应该从初级阶段就按照国际标准化机构（ISO: International Organization for Standards）的标准，推进各种信息以及管理设施基准的标准化建设：

① 开发各种灾害相关技术，使之与国际标准接轨；

② 构建一体化系统，并使之与国家综合灾害管理系统相关联；

③ 筹划制订灾害管理国家标准方案。

从社会经济的角度来看，灾害管理标准研发技术之所以重要，是因为它为提高现有国家安全管理水平提供了大好时机。有了灾害管理标准研发技术，我们就能从防范、预警、减轻、重建、信息交换、对民众各个层面更加接近防灾发达国家水平。

再者，从技术层面上来讲，可以以灾害管理标准为基础，实现灾害管理部门一体化运营管理。从经济与产业层面上来讲，当灾害发生时，如果按照标准进行系统化应对，就可以把经济损失降到最低，有助于强化国内企业的竞争力。

另外，从社会、文化层面来看，国家灾害管理体系实施主体——民众可以通过灾害管理标准增长见识，从而推进基层建设。另外，通过灾害管理标准化建设，还可以了解平时可能发生的灾害类型，评价、分析其危险性，制定经济合理的对策，从而在实际灾害发生时，通过应急措施尽快恢复正常，将财产损失以及对工作、生活的影响降到最小。

（7）强化防灾标准，适应气候变化。

通过上述阶段性研究与政策开发，最终我们应该做到以下两点。第一，筹划出一套可以事先预防因气候变化而加重的自然灾害或者能把受灾损失降到最低的国家标准。第二，制订出一套可以把以上标准应用到社会整体基础设施中的具体方案。现在，在观测、评价世界范围内的气候变化趋势及其影响领域积累了众多的研究成果与国家政策。我们在考虑政策制定与预算投入时，也应该参考这些内容，并使之与实践相结合。只有这样，才能使政策与预算投入做到机动灵活。

过去，防灾领域的研究开发主要由需求机关或国策研究所主持进行，内容一般集中在自然或人为灾害、消防等个别范畴内，以小型课题居多，目的是解决短

期实际问题，中长期研究不多。也就是说，防灾领域的国家研发工作在过去具有偶发性，主要是以开发单纯核心技术为中心，中长期研发政策方向不太明确。导致的后果就是，技术开发的成果无法引导市场，也无法连贯地反映到政策之中。但是最近，由于气候、社会结构的变化，各种灾难灾害不断增加。另外新型灾害的出现也急需防灾技术转换开发模式，摆脱依赖资料、经验的旧模式。

近来，防灾领域的研发工作虽然提出了VIP-8，制定了整体发展方向，但是尚未提出具体的路线与具体有效的公开方案。为提高防灾技术的开发效率，笔者认为有必要考虑一下如下方案。

首先，要摈弃过去的堆砌式工作模式，构筑目标指向型工作体系，开展新的研究企划工作，摸索防灾技术开发新路线，构建研发企划战略体系，做到防灾领域研发预算规模与经济效益的极大化。

其次，计划、执行研发工作时，应向产业界和学术界的专家公开选题与评价等内容，吸引他们积极参与，实现开放式创新（open innovation）。为此，有必要吸引韩国防灾学会等防灾领域的专家学者积极参与进来。

再次，在推进防灾技术研发工作中，有必要强化民间参与，反应市场需求。为此，应从民间企业开始，构建常态研发建议、接受、评价体系，并且通过协会、下属研究所发掘研发需求。

最后，企划、研究的对象不仅仅是技术，还包括市场与政府政策，要使研发技术成果与市场、政府政策挂钩，有效反映到其中去。

（张宝云　译）

# 中日韩灾害管理合作：机制现状、发展前景与政策建议

魏 玲[*]

中日韩三国所处的东北亚地区位于环太平洋火山地震带，自然灾害频发。近年来，受快速城市化和现代化以及气候变化等因素的影响，三国遭遇自然灾害的频度和强度都在增加。中日韩三国灾害管理合作不仅可以减少受灾人员和财产损失、保障社会经济可持续发展，更重要的是可以增进国民之间的友好和相互认同，有助于三国之间的信任建设。因此灾害管理合作应该成为三国合作的首选领域，实现灾害管理合作与地区一体化进程的良性互动。本文旨在梳理中日韩灾害管理合作现状及机制建设，讨论现有问题和挑战，并提出推动制度化合作的政策建议。

## 一 中日韩灾害管理合作：机制与进展

中日韩三国之间的灾害管理合作是在双边、三边和多边三个层次、多个框架下同时展开的。以下将从中日韩合作、东亚地区合作和国家动议三个方面对相关机制进行梳理，总结进展与成就。

---

* 魏玲，政治学博士，外交学院东亚研究中心主任、副教授。

### 1. 中日韩合作

中日韩三国灾害管理合作始于2008年首次中日韩领导人会议，几年来，灾害管理已经成为中日韩合作的重点领域，成为历次领导人会议的重点议程，在制度建设、规范建设和具体措施方面都有比较显著的进展。

2008年12月13日首次独立于东亚领导人系列会议的中日韩领导人会议签署《中日韩灾害管理合作联合声明》，标志着三国灾害管理合作正式启动。《联合声明》提出在三个领域加强中日韩灾害管理合作，包括：①制定全面灾害管理框架；②制定措施并建立系统，增强防灾抗灾能力，最大限度地减少灾害破坏；③在国家、地方和社区层次加强有效的灾害管理。

2009年10月31日，首次"中日韩三国灾害管理部门部长级会议"在日本举行，会议通过了《灾害管理合作三方联合声明》。三国决定，今后将共享信息、共享技术对策；加强在建筑物抗震性方面的合作；轮流举办人力资源培训和专家级研讨会，共享专业经验；加强相关国际合作等。会议还决定本着务实的精神，轮流主办"中日韩三国灾害管理部门部长级会议"。这次会议的最重要成果就是建立了灾害管理部门部长级定期会晤机制，为制度化合作奠定了基础。截至目前，中日韩灾害管理部门部长级会议每两年举办一次，2011年在中国举办第二次会议。

2011年5月22日，在日本东京通过的《第四次中日韩领导人会议宣言》专门附上了《灾害管理合作》的文件。文件确认了三国灾害管理合作的基本原则，包括加强信息交流、提供救灾援助、加强救援与受援的协调、分享经验教训、加强灾后重建合作，以及推进三国在现有国际和地区机制中的灾害管理合作等。该文件还明确指出，将推动采取四个方面的措施，切实加强能力建设和灾害管理的地区协调。第一，举行演练，加强能力建设。第二，确保灾害发生时沟通快速畅通。第三，加强援助和受援的协调。第四，推动灾害管理的技术发展和信息共享，与区域组织和联合国机构积极合作，更好地利用已有或计划建立的平台。

### 2. 中日韩参与的东亚灾害管理合作

中日韩三国共同参与的东亚灾害管理合作主要是在东盟地区论坛、东盟与中日韩以及东亚峰会三个框架下展开的，这三个机制框架也是2011年通过的中日韩《灾害管理合作》文件明确指出的需要加强三方灾害合作的地区机制。

（1）东盟地区论坛（ARF）

救灾合作是东盟地区论坛开展务实合作的关键领域之一。东盟地区论坛每年召开一次救灾会间会，制定了《ARF地区论坛人道主义援助和减灾战略指导文件》、《ARF减灾工作计划》、《ARF灾害管理与应急反应声明》和《ARF救灾合作指导原则》等框架性文件。近年来，武装部队参与救灾和联合救灾演习成为东盟地区论坛框架内新的合作亮点。2009~2010年，在北京举行了两届东盟地区论坛武装部队国际救灾法律规程建设研讨会。2009年和2011年东盟地区论坛分别在菲律宾和印度尼西亚举行联合救灾演习。该演习是各方普遍关注的防务安全领域的重要合作项目，内容包括桌面推演、实兵演练和人道主义救援，旨在提高成员国联合应急行动的能力。

（2）10+3框架下的灾害管理合作

2004年印度洋海啸后，防灾减灾成为10+3的重要合作领域之一。《第二份东亚合作联合声明》及《2007~2017年10+3合作工作计划》提出了灾害管理领域的合作措施，包括：①加强在洪水、山崩、地震和其他灾害领域的合作；②提供援助来实施东盟关于灾害管理和应急的协议；③增进在减灾方面的军民合作。2007~2008年，中国举办了两届10+3武装部队国际救灾研讨会，就武装部队参加国际救灾的问题进行了探讨，特别是如何加强武装部队国际救灾协调机制建设、标准操作程序和法律保障等问题。2010年，"10+3城市灾害应急管理研讨会"在北京召开，提出了一系列加强10+3国家城市防灾减灾的建议。

（3）东亚峰会

减灾是2007年1月第二届东亚峰会确定的重点合作领域之一。2009年第四届东亚峰会发表《东亚峰会灾害管理帕塔亚声明》，表示成员国将努力做到14个方面的工作，包括支持灾害管理能力建设合作；开发本地区一体化、跨界及多灾种的备灾能力、彼此相连的早期预警系统和应对能力；继续向联合国亚太经社理事会区域信托基金提供支持；支持东盟努力加强人道主义协调并增强应对重大灾害的领导作用；合作开展灾后管理与恢复；加深公众对减灾和灾害管理的认识，增进地方和社区的应变能力；开展东盟地区灾害应急模拟演练及其他相关模拟演练；支持实施并加强有关标准操作规程；增强地方、国家、区域及国际层面早期预警安排的技术能力；支持东盟灾害管理人道主义救援协调中心的运作；支持亚洲减灾中心、亚洲备灾中心等本地区其他相关组织，支持中国关于建立亚洲巨灾研究中心的提议等。

### 3. 国家动议

中日韩三国除了在上述地区机制中参与灾害管理合作以外，还是相关国际合作的发起和倡议方。日本倡议的"亚洲减灾中心"成立于1998年，中日韩三国都是该中心的成员国。中心旨在提升成员国应对灾害的能力、建设安全的社区、促进社会可持续发展，主要开展四个方面工作，即减灾信息共享、人力资源培训、社区能力建设以及相关国际会议和交流。中国首倡的"亚洲减灾大会"是亚洲各国和利益攸关方开展机制化减灾交流与合作的工作平台。2005年在北京召开的首届大会是第一次亚洲地区部长级减灾会议。此后，亚洲减灾大会召开过三次，并形成了《亚洲减少灾害风险北京行动计划》、《减少灾难风险德里宣言》、《亚洲减少灾害风险吉隆坡宣言》、《仁川宣言》和《亚太地区通过适应气候变化减轻灾害风险仁川区域路线图》等成果文件。

# 二 中日韩灾害管理合作：机遇与挑战

随着近几年中日韩关于推进灾害管理合作的一系列文件、原则和具体政策措施的出台，三国推进灾害管理合作的重大机遇已经出现。

第一，中日韩合作总体势头向好。自2008年中日韩领导人定期会议机制启动以来，三国已经发表了《三国伙伴关系联合声明》、《三国灾害管理联合声明》、《推动中日韩三国合作行动计划》以及《2020中日韩合作展望》等文件。截至2010年5月底，三国已建立包括灾害管理在内的17个部长级会议机制和50多个交流对话机制。2011年9月中日韩合作秘书处在韩国首尔正式启用。几年来的合作实践表明，中日韩合作尽管不时遭遇波折，但总体趋势向好、合作意愿总体加强、制度化建设稳步推进、务实合作不断深入。

第二，务实合作是中日韩合作的动力和基础。共处东北亚，中日韩面临很多共同的重大非传统安全问题，比如朝鲜半岛核问题、气候变化、粮食安全、金融稳定、自然灾害等。在这些领域的务实合作势在必行。尽管2010年9月中日发生撞船事件，中日民众相互之间的好感度降到了新低，但是此后日本媒体进行的民调显示，86.8%的日本受访者仍然认为中国对于日本的经济繁荣十分重要。2010上半财年日本对华出口和进口分别为66000亿日元和68000亿日元，增幅高达两成。上述数据表明，三国相互依赖、加强合作是大势所趋。

第三，灾害管理合作不仅是易于切入的务实合作，而且是培育相互认同和地区信任的重要过程。灾害管理直接关系三国民众的基本福祉和切身利益，三方的共同利益远远大于分歧，作为合作的重点领域，相对而言是比较容易推进的。灾害管理合作也是培育民间友好、增进相互认同、推进地区信任建设的重要进程。汶川地震和东日本特大地震发生后的中日救援合作就是增进民间友好和认同的例子。

第四，中日韩三国灾害管理合作已经具备了较好的制度和实践基础。目前中日韩三国已经发起或者参与了国际和地区等不同层次的灾害管理合作，形成了多层次、多领域的灾害应对机制，在灾害预防、应急响应以及灾后救援和重建等方面开展了一些合作，无论在规范和制度层面，还是实践和操作层面，都积累了一些经验，为三边合作奠定了较好的基础。

与此同时，推进制度化的中日韩灾害管理合作仍然面临着不小的挑战。

第一，政治互信不足影响合作进程。政治战略互信不足是影响中日韩双边和三边关系的重大障碍。政治战略互信不足主要是历史和领土问题、地区力量对比变化，以及民间友好和相互认同不足造成的，近年来，东亚地区进程复杂化，也进一步加大了三方信任建设的难度。互信不足导致东北亚合作长期滞后于"10+3"合作，导致双边关系时有波动，也必将影响未来合作制度化水平的提升，影响合作的效率。比如灾害管理合作中的武装部队救援和大型先进设备救援就可能受到政治互信不足、民间认同较低的影响。

第二，各种合作机制和框架之间缺乏协调，导致资源利用不足、效率不高。进入21世纪，随着自然灾害爆发的频度和强度不断增加，地区联合救灾的意识显著提高，机制建设也取得不少进展，但一个综合性、常态化的地区救灾机制尚未建立起来。中日韩三国发起并且参与了众多地区灾害管理机制，但是三国之间没有直接建立起相应的双边安排，一个综合化、常态化的三方救灾机制就难以实现。未来三国遭遇的灾害可能规模更大、复合型更高，因此协调统筹救灾机制、提高资源利用效率是非常紧迫和必要的。

第三，当前的灾害管理合作面临三大问题，即缺乏稳定的专家资源，缺乏统一的、规范化的技术标准，缺乏区域性救灾物资储备。迄今为止，三国尚未建立起一支相对固定和稳定的灾害应对专家库，专家参与也没有完善的机制保障，这对灾害预防、灾害响应、灾后恢复等灾害管理的各个环节都形成了制约。而缺乏统一的技术标准，往往造成管理的混乱，不利于国际救援力量迅速在灾区开展工作。此外，没有区域性的救灾物资储备体系，就无法对地区资源进行有效整合，

这严重影响本地区的自然灾害应急响应能力。

第四，在灾害管理能力建设方面，存在两个不足，即应对巨灾的准备和能力不足，基层政府和社区灾害管理能力不足。巨灾的特点是人员伤亡多、财产损失大和影响范围广，一旦发生必须借助外界力量进行救援。2011年3月发生的东日本特大地震就属于巨灾。在巨灾面前，仅靠一国力量是无法快速走出危机的。基层社区是受灾害影响最大、恢复时间最长的行为体。因此基层政府和社区对灾害的认识、准备和应对能力是防灾减灾和灾后救援与重建的关键。

# 三　中日韩灾害管理合作：对策建议

针对中日韩灾害管理合作的成就与现状、机遇与挑战，本文拟提出以下政策建议。

（1）加强民间友好和政治互信，坚持灾害管理合作的优先地位。灾害管理合作与地区信任建设应该形成良性互动关系，使灾害管理合作既成为地区一体化的重要推手，又成为民间友好加深、相互信任加强的受益者。因此，一方面应加强社会文化交流，做好民众和媒体的工作；另一方面要坚持灾害管理合作在中日韩制度合作中的优先地位。

（2）加强中日韩灾害管理合作制度化建设，并充分利用其他国际和地区机制，加强协调配合。可以建立一个关于灾害管理和应急反应的三方协议框架，并将灾害管理部长级会议机制做实，赋予其一定的决策权和执行力，并辅以工作组，落实具体合作措施。一方面，要充分利用现有的国际和地区合作机制，加强在其中的协调配合，争取实现中日韩机制与其他机制的良性互动与合作共赢；另一方面，还要加强灾害管理不同具体领域之间的联系与交流。

（3）成立中日韩灾害管理专家小组。可以参照东亚思想库网络的模式，创建一个中日韩灾害管理专家网络，开展政策导向型的研究。专家小组的工作需要机制化、网络化和常态化，工作内容包括数据采集、实地研究、政策咨询、技术支持、项目评估、人力资源培训以及相关前瞻性的科学研究，为制定长期有效的地区防灾减灾措施和构建区域性防灾减灾体系提供智力支持等。

（4）建立中日韩救灾物资储备库。现阶段，东亚地区还没有建立起区域性的救灾物资储备库。中日韩三国可以走在前面，率先启动对建立区域级别的储备系统的可行性研究，探讨由成员国遴选相关储备库构建地区储备库网络的模式，并首先推动在中日韩三国建成。

（5）加强应对巨灾的能力建设。东亚峰会在2009年就已在文件中表示了对中国提出的建立亚洲巨灾研究中心的支持。可以考虑首先建设中日韩三国的巨灾研究中心，在操作标准、信息共享、技术支持和人力资源培训以及配合相关部门组织有针对性的实地训练和演练等方面做工作，力争从总体上提高三国应对巨灾的能力。

（6）发展自下而上的"社区灾害管理体系"，提高社区的灾害应对和恢复能力。可以在本地区的一些城市建立试点项目，提高地方政府和社区的灾害风险意识，建设更加安全和适应能力更强的社区。

（7）建立制度化的灾害管理参与模式，并力争实现各参与方在三国灾害管理中的制度化合作。灾害管理涉及多样化的行为体，包括政府、社会、公私部门、非政府组织、志愿者以及军队。只有建立制度化的参与模式，才能有效整合和规范各种力量，实现广泛和有序的社会参与和互动，实现灾害处置效果的最大化。与此同时，应该积极推动各参与方进入三国灾害管理合作进程，建立一个立体的网络化的合作模式。

## 参考文献

1. "Trilateral Joint Announcement on Disaster Management Cooperation", Fukuoka, 13th December 2008, http://www.mofa.go.jp/region/asia-paci/jck/summit0812/disaster.html, 2011-10-10.

2. 陈曦:《首次中日韩三国灾害管理部门部长级会议在日举行》，新华社2009年10月31日电，http://www.gov.cn/jrzg/2009-10/31/content_1453454.htm, 2011年10月10日登录。

3.《第四次中日韩领导人会议宣言》，日本东京，2011年5月22日，http://www.fmprc.gov.cn/chn/pds/ziliao/zt/dnzt/wenzonglichuxizhongrihanhuiyi/t824439.htm, 2011年10月10日登录。

4. 李绪成、褚振江:《东盟地区论坛武装部队国际救灾法律规程建设研讨会举行》，载《解放军报》2010年8月31日。

5. 张惠中:《东盟地区论坛联合救灾演习开始》，人民网印尼万鸦老2011年3月15日电，http://news.cntv.cn/20110317/100218.shtml, 2011年10月10日登录。

6.《东亚峰会灾害管理帕塔亚声明》，泰国华欣，2009年10月25日，http://www.fmprc.gov.cn/chn/gxh/zlb/smgg/t814509.htm, 2011年10月10日登录。

7. "About ADRC," http://www.adrc.asia/aboutus/index.html, 2011-10-14.

8. 中国外交部:《中华人民共和国、大韩民国和日本国政府关于建立三国合作秘书处的备忘录》,韩国济州岛,2010年5月30日,http://www.fmprc.gov.cn/chn/pds/ziliao/zt/dnzt/wjbdhrmzsfwbcxdrczrhhy/t705968.htm,2011年10月10日登录。

9. 魏玲:《中日韩合作》,载魏玲主编《东亚地区合作:2010》,北京,经济科学出版社,2011,第84~115页。

10. James J. Przystup, "Japan-China Relations: Troubled Waters: Part II," Comparative Connections, Vol.4, 2010, http://csis.org/files/publication/1004qjapan_china.pdf, 2011-10-10.

11.《日媒评选2010年中日关系十大新闻 撞船事件居首》,环球网,2010年12月29日,http://news.xinhuanet.com/world/2010-12/29/c_12927906.htm,2011年10月3日登录。

12. 钱彤等:《四川汶川地震国际大救援: 中国人民将永存心底的记忆 》,新华社北京2008年5月23日电,http://news.xinhuanet.com/newscenter/2008-05/23/content_8233872.htm;《真实报道感动日本民众 日本救援队搭起中日桥梁》,新华网,2008年5月23日,http://news.xinhuanet.com/world/2008-05/23/content_8232815_1.htm,2011年10月11日登录;菅直人:《Kizuna—情谊纽带(菅直人总理对中国援助的感谢辞)》,2011年4月11日,http://www.cn.emb-japan.go.jp/,2011年10月10日登录。

13. Wang Zhenyao, "Improving the Cooperation in Disaster Relief in Northeast Asia," Presentation at the NEAT Working Group Meeting on Regional Cooperation on Disaster Management in East Asia, Tokyo, Japan, 7 July 2011.

14. 参见东亚思想库网络灾害管理工作组:《东亚思想库网络灾害管理工作组研究报告》,北京,2011年7月;《东盟10+3城市灾害应急管理研讨会会议总结》,北京,2010年5月5-7日。

15. 同上。

16. 政策建议三——七参考了《东亚思想库网络灾害管理工作组研究报告》和《东盟10+3城市灾害应急管理研讨会会议总结》对10+3灾害管理合作的相关建议。

# 日中韩三国间防灾合作体制的现状、问题点与展望

荒木田胜[*]

本会议的主题是"防灾",但英文翻译是"Rescue and Relief"。从英文来看,似乎探讨问题仅限于灾害发生后的救援救助。同时,参考日中韩峰会的成果文件后,得知内容也包含灾害预防和基础完善。因此,本文以预防、应急、恢复、重建构成的综合防灾政策为探讨对象,来把握一下现状,并对今后进行展望。

## 1. 三国最大级别的自然灾害与灾害后的防灾合作

（1）日本：2011年3月11日的东日本大地震（至2011年10月4日）

死者、失踪者：19752人,负伤者：5940人。

全部毁坏的建筑物：118480户,半毁坏：179704户。

经济损失：约16兆9000亿日元。

来自海外的支援：

---

\* 荒木田胜（Arakida Masaru）,（财团法人）都市防灾研究所。亚洲防灾中心主任研究员。1963年出生。东北大学理学部物理第二学科 1987 年 3 月毕业。专业领域：从 2000 年起在亚洲防灾中心主要从事亚洲地区的国际防灾合作,涉及灾害、信息共享、防灾遥感、居民参加型防灾计划等领域,发表研究论文数篇。

① 海外支援：163个国家、地区及43个机构声明提供支援；

② 救援队：接受了28个国家、地区、机构的救援队（现在还有1个国家在活动中）；

③ 救援物资：接受了62个国家、地区、机构的救援物资；

④ 捐款：接受了92个国家、地区、机构的捐款（约175亿多日元）；

来自中国的支援：3月13日救助队员15名抵达，在岩手县大船渡市活动，3月20日撤离。

来自韩国的支援：3月12日工作人员2名、救援犬2条抵达，在宫城县仙台市活动，3月23日撤离。3月14日第二拨救援队102人抵达，在宫城县仙台市活动，3月23日撤离。


（2）中国：2008年5月12日的四川大地震（至2009年7月22日）

死者、失踪者：86633人（至2009年5月7日），负伤者：374176人。

建筑物倒塌：216000户，损坏：415万户。

经济损失：8451.4亿万人民币（约合10兆1500亿日元）。

来自日本的支援：相当于5亿日元的支援。5月15日派遣国际紧急救援队（救助），在北川活动，5月21日撤离。5月20日派遣医疗队，在成都市的四川大学华西医院活动，6月2日撤离。

2008年7月9日的日中首脑会谈在震灾复兴计划上就推进日中之间的合作达成了一致。日方在以阪神·淡路大地震的复兴计划为参考的一项整体计划和5个支柱（①健康、福利；②社会、文化；③产业、雇佣；④防灾；⑤城建）的指导下，提出了以震灾复兴的经验、知识、技术等软件方面的合作为重点的具体支援项目。对此，中方暂且就大约50个项目提出了合作要求。

主要的支援方面如下。

① 健康、福利方面，开展心灵的关怀，构筑灾害医疗系统等。

② 社会、文化方面，恢复学校和医院等设施并在北京日本学研究中心等机构实施防灾教育等。

③ 产业、就业方面，对农业、中小企业提供支援等。

④ 防灾方面，强化灾害对策本部的体制，实施日中研究机构之间在地震防灾研究领域的共同研究、调查，对水库、堤坝等设施的恢复建设提供支援等。

⑤ 城建方面，对自来水管道等生活设施的恢复提供支援，对建筑物、道路

的耐震、重整、城建等新的城市建设方面提供支援，制定灾害废弃物对策等。

（3）韩国：2002年的台风"鹿莎"（Typhoon RUSA）

死者、失踪者：184人，受害者：88626人。

建筑物浸水：17046户。

经济损失：5兆4696亿韩元（约合3530亿日元）。

来自日本的支援：相当于约1670万日元的紧急援助物资（20人用帐篷10个、睡觉用席子75张、2000升简易水箱20个、3000升简易水箱10个、净水器10台、木工工具30套）。[1]

## 2. 国际防灾合作的发展历程

（1）国际防灾10年

联合国在1987年12月的第42届大会上，将20世纪90年代定为"国际防灾10年"（中国一般称为"国际减灾十年"），通过了"依靠国际协调行动来大幅降低全世界特别是发展中国家的自然灾害导致的损失"的决议。

（2）国际防灾10年世界会议的召开

1994年5月，由联合国主办的以国际防灾10年的中期回顾和指向将来的行动计划的立案为目的的"国际防灾10年世界会议"在横滨市召开。这次会议指出了在灾害的形态和防灾对策上具有共通点的地区级别国际合作的重要性，通过了"迈向更安全世界的横滨战略"。以此战略为准则，世界各国纷纷开展了与国际防灾10年相关的活动。

（3）亚洲防灾政策会议的召开

作为横滨战略地区级别合作的第一步，以亚洲地区为中心的28个国家的防灾领域部长参加的"亚洲防灾政策会议"于1995年12月由"国际防灾10年"推进本部主持，在神户召开。日本在这次会议上提出应开始探讨在亚洲地区创设具有防灾中心功能的系统，同时也通过了致力于推进国际防灾合作的"神户防灾宣言"。

（4）亚洲防灾专家会议的召开

"神户防灾宣言"中加入的以创设"在亚洲地区具有防灾中心功能的系统"为议题的"亚洲防灾专家会议"有来自30个国家的防灾负责部门的局长参加，

---

[1]　日本只在2007年的原油泄漏事故中向韩国派遣过一次国际紧急救援队。

于1996年10月由国际防灾10年推进本部主持，在东京召开。

（5）亚洲防灾合作推进会议

关于"创设在亚洲地区具有防灾中心功能的系统"的具体活动内容方面，有23个国家的防灾负责部门局长参加的"亚洲防灾合作推进会议"于1997年6月由联合国防灾10年推进本部主持，在东京召开。

（6）亚洲防灾会议

为实现亚洲各国防灾能力的提高以及亚洲地区的防灾网络的充实、强化，在主办国、日本政府、亚洲防灾中心以及联合国国际防灾战略事务所（UNISDR）的共同协办下，定期召开亚洲防灾会议：

2002年1月　印度（新德里）；

2003年1月　日本（神户）；

2004年2月　柬埔寨（暹粒）；

2006年3月　韩国（首尔）；

2007年6月　哈萨克斯坦（阿斯塔纳）；

2008年11月　印度尼西亚（巴厘）；

2010年1月　日本（神户）；

2011年6月　斯里兰卡（科伦坡）。

（7）第一届日中韩防灾管理部长级会议

2009年10月31日，在兵库县神户市召开了第一届日中韩防灾管理部长级会议。会议在确认了日中韩三国关于防灾对策的基本认识的同时，就减轻灾害破坏方面的信息共享、今后三国间防灾合作的方式交换了意见。通过事项如下。

①各国在减轻灾害破坏方面的信息共享：

——在针对气候变化的防灾应对方面实行信息共享，就今后的技术开发及活用加深探讨；

——在建筑物耐震化上实行信息共享，通过三国的合作来促进各国的耐震化建设；

——在防灾领域的卫星技术的利用方面展开信息共享的探讨，就灾害发生时受灾地的紧急观测方面来探讨三国合作的可能性。

②三国今后的具体合作：

——通过召开人才培养研讨会来共同培养人才；

——扩大与三国内设立的国际机构之间的合作，推进国际防灾合作，强化在

三国召开的国际会议的合作。

另外，日中韩防灾管理部长级会议今后由三国轮流举办，第二届会议于2011年在中国召开（10月28日在北京召开）。

（8）日中韩峰会

作为2011年5月22日在东京召开的第四届日中韩峰会的成果，会议公布了"防灾合作"的附属文件，具体的合作项目有以下4点。

①训练的实施、能力的提高：

——促进支援提供、接受能力的提高所需的各国援助实施以及接受负责当局和防灾、灾害应急对策负责当局间的交流；

——根据需要与其他地区组织展开合作，就设想各种灾害形式的模拟实验（桌上演习）、共同训练的实施进行探讨；

——各国在受灾地的有效合作方法的构筑。

②确保灾害发生时的迅速、顺畅的信息传达：

——迅速执行灾害发生时的联络及受灾地的需求和支援的匹配所需的24小时联络窗口的设置，探讨能够使两国间的意思传达更顺畅的日中韩合作事务局的利用方法；

——通过强化合作来完善能够迅速确认安全与否的体制。

③紧急救援队和物资的派遣、接收的顺畅化：

——在紧急救援队的派遣和接受、与物资援助的接受相关的程序和实施上实行信息共享。

④防灾相关技术的推进及信息共享的强化：

——各国的防灾、灾害救援的相关制度、政策上的信息共享；

——就地理空间信息在防灾上的适当活用进行讨论；

——通过与地区组织和联合国机构的积极合作，来最大限度地活用已经存在或正在计划中的平台。

## 3. 国际防灾合作体制的现状

（1）UNISDR

联合国的国际防灾战略（United Nations International Strategy for Disaster Reduction, UNISDR）是联合国大会在2000年设立的计划，目的是为减少由自然灾害和相关事故灾害及环境现象所引发的人、社会、经济、环境损失而进行的活

动制定全球化的框架。UNISDR通过提高对可持续发展所不可或缺的要素——防灾的重要性的认识，准备建立充分具备灾害恢复能力的区域共同体。

（2）东北亚地区自治团体联盟与防灾分科委员会

东北亚地区自治团体联盟（The Association of North East Asia Regional Governments, NEAR）是主导东北亚地区的文化、学术、经济、环境、旅游等各种领域交流合作的地区国际机构，于1996年成立。

防灾分科委员会为了补充国际及地方的地震、水灾、山林火灾、饥饿等自然灾害的种类以及缩小各自治团体应对能力的差距，正在开展着信息及人才方面的交流活动。

（3）亚洲防灾中心

亚洲防灾中心（Asian Disaster Reduction Center, ADRC）于1998年7月30日在兵库县神户市设立。活动目的是促使成员国防灾能力的强化，使人们能够安心生活，以及可持续发展社会的建立。以成员国的防灾信息共享、人才培养、共同体的防灾能力提高这三项为主要活动项目，正在致力于亚洲多国之间的防灾能力提高所需的网络构筑。

## 4. 防灾合作的课题

虽然从历史上来看，日中韩之间有过关系不是很好的时期，但近年来在灾害领域实现了合作。这是亲眼目睹上述的国际防灾合作的潮流和大规模自然灾害时自然流露出的人道主义精神使然。

另外，不仅日中韩三国之间，在紧急情况下的国际救援活动的接受方面，拿四川大地震和东日本大地震的例子来说，在（他国）提出支援很长时间后才表明接受。为了推进更有效的紧急救援活动，有必要就缩短这一工作的时间进行探讨。这相当于上述日中韩峰会"防灾合作"的项目③。为了实现这一点，有效的办法是探讨、优化大规模自然灾害发生时的救援队、救援物资的提供和接收程序。

另外，在人才培养和技术合作方面，我认为需要推进以下领域的合作（"防灾合作"项目④）：

——利用国际灾害宪章（The International Charter）和"亚洲哨兵"（Sentinel Asia）等近年来迅速发展的地球观测卫星图像和GIS的受灾范围把握和受灾推定技术的共享；

——利用世界灾害共享号码（GLIDE）的灾害履历管理的推进；

——利用亚洲防灾中心推进防灾、灾害救援相关制度、政策的共享；

——利用亚洲防灾中心推进人才交流。

## 5. 三国防灾合作的展望

日中韩都是自然灾害多发的国家，近年来通过顶级合作体制的推进，实现了紧急救援队的派遣、救援物资的提供和民间级别的捐款等各种防灾合作。从四川大地震后的应对工作来看，可以说已经实现了从灾害时的紧急援助到制订复兴计划的支援、人才培养支援等一系列中长期的防灾合作。

日中韩不但应提高三国各自的防灾能力，同时也担当着提高亚洲地区防灾能力的责任，因此我期待日中韩就实现亚洲全部区域的更有效的紧急支援活动和防灾合作活动在今后继续推进探讨。

**参考文献**

1. 緊急災害対策本部、平成 23 年（2011年）東北地方太平洋沖地震（東日本大震災）について2011年10月4日、http://www.kantei.go.jp/saigai/pdf/201110041700jisin.pdf、（2011/10/8参照）。

2. 内閣府（防災担当）、東日本大震災における被害額の推計について2011年6月24日。

3. 北東アジア地域自治体連合、http://www.neargov.org/app/index.jsp?lang=jp、（2011/9/22参照）。

4. アジア防災センター、アジア防災センター年次報告書2000。

5. 外務省、第4回日中韓サミット（概要）、http://www.mofa.go.jp/mofaj/area/jck/summit2011/jck_gaiyo.html、（2011/9/22参照）。

6. 外務省、第4回日中韓サミット防災協力（仮訳）http://www.mofa.go.jp/mofaj/area/jck/summit2011/disaster_management.html、（2011/9/22参照）。

7. 外務省、中国四川省における大地震に対する我が国復興支援策について http://www.mofa.go.jp/mofaj/press/release/h20/7/1181505_912.html、（2011/9/22参照）。

8. 広報防災内閣府防災担当、2003年3月第14号。

9. 人民日報日本語版、2008年9月5日、http://j.people.com.cn/94475/94700/6

493727.html、(2011/9/22参照)。

. 人民日報日本語版、2009年5月7日、http://j.people.com.cn/94475/66530
63.html、(2011/9/22参照)。

. NEMA, Disaster Report, http://eng.nema.go.kr/sub/cms3/3_2.asp、
(2011/9/22参照)。

. Qian Ye, November 2004 , Typhoon Rusa and Super Typhoon Maemi in
Korea、http://ccb.colorado.edu/superstorm/ss-korea-v1.pdf,(2011/10/9
参照)。

（葛奇蹊　译）

# 智能型、一体化综合灾害管理体系研究

郑泰星[*]

# 一 引言

气候变化不仅引起气温上升，还直接影响气温、降水、异常现象的发生等。除此以外，它还间接影响着水资源、农业和粮食安全、健康、居住、生态资源以及服务、经济的各个方面。地球温室效应等气候异常现象导致地球村频频出现前所未有的大规模自然灾害。与此同时，城市化的加剧也造成诸多人员伤亡。

Minich Re 的研究表明，最近27年（1980~2007年）亚洲地区共发生5680起自然灾害，其中60%是由台风、暴雨和洪水引起的。由此可见，自然灾害在不断增加。这期间，亚洲地区因自然灾害造成的死亡人数已高达90万人。

郑泰星等2011年发表的研究指出：韩国最近十年（2000~2009年）发生的自然灾害共造成684人死亡，275008人成为难民，建筑、农田、公共设施等被毁，

* 郑泰星，韩国消防防灾厅国立防灾研究所防灾信息中心主任。1995年和2000年先后获韩国首尔大学土木工程系工学硕士和工学博士学位。2000年至2001年任首尔大学工学院地球环境系统系BK21研究员；2001年至2006年任美国地质调查局责任研究员。2006年至2007年任韩国水资源公司水资源环境研究院责任研究员。2008年至今任韩国消防防灾厅国立防灾研究所设施研究官。大韩土木学位会员，韩国水资源学会编辑委员。

经济损失高达204.6亿美元（约合22兆韩元）。韩国自然环境脆弱，而且其地形构造也易于导致自然灾害，60%以上的自然灾害是由台风、集中降水引发的。

随着全球气候变化、产业结构日趋复杂多样，灾害管理之重要性也就日益凸显出来。这就迫切要求我们建立一套综合、体系的灾害管理方案。可以说，在灾难防范、预警、减轻各个阶段，危机管理与灾难等级管理都是不可或缺的。同时，这个过程也可以说是在现实的基础上制订可持续发展规划、预测未来变化、减少漏洞的一种努力。

所谓灾害管理，就是指分析、评价灾害危险程度，力求将损失降到最低。在灾害管理体系中，国家的职能主要是：研究、启用安全举措，发现潜在的安全隐患，并对此进行持续、全面、统一的危险分析管理。只有做到未雨绸缪，才能将损失降到最低限度。灾害既具有自然属性，又具有社会属性，需要进行统一管理。换言之，在采取结构性方法阻止灾害发生的同时，也要从社会经济开发的层面考虑如何降低灾害损失、建立早期预警、制定防灾对策等非结构性方案。最近发生的灾害不仅复杂多样，而且还具有全球化趋势，其影响并不仅仅局限于某一个国家。为应对灾害，相邻国家之间需要建立合作体系，强化防范措施，加大检查力度，共同培养专业人员。另外随着全球化的不断深入，国际社会上由于意识形态的原因长期被压制的贫困、环境、女性、人口、保健等全球性问题也陆续呈现在人们的面前。为解决这些问题，全球各地正在不断寻求加强合作。其中发展中国家的边缘化、贫困化问题与非洲贫困问题、发展中国家如何实现可持续发展等问题，均已成为国际社会关注的焦点。

以2004年支援西南亚海啸为契机，韩国政府的紧急救援政策获得了较大发展。首先表现在数量上，与官方开发援助（ODA）相比，2000年紧急救护支援额仅占其0.2%，但是到了2005年，则上升到了5.6%。在过去，韩国紧急救援预算还不到整体预算的1%。对此，外界一直评价说相对于其经济规模来说，这个数字有些不尽如人意。但是现在韩国政府决定到2015年为止，大幅提升其预算额以达到开发援助委员会会员国6%的平均水平。此外，韩国政府还将海外紧急救援预算提升了两倍左右，也就是说从2009年的95亿韩元提升到了2010年的190亿韩元。当然，尽管如此，这部分ODA（官方开发援助）预算也还是捉襟见肘，仅能支援海地、中国、印度尼西亚等发展中国家。

其次，紧急救援的相关法律、制度也在不断得以完善。2006年以后两份急救实行手册相继面世，2007年《海外紧急救援相关法规》也得以出台。为了使急救

做到行之有效，韩国政府还组建了"官民联合海外紧急救援协会"和"海外紧急救援总部"。此外，韩国政府还一直积极努力寻求加入国际互助体系。作为对这种努力的回馈，韩国于2006年加入了"联合国人道主义事务协调办公室（OCHA）捐助国组织"，于2009年加入了"人道主义捐助国组织（GHD: Good Humanitarian Donorship）"。

数年以来，虽然韩国政府进行了上述诸多努力，取得了较大进步，但是在紧急救援政策上仍存在许多不尽如人意之处。首先，韩国政府应制定一套有效的综合救援政策，使之贯穿灾中紧急救护、灾后重建直至开发援助整个过程。其次，应致力于在国内外开展有效合作与协调，实现信息即时共享，建立互助合作体系。再次，应提高救援工作科技含量。除了紧急救援、急救医疗专家之外，还需要培养一批专家队伍，负责制定具体领域的紧急救援政策。

有鉴于此，本文旨在开发一套信息一体化综合管理体系，使之能够在灾中紧急救护、灾后重建直至开发援助整个过程中都发挥积极作用。为此，本文首先对防御、预警、减轻、重建等各个阶段的相关研究、事例加以综合分析，对运用在灾害管理中的信息体系及信息技术进行分类，并对当前灾害管理体系中存在的问题进行剖析。然后针对这些问题，寻求有效解决方案，开发出一套智能型、一体化综合灾难管理体系，从而提高灾害管理效率，强化组织运作，满足防范及应对复杂、连续性灾害的需求。

## 二　先行研究动向

### 1. 防灾信息体系

在韩国国内，洪志勋、张银淑、车台云等学者分别于2008年、2007年、2002年对利用GIS（Geographic Information System，地理信息系统）建立的灾害管理体系进行了研究，分析了国内外这种灾害管理体系的现状，并对如何构建灾害管理体系做出了探讨。韩国国土研究院在2008年度研究中指出：为了构建国土防灾系统，需要通过研究GIS应用方案，使技术范式革新造成的灾情变化能够在灾害管理体系中得以体现；为此，在当今这样一个IT社会，我们需要建立一套综合管理体系，并对此加以灵活运用，以求将散布于各个机关之间的空间信息进行一体化管理。在2008年度研究中，国土研究院还指出：为了构建国土防灾系统，作为智能性城市防灾信息体系建设的一环，我们还需要通过研究GIS应用方

案（Ⅱ）建立一套城市地理信息系统（UGIS），做到科学防灾减灾。

金泰润在2000年度研究中，对美国、欧洲、亚洲利用IT构建灾害应对体系之现状进行了分析。经研究，他认为有必要打造一套以IT为基础的灾害应对体系。洪志勋在2008年度研究中，通过研究信息技术在实现国家灾害管理系统化中的作用，提出了国家灾害管理体系（NDMS）高级化方案。韩国信息社会振兴院在2009年度研究中，通过分析现代社会危机发生以及应对情况，就如何通过信息通信技术（ICT）进行灾害管理，提出了4大策略，回答了如何满足新安全管理范式之需求的问题。

## 2. 救援、急救

据李再恩、杨基根统计，韩国国内关于救援急救方面的研究主要如下：朴然秀于1979年就如何救助灾民发表过相关研究；金光燮以一线公务员为对象，通过问卷调查，就韩国国家灾害救援对策于1993年发表过相关研究；朴哲夏于1999年就如何救助首尔地区水灾灾民以及如何应对水灾发表过相关研究。另外还有研究涉猎了如何制定政策方案才能使灾害救助取得实效等问题。

除了上述研究成果之外，金胜权于2002年就灾害救援物资储备运营情况评估问题以及合理配置方案所作研究；李在源于2000年就如何改善地方政府灾民救援物资运送体系所作研究；沈成和于2004年以Gilbert和Specht建立的政策分析架构为中心，就韩国国家灾民救援政策所作研究；韩东宇等于2004年就灾害、灾难管理紧急救援体系所作研究；成起焕于2006年就如何在市民、企业、政府之间构建一体化灾难救援体系所做研究也属于本范畴之内。

## 3. 灾情调查及重建支援

现在有关自然灾害灾情调查、重建支援以及监督体系的先行研究比较匮乏，可谓是少之又少。究其原因，可能是灾情调查等领域技术要求高、政府指导性比较强。其中比较有代表性的要数最近李再恩、杨基根于2008年所作研究。该研究涉及了有关自然灾害灾情调查、重建支援以及监督体系改善方案等内容。在该文中，研究者们对韩国国内外灾情调查之方法、程序及人员组织进行了比较，并对国外有关灾情评定标准、重建资费核算标准法制法规，以及有关针对挪用灾后重建资金、执行以及监督不力所做处罚规定进行了分析。另外，该文还探讨了韩国自然灾害灾情调查的方法、程序、人员组织以及灾后重建支援、监督体系的现

状与问题，并提出了改善方案。

李成圭在2005年度研究中，通过分析台风鹿莎和鸣蝉等所造成的风灾水害事例，对如何改进地方政府灾害灾难管理方案作了探讨。文中，他分析了在估算受灾损失与重建资金时存在的问题，并提出了改进措施。他倡议打造一套固定制度，使灾情联合调查时得到核实的受灾损失如实得以反应，并且要保证所需预算能够全额到位。

白钟河在2005年发表的研究成果中，就如何构建GIS数据输入方案以估算洪灾损失进行了探讨。在该文中，他将美国联邦应急管理署（FEMA）制定的HAZUS-MH程序定为学习的对象，在HAZUS-MH三大灾害分析模块之中，集中选定洪水模块对数据库结构进行分析，提出了韩国灾后重建资费估算标准以及洪灾损失核算数据的雏形。李英哲在2006年发表的有关自然灾害之成因及管理策略的研究中，以美国、日本、韩国的自然灾害事例为中心，对灾害各阶段的主要原因及灾害管理上存在的问题进行了比较分析，并通过对专家开展AHP（层次分析法）问卷调查分析得出了韩国灾害管理的策略方案。特别值得一提的是，他以台风鸣蝉为例，分析得出灾后重建阶段存在的诸多问题，如灾民安置以及灾后重建措施不够完善、公共设施恢复重建工作拖迟滞后以及由于道德松懈而导致超额申请重建资金、由于专业水平欠缺而造成的灾情调查虚假不实等问题。

# 三　灾害管理体系中所存在的问题

灾害管理体系按其目的可以分为以下几类：①灾害预警体系：主要依靠过去的记录，预测灾害发生时间、震源地以及可能受灾地区，并通知相关地区做好防范工作；②灾情处理体系：灾害发生后，将灾情及时反映给灾害防治中心或相关部门急救中心，快速救助、安置灾民，采取急救措施，防止发生次生灾害；③灾后重建援助体系：构筑中央调控总部、其他相关部门以及灾区居民之间的紧急通信系统，支援灾区重建工作；④灾害评估以及善后工作援助体系：灾害重建工作结束以后，对现存问题以及现行防灾体系展开分析，防止类似灾害再次发生或者希求当灾害再发时能够将损失降到最低。

尽管如此，由于现在不同部门间灾害管理体系结构、运作分散，功能重置，管理不集中，从而导致了灾害管理效率低下、组织运作职责不明等问题。例如，为了有效防范、应对诸如4大江之类的大规模河川工程所造成的危害，需要将现

在散布于国土海洋部、环境部、行政安全部、消防防灾厅以及地方政府中的河川管理体系进行统合，使之形成一套综合的管理系统，实现对国家级河川、中小型河川的一体化管理。事实上灾害发生时一般具有复合连环性，仅靠单一的灾害管理体系，对灾害之影响，很难做到综合全面的分析并采取适当措施加以有效应对。例如，干旱、沙尘暴、高温、山火等灾害具有一系列相互关联性，属于复合型灾害，但是由于现在各个系统分散运作，很难实现有效防范应对。这就要求我们提高灾害专职行政机构之地位，使其决策能够得到充分反映；并且还需要我们开发出一套技术，能够将各个体系联系起来，实现一体化运作。

# 四　建构在智能型、一体化技术基础之上的综合灾害管理体系

联合国开发计划署（UNDP）2007年的研究表明：防灾最重要的就是降低灾害和事故的危险度，正确分析、预测潜在的危险。为了把灾害损失降到最小，在防范阶段，我们需要通过分析漏洞清除危险因素，或者通过持续监测降雨、水位、流量观测设施以及监控信息来实施管理。另外还需要针对各种防灾设施进行灾害预测模拟试验，根据地域、产业特征找出各种设施的潜在漏洞及危险因素，对其可能遭受的损失进行预测分析。本文所开发的智能型、一体化综合灾害管理体系就能够感知监控对象的变化，具有自动感知灾情并发出警报的功能。其中监控设施由各地方政府负责安装、管理，中央政府只需将这些信息收集起来进行综合分析即可。另外监控画面达4、8、16、32个之多，可以同时展现多个市郡区、多个台风运行路径以及多个河川流域的情况，这就为综合分析提供了前提条件。

一体化综合灾害管理体系借助于地理信息系统（GIS），针对不同的灾害类型绘制不同的图形，分析受灾程度，评估灾害影响。它通过分析、预测各种防灾、气象、水文、火灾、消防信息，收集自然灾害与人为灾害之数据，并将其加工成可以灵活运用的灾害信息，实现有效的灾害管理。为了开发危险度综合分析系统，笔者首先对国内外灾害危险度相关研究成果进行了调查分析，在此基础上确定了综合危险度的分析方向。分析时，为提高所选评价方案的满意度，首先选定了危险度评价指标，然后给所选指标赋予了加权值，并结合评价方法以及系统中的核算方案进行了分析。由于近来灾害常具有复合连环性，仅靠单一的灾害管理体系，很难对灾害之影响进行全面分析并采取适当的应对方案。而一体化综合

灾害管理体系，通过灾害危险预测技术以及基于GIS的危险度评价，开发出了一套能对复合灾情进行综合分析的技术。消防防灾厅为了有效地运用地理信息系统（GIS），在相关机构之间构建了合作体系，做到了相关机构间可以共享灾害数据信息。另外在防范阶段还采用了自动化技术，对中央部门及地方政府、相关机关等所辖设施设备，通过移动电话、PDA之类的便携终端直接进行管理。

Kathleen J. Tierney在1985年的研究中指出：预警阶段需要迅速提供、分配资源。另外Bruce B. Clary在1985年研究中也讲到：为了把灾害损失降到最小，构建早期预警与紧急通信系统，整修非常联络与通信系统，展开有效的非常应对活动，都应该包含在预警阶段之内。除此之外，Zimmerman在1985年度的研究中指出：需要制定一套特殊资源保障制度，保证在发生意外灾害时也能够做到资源及时投入。特别是Kathleen J. Tierney在1985年的研究中指出：在应急医疗体系中，医院与灾害管理机关之间加强合作在减少灾害人员伤亡方面发挥着巨大作用。在预警阶段，还应该做到运用损失预测程序分析评价危险度，并且通过预测分析灾害进程，筹措分配人力与物资资源。为此，韩国消防防灾厅打造了决策支持系统（DSS），并将其投入危险度分析评价以及避险通道修建工作之中。决策支持系统（DSS）具有以下功能：首先它可以把河川断面以及地形资料导入系统之中，通过模拟洪灾来分析其危险性；其次，它可以模拟洪灾，研究其适用性，并且把通过分析相应模型得出的洪灾模拟结果导入系统之中，使研究人员直接对洪灾受害信息进行分析。

同时，一体化综合灾害管理体系还向民众提供有关灾害宣传服务和行动要领信息。此外，它还可以通过卫星或航空摄影等收集灾害信息，提前感知灾害，并对相关信息进行分析评估后报送中央、地方政府及相关机构。以这些灾害信息为基础，各机关可以采取具体应对方案。非但如此，它还可以通过电视、广播等方式向民众提供灾害信息。

为了使受灾现场以及非常情况监测室的信息与灾害管理信息体系保持同步，只有改变原有主要依赖文字的输入模式，实现图像、视频等多媒体输入，才能做到对灾害的管理行之有效。构建宽带融合网络（BCN: Broadband Convergence Network），统合发展基于新一代移动通信的快速分组无线传输技术以及基于IP的移动通信技术，将各式各样的多媒体信息与移动通信系统、电脑网络连接起来，可以实现高速高质的信息传递。

灾害结束后要进行重建工作。重建工作分为短期紧急重建和中长期防范重建

两种。动员现有人力、物力进行重建属于紧急重建，中长期重建需要经过制订重建计划、选定重建业主等程序。重建计划要等到灾情评估，即受灾损失及灾情调查分析完成之后才能制定。灾情评估结果为申请灾区支援、制定援助计划提供决策依据。

McLouglin在1985年的研究中指出：重建阶段能够有效减少日后灾害带来的影响，或者预防灾害再次发生，它与危机管理的初始阶段——灾害防范和缓和阶段循环相连。联合国开发计划署（UNDP）2007年的研究表明：信息通信技术（ICT）在灾害救援及灾后重建现场的作用，在"萨哈娜（Sahana）赈灾管理系统"中有很好的体现。萨哈娜赈灾管理系统在追寻失踪者（tracing Missing Person）、协调志愿者组织（Coordinating Donor Group）、确认临时营地和避难所（Recording the Location of Temporary Camps DND Shelters）方面发挥着卓越作用。

韩国消防防灾厅为了使重建工作顺利进行，从行政程序上缩短了补偿协议的时间。以前就重建工作补偿业务，并没有统一的指导方针，仅由各地政府各自酌量办理，因此拖延补偿的现象时有发生。补偿协议的行政程序（通告执行、制定土地审单、公示补偿计划等）如按步骤进行则耗时漫长。而且当补偿协议遭遇拒绝执行时，尽管需要采取征用等强制执行措施，但一线地方政府对此一般消极应对，只负责办理协议补偿。另外还有一部分地方政府只受理已达成协议的补偿协议，当补偿协议遭遇拒绝执行时，无法申请征用裁决。为了解决这个问题，消防防灾厅简化了行政程序：在现行法律范围内，做到在执行补偿协议行政程序的同时，缩短补偿协议所需时间。被征用土地（包括土地上附属设施等）原则上同时执行补偿协议与征用裁决程序。不过对于在补偿协议期间内未达成协议的土地以及土地上附属设施则执行征用裁决程序。

# 五　结语

为了构建适用于灾害管理不同阶段的科学应对方案，实现有效合作与决策支持，本研究开发出了一套智能型、一体化综合灾害管理体系，旨在分析共享灾害信息以及评估灾害危险程度。本研究所开发的这套体系具有管理运营资源管理设施及基础设施，监控气候、水文、预兆信息之功能。除此之外，它还构建了WEB GIS基础体系，能够传递救援急救信息，实现双方信息共享。这套体系有待发挥以下作用：准确掌握灾区信息，帮助救援顺利实施；实现资源管理信息共享

以及双向交流，"适时"、"适地"地为灾区提供救援物资；实现避险以及紧急重建时所需技术与资源信息共享；分析支援灾区重建时所需防灾信息并对其危险性做出评估等。

（张宝云　译）

# 中国核电安全及中日韩核安全合作

彭 俊*

## 一 引言

核安全是国家安全不可或缺的重要组成部分，同时也深刻影响着全世界的安全和稳定。最近发生的日本福岛核事故的教训是非常惨重的，再一次凸显核安全的极端重要性和广泛影响力。同时日本福岛核事故进一步说明了"核安全无国界"的全球性。核安全已成为各国高层在各种双边和多边国际场合中越来越关注的议题。

本文简要回顾了中国核电发展的现状以及当前核安全监管的现状，并介绍了福岛核事故发生后中国采取的相应措施，以及目前正在进行的工作，同时也对福岛核事故产生的影响及需要着重研究的问题进行了探讨。本文最后还对中日韩三国核安全合作进行了回顾和展望。

---

* 彭俊，中国环境保护部国际司核安全国际合作处副处长。1997年获清华大学工程物理系核反应堆工程与安全硕士学位。1997年至1998年任国家核安全局核电处助理项目官员；1998年至2000年任国家环保总局办公厅秘书处秘书；2000年至2005年任国家核安全局核电处项目官员；2005年至2010年任中国常驻国际原子能机构代表团二秘；2010年起任现职，主要负责核安全国际合作事务。

## 二  中国核电发展现状

中国经济持续高速发展，对世界经济增长作出巨大贡献，同时能源需求巨大，现在是世界能源第二大消费国。所以发展核能对于推进中国节能减排，改善能源结构，减少温室气体排放，应对气候变化具有重要意义。

截至目前，中国已有运行核电机组15台，在建28台，主要分布在浙江秦山、广东大亚湾、江苏田湾三个核电基地。目前运行核电厂管理水平不断得到提高，总体安全水平良好，在建核电厂建造质量处于受控状态。2009年核电装机比例约为1.03%，预计到2012年中国运行和在建核电机组将达到50多台，2020年将达到100多台，核电装机比例将提升到4%。中国将在引进消化吸收的基础上，加快形成具有自主知识产权的核电品牌，同时加强核电人才培养，推进核电重大关键装备国产化，并将把握节奏，使核电建设与技术装备、人才培养和核安全监管力量相适应。

## 三  中国核安全监管现状

核安全是核电发展的生命线，关系公众的生命财产安全和社会稳定，核电发展的成败。中国政府一贯本着负责任的态度，高度重视核安全，始终把"安全第一"放在核电建设的首位。为确保核安全，中国政府早在核电发展之初，就专门成立了一个完全独立于发展部门的核安全监管机构——国家核安全局，对全国民用核设施安全实施统一监督，独立行使核安全监督权。中国核安全监管工作经过20多年的努力，从无到有，逐步发展，初步建立并实施了一套适合中国国情并与国际接轨的核安全监管机制，实施许可证制度，进行全过程的管理。

中国法律授权中国国家核安全局通过技术审评、技术验证、行政许可、现场监督、执法、环境监测等手段，对许可证持有者的核安全活动实施监督管理，确保其承担安全责任和依法进行与安全有关的活动。经过20多年的努力，中国已经建立了包括法律、行政法规、部门规章、强制性标准、安全导则和技术参考文件等不同层次的核与辐射安全法规标准体系，为核能发展打下了坚实基础。

中国的核电事业虽然起步较晚，但一开始就按国际标准建设核电站，在美国三哩岛核电厂事故和苏联切尔诺贝利核电厂事故经验教训的基础上，中国的核安

全法规主要参照了国际原子能机构的标准，吸收了国际核安全的良好实践。

中国政府重视核安全，按照国际惯例对民用核设施实施独立的审评和监督，核电厂在建造、装料和运行过程中都严格执行了许可证制度，国家核安全局也对核电厂实施着严格的日常监管。在苏联切尔诺贝利核电厂事故后，又及时吸取了国际上新兴起的核安全文化理念，在各核设施大力倡导和推行。

为了适应现代社会对新一代核电的要求，中国政府要求核能开发过程中进一步降低堆芯融化和放射性物质释放的风险，减少严重事故发生概率；进一步减少放射性废物的排放量，寻求更佳的核废物处理方案，减少对人员和环境的放射性影响。为此中国在建设国际上安全成熟的二代核电技术的基础上，已经引进、吸收了世界上最先进的第三代核电技术，并进行改进、创新；同时正积极研究和试验固有安全水平更高的第四代核电技术。

目前中国核能稳定发展，安全风险处于可控状态。人员安全意识明显加强，电厂安全业绩显著提升。这些业绩表明了监管取得的明显成效，证明我国的核安全监管体系和制度的设置比较科学和合理，其安全监管的独立性、权威性得到了充分的保证。

中国国家核安全局总部现有机关工作人员70人，华北、西北、东北、西南、华南、华东6个地区监督站的人员编制为331人，核与辐射安全中心的编制为600人（正在逐步到位），其他技术支持单位包括北京核安全审评中心、苏州核安全中心、核设备安全和可靠性中心、辐射监测中心在内共约260人，另有一个由110名专家组成的专家委员会为我们提供专家服务。日本福岛事故发生后，中国政府采取措施，进一步加强核安全监管机制，从人力、资源方面给予充分的保障，进一步提高核安全监管的能力。

## 四　福岛核事故后中国采取的措施

福岛核事故发生后，中国政府高度重视，采取一系列果断、有效、得力的措施，及时响应。自3月11日以来，环境保护部（国家核安全局）主要开展了以下工作。

（1）通过各种渠道努力收集有关此次事故的信息，密切关注事态进展，定时与日本原子力安全保安院通电话了解即时信息。通过了解事故最新进展，对得到的信息进行分析和研判，并在此基础上提出相应的意见和建议，为中国政府确定

适当的对策措施提供依据和支撑。

（2）迅即要求国内所有运行核电站密切关注和预防此次地震及海啸可能产生的影响，并切实加强运行管理，确保安全稳定运行。

（3）全面启动全国辐射环境监测网络，开展严密监测。

（4）大力开展公众宣传，第一时间将掌握的事故进展情况和环境监测信息对外发布，保证公众的知情权；同时，组织专家广泛进行核电及核安全基础知识的解释和宣讲，以消除公众的误解、疑虑和恐慌，取得了很好的成效。

# 五　中国当前正在开展的工作

福岛核事故进一步凸显了加强核安全的重要性和紧迫性。为了确保中国核电稳定、健康、安全发展，中方正抓紧开展以下工作。

（1）切实加强对核设施的日常监督管理。

（2）对在建核电站开展全面安全复审。

（3）严格审批新上核电项目。

（4）对运行核设施开展全面安全检查。通过全面细致的安全检查，切实排查安全隐患，并借鉴福岛核事故在抗震、防洪、备用应急电源、氢爆等方面的经验教训，积极采取相关整改措施，以改善和提高其安全水平。

（5）抓紧编制核安全规划，调整完善核电发展中长期规划。核安全规划批准前，暂停审批新的核电项目，包括开展前期工作的项目。

（6）在核安全监管的机构队伍、法规标准、技术能力三大方面着力开展工作。

# 六　福岛核事故的影响及需要着重研究的问题

尽管福岛核事故目前尚未结束，我们所掌握的信息也十分有限，但总体来看，本次事故后果相当严重，教训相当深刻。首先从后果来看，不仅是放射性物质泄漏引发了严重的放射性后果，而且也使经济受到很大损失，更为重要的是，核电的公众可接受性受到了影响，公众对核电发展的安全性产生了怀疑。从教训方面来看，这次事故暴露出了许多方面的问题。这些问题有些是技术方面的，有些是管理方面的，有些是因为不可抗的自然灾害造成的。未来应着重在以下几方面深入探讨和研究，寻求对策。

第一，关于进一步提高安全标准并全面有效执行的问题。福岛核事故反映出人类社会对自然灾害的认识还存在局限。鉴于核事故后果的严重性，有必要进一步提高核电站的设防标准，尤其是针对自然灾害、恐怖袭击等外部事件的设防标准。与此同时，一定要保证各项安全标准得到全面有效执行。

第二，关于进一步改进应急响应机制和增强应急响应能力的问题。应急机制不仅包括国内的应急响应机制，还包括国际应急响应机制。从福岛核电站事故可以看出，一国出事也将对其他国家也造成影响，在核事故应急方面不只当事国家要启动，同时相关各国也要启动，共同应对。

第三，关于进一步建立强有力的核安全监管机构的问题。核安全监管机构应具有完整的独立性、权威性、有效性，拥有强大的技术队伍、坚实的技术基础和充分的资源保障，以确保在紧急状态下能做出果断正确的决策和采取科学合理的行动。

第四，关于进一步加强信息公开和公共宣传的问题。为了避免误解和疑虑引起社会问题以及公众对核电公司的接受性问题，需要尽早公开信息，做好宣传工作，做到核事故信息及时发布共享，避免引起社会恐慌。同时，还要切实加强公共科普宣传工作，促进公众对核电的正确认识和理解。

第五，关于进一步强化国际合作，充分共享经验和能力的问题。核安全没有国界，城门失火，殃及池鱼，一家搞不好，大家都受拖累，在核安全这个大家庭里没有哪个国家可以独善其身。因此，必须大力提倡各国核安全监管机构之间加强经验和能力共享，相互帮助，相互扶持，共同提高，共同发展。

# 七　中日韩核安全合作

中日韩三国都是核能利用大国，各自拥有数十台核电机组，均在全球核安全事务中发挥着重要的影响和作用，并且三方在核安全领域长期保持着良好的合作。自2008年起，中日韩三国核安全监管机构之间建立了核安全监管高官会的机制，并已经举办了三次核安全监管高官会，形成了东北亚地区成熟的核安全合作机制和信息交流平台，为共同推动该地区的核安全合作做出了积极努力，发挥了重要作用。中日韩核安全监管高官会每年召开一次，由三国核安全监管机构轮流举办。2010年11月，中国环境保护部（国家核安全局）在北京主办了第三次中日韩核安全监管高官会。

中日韩三国在核安全领域的合作主要包括：加强三方关于核安全监督管理实践、各国核电厂运行状况、核电厂事件报告及运行经验反馈、核安全相关法规标准的新变化等的核安全信息交流，以及技术人员的交换、互访等。在此基础上启动了 RCOP1 运行经验反馈项目及 RCOP2 探伤、缺陷评定、维修政策项目，确定了合作机制内的工作方向。

中日韩三国是目前亚洲地区乃至世界上发展核电事业较为迅速的国家，同时又是邻国，加强三国核安全合作是大家共同的愿望和共同的利益所在。福岛核事故后，三国应充分讨论在自然灾害发生时加强核电安全的措施，充分共享防范核事故的良好实践，充分加强公众宣传和信息公开，增加公众的信任和信心。

# 八　结语

福岛核事故虽然是坏事，但从某种意义上讲也是一种财富，是全球核工业界的财富。它给了我们难得的机会，静下心来认真回顾和思考，发现并弥补薄弱环节。它也是难得的案例，我们需要对福岛核事故进行认真而深入的分析和评价，然后从这些经验教训中得到启示，借此来推动和改进我们的工作。

# 核电站的安全性确保与今后的国际合作

森田裕二[*]

## 一 序 言

2011年3月11日发生的东北地区太平洋海面地震以及这次地震所引起的海啸给以我国东北为中心的地区造成了巨大的损失。地震的级别为里氏9.0级，即使从世界范围来看，这个级别在20世纪初开始的110年间也排到了第四，海啸的最大到达高度（海啸在陆地上到达的最大高度）为40.5米，为国内观测史上观测到的最大高度。截至10月3日死亡人数为15821人，失踪人数达到3962人，全毁坏建筑102886户，半毁坏建筑58515户，电力、煤气管道、自来水管道、铁路、公路等生活设施和基础设施也遭到了巨大的损坏。为此，一时间近39万人被迫避

---

\* 森田裕二（Morita Yuji），主要经历（至2011年9月为止）：1974年4月，共同石油（株式会社）[（株式会社）日本能源（Japan Energy）、现JX日矿日石能源（株式会社）]入社。1984年4月~1986年3月，调入（财团法人）日本能源经济研究所；1997年4月，（株式会社）日本能源（Japan Energy）企划部主席参事；1998年7月，（财团法人）日本能源经济研究所政策预测研究小组专业研究员；2000年6月，第二研究部石油小组主管；2005年4月，计量分析单位单位总括研究主干；2006年4月，计量分析单位单位总括研究理事；2011年7月，石油·煤气单位担当研究理事至今。

难转移，至今仍然有73000多人持续着避难生活[1]。

这次海啸袭击了位于福岛县的东京电力的2座核电站，使得福岛第一核电站发生了大规模、长时间的核电事故。核反应堆向大气中排放出放射性物质，根据INES（国际核事件分级标准）的评价，总排放量达到了与1986年4月的切尔诺贝利核电站事故相同的"7级（Level 7）"数值[2]。

这次事故的原因是对大规模海啸的来袭没有进行充分预测和应对，发生的诱因是自然灾害，同时造成多座核反应堆发生事故以及核燃料的堆芯熔毁、核反应堆压力容器和储藏容器受损等严重事故，上述很多特点与1979年3月的美国三哩岛核电站事故以及切尔诺贝利核电站事故有所不同。

下面，我想以迄今为止公布的报告书等材料为基础，就事故发生的经过、原因以及今后的安全对策进行概述。

# 二　事故的经过

日本时间2011年3月11日14点46分，三陆海面约130千米海域处发生了里氏9.0级的地震。震源位于北纬38.1度、东经142.9度，深度23.7千米，是在太平洋板块沿日本海沟沉入北美板块下方的地区发生的。之后海啸分前后七波袭击了东北地区，全部浸水面积达到561平方千米。

东京电力公司的福岛第一核电站位于福岛县双叶郡大熊町和双叶町，1~6号机组共设置了6座沸水型轻水反应堆（BWR），总发电容量469.6万kW（见表1）。第一核电站以南约12千米的福岛县双叶郡楢叶町和富冈町一带设有福岛第二核电站，1~4号机组各设置了1座沸水型轻水反应堆，总发电容量为440万kW（见表2）。

地震发生前，福岛第一核电站的1、2、3号机组处于定格输出运转中，4、5、6号机组处于定期检查中。其中，4号机组的核反应堆压力容器中的核燃料已经

---

① 内阁府中央防灾会议·以东北地区太平洋海面地震为教训的地震·海啸对策的相关专业调查会（第一回），2011年5月28日。另外，警察厅紧急灾害警备本部统计的至2011年10月7日为止的全毁坏建筑为118516户，半毁坏建筑为180700户。

② 关于东日本大震灾、中越地震及阪神·淡路大震灾的避难所数·避难者数（在避难所生活的人）的推移，2011年9月16日，复兴对策本部。切尔诺贝利的排放量为520万兆贝克勒尔（terabecquerel），与此相对，核能安全委员会公布的数值为63万兆贝克勒尔，核能安全·保安院的估算值为37万兆贝克勒尔。（2011年4月12日，经济产业省）。

全部被转移到废弃燃料堆放池中。另外，福岛第二核电站的1~4号机组全部处于
定格输出运转中。

表1　福岛第一核电站设备的概要

|  | 1号机组 | 2号机组 | 3号机组 | 4号机组 | 5号机组 | 6号机组 |
|---|---|---|---|---|---|---|
| 核反应堆类型 | BWR-3 | BWR-4 | BWR-4 | BWR-4 | BWR-4 | BWR-5 |
| 主要合同方 | GE | GE·东芝 | 东芝 | 日立 | 东芝 | GE·东芝 |
| 储藏容器类型 | Mark-1 | Mark-1 | Mark-1 | Mark-1 | Mark-1 | Mark-2 |
| 堆芯燃料集合体数量（根） | 400 | 548 | | | | 764 |
| 建设动工 | 1967年9月 | 1969年5月 | 1970年10月 | 1972年9月 | 1971年12月 | 1973年5月 |
| 营业运转开始 | 1971年3月 | 1974年7月 | 1976年3月 | 1978年10月 | 1978年4月 | 1979年10月 |
| 电力输出（千kW） | 460 | 784 | | | | 1100 |
| 应急用柴油发电机 | 2 | 2 | 2 | 2 | 2 | 3* |
| 3月11日当天的设备状态 | 运转中 | 运转中 | 运转中 | 燃料更换停止 | 燃料更换停止 | 燃料更换停止 |

注：*其中1台应急用发电机为空气冷却式。

表2　福岛第二核电站设备的概要

|  | 1号机组 | 2号机组 | 3号机组 | 4号机组 |
|---|---|---|---|---|
| 核反应堆类型 | BWR-5 | BWR-5 | BWR-5 | BWR-5 |
| 主要合同方 | 东芝 | 日立 | 东芝 | 日立 |
| 储藏容器类型 | Mark-2 | Mark-2改良 | Mark-2改良 | Mark-2改良 |
| 堆芯燃料集合体数量（根） | 764 | | | |
| 建设动工 | 1975年11月 | 1979年2月 | 1980年12月 | 1980年12月 |
| 营业运转开始 | 1982年4月 | 1984年2月 | 1985年6月 | 1987年8月 |
| 电力输出（千kW） | 1100 | | | |
| 应急用柴油发电机 | 3 | 3 | 3 | 3 |
| 3月11日当天的设备状态 | 运转中 | 运转中 | 运转中 | 运转中 |

资料来源：《東京電力（株）福島原子力発電所の事故について》，2011年6月20~24日（原子力安全
に関する国際原子力機関（IAEA）閣僚会議），原子力災害対策本部·日本国政府。

（1）地震的发生

本来福岛第一核电站共与6条线路的外部电源连接，但由于地震导致遮断器
受损，送电铁塔倒塌，从而使外部电源的供电全部停止。受地震发生后的地震加

速度影响，核反应堆紧急停止工作（Scram停堆），14点47分通过插入控制棒使全部反应堆正常自动停止。虽然失去了外部电源供电，但应急用发电机正常自动启动，确保了电源的供给。操作人员根据既定程序进入了冷却工作。

福岛第二核电站的全部机组也由于地震而自动停止工作。除1条线路因维护检修而停止使用之外还连接有3条线路的外部电源，但地震导致断路器绝缘子破损和避雷器损坏，使其中2条线路停止供电。不过，仅剩下1条线路的外部电源保持连接，确保了对应急用机器的电源供给。同时，停止供电的线路从3月12日13时以后依次恢复了正常。

（2）海啸的袭来

①福岛第二核电站

福岛第二核电站在地震发生37分钟后的15点23分遭受了第一波海啸袭击，15点35分左右第二波海啸袭来，海啸的浸水高度达到6.5~7米。因为这两波海啸，补机冷却用①的海水泵设施除3号机组外全部浸水停止了工作。核反应堆建筑地下2层设置的各机组的3台应急用柴油发电机中，3号机组的2台以及4号机组的1台发电机维持了正常功能，但1号机组和2号机组的发电机停止了工作。

之后，1号机组、2号机组、4号机组的压力控制室（S/C、Suppression Chamber）的温度上升到100℃以上，核反应堆丧失了压力控制功能，但由于确保了外部电源供电，电源盘、直流电源等没有浸水，所以通过复原工作恢复了除热功能。1号机组、2号机组、4号机组分别在3月14日17点、同日18点、3月15日7点15分达到了低于100℃的低温停止。3号机组由于反应堆没有丧失除热功能，因此在3月12日12点15分达到了低温停止②。

②福岛第一核电站

福岛第一核电站在地震发生41分钟后的15点27分遭遇了第一波大海啸，15点35分左右遭遇了第二波大海啸。海啸的高度超过了福岛第二核电站的海啸高度，达到了14~15米，全部机组的补机冷却用海水泵设施浸水停止了工作。不仅如此，设置在1~5号机组的控制房和涡轮机建筑1层和地下室的应急用柴油发电机及配电盘也被殃及。6号机组的3台应急用发电机中仅有设置在柴油发电机房1

① 补机：余热去除泵、余热去除冷却器、高压注水泵等泵类、冷却器类设备。
② 东北电力的女川核电站的3个机组也受地震的影响停止了工作，由于在地震及海啸过后保持了一部分外部电源线路和海水泵的功能正常，3月12日1点17分实现了低温停止。

层的1台没有丧失功能，保证了应急电源的供给。

进入冷却工作的福岛第一核电站的发电机由于这次海啸的影响，除6号机组的1台之外全部丧失了交流电源。电源的丧失除导致无法确认参数信息之外，也使停止冷却系统（SHC, Shut Down Cooling System）无法使用，造成核反应堆损坏后产生的热量无法排放的状态。操作人员根据严重事故（Severe Accident）步骤书的指示紧急进行了确保电源的尝试，但是最终没能确保电源。

结果，虽然启动了使用蒸气的1号机组的应急用复水器（IC, Isolation Condenser）、2号机组的核反应堆隔离时冷却系统（RCIC, Reactor Core Isolation Cooling system）、3号机组的核反应堆隔离时冷却系统和高压注水系统（HPCI, High Pressure Coolant Injection System），但除此之外的应急用冷却功能全部丧失。

之后，没有使用交流电源的这些堆芯冷却功能也停止了，所以改为利用由柴油驱动的消火泵和消防车等灭火类设备注入淡水、海水来进行冷却。加之使用电源车来恢复电源的工作有所进展，3月13日开始了6号机组向5号机组的电力疏通。

被注入的水从核燃料中吸收了汽化热，在核反应堆压力容器（RPV, Reactor Pressure Vessel）内变为水蒸气，核反应堆压力容器的内压上升。这些水蒸气通过安全阀泄漏到储藏容器（PCV, Primary Containment Vessel）。结果，1~3号机组的储藏容器内压逐渐上升。为了防止储藏容器由于压力上升而破损，多次将储藏容器内部的气体通过排气筒从压力控制室的气相部排放到大气中的储藏容器"Wet Well Vent（湿井通风）"。

但是，1~3号机组中"无法向反应堆压力容器注水的状态"持续了一定时间，堆芯的核燃料以无水覆盖的状态外漏，导致了堆芯熔毁（见表3）。

**表3　各机组的堆芯状态**

|  | 1号机组 | 2号机组 | 3号机组 |
|---|---|---|---|
| 3月11日 | 14:46：外部电源丧失，应急用柴油发电机启动<br>14:52：应急用复水器启动<br>15:37：全部交流电源丧失<br>17:00左右：燃料外泄，之后堆芯开始熔毁 | 14:47：外部电源丧失，应急用柴油发电机启动<br>14:50：RCIC（核反应堆隔离时冷却系统）启动<br>15:41：全部交流电源丧失 | 14:47：外部电源丧失，应急用柴油发电机启动<br>15:05：RCIC启动<br>15:41：全部交流电源丧失 |

| | | |
|---|---|---|
| 3月12日 | 05:46：开始用灭火类设备注入淡水，注水持续约14小时9分钟后停止<br>15:36：核反应堆建筑发生氢气爆炸 | 11:36：RCIC停止<br>12:35：HPCI（高压注水系统）启动 |
| 3月13日 | | 02:42：HPC停止<br>08：00左右：燃料外泄，之后堆芯开始熔毁<br>09:25：利用灭火系统开始注水，注水持续约6小时43分钟后停止 |
| 3月14日 | 13:25：RCIC停止<br>18:00左右：燃料外泄，之后堆芯开始熔毁<br>19:54：开始用灭火类设备注入海水，注水持续约6小时29分钟后停止 | |
| 3月15日 | 06:00：储藏容器的压力控制室附近发生爆炸声 | |

资料来源：《東京電力（株）福島原子力発電所の事故について》，2011年6月20~24日（原子力安全に関する国際原子力機関（IAEA）閣僚会議），原子力災害対策本部·日本国政府。

随着燃料棒覆盖管的破损，其中使用的锆和水蒸气发生化学反应产生了大量氢气，同时燃料棒内的放射性物质被排放到了核反应堆压力容器内。在对核反应堆压力容器进行减压操作的过程中，这些氢气和放射性物质被排放到了储藏容器内。

1号机组和3号机组方面，在进行储藏容器"Wet Well Vent（湿井通风）"后，在核反应堆建筑上部发生了被认为从储藏容器中外泄的氢气导致的爆炸，各反应堆建筑的控制层被破坏，大量放射性物质被排放到了大气中。

接下来，在为了定期检查而将堆芯燃料全部转移到废弃燃料堆放池存放的4号机组的核反应堆建筑中发生了氢气引起的爆炸，核反应堆建筑上部遭到破坏。同时，2号机组的储藏容器的压力控制室附近也发生了氢气爆炸，储藏容器发生破损。

由于丧失电源导致1号机组到4号机组的各机组废弃燃料堆放池中的水停止冷却，废弃燃料的发热造成水开始蒸发，水位持续降低。为此起初使用了自卫

队、消防队和警察的直升机以及喷水车继续向废弃燃料堆放池注水，最后改为用混凝土泵车注入海水（后改为注入附近贮水池中的淡水）。

# 三　事故的原因和当前的对策

（1）福岛第一核电站（见图1）

福岛第一核电站的用地高度方面，1~4号机组为O.P.（小名滨港工事基准面，即海水面）+10米，5号机组和6号机组为O.P.+13米。发电厂设置许可的设计海啸水位以智利地震（1960年5月22日，里氏9.5级）为对象波源，定为O.P.+3.1米。之后，在2002年土木学会实施的基于"核电站的海啸评价技术"的评价中，各机组的水位从O.P.+5.4米调整为O.P.+5.7米，因此东京电力以O.P+5.7米为标准，加高了6号机组的海水泵的安装高度。但是，海啸的O.P.高度即浸水高度达到14~15米，几乎所有的主要建筑设置用地都被水殃及。

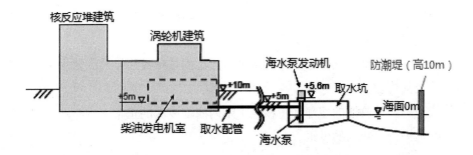

**图1　福岛第一核电站1号机组的概要**

资料来源：《原子力安全に関するIAEA閣僚会議に対する日本国政府の報告書—東京電力福島原子力発電所の事故について—》，2011年6月，原子力災害対策本部。

受海啸的影响，各机组设置在高度5.6~6米上的补机冷却用海水泵设施全部浸水。同时，核反应堆建筑和涡轮机建筑的地下一层（高0~5.8米）设置的应急用柴油发电机及配电盘大多也受到影响，丧失了应急用电源的供给。

（2）福岛第二核电站（见图2）

用地高度O.P.+12米的福岛第二核电站设计时的海啸高度为3.1~3.7米，另外在2002年的土木学会的评价中，最高水位被定为5.1~5.2米。海啸的实际浸水高度达到6.5~7米，在主要建筑物的设置用地上，1号机组、2号机组的建筑周边及

3号机组的建筑南侧浸水，比福岛第一核电站受到的海啸影响要小。

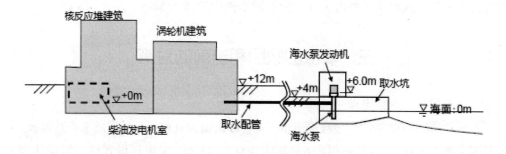

**图2　福岛第二核电站的概要**

资料来源:《原子力安全に関するIAEA閣僚会議に対する日本国政府の報告書—東京電力福島原子力発電所の事故について—》，2011年6月，原子力災害対策本部。

（3）事故的原因及政府的紧急安全对策

2011年3月30日，核能安全保安院认为伴随巨大地震而来的海啸是造成事故严重化、灾害规模扩大的直接原因，并且就事故的理由列举出了以下几点。

①在丧失（核电）站外电源的同时没能确保紧急时的电源。

②丧失了在核反应堆停止工作后将堆芯放出的热量最终排放到海水中的海水系统设施或其功能。

③废弃燃料堆放池的冷却和（核电）站内向堆放池的正常水供给停止时，没能机动性地进行冷却水的供给。

因此，为了实现"即使受海啸的影响丧失了①全部交流电源②海水冷却功能③废弃燃料堆放池的冷却功能，也要防止堆芯损伤、废弃燃料的损伤，抑制放射性物质的排出，同时恢复冷却功能"的目的，要求在1个月之内做出以下6项应对作为紧急安全对策（见表4）。

紧急检修的实施：为防范海啸进行紧急应对的机器、设备的紧急检修。

紧急时应对计划的维护和训练的实施：预想到全部交流电源丧失、海水冷却功能丧失及废弃燃料堆放池的冷却功能丧失等紧急情况时对应计划的维护和训练的实施。

紧急时的电源确保:（核电）站内电源丧失，无法确保紧急时电源时，确保能机动性地供给必要电力的代替电源。

**表4　参考福岛第一核电站事故制定的对策**

| 阶段 | 紧急安全对策 | 根本对策 |
|---|---|---|
| | 短期 | 中长期 |
| 预计完成时期 | 以1个月为期（到4月中旬左右） | 根据事故调查委员会等部门的讨论来决定 |
| 目标（要求水准） | 即使受海啸的影响丧失了①全部交流电源②海水冷却功能③废弃燃料堆放池冷却功能，也要防止堆芯损伤、废弃燃料损伤的发生 | 参考以造成这次灾害的海啸为基础设定的"预计海啸高度"，防止灾害的发生 |
| 具体对策的例子 | 【设备的确保】<br>·电源车的配备（用于冷却核反应堆和废弃燃料堆放池）<br>·消防车的配备（用于供给冷却水）<br>·消防管的配备（用于确保从淡水箱或海水坑取水时的给水渠道）等<br>【步骤书等的制作】<br>·完善利用上述设备进行紧急应对时的实施程序<br>【应对训练】<br>·实施根据步骤书进行紧急对策的训练 | 【设备的确保】<br>·防潮堤的设置<br>·防水门的设置<br>·其他必要设备的设置<br>※按以下顺序实施设备方面的改善（例：空气冷却式柴油发电机、海水泵电动机预备品的确保等）<br>【步骤书的制作】<br>【应对训练】 |
| 保安院的确认等 | ·保证紧急安全对策实效性的省令的修改、包含该对策的保安规定的认可<br>·通过检查等措施对紧急安全对策的实施状况严格进行确认 | |
| 事业者的应对 | ·关于设备，现正处于努力配备中（配置场所也正处于确保中）<br>·根据这次事故重新制作步骤书，实施训练<br>·紧急安全对策确认后继续不断改善，提高其可靠性 | |

资料来源:《福岛第一·第二原子力発電所事故を踏まえた他の発電所の緊急安全対策の実施について》，原子力安全·保安院，2011年4月4日（2011年3月30日経済産業大臣指示）。

　　紧急时的最终除热功能的确保：预想到海水系统设施或其功能丧失的情况，事先准备好机动除热功能的恢复对策。

　　紧急时的废弃燃料堆放池的冷却确保：废弃燃料堆放池的冷却或（核电）站内向堆放池的正常水供给停止时，实施机动地供给冷却水的对策。

根据各地点的构造实施当前所必要的对策。

核能安全保安院在5月6日就这些对策的实施状况听取了各电力事业者的报告，确认了各对策的恰当实施。

（4）迈向事故平息的步骤表

为了平息福岛第一核电站事故，东京电力在2011年4月17日制定了"当前应解决问题的步骤表"（表5）。以"实现核反应堆及废弃燃料堆放池的稳定冷却状态、抑制放射性物质的排出"为基本思想，设定了"放射线量切实开始减少"（步骤1）、"放射性物质的排出得到管理，放射线量被大幅抑制"（步骤2）这2个目标。关于目标达成时间，"步骤1"为3个月左右，"步骤2"为"步骤1"结束后的3~6个月左右。将达成"步骤2"时最重要的课题"核反应堆的低温停止"的条件定义为，①压力容器底部的温度大致降到100℃以下②新排出的放射性物质造成的用地边界的辐射量为每年1mSv（毫西弗）以下。

**表5　当前应解决问题的步骤表**

| 领域 | 课题 | 目标与对策 | |
| --- | --- | --- | --- |
| | | 步骤1 | 步骤2 |
| Ⅰ冷却 | （1）核反应堆的冷却 | ①能够进行安全的冷却<br>·填充氮<br>·用水填满燃料区域直至上部<br>·热交换功能的探讨、实施<br>②抑制滞留水的增加并进行冷却直至能够密封（2号机组）储藏容器为止 | ③实现低温停止状态（根据各机组的情况充分进行了不同程度的冷却）·坚持、强化步骤1的各项对策 |
| | （2）废弃燃料堆放池的冷却 | ④能够进行安全的冷却<br>·提高注入操作的可靠性<br>·循环冷却系统的恢复<br>·（4号机组）支撑构造物的设置 | ⑤保持堆放池的水位，实现更安全的冷却<br>·实现注入的遥控操作<br>·热交换功能的探讨、实施 |

| | | | |
|---|---|---|---|
| Ⅱ抑制 | （3）被放射性物质污染的水（滞留水）的封存、保管、处理、再利用 | ⑥确保充分的保管场所防止放射线级别高的水流到用地外<br>·保管/处理设施的设置<br>⑦对放射线级别低的水进行保管、处理<br>·保管设施的设置/除染处理 | ⑧减少污染水整体的量<br>·保管/处理设施的扩充<br>·除染/盐分处理（再利用）等 |
| | （4）对大气、土壤中的放射性物质的抑制 | ⑨防止建筑/用地中的<br>⑩将全体建筑覆<br>放射性物质扩散盖（应急措施）<br>·扩散防止剂的播撒<br>·砖瓦的清理<br>·核反应堆建筑防护罩的设置 | |
| Ⅲ　监控·除染 | （5）避难指示/有计划的避难/紧急时避难准备区域的放射线量的测定、减低、公布 | ⑪加大监控力度，快速正确通知<br>·监控方法的探讨、着手 | ⑫充分减低避难指示/有计划的避难/紧急时避难准备区域的放射线量 |
| | | （注）关于避难指示/有计划的避难/紧急时避难准备区域的放射线量的监控和降低方法，本公司会在与国家充分合作且与县·市町村充分商议的基础上，制定出尽可能的对策 | |

资料来源：《福島第一原子力発電所·事故の収束に向けた道筋》，2011年4月17日，東京電力株式会社。

事故发生3个多月后的7月19日，政府的原子力灾害对策本部发表见解认为"放射线量切实开始减少的'步骤1'基本达成"。另外，东京电力在9月28日下午5点对福岛第一核电站2号机组的核反应堆压力容器底部的温度进行测定的结果为99.4℃，称事故后温度首次下降到了100℃以下。1号机组、3号机组已经分别降低到78℃和79℃，突破了80℃大关，发生了堆芯熔毁的1~3号机组的温度全部降低到了100℃以下。用地边界的放射线量也下降到0.4mSv（毫西弗），事故发生约6个半月后，在数字上达到了"低温停止状态"的重要条件。

（5）对其他核电站的处理

受到福岛第一核电站事故的影响，其他地区的核电站也遭到了当地自治体和周边居民的质疑。5月6日，政府出于"今后预想的地震引发大规模海啸的可能

性很高"的原因，要求中部电力公司在政府的中长期对策实施期间，停止滨冈核电站所有机组的运转。

政府进而又在7月11日决定实施以压力测试（Stress Test）为参考的安全评价。评价分为"一次评价"和"二次评价"，"一次评价"的工作是对在定期检查中做好了启动准备的核电站可否重新运转进行判断，从"在安全上发挥重要作用的设施、机器对于超过了设计预想的情况具有多大程度的安全容差（Tolerance）、对于容许值等数值具有多大程度的容差"这个角度来实施（见表6）。

### 表6  压力测试的评价项目

| 评价项目 | | 评价内容 |
|---|---|---|
| 自然现象 | 地震 | 对于超出预想的地震或海啸，能够以什么样的安全功能、多大程度地防止燃料的重大损伤 |
| | 海啸 | |
| | 地震、海啸的重叠 | |
| 功能丧失 | 全部交流电源丧失 | 对于无法接受核电站外部的供电，且应急用柴油发电机全部停止、核电站完全停电的情况（全部交流电源丧失），能够以什么样的安全功能在多长期间内防止燃料的重大损伤 |
| | 最终的热的逃散场所（散热装置）丧失 | 对于海水泵全部停止、核反应堆或废弃燃料堆放池的冷却完全停止的情况（最终散热装置丧失），能够以什么样的安全功能在多长期间内防止燃料的重大损伤 |
| 严重事故·管理 | | 对于燃料的重大损伤及后续发生的放射性物质向外界的大规模排出，从多重防护的观点来看，可以采取什么样的防护对策 |

"二次评价"的工作是在参考欧洲各国的压力测试的实施情况、福岛核电站事故调查·检讨委员会的探讨状况的基础上，对运转中的核电站进行继续运转还是中止运转进行判断。具体做法是，假定发生了超出设计预想的情况，从"作为评价对象的核电站能够在何种程度的情况下保证不发生燃料的重大损伤"这个角度对安全容差（耐力）进行综合的评价。另外，关于防止燃料受到重大损伤所需的措施方面，从多重防护的观点出发，在展示其效果的同时，特别指出Cliff

Edge[①]的情况，揭示潜在的脆弱性。

对此，核能安全保安院在 7 月 21 日向核能安全委员会提交了压力测试的评价方法和实施计划。电力公司以年度内为期实施这些评价，将结果提交给核能安全保安院。核能安全保安院在评价结果的同时，向核能安全委员会提出确认评价的要求。

（6）对核能安全对策的重新认识

政府在 8 月 15 日从"规制和利用的分离"这个观点出发，决定将现经济产业省的外局——核能安全保安院的核能安全规制部门从经济产业省中分离出来。同时整合核能安全委员会设置法规定的核能安全委员会的功能，以 2012 年 4 月为目标，在环境省中设置"核能安全厅（暂定名称）"作为其外局[②]。目的是通过将与核能安全规制相关的关联业务一元化，进一步提高规制机关的功能，并承担与核反应堆及核燃料物质的使用相关的安全规制、核安全的应对以及环境监控的司令塔等功能。另外，计划将事故发生时的初期应对及其他危机管理规定为"核能安全厅"的重要职能，进行所需的体制完善。

# 四　事故的教训与安全对策

以下，以"日本国政府向关于核能安全的 IAEA 阁僚会议提交的报告书（2011年 6 月）"以及"日本国政府向国际原子能机构提交的追加报告书（2011 年 9 月）"为中心，来总览一下这次事故的教训与今后的安全对策[③]。

（1）对大规模海啸的应对不充分

核电站的耐震设计指针在 2006 年 9 月进行了修改，应考虑的活断层活动时期的范围定为 12 万~13 万年，代之此前的里氏 6.5 级的直下型地震，以国内外的观测记录为基础，设定了更为严格的"不特定震源规定的地震动"[④]。除水平方向之外，在铅直方向上也规定了基准地震动，采用能够详细将地震发生机制模型化的断层模型作为了地震动评价方法。

---

① 指的是当承受大大超出设计预想的海啸这种超过一定程度的负荷时，由于共同的原因导致暂时大范围丧失安全功能的现象。

② 《关于核能安全规制的组织等的改革的基本方针》，2011 年 8 月 15 日，内阁会议决定。

③ 参照参考文献 4、5。

④ 1981 年的旧指针设想对象是 5 万年以内、里氏 6.5 级的"直下型地震"。

与这种针对地震的对策强化相比，针对海啸的设计都是根据过去的海啸传闻和痕迹为基础进行的，没有对再来周期尝试进行过恰当考虑。袭击了福岛第一核电站的海啸规模为14~15米，大大超出了预想范围，但步骤书中并没有对这么大的海啸做出估计和应对。

　　这次地震被视为于1100年前的公元869年在几乎同一地区发生过的里氏8.3级的"贞观地震"的再度重演。产业技术综合研究所对贞观地震的海啸留下的堆积物进行了调查，结果在位于福岛第一核电站以北约7千米处的福岛县浪江町发现了距现在的海岸线约1.5千米的浸水痕迹，可见海啸曾经到达过距海岸线最远4千米的内陆[①]。

　　受2006年的新耐震指针制定的影响，东京电力对福岛第一核电站的耐震性进行了重新评价。2009年6月召开了对这个中间报告书案进行研讨的审议会，认为1938年5月23日在福岛县海面发生的盐屋崎冲地震（里氏7.5级）曾伴随有海啸，因此指出需要参考贞观地震来进行研讨[②]。对此，核能安全保安院在2009年7月要求东京电力"对贞观地震的海啸有了新的认识后，马上对设计用海啸水位进行评价"。

　　2003年到2005年，土木学会探讨了概率论式评价方法的使用，因此东京电力就"福岛县海面如果发生明治三陆冲地震规模的里氏8.2级以上的大地震时，海啸袭击福岛第一核电站的可能性"从概率论上进行了评价调查。结果，预测可能会发生8.4~10.2米的巨大海啸（最大到达高度，1~4号机组为15.7米，5、6号机组为13.7米），并在2011年3月7日向核能安全保安院做了报告[③]。据报道，东京电力本来计划在土木学会修改指针的2012年4月以后将调查结果反映在对策中[④]，但结果在对策出台之前就发生了海啸。

　　政府在地震的预想上准备将多处震源联动的情况纳入考虑范围，同时计划强

---

① 一般认为，地震的发生具有一定的周期性。1896年6月15日发生的"明治三陆冲地震"的震级被推定为里氏8.2~8.5级，海啸的最大到达高度在岩手县大船渡市的绫里湾达到了38.2米。死者、失踪者人数21959人。另外，1933年3月3日发生的"昭和三陆冲地震"的震级为里氏8.1级，海啸在大船渡市三陆町达到28.7米，死者、失踪者人数为3064人。

② 第32回综合资源能源调查会核能安全·保安部会 耐震·构造设计小委员会 地震·海啸、地质·地表共同，2009年6月24日。

③ 《与海啸的安全性评价有关的主要经纬》，2011年8月25日，东京电力记者招待会资料。

④ 日本经济新闻，2011年10月4日。

化外部电源的耐震性。关于海啸方面，从防止严重事故的观点出发，估计了海啸的再来周期、发生频率和可能到达的高度。此外，在考虑到海啸具有的破坏力的基础上，进行建筑物的安全设计以防止海啸对用地的浸水影响。充分认识到存在"超出预想规模的海啸袭击设施"的风险，计划制定"即使发生用地的浸水和海啸波浪破坏力很大的情况也能够维持重要安全功能"的对策。

（2）没有确保电源的多样性

这次事故的一个重要原因是，没能确保必要的电源来保证"停止"与"冷却"核反应堆、"封存"放射性物质等功能的发挥。政府计划通过空气冷却式柴油发电机、燃气涡轮发电机等各种应急用电源的配备、电源车的配备等电源的多样化以及整备耐性高的配电盘和电池的充电用发电机来确保在紧急情况下的电源供给。

（3）没有制定针对浸水的对策

这次事故还有一个原因是，很多重要机器设备由于海啸而浸水，因此给电源的供给和冷却系统的正常工作带来了障碍。为此，为了在超出设计预想的海啸或洪水来袭时也能够确保重要的安全功能，政府准备结合考虑海啸和洪水的破坏力来设置防水门、封堵配管等浸水渠道、设置排水泵，通过这些措施来确保重要机器设备的防水性。

（4）没有制定针对氢气爆炸的对策

这次事故中，1号机组、3号机组和4号机组的核反应堆建筑相继发生氢气引发的爆炸。本来，沸水型轻水反应堆的储藏容器内部已经做了非活性化处理，并设置有可燃性气体的浓度控制系统。但是，没有估计到氢气外泄到核反应堆建筑中发生爆炸的情况，没能事先制定针对核反应堆建筑的氢气对策。

政府为了将产生的氢气切实排出或降低浓度，准备设置在发生严重事故时对核反应堆建筑中的可燃性气体浓度进行控制的系统，完善将氢气排到外部所需的设备，以强化氢气爆炸的防止对策。

# 五　关于国际合作

这次事故发生后接到了来自海外各国的材料设备援助的提议，对此政府却没能整合内部体制并进行充分的应对将援助与国内的需求相结合，政府将这一点列为应反思的地方。另外，还列举出了一点，即关于为确保大量污染水的保管场所

于4月4日实施的低级别污染水向大海中排放的举措，事先没有与邻国、地区进行联络，向国际社会提供的信息不充分。

为此，今后在国际合作的应对方面，将通过国际合作来构筑以下几种在国际间行之有效的应对体制。

① 依靠国际合作在事故应对上有有效的材料设备的库存清单。

② 预先明确在发生事故时与各国的接洽点（Contact Point）。

③ 通过改善国际的通报制度来强化信息共享的体制。

④ 提供更加迅速、正确的信息来实现以科学根据为基础的应对。

政府已经准备根据事故的平息状况来逐渐推进"核能安全基础的研究强化计划"。在这个计划下通过国际合作来推进强化严重事故对策所需的研究，并将其成果与提高世界的核能安全挂钩。在事故平息之后通过进一步的调查研究来更新这次事故的相关信息以及从这次事故中得到的教训，并继续将这些信息和教训不断提供给国际原子能机构以及世界各国[①]。

政府在9月30日成立"原子力灾害对策本部"（本部长为野田佳彦首相），撤除了在半径20~30千米圈设置的紧急时避难准备区域。紧急时避难准备区域是为防范氢气爆炸等意外事态，让居民随时都可以到屋内或区域外避难而在4月22日设定的。今后，将按照福岛县5个市町村共同制订的恢复计划加快学校、医院等基础设施的恢复建设，与地方自治体一起推进放射性物质的除染工作。

今后的课题是使核反应堆实现低温停止的"步骤2"。达成"步骤2"后，将进一步就"半径20千米圈内原则禁止进入的警戒区域和20千米圈外放射线量较高的计划避难区域的解除"进行具体的探讨，但是目前认为实现解除还需一段时间[②]。

另外，即使避难区域被解除，但如果放射性物质的除染工作没有进展的话，也很难期待大量避难居民可以重返家园。除染的工作重点是去除表土，但污染土

---

① 参照参考文献4、5。

② 针对东京电力公司福岛第一核电站1~4号机组的"中期的安全确保的构想"做出的指示，2011年10月3日，核能安全保安院。

的中间存放设备还处于未整备的阶段，课题堆积如山①。政府要求IAEA在从铯等放射性元素聚积的物质中去除放射性物质的工作上提供协助，于是由12名除染专家组成的派遣团于10月9日来到了日本。今后，将在参考这些专家建议的同时制定除染对策。在事故的平息以及今后的核电站安全性确保等问题上，这些国际合作是不可或缺的。

# 六　结语

对于这次的地震、海啸以及核电站事故所引发的前所未有的灾害，以中国、韩国为首的世界130多个国家、地区和近40家国际机构提供了大量援助。中国提供了帐篷、毛毯，韩国提供了食物、水、毛巾等各种生活必需品。在取暖、运输、发电上不可或缺的石油、天然气方面，中国也提供了1万吨汽油、1万吨轻油，韩国的Korea Gas Corp.（KOGAS）则提供了40万~50万吨的液化天然气（LNG）。此外，两国在居民的救援活动上也分别向宫城县仙台市（韩国）和岩手县大船渡市（中国）派遣了救助队员。

与本文的主题相关，我特别想提及中国的三一重工业集团有限公司捐赠的能从62米高度放水的混凝土泵车。这辆泵车被用于从发生了爆炸事故的福岛第一核电站的建筑上部进行放水的工作，在核反应堆的冷却工作上发挥了巨大的作用。不仅是政府间级别的援助，民间业者也提供了很多诸如此类的材料设备。此外，很多非政府组织以及世界上的很多朋友也送来了温暖的慰问和鼓励以及捐款。在此我想再次表示感谢。我坚信我国一定会克服这场灾害，不辜负大家对我们的期待。

**参考文献**

1.《復興への提言～悲惨のなかの希望～》，2011年6月25日，東日本大震災復興構想会議。

2.《福島第一・第二原子力発電所事故を踏まえた他の発電所の緊急安全対

---

① 　环境省准备将一年间被辐射量1mSv（毫西弗）以上的地区定为需要接受除染的地区，但就算假定将除染对象定为一年间被辐射量5mSv（毫西弗）以上的地区，该地区将森林包括进来的话面积也会达到1778平方米，土壤的量最大会达到2838.5万立方米。（环境省・第2回环境恢复研讨会，2011年9月27日）

策の実施について》，原子力安全・保安院，2011年4月4日（2011年3月30日経済産業大臣指示）。

3.《原子力発電所及び再処理施設の外部電源の信頼性確保について》，2011年4月15日、原子力安全・保安院。

4.《原子力安全に関するIAEA閣僚会議に対する日本国政府の報告書—東京電力福島原子力発電所の事故について—》，2011年6月，原子力災害対策本部。

5.《国際原子力機関に対する日本国政府の追加報告書—東京電力福島原子力発電所の事故について—（第二報）》，2011年9月，原子力災害対策本部。

6.《東北地方太平洋沖地震を教訓とした地震・津波対策に関する専門調査会報告》，2011年9月28日，中央防災会議。

7.《福島第一原子力発電所東北地方太平洋沖地震に伴う原子炉施設への影響について》，2011年9月，東京電力株式会社。

8.《東京電力（株）福島原子力発電所の事故について》，2011年6月20-24日（原子力安全に関する国際原子力機関（IAEA）閣僚会議），原子力災害対策本部・日本国政府。

9.《福島第一原子力発電所・事故の収束に向けた道筋》，2011年4月17日，東京電力株式会社。

10.《東京電力株式会社福島第一原子力発電所第一～4号機に対する「中期的安全確保の考え方」に関する指示について》，2011年10月3日，原子力安全・保安院。

11.《東京電力株式会社福島第一原子力発電所における事故を踏まえた既設の発電用原子炉施設の安全性に関する総合的評価に関する評価手法及び実施計画（案）》，2011年7月21日，原子力安全・保安院（第55回原子力安全委員会資料）。

（葛奇蹊　译）

# 日本福岛核危机事故对韩国的影响及应对措施

李世烈<sup>*</sup>

## 一 引言

2011年3月11日，日本福岛核电站发生事故，这次事故与1979年美国三哩岛（TMI）核事故、1986年苏联乌克兰共和国切尔诺贝利（Chernobyl）核事故一起，堪称核能历史上令人震惊的大型事件。因地震、海啸而诱发的这次福岛核事故不仅给核能产业界，而且给普通民众也带来了巨大冲击。

通过这次核事故，人们认识到应对严重自然灾害的重要性，开始从整体上重新审视以前的放射线灾难应对策略。另外在东北亚中、日、韩三国，现在共有88个核反应堆已开工运转，核能发电正在如火如荼地进行之中。基于这种现状，在应对这次福岛核危机的过程中，作为事故当事国之邻国，我们切身感受到有必要在中、日、韩三国之间加强合作以应对突发核事故。

* 李世烈，韩国原子能安全技术院防灾综合室主任。1978年至1984年就读于首尔大学核工程系，分别获得学士学位和硕士学位，1992年毕业于美国得克萨斯农工大学（Texas A&M University）并获核工程专业博士学位。1983年至1987年任韩国原子能研究院原子能安全中心研究员；1987年至1992年任美国得克萨斯农工大学原子能工程系助教及助研；1993年至今先后担任韩国原子能安全技术院主要研究员、项目负责人及部门负责人。

有鉴于此，本文希望通过回顾、介绍福岛核能发电厂事故当时韩国所采取的应对措施，加强中、日、韩三国之间的合作，寻求应对未来突发核危机的有效方案。

## 二 核能事故的特征

核能灾难由于受放射线特性的影响，呈现出不同于其他普通灾难的几种特性。因为这些特性，应对核能灾难时需要和普通灾难加以区别对待。

第一，放射线仅靠人的视、听、嗅、味、触五种感觉器官是无法感知的。为了感知放射线，需要有计量器等特殊设备。另外为了防护放射线，还需要了解放射线的特性，需要有专业知识。受上述这种特性的影响，发生放射线事故时，普通人不能单独行动，需要听从具有专业知识、设备的专家或者政府的指示。为了保护工作人员及普通居民，核能企业体与政府事先都备有甲状腺防护药品、防毒面具、防护服、放射量测定器等防护用品。

第二，放射线事故影响范围极广、持续时间极长。核能设施发生事故时，外泄的放射性物质扩散范围可达数十千米，远的甚至可达数千千米。根据核种类不同，放射性物质的半衰期各有不同，短的不到一个月，长的长到几个月甚至达数十年之久。而且清除大范围地区的污染物质需要莫大的技术、经济、物质努力，这一点我们可以从切尔诺贝利核电站周边的情况清楚地了解到。因为放射线事故的这种广泛性，国际机构及邻国之间建立合作体系就变得非常必要。

第三，放射线对人体造成的影响形态多样，既可以诱发急性放射性症候群，也可能对人体造成长期影响。这就决定了救助护理需要专业医护人员。

第四，由于普通民众对放射线常怀有一种茫然的恐惧心理，在这种心理作用下，人们对放射性物质、放射性暴露会感到不安、心理焦虑加剧，从而可能会诱发恐慌状态。为了防患于未然，需要适时地向民众传达准确的信息，加强谣言调控能力。

第五，放射性事故存在潜在的事故诱发因素，这个大家一般都知道。核能设施里存有惰性气体、放射性碘、放射性粒子等大量放射性物质，为了防止其泄漏污染环境，需要制定放射性非常对策以做到未雨绸缪。基于以上原因，在核能设施周围大都划定非常规计划区域，集中制定非常规对策。

# 三 韩国应对福岛核事故之措施

（1）设立非常情况监测室

当了解到日本发生大地震，附近的核电站可能会受到影响这一事实时，韩国原子能安全技术院（Korea Institute of Nuclear Safety, KINS）马上就进入了非常警备状态。在3月11日当天16时40分做过最初报告之后，技术院每日两次向放射线非常主管部门——教育科学技术相关部门报告福岛核电站状况、气象预报、韩国全国环境放射能监测现状以及机场、港口进出境人员辐射污染检测结果等。

作为近邻，韩、日两国间尽管也曾有过核能相关交流，但是没有签订过相关条约，约定当核电站真正发生事故时，有义务向对方提供信息等内容。因此我们只能通过日本媒体的报道、日本核能安全保安院（NISA）公布的信息、国际原子能机构（IAEA）公布的信息以及通过个别接触日本亲友获取信息，然后把这些信息加以综合整理分析以了解事故进展情况。

（2）监测环境放射能

当邻国而并非本国国内核能设施出现核事故时，由于不可能直接介入处理事故，预测邻国事故对本国造成的影响、采取措施加以应对便成为主要业务。在实际应对过程中，通过监测环境放射线、分析气流等，分析、评估核事故对本国造成的影响并加以应对便成为重中之重。

韩国原子能安全技术院（KINS）规定，平时在韩国全国范围内实施的环境放射能监测工作在非常规紧急情况下，要缩短其监测周期。在应对福岛核事故过程中，我们把空间放射线量率观测工作从平时的每15分钟提高到每5分钟进行1次；大气浮游尘菌观测工作也从每月1次提高到每周1次，到后来又变更到每天进行；自来水分析每周进行2次；海洋放射能分析每月进行1次。

（3）检测机场、港口进出境人员是否受辐射污染

随着日本东北地区韩人及外国游客入韩，为了确认这些入境人员是否受辐射污染，从3月17日开始，与日本相通的仁川、金浦、金海、济州4大国际机场以及釜山、东海、济州、光阳4大港口，都对来自日本的入境人员进行了放射性污染检测。从3月17日起到6月7日止，共检查329188人次，其中发现2名受辐射污染人员，在实施去污处理后放行。

（4）应对新闻舆论

随着普通民众在新闻报道等的影响下开始愈发担忧核辐射之影响，韩国原子能安全技术院（KINS）非常情况监测室经常接到各种各样的咨询电话，新闻舆论机关也多次前来取材、采访。有鉴于此，韩国原子能安全技术院就把韩国全国环境放射能监测网的资料提供给daum、naver等门户网站，以提高人们的信息接触性。另外每当监测到放射性物质出现时，技术院就通过新闻报道，迅速及时地传递给普通民众，坚持做到信息公开透明。

在核事故发生之后，普通民众对放射线高度关注。其关注与担忧，通过民众浏览韩国原子能安全技术院（KINS）通过主页公开的环境放射能监测网站之次数可以窥其一斑。从2004年到2010年，平均每年浏览次数仅为8845次，但到2011年5月31日，网页浏览次数已达3595860次，3月份事故发生当月浏览次数高达1973771次。基于这种情况，为安定民心、稳定社会，在核事故应对过程中，我们坚持做到向教育科学技术部主页，以及普通民众经常使用的韩国内主要门户网站（naver、daum、nate）实时提供环境放射线监测结果。除此之外，韩国原子能安全技术院（KINS）、原子能医学院、气象厅、外交通商部等部门也参与到韩国首位门户网站——NAVER的"知道"中来，向人们传授放射能之风险、应对策略等相关专业知识。

# 四　邻国发生事故时之国际合作

如前所述，为了预防核事故时普通民众"谈核色变"、对放射线反应过于敏感和紧张的情况，及时准确地发布信息是非常重要的。这一点也是我们在实际应对福岛核事故时切身体会到的。本国国内发生核事故时，我们可以及时、准确地获取事故相关信息，但是当事故发生在邻国等其他国家时，我们想要及时地获取事故信息就相对较难。

切尔诺贝利（Chernobyl）核事故后，人们开始认识到一旦核电站发生事故，其影响不仅仅局限于某一个国家，可能会波及周边多个国家。基于这种认识，国际原子能机构（IAEA）制定了《及早通报核事故公约》（Convention on Early Notification of a Nuclear Accident,1986）。但是尽管如此，事故发生时在获取实质性信息方面，还是很有些不尽如人意。实际上在应对福岛核事故过程中，尽管实际情况要求必须迅速、及时地获悉事故信息，但是官方的信息发布窗口——日本

核能安全保安院（NISA）与国际原子能机构（IAEA）发布的信息太为滞后，很难满足这种需求。事实表明，仅凭这种滞后信息，是很难应对媒体的没经核实的报道洪流的。

福岛核事故之后，尽管已有举动意图通过第4次中、日、韩三国领导人峰会，推进核能安全管理责任会议（TRM），构建非常情况下及早通报体系，制定气流分析以及预测信息共享方案等，加强三国之间的实质性合作，但是笔者认为，要使合作方案取得实效，中、日、韩三国应该构建放射能防灾网络，并且各国均应配备专职联络人员，以求紧急情况下能够迅速互享信息。另外，构建信息交换体系还要落到实处，为有效应急应该交换发电站类型、事故性质、放射线泄漏量等实质性信息。除此之外，还要组建具有实际业务水平的放射能防灾工作小组（working group），定期讨论如何指定放射能及早通报专职联络员，如何在地区内部组织演练，就信息互享、共同防灾、通信等进行演练。另外还要就是否可以互相参观对方防灾演练等事项进行讨论，推进合作。

# 五 结语

在应对这次日本福岛核电事故中，我们切身感受到放射能事故所具有的几点特性，特别是在如何与民众、新闻舆论进行沟通方面积累了丰富的经验与教训。这次事故显示：向普通民众做到信息公开、准确、透明是至关重要的；与专家预想的相比，民众的疑问更为具体、更为多样化。日后为了做到应对措施切实有效，笔者认为，需要仔细分析民众提问，设置应急常见问题解答（FAQ）模块。另外，尽管以前是由原子能管理机关担任着实际解疑答惑窗口的作用，但是由于人们的提问多种多样，往往超出其业务范围，因此还需要有气象、食品、医学等各领域的专家坐镇，以应对新闻舆论，为人们解疑答惑。

这次福岛核事故是极端自然灾害带来的多重灾难，事故中多个机组同时出事，电源长时间中断。这些都要求我们重新、全面审视原有的紧急应对预案。另外由放射性物质长时间泄漏所带来的一系列问题，如如何确定放射线防护标准、如何处理大规模废弃物、如何确定重建时的放射线防护标准等问题，也都需要考虑到放射线事故的特性加以合理解决。

中、日、韩三国属于核电集中地区，现在开工运转中的核反应堆有88个，正在建设中的核反应堆有37个，计划建设中的核反应堆有200多个。考虑到三国

之间地理、经济关联性等因素，在发生核能事故时，三国合作至关重要。因此笔者认为，我们应该尽快开展实务层面上的实质性合作。

**参考文献**

1. Government of Japan, *Report of the Japanese Government to the IAEA Ministerial Conference on Nuclear Safety*, 2011.
2. IAEA GS-R-2, *Preparedness and Response for a Nuclear or Radiological Emergency（2002）*.
3. KINS主页（www.kins.re.kr）及信息公开中心主页（nsic.kins.re.kr）。

（张宝云　译）

# 促进国际公众情感与行为的良性互动

## ——媒体救灾减灾传播的公共外交使命

钟　新[*]

在经济全球化、灾难影响全球化、国家之间互相依赖性日益增强的这个时代，国际公众间的相互了解、理解与认同对于以最大限度减少灾难损失、维护共同利益为核心目标的国际救灾合作具有十分重要的意义。中日韩拥有三千年经济文化交往的历史，有相互理解、建立信任与认同的历史文化基础，但同时近百年来日本军国主义对中韩两国侵略的历史，也成为三国建立互信与认同的重大障碍。"3·11"东日本大地震发生当日，凤凰网对73293人的网络调查显示，77.6%的人表示应该向日本提供人道主义援助，其中，55.9%的人认为"不论两国间有何历史和现实的冲突，我们都应该出手援助"。不过，该调查也显示，17.2%的人认为不应该向日本提供人道主义援助，因为"日本人在历史上和现

---

[*]　钟新，中国人民大学新闻学院教授、博导。获中国人民大学传播学博士学位，先后赴美国丹佛大学和马里兰大学做访问学者。研究领域涉及广播电视新闻、国际传播、公共外交、危机传播、新闻教育等。代表著作有《危机传播：信息流及噪音分析》、《传媒镜鉴：国外权威解读新闻传播教育》、《新闻写作与报道训练教程》等。

实中都和我们有矛盾①"。另外，在日本民间，也有对中国不信任和不友好的声音。中日公众之间增强彼此好感度、构建稳定的深度互信尚需长期努力，而这是公共外交的任务。

自然灾害在给人类带来生存危机的同时，也为人类在救灾减灾平台上相互了解、对话与合作提供了机会。最显著的例证就是，2011年5月22日，中日韩三国领导人在东京共同发布《第四次中日韩领导人会议宣言》，提出今后要加强在灾害管理与核安全、经济增长、环境可持续发展等领域的合作。北京大学国际关系学院教授、亚太研究中心副主任杨宝云认为，此次三国领导人会议取得了实质性的合作成果，日本发生的灾难是助推剂。《朝日新闻》的社论指出,日本灾后重建需要亚洲支持，日中韩的合作关系是基础②。

媒体的国际救灾减灾报道为国家间公众的相互了解、理解、信任与认同搭建了信息平台、舆论平台和社会动员平台，无疑具有公共外交功能。本文主要以中国媒体东日本大地震报道为例，讨论媒体借助救灾减灾报道履行公共外交使命的路径以及媒体应当向受灾国公众发出怎样有利于国际公众情感与行为良性互动的信息。

## 一 及时准确报道灾情——向受灾国公众传递信息："我们十分关注你们"

及时准确报道灾情毫无疑问是媒体的基本职责：实现媒体的环境监测功能，帮助公众了解自己所处环境的变动情况，为公众的行动决策提供参考。在全球化的今天，与外界没有任何联系的"孤岛"已经很少了。因此，对任何国家的媒体而言，报道远在地球另一边的事情也与近在身边的国人有关系。当世界上任何一个地方发生灾难时，全世界的人都在问两个最基本的问题："我们面临什么样的危机"和"我们应该怎么办"。基于这两个问题，媒体灾难报道需要提供的核心信息为：危机识别信息和危机应对信息。前者即人们借以识别危机性质和危机现实状况的信息，如地震发生的时间、地点、震级、震中、波及范围、破坏程度

① 李杨:《独家调查：近八成网友认为中国应向日本提供援助》,2011年03月11日凤凰网专稿,http://news.ifeng.com/world/special/ribendizhen/content-2/detail_2011_03/11/5107586_0.shtml。

② 赵杰:《中日韩：同舟共济化危为机》,2011年5月30日《中国新闻周刊》。

等；后者即人们借以采取适当行动应对危机从而减少损失或者避免损失的信息，包括应对危机的方法、方案等信息。危机识别信息是否及时、准确、充分，危机应对信息是否正确、有效，对于防灾、救灾、减灾至关重要[①]。

世界各国媒体及时准确报道灾情是各国采取正确的国际救援措施、帮忙而不添乱的重要依据。同时，国际媒体的广泛关注也会让受灾国公众产生自己并不孤单、不是独自奋战的心理效应，因此，媒体及时准确报道他国灾情是符合受灾国公众利益的。

东日本大地震定格在北京时间2011年3月11日13:46。中国媒体以空前的速度和规模报道日本大地震，创造了中国媒体国际报道新的里程碑。报道速度方面，新华网在地震发生7分钟后的13:53发出快讯"日本11日下午发生地震　东京有强烈震感"，新华网快讯在几分钟内即被新浪网、凤凰网等网站转发；中央电视台中文国际频道"中国新闻"栏目在14:04以口播形式发布消息，而英语新闻频道在14:07口播消息。在报道规模方面，各大电视台开辟大时段直播特别节目，这些特别节目的片头往往以极具震撼力的画面和音乐呈现；平面媒体则以头版头条、专版等凸显日本地震的重大程度；网络媒体大量开辟专题进行实时滚动的多媒体报道。在报道内容方面，借助国际媒体的报道优势或整合国际媒体的报道内容成为中国媒体丰富本国媒体报道的重要方法。例如，央视英语新闻频道在第一时间就将日本NHK电视台的播出信号引进演播室，而央视新闻频道也将NHK的电视信号引进演播室并进行同声传译。这是国际媒体救灾减灾报道合作的一种模式。

中国媒体的及时大规模报道使中国公众对日本大地震的关注度很快超过了对北非局势的关注度。

## 二　深入细腻报道灾难现场——向受灾国公众 传递信息"我们感同身受"

媒体深入细腻的灾难现场报道帮助国内受众通过一个个画面感知、触摸灾情，能有效唤起国内公众对受灾国公众的情感、情绪和行为。灾难唤起国际公众

---

① 关于危机核心信息，参见钟新著《危机传播：信息流及噪音分析》，中国传媒大学出版社，2007，第34~47页。

与受灾国公众的彼此关注，而他们的情感情绪和行为借助媒体平台得以传递和互动。

中国媒体对东日本大地震的报道最值得圈点之处在于自采报道的比例大幅度提高。提高国际新闻的自采能力是中国媒体提高国际传播能力建设的重要努力方向之一。3月11日地震发生当天，各大媒体迅即将驻日本的记者派往灾区一线。从3月12日开始，中国记者们从北京、上海等日本以外的地点奔赴日本灾区。例如，央视紧急调动驻日本的东京站、驻香港的亚太中心站和驻泰国的曼谷站三路记者共10人前往震区仙台进行报道。

日本驻华使领馆开辟绿色通道为中国记者赴日本灾区采访提供了极大便利。3月12日，宁夏卫视在"直击日本大地震"特别节目中报道了"日驻华使馆开通绿色通道，各路媒体争相赴日"的消息。中国记者以空前的数量奔赴日本灾区，并将他们获得的现场一手信息迅速以媒体报道、微博、博客文章等方式传回国内、传向世界。

中国公众通过中国媒体的报道获得了关于日本大地震灾情的总体判断：这是日本有记录以来最强的地震。地震所引发的海啸正在扩散，包括50个国家发出了海啸预警，这不是日本独自对抗的天灾，更是全人类共同关注的劫难[①]。中国公众更随着中国记者进入重灾区，近距离感受公园里的大裂缝、建筑物的残垣断壁、被海啸冲上房顶的轿车、被毁坏的钢琴等地震海啸后的满目疮痍；感受日本公众痛失家园的心情，感受他们由于交通问题不知何时才能回家的焦急心情，感受日本司机在数千米长的车队里等候加油的心情，感受日本公众缺水缺食的情状，感受福岛附近居民对核辐射的担心。媒体生动直观的报道帮助中国公众深切感受日本大地震带来的灾难，增强了他们对国际人道主义的认知。这些对地震的间接体验可能是凤凰网受调查者认为"不论两国间有何历史和现实的冲突，我们都应该出手援助"的部分原因。

## 三 报道受灾国公众对灾难的理性反应——向受灾国公众传递信息"我们尊敬你们"

灾民对灾难的反应体现国民素质，并随着媒体的灾难报道迅速传遍全球，继

---

① 2011年3月11日，凤凰卫视《凤凰全球连线》栏目"日本大地震、福岛核泄漏"节目主持人语。

而影响国际公众对受灾国国民素质的评价及对受灾国公众的态度和行为。这是灾难引发的国际公众间的互动。灾难的震撼力以及国际社会对灾难的高关注度常常会使国际公众间的情感与行为的互动变得尤为引人注目。媒体成为国际公众互动的桥梁和展示平台。

中国媒体对东日本大地震的报道给中国公众留下了几个非常深刻的印象：日本灾民很冷静、理智、有秩序；日本建筑坚固能抗强震；日本媒体很理性，没有过度展示灾民的悲情、避免展示死难者的尸体。

2011年3月11日晚9点，CCTV-2在"日本大地震全景纪录"特别节目中，通过主持人与专家的对话展示了日本国民的高素质和建筑物卓越的抗震能力。

芮成钢（主持人）：我们今天观察日本在处理应急的时候，冷静和秩序是最突出的印象，没有看到大规模的恐慌。日本的应急机制值得我们借鉴。比如，家庭备有急救包，有面包、水等，定期更换。

章弘（日本问题专家）：日本家庭的收纳间备有斧子，为的是在应急的时候能够破窗而出；新干线每个玻璃窗的旁边也备有锤子，需要的时候可以砸开玻璃窗；地震时水容易被污染，他们储蓄很多矿泉水备救灾用；还有训练，每家都有桌子，平时演练时就往桌子底下钻；训练从小学开始，到高中为止；日本高层建筑的应急演练也非常认真，男女老少都很投入。

芮成钢：今天大家关注的另一个话题是日本的建筑结构和抗震能力。日本很多楼可以抗10级地震。

章弘：20世纪70年代前，日本一般只有五六层的建筑。70年代后，经济发展，在新宿盖出了高楼。如何解决抗震问题？他们采用软构造，就是在地基底下有很多球或珠，有一个移动装置，当地震过来的时候，建筑可以随地震波摇摆，可以缓冲一些冲击力。这个技术也用到了台北的101大厦。高楼防震的问题得到解决，后来东京、大阪、札幌、福冈这种大城市就有很多高楼起来了。今天下午，我们观察，经过大地震的考验，高楼虽然有玻璃碎，但并没有出现大的问题。反倒是低层建筑的人由于海啸冲击受到很大伤害。

中国媒体通过这样的报道向国内公众传递了日本值得学习、值得尊敬的信息。在3月11日接受凤凰网调查的73293人中，39%表示"日本人在大灾难面前的有条不紊令人震撼"，而43.5%认为"大灾难下相对小很多的人员伤亡让人佩

服"，但只有9.4%的人认为"日本各政府机构的反应速度让人满意"。①中国公众对日本公众的评价显然高于对日本政府的评价，而中国媒体的报道是中国公众的主要信息来源与判断依据。中国媒体的报道增进了两国公众的良性互动。

## 四 报道本国及国际对受灾国的救援——向受灾国公众传递信息"我们是友好善意的地球村民"

友好善意是构成公信力的重要因素。在客体眼中，对其表示尊敬及对其福祉表现出诚挚关注的主体具有公信力。比如，2004年12月印度尼西亚海啸发生后，美国筹集资金向受灾地区提供食品、药物和重建资助等。此后，2005年3月的一份民意调查显示，65%的印尼人表示，对美国的好感度比接受援助前增强了。美国在灾难援助中所表现出的友好善意提高了其公信力②。

东日本大地震后，中国媒体报道了很多中国及其他国家援助日本的消息。3月11日，凤凰卫视"凤凰全球连线"栏目连线中国红十字会蓝天救援队总指挥邱莉莉，透露了中国救援队整装待发的状态。邱莉莉说，他们在做三方面准备，包括出境手续准备、队员准备和设备准备。12日，邱莉莉在接受宁夏电视台"直击日本大地震"节目采访时又透露：目前其队员准备自己出路费去救援。

《解放日报》报道了在日本的华人组织募捐的情形："上周日，日本湖南人会就在东京街头组织募捐，捐款箱上写着这样的字样：'为死者默哀，为生者加油。'众多在日华人赶紧过来捐款。一些日本老人看到连连说：'真是感动，感谢！'"《解放日报》的这篇报道还说："据日本TBS电视台报道，在接受日方官员的致意时，中国救援队队长、中国地震局震灾应急救援司副司长尹光辉所言掷地有声：'我们来这里，是为了去瓦砾中救人的！'许多日本观众为之感动。"③中国人民友好善意的言行通过大众媒体得到广泛传播。

接受外援和提供对外援助一直是很多国家向国际社会表达开放与合作的姿态、秉持以人为本、力求最大限度降低灾害损失的重要做法。接受援助和提供对

① 李杨：《独家调查：近八成网友认为中国应向日本提供援助》，2011年3月11日凤凰网专稿，http://news.ifeng.com/world/special/ribendizhen/content-2/detail_2011_03/11/5107586_0.shtml。

② 参阅 Robert H.Gass and John S. Seiter, "Credibility and Public Diplomacy", in Nancy Snow and Philip M. Taylor, （2009）（ed.）, Routledge Handbook of Public Diplomacy, Routledge 2009, pp. 154–162.

③ 《日本大地震中的中国人》，http://news.sina.com.cn/o/2011-03-16/084022123812.shtml。

外援助已经成为中国的国策，但并非中国公众都能理解援助的意义和中国援助的历史背景。中国接受援助和实施外援时，媒体首先关注的是援助的动态消息。在报道援助动态的同时，媒体可以借助人们对援助的注意力展开关于援助的大众素养教育。例如，广播电视媒体可以将中国援助历史做成纪录短片，配合专家访谈和观众参与展开关于援助的话题讨论。网络媒体可以借灾难救援之机设置议题，充分利用社交媒体平台鼓励公众讨论，同时还可以提供关于救援的多媒体信息和数据库供网民查看。平面媒体可以针对救援话题做一些深度的背景性、调查性的报道。

# 五　结语

公共外交摒弃了单向的、魔弹式的对外宣传，强调在对话与合作中增进相互理解、信任与认同，强调对对象国利益的诚挚关切，强调促进国际公众间的良性互动。在公共外交理念下的对外传播不仅仅是传统外宣媒体的事情，而是所有媒体的事业。对内对外传播媒体联手才能真正推动中国公众与外国公众的积极良性互动，而良好的国际间公众关系是国际关系的重要基石。希望本文对媒体救灾减灾传播的公共外交使命的探讨能激发更多相关讨论。

# 危机传播中的新闻发布

贺文发<sup>*</sup>　马文津<sup>**</sup>

新闻发布有很多种，其中危机传播过程中的新闻发布是最为棘手，也是最有挑战性的一种。任何危机传播都围绕一桩危机事件进行。一般而言，危机事件新闻发布的主体在我国主要包括各级政府机关、企业组织以及个体公民等三个层面。

本文主要探讨第一个层面的危机传播中的新闻发布，因为对后两个层面而言，媒体的介入阻力比较小，信息交换和传递比较顺畅，而且更为主要的是突发性危机事件所卷入的利益关联人群一般范围有限，不会引起过多争议，基本不会对社会稳定造成剧烈破坏。

## 一　我国当下政府危机传播与新闻发布的建设现状

根据国务院新闻办公室2010年终例行新闻发布会资料，我国政府新闻发布

---

* 贺文发，中国传媒大学外国语学院副教授。先后获山西师范大学英语专业文学学士、东北财经大学经济学硕士、中国传媒大学国际新闻学专业文学博士学位。曾赴美国纽约州立大学布法罗校区传播系做访问学者。主要研究领域为对外报道与国际传播、突发事件与危机传播、美国新闻史等。主要著作有《怎样做对外宣传报道》、《突发事件与对外报道》等。

** 马文津，中国传媒大学2009级对外汉语专业学生。

制度已经普遍建立起来。目前国务院各部门、全国人大、全国政协、高法、高检等近90个部门和机构以及31个省（区、市）党委、人民政府都设立了新闻发言人。

新闻发布逐步走上正轨，但依然存在问题，尤其是危机传播中的新闻发布。如果说2003年"非典"时我国的新闻发布尚处于起飞阶段，那么2008年汶川地震时我国的新闻发布已经处于航行稳定期，但需要指明的是，汶川地震属于自然性的突发危机事件。就目前来说，我国对自然因素导致的突发性危机事件的应对要强于对人为因素导致的突发性危机事件的处理。这一特征当然不局限于我国，举世皆然。因为自然性因素导致的突发性危机事件在新闻发布过程中相对较少引发媒体（公众）挑战性的提问，新闻发言人的主要工作是和媒体（公众）交流发生的客观事实性信息。而在由人为因素导致的突发性事件当中，新闻发言人最难以招架的是如何回答媒体（公众）关于危机事件——尤其是大规模灾难事故性事件的责任划分问题。

作为新闻发言人，面对由本部门造成和负责的突发性危机事件，如何借助新闻发布来最大限度地维护本部门的形象是一个时刻需要考虑并用心应对的问题。与此同时，新闻发言人必须遵循危机事件新闻发布的黄金规则——忠于事实。这实际上是任何从事危机事件新闻发布的工作者都不能回避的一个两难困境。本着两害相权取其轻的原则，一个合格的新闻发言人应当在忠于事实的前提下尽量维护本部门的形象和利益。

总体而言，当前我国突发危机事件的新闻发布，在"及时性"上基本合格。但在具体的新闻发布技术上仍存在诸多有待提升的空间。换言之，技术方面的不达标很大程度上源自对危机传播及新闻发布的原理特征的不全面和不清晰的认识。

# 二　危机传播以及新闻发布的特征

任何危机传播都围绕一个核心事件，也就是通常所谓的"突发事件"。而大凡引发危机的突发事件都带有某种消极意义，如对危机当事人或利益相关群体带来生命、财产以及情感方面的伤害、损害等。

中国古语"好事不出门、坏事传千里"不仅形象概括了突发性危机事件的传播特征，还从一个侧面总结了人们对类似事件的关注程度。正是危机传播的"迅

即"特征要求新闻发布相应做到"快捷"、"准确"和"稳定"。如果说快捷性是新闻的前提，那么准确性则是新闻的生命，而稳定性是新闻发言人的生命线。新闻发布失去快捷性，必然为谣言的滋生提供适宜的温床；新闻发布缺乏准确性，必然失去媒体以及公众的信任。笔者之所以提出稳定性是新闻发言人的生命线，是基于对"稳定性"的如下解释——从容与镇定；谦虚与谨慎。前者体现了发言人的风范；后者体现了发言人的态度。谦虚和谨慎的背后实际上是发言人为自己所保留的余地。

如果说快捷性是新闻发言人团队对危机事件最基本的反应要求；那么准确性则是在考验新闻发言人团队对危机事件作出迅速判断并快速准确地拟订一整套应对方案的能力；稳定性是对推上前台、镁光灯下万众瞩目的新闻发言人个人发言艺术的一个全面考量。相对而言，稳定性对新闻发言人最具有挑战性。

一个发言人要做到百炼成钢，主要要在稳定性上狠下工夫。即便如此，由于危机事件不可预测的突发性及其所表现出的永远不同面孔的"独家特征"，加上社会公共舆论形成的压力，都使新闻发言人很难做到完美的"稳定性表现"。

一般说来，西方发达国家新闻发言人的稳定性做得相对较好。这一方面是由于他们起步较早，但更为重要的还是由于西方文化，尤其是政治传播文化当中源远流长的公共演讲传统。

综上所述，危机传播中新闻发布的根本要求在于在尽可能短的时间内提供尽可能多的信息。所以应对危机传播的新闻发布，功课要做在平时。新闻发言人团队平时要有危机预案。一旦危机爆发，所要做的就是对危机进行经济评估，同时对危机预案予以适当调整。

## 三　危机传播和新闻发布的特征决定新闻发布的技术操作

危机传播和新闻发布的本质在于信息和观点的交换过程，并在此过程中对反馈回的信息、观点及情绪等加以判断、整理和研究，据此不断调整后续发布的信息和观点。很多情况下，危机的解决不是依靠法庭的法律裁决，而是取决于社会公众的公共舆论判决。具体到新闻发布会现场的公共关系技巧实际上就是一种练达的人际交流技巧。

①把握媒体背后公众的情绪最为重要。任何一个危机事件都必然伴随事件内层利益关联人高度的忧虑、不满甚至是愤怒情绪以及外层相关公众的种种围观心

态。但双方对危机事件真实信息状况的了解都有局限性。正是这一点使危机事件的新闻发言人能够占据信息的制高点，因为相对而言，他们对危机事件相关信息的掌握永远要多于公众。因此，新闻发言人在信息发布前一定要充分了解公众普遍的情绪指数。所谓情绪指数主要指面对突发性危机事件，公众内心蕴涵的对事件责任主体的种种情感心态。这种情绪指数一般说来可以划分为初期的恐惧与忧虑、中期的焦躁与不满以及后期的失望与愤怒等。

②在对公众情绪有了一定的把握后，要勇于承担责任。推卸责任是危机传播中的一大忌讳。一般而言，凡是比较棘手、引发公众不满情绪的危机事件，背后必定有人为的疏漏。因此新闻发言人的责任担当某种程度上传递给公众的是一种自信与从容的态度。

③利用好新闻发布的开场白。除了责任担当，新闻发布的开场白还应包括事先准备好的危机预案中的情绪安抚词。如果说情绪安抚词属于常规化的、程序化的例行动作，那么如何把这种例行动作以最完美的方式在特定的新闻发布现场气氛中展现出来则是衡量新闻发言人水平高低的一把标尺。

④新闻发布的措词一定要慎重。从某种角度讲，新闻发言人就是一个修辞家。信息发布的语言一般要做到简洁、明了、直接、有效。对于相对具有专业知识背景的突发性危机事件的传播，新闻发布要尽量减少使用一些普通公众不易理解的专业词汇。永远不要把记者当专家来看待，这应该是危机新闻发布的一个比较有参考意义的原则。

⑤新闻发言人要具备基本的媒体与新闻知识，一个合格的发言人应该具备半个媒体人的基本素养。要充分认识媒体的运营特征和记者的职业操作规范，并充分理解记者面对危机事件时所承担的获取信息的压力。这种压力很大程度上表现为在尽可能准确的前提下，要尽可能快地向编辑部返回关于危机事件的相关信息。

⑥突发性危机事件信息发布的及时性。及时发布信息不仅能有效制止谣言滋生，还更容易获得媒体与公众的信任。突发性危机事件一旦爆发，新闻发言人在相关信息极其缺乏的情况下，可仿照类似媒体"滚动报道"的模式，采取不间断的"滚动发布"，这实际上正好满足了不同媒体的截稿压力（deadline pressure）。

⑦不打无准备之仗，没有充分的准备最好不要轻易发言，否则容易适得其反。对于一些重要的信息一定要有准确翔实的信息源支撑，发言人的结论要有充分的证据，能禁得住提问和反问。

⑧信息发布千万不要出现前后矛盾之处，因为一旦出现前后矛盾，很容易失去媒体、记者以及公众的信任。而信任是处理所有突发性危机事件最重要的因素。因此在没有绝对把握的情况下，一定要为自己留有余地。而这一点也正是很多危机信息固有的特征。如"非典"时期，科学对于这一传染病本来就没有完整的认识，所以类似这种状况要在信息发布时，向公众强调相关信息和数据的"有限性"及"不确定性"。

⑨对于没有发生的一些非事实性的假设性问题，在没有绝对把握的情况下不要作答。这实际上是所谓的"避虚就实"。这一点绝对不同于例行的新闻发布会答记者问时所推荐的"避实就虚"的技巧。对于危机后的新闻发布而言，要尽量回答已经发生了的、存在的事实性信息，以及对此将要采取的积极性措施。

⑩"无可奉告"之类的措词最为忌讳，只能导致公众的不信任和怀疑心理，而这是危机传播最要命的障碍。这就要求信息发布人要有足够的耐心，一定要充分了解并且肯定公众（媒体）对危机事件担忧、焦虑，甚至是恐惧的心理感受。退一步讲，对于某些已经掌握的信息，即便新闻发言人由于某种原因不愿意或不能及时公布，也要换一种修辞语言，从而推迟信息的公布时间，等待合适的时机。

⑪对于确实回答不上来的问题，可以并且要诚实地承认自己的"不知道"。新闻发布过程中要善于举例子、讲故事、打比方。对于一些具有"攻击性"的问题，在回答时要对事不对人，同时要尽量缓和情绪，绝不能把对方抛来的"攻击性"问题转变成激烈的"辩论性"问题。新闻发布的一个目的就是要终结辩论而不是启动辩论。换言之，面对媒体的提问，新闻发言人永远不能发脾气。新闻发言人最终要依靠媒体来向公众发布信息。如果引发记者的负面情绪难免会影响他的报道。

⑫危机事件处理以及新闻发布过程中，要不断研究媒体上对危机事件的报道，对发布错误的信息要及时作出补充、更正和调整，并且解释信息发布错误的原因。对于由媒体方面造成的不实以及错误报道更是要及时指出、更正。

# 四　危机传播与新闻发布中的舆论引导

我国当前的新闻体制在危机传播中面临着比较大的障碍。这主要体现在，一方面，新闻单位要在现有的政治框架下寻求突破新闻主管部门乃至地方各级政府不适宜（尤其在危机事件的传播过程中）的权力管制，另一方面由于处在新闻体制本身的改制变迁当中，不得不与进入媒体的各种资本势力相抗衡。

处在这种双重压力下的新闻体制，一旦外部干预力量过于强大（危机事件的新闻传播过程中尤其容易出现这种状况），很容易陷入一种谨小慎微的媒体自我审查或自我限制，由此导致出现"信息真空"状态，使媒体的新闻报道不能很好地满足社会公众对危机事件的信息需求。

因此，我国当下危机传播与新闻发布的重点在于根据突发性危机事件的进展，及时跟进相关危机信息的发布。对于人为原因导致的社会性突发事件尤其要及时、真实地反映公众舆论，以填补由于信息真空而造成的社会混乱或公众心理危机，并在此基础上对社会舆论加以科学引导。

对此，我国老一代报人马达提出，"从我国新闻传媒的现状看，并不是对人民群众的意见和建议，对民情、舆论反映得充分了，反映得太多了，也不只是在引导舆论上存在严重不足，而是反映社会舆论很不充分，对舆论的引导又往往不得法，或干预过多，或限制过死。"[①]

引导舆论或舆论导向是需要的，并且根据传播学中的议程设置理论也必然会有效果，但其前提只能是根据现有的社会舆论来进行引导。换言之，引导舆论不是操纵舆论，因为舆论是先于引导的一种客观存在。否则一旦出现引导的舆论或导向的舆论与社会舆论过于脱节，或根本上完全置社会舆论于不顾，则舆论引导的效果可能会适得其反，这在危机传播中尤其明显。

# 五　新闻发布是解决一切的灵丹妙药吗

作为全文的结尾，作者提出这样一个问题显然不是要否定上文所讨论的新闻发布在突发性危机事件新闻传播中的功用，而是意在指出如何正确看待新闻发布

---

① 见雷颐《马达的思考》，2011年9月12日《经济观察报》，第49版。

在危机传播中的定位、角色以及功能。

今天几乎没有人否定我们已经进入一个多种媒体形式并存的全球媒体时代。突发性危机事件的新闻传播在某种程度上已经超越了原有的国家地理和空间界限而成为全球媒体追逐的热点。根据中国互联网络信息中心（CNNIC）发布的报告，截至2011年6月底，中国网民规模达到4.85亿。2011年上半年，我国手机网民达3.18亿，微博用户数量达到1.95亿。根据近几年来的危机传播研究，很多突发性危机事件，都是由新媒体"武装"下的公民记者首先发布的头条消息。

在这样的媒体格局下，一旦有突发性危机事件爆发，传统的所谓主流媒体加上各式各样的新媒体，专业记者团队加上个体化的公民记者，以及国内外的各种新闻媒体都会加入到信息发布的队伍中来。原有的"捂新闻"、"防记者"的"鸵鸟政策"从根本上讲已经行不通了（笔者提出这一点是由于在我们的政府机关，尤其是一些地方政府中仍存在着这样的旧观念）。而且上文所探讨的由政府机关封闭危机信息或媒体在危机报道中的自我审查所导致的"信息真空"也很难再有生存的空间了。在危机传播中，政府强行扮演对媒体的"把关人"作用，以达到维护社会稳定所需要的"舆论一律"在今天也基本行不通了。

因此，政府新闻发布真正要做的就是及时、客观、公正地发布真实信息，澄清错误信息，在此基础上引导媒体舆论与社会舆论，并最大限度地减少危机带来的负面影响。换言之，新闻发言人的工作是借助媒体做好与社会公众的交流，以达到缓和危机事件造成的公众恐慌和社会压力。其中最为重要的是及时消除由错误的信息传播引发的本不应该出现的社会混乱。这种混乱也被称为危机传播中的"信息危机"（也有"媒体危机"的说法）。

由此，在当前地媒体环境下，政府在应对突发性危机事件时需要认真对待新闻发布，但同时亦不能指望新闻发布从根本上、立竿见影地消除突发性危机事件的一切影响。

# 大地震·核电站事故与日本的报纸

清水美和[*]

## 一 序言

3月11日下午2点46分，以日本宫城县海面130千米处为震源发生了里氏9.0级大地震，随之而来的大海啸袭击了太平洋沿岸各地。这一灾难共造成15811人死亡、4035人失踪（至9月26日）。此外，这次地震和海啸直接导致福岛第一核电站的核反应堆紧急冷却装置停止工作，1、2、3号机组堆芯熔毁，多达113000人的周边居民被迫撤离避难。造成核电史上最严重的7级事故的福岛第一核电站

* 清水美和，1953年生，出生地名古屋市。1977年，从京都大学经济学部毕业后，进入中日新闻社工作。历经三重总局、东京总社社会部、东京总社特别报道部，曾任香港、北京特派记者，美国哥伦比亚大学客座研究员。原中国总局长、编集委员、评论委员，现在为东京新闻·中日新闻评论主干。2003年，以《中国农民的叛乱》一书获亚洲太平洋奖特别奖。2007年，凭借著作、报道、评论活动等方面的业绩获得日本记者俱乐部奖。著作有《中国农民的叛乱》、《人民中国的终结》（讲谈社+α文库）、《中国为何走向"反日"》（文春新书）、《与傲慢的日本对决的男人——日俄讲和条约的舞台背后与朝河贯一》（讲谈社）、《中国放弃"反日"之日》（讲谈社+α文库）、《"中国问题"的内幕》、《"中国问题"的核心》（筑摩新书）。最近的著作有《2011年的世界形势》（PHP，合著）、《当今的中国》（岩波新书，合著）。

至今仍没有停止放射性物质的排放。对核辐射的恐慌不仅席卷东日本，甚至扩大到了日本全国乃至周边各国。面对前所未有的大灾害，日本的媒体特别是报纸应该发挥什么样的作用、进行怎样的反省呢？我希望能将自己通过这次灾害报道得到的教训与中韩两国的同行分享。

# 二　给灾区带来了勇气

首先我想报告的是，报纸作为信息媒体的作用被重新评价，尤其是在给灾区及日本全国带来勇气这一点上。在日本说到媒体，互联网、Facebook、Twitter等社交网络大有人气，报纸则被视为"斜阳（没落）"产业。

但是，地震的发生导致整个东日本大面积停电、通信网瘫痪，这使社交网络的效力减半。在灾区，人们看不了电视，收音机没电后也派不上用场了。由于地震和海啸，很多报社的社员受灾，报纸发行功能瘫痪，向各家配送报纸的报刊店被海啸冲走，各报社受到严重影响。但即使如此报业人员依然坚持发行报纸。

宫城县石卷市的地方报纸《石卷日日新闻》因办公场所受灾而无法发行报纸后，社员们发明出在很大的仿造纸上用手撰写文章的"墙报"，张贴在避难所中来报道受灾的状况。东京新闻的合作单位、总部设在仙台市的《河北日报》制作报纸的主控电脑损坏，整理记者便远赴250千米之外的新潟县的县报《新潟日报》的总部制作报纸，在仙台印刷，继续发行报纸。在报刊店无法派送报纸的地区，社员直接拿着报纸在避难所免费发放。"看了报纸后方才得知受灾的情况，身体为之一震"、"听到送来的报纸'咚'的一声放到地上后才放心了"，《河北新报》的一力雅彦社长在最近的演讲中介绍了这些来自灾民的声音。

日本的报纸平日对于社会的消极面介绍得较多，但在地震过后大量报道了能给予灾区和全国人民勇气的新闻。在整个城市被海啸吞没、人口约17000人的宫城县南三陆町，有一位女职员曾在海啸来临之前用防灾无线广播提醒居民避难，她就是町危机管理科职员远藤未希（25岁）。即使在地震发生后，她依然留在町政府别馆的防灾对策厅舍（3层建筑）中，持续进行无线广播。地震发生约30分钟后，浪高超过10米的海啸袭击了町政府，除了抓住厅舍屋顶的无线电铁塔的十个人外，职员全被冲走了。手握话筒坚持到最后一刻的未希的遗体后来被发现。虽然南三陆町整个城市遭到毁坏，但死者仅有530人，这可以说是未希的功劳。本来9月即将结婚，却牺牲了自己的生命来拯救居民的未希的事迹通过报纸

和电视向全国报道后，把人们感动得潸然泪下。野田佳彦首相也于9月13日在就任后的首次施政演说的开头便提到未希的名字，称赞她给予了人们感动和勇气。

在宫城县女川町，水产加工公司"佐藤水产"专务佐藤充（55岁）在地震到来时对工厂内二楼宿舍中被地震吓坏了的20名中国实习生大喊"海啸马上就要来了"、"快逃"，并将他们带到了距宿舍50米外的小山上。佐藤让实习生们到山上的神社避难后，因下山去营救其他社员而不幸失踪，遗体最后被找到。佐藤奋不顾身救人的事迹在中国也被广泛报道。温家宝总理5月访问日本时高度赞扬佐藤"不问国籍伸援手，大难之中见真情"。

此外，灾区的人们即使在极限状态下也没有失去理智，到处可见互相帮助的情景。很多人即使失去了挚爱的亲人，或者是不知道他们现在身在何处，也依然在奋勇救助着受灾的人们。舍身前往核电站放水灭火的消防队长讲述道，在得知部下比自己沾染的核辐射少时感到松了一口气。在现场奋战的自卫队员、消防队员、警察们埋头苦干的样子感动了很多人。报纸大篇幅报道了这些事迹，使得因"意想不到"的大地震和曾经一直迷信"核电安全"的神话的破灭而精神崩溃的国民再度站了起来。

朝日、产经、每日、读卖等全国4大报社在4月下旬以各自的读者为对象，就地震与核电事故实施了报纸阅读群体的共同调查。结果显示，地震、核电事故以后，被认为重要性增加了的媒体／信息源的情况分别为：报纸86.2%、电视广播（NHK）85.0%、电视广播（民营广播）70.8%。在信息的时效性上电视超过了报纸，但在"具体的受灾状况及核电事故的说明等详细信息"方面，报纸以79.3%的认可率超过了电视广播（NHK）（61.8%）。有四成人认为报纸能够提供电视和网络所没有的信息，报纸的评价得到了提升。

# 三　报道是否真实

虽然通过这次对地震和核电的报道，报纸的评价得到了提升，但报纸的报道是否真实到能够满足读者强烈的期待呢？关于这一点，实际上有很多地方值得反省。比起报道灾区的惨状来，将重点放在能够鼓舞人心的报道上的结果就是，在报道前所未有的惨剧的实际状况时，报纸会有所犹豫。日本的报纸一直贯彻不刊登遗体照片的方针，这是众所周知的。同样，关于在灾区偷窃受灾群众的财物、溜进空宅窃取财产的犯罪多发、治安恶化等现象，报纸也是基本不予报道的。其

中存在相当恶劣的犯罪现象，但很难在地震发生以来的报纸上找到这方面的报道。我听说对灾区的犯罪现象不予报道并不是出于总部或编辑负责人的指示，大多数是因为很多记者在取材、执笔上采取了谨慎态度。也就是说在现场不会有人来做出指示，而是记者自身贯彻了着眼事态的积极方面进行报道的方针。

记者在灾区的报道上怀有这样的心情可以理解，但在核电事故的报道上不应视而不见。地震发生的次日，经济产业省核能安全保安院的中村幸一郎审议官发言称，福岛第一核电站1号机组中核反应堆心脏部分受损的"堆芯熔毁的事态有可能继续发展"。核电站的周边地区检测出了伴随燃料核分裂产生的铯和碘，说明燃料可能已经熔化外泄。如果堆芯熔毁是事实的话，那等于发生了级别最严重的核电事故。

然而，政府在3月12日深夜将中村幸一郎审议官撤职。之后核能安全保安院的发言节节退缩，称"不能否认发生堆芯熔毁的可能"、"燃料棒虽有损伤但不会熔化"。菅直人首相也乐观地估计"因为被储藏容器包围着，不至于发生熔毁这样的危机状况"。但事实是，一个月后的4月18日，核能安全保安院向政府报告称"福岛第一核电站1至3号机组发生了核反应堆内的核燃料熔化"，这实际上承认了堆芯熔毁的发生。

以报纸为首的媒体根据当初的发言已经得知发生堆芯熔毁的可能性很高，并且专家中也有人持强烈意见认为已经发生了堆芯熔毁。但是，报纸没有追究政府发言的变化，反而迎合这种变化，在堆芯熔毁的可能性上进行了模糊报道。与其说这是由于担心报道的内容与政府的见解不一致，还不如说是由"避免因为确定堆芯熔毁的事实而在居民当中造成恐慌"的这种强烈心情所使然。媒体也没能摆脱"不想让事态严重"的这种灾害时所特有的心理，结果为政府隐瞒事态提供了方便。

不能否认，媒体这种"想避免不安和恐慌向社会扩散"的报道姿态是造成放射性物质的污染和除染对策跟不上的原因之一。

日本政府花费约128亿日元开发了对核电站事故导致的放射性物质的扩散进行预测的"紧急事态迅速放射能影响预测网络系统（SPEEDI）"。但是，福岛第一核电站事故扩散试算的结果仅在3月23日和4月11日公布了两次。核电站失去电力供给，无法获得进行预测所需的核反应堆和放射性物质的相关信息，从而没有公布数据。虽然没能进行基于确切数据的扩散预测，SPEEDI还是根据假定的条件进行了试算，在一定程度上展示了正确的扩散情况。然而，这个结果也由于

可能"招致无用的混乱"（核能安全委员会）而未被公布。

对此，欧洲各国的气象当局迅速在主页上公开了自己的预测。德国气象厅从福岛第一核电站首次发生氢气爆炸3日后的3月15日，以从国际机构得到的数据为基础对放射性物质扩散的范围等进行了预测并公布。英国、奥地利、法国、芬兰等国在得知福岛事故的消息后，也早早对扩散进行了预测并公之于众。

在这些预测的基础上，德国驻日大使馆至3月16日为止向住在灾区和首都圈内的德国人发出了到国外待避的呼吁。美国驻日大使馆于3月17日向身在日本的美国公民发出了向福岛核电站"80千米圈外退避"的劝告。英国、澳大利亚和韩国也发出了同样警告。日本政府3月15日向核电站半径20千米以内的居民发出避难指示，向20~30千米范围内的居民发出退避到屋内的指示，但是按同心圆设定的避难、待避区域实际上与向西北延伸的放射性物质的扩散区域存在出入。于是，一直拖延到4月22日，日本政府才依照《灾害对策基本法》将核电站20千米圈内设为警戒区域，禁止入内。

报纸在对各国向本国公民发出从核电站周边退避劝告的事实进行报道、对限制本社记者进入核电站50千米圈内进行采访的同时，没能充分追究政府避难指示的滞后，结果默认了放射性物质导致的污染扩大。这虽然是出于担心官邸、核能安全保安院、东京电力等部门的发言前后出现矛盾使得真相难以确定，以及害怕加重核电站周边居民的恐慌和混乱而做出的决定，但报纸和政府同样难辞其咎。

实际上这样的事态至今仍在持续。7月28日，东京大学先端科学技术研究中心教授儿玉龙彦以参考人的身份在众议院厚生劳动委员会上公布了放射性物质扩散的现状，强调了制定内部污染对策和除染的紧急性。儿玉教授指出，"以铀来换算的话，福岛第一核电站正在泄漏的放射性物质相当于20颗广岛原子弹的量"，他还警告说"放射线的残存量方面，原子弹在1年间会降到千分之一左右；与此相对，核电站释放出的放射线污染物只会降到十分之一"。他进而呼吁彻底进行污染地的放射线量测定和有可能导致"内照射"的食品检查，减少放射线对抵抗力差的儿童的污染，以国策的形式团结民间力量一起进行土壤的除染。

放射性物质会污染食品进而造成"内照射"。此外还有诸多问题，比如自来水、作为主食的大米和蔬菜、茶的污染，稻草污染导致的牛肉污染和海洋污染导致的水产品污染等。但现在的状况是，关于低量放射性物质对人体究竟有多大影响还没有定论，政府规定的数值也只是暂时性的。进行报道时在消费者安全、生

产者立场以及不给社会造成混乱等问题上难以取舍，以致追究问题时无法切中要害。

## 四 以"脱原发（摆脱核电）依存"为目标

广岛和长崎曾遭受原子弹袭击。因此以前日本对核能的抵触情绪很强。但核能发电的和平利用这一点被强调后，很多日本人逐渐在"用于核武器固然不行，但和平利用还是可以的"这种观点上达成了共识。政府出于保障国家安全的考虑，热衷于建设一旦需要便能够转用为核武器开发的核电站和核燃料循环，并与电力公司一起拼命宣传核电站"绝对不会引起事故"。

很多人由于过于相信日本的技术水平而逐渐相信核电站是安全的。日本作为全体列岛都处于地震活跃带的地震大国对核电逐渐依赖，并且越来越习惯于将无法处理的核废料储存起来。宣传中也强调核电是不会排放二氧化碳的绿色能源。但是，福岛第一核电站发生的事故造成了无法挽回的损失，让很多日本人重新意识到了依赖核电的危险。

有《东京新闻》加盟的日本舆论调查会于6月11和12日实施的全国舆论调查显示，对于国内现有的54座核电站，认为应"立即废弃"、"废弃已经进入定期检查的核电站"、"根据电力供需逐步废弃"的人总计达到82%，大大超过了认为应"维持现状"的14%。

当被问及"对事故前后的核电站是否感到不安"时，回答事故前"感到大为不安"、"感到一定程度的不安"的人共计43%；与此相对，回答"事故后感到不安"的人共计94%，增长了一倍之多，可见这次事故造成的心理变化之大。关于政府在能源基本计划中提出的"到2030年为止新增设14座以上的核电站"的方针，67%的人回答"不应新设或增设"，22%的人回答"新增设的核电站应少于14座"，只有6%的人认为"应该通过并推行此方针"。

另外，在被问及"应重点开发的能源领域（最多回答两种）"时，回答为"太阳能等可再生能源"的人最多，为84%，接下来是水力45%、天然气31%。核能为7%，超过了石油和煤（各4%）。

以这样的舆论变化为背景，各大报纸纷纷刊登《零核电社会——就从现在开始，实现政策大转换》（《朝日新闻》7月14日）、《从核电转为再生能源》（《每日新闻》8月2日）、《建设不依赖核电的国家》（《东京·中日新闻》8月6日）等

社论和评论特集，呼吁转变能源政策。另外，读卖、产经、日本经济3家报纸依然没有改变"在确保核电安全性的同时，寻求再启动"的立场。

对于如果废弃核电造成"电力不足怎么办"的意见，《东京新闻》社论反驳道"人的生命和安全优先于经济"，举出"核控制的难度自不必说，日本更是位于四大板块上的世界少有的地震多发国家"的例子，称这也是建立没有核电国家的理由之一；还提到福岛第一核电站的事故使得"核电的安全、廉价、绿色的神话土崩瓦解"，提出"电力的自由化、自然能源厅的新设、彻底的信息公开"等建议；并称"核电在中国和印度、中东等地呈现增长态势，但各国有各国的国情"，在对各国自身的选择表示理解的同时，呼吁"日本应以传统优势的技术和团结力向世界展示：即使没有核电也能建成一个富裕的社会"。

以"脱原发"为目标的提议得到了"看到这则消息后稍微放心了。实现脱原发还有很长、很艰巨的路要走，请坚持这种姿态来引导其他媒体"、"内容很精彩，给读者勾画了一个美好的未来，令人叹服"等来自读者的共鸣以及很多传真和邮件。另外，也存在诸如"给人一种日本不需要核电的强烈感觉，我觉得不应该在报纸上刊登这么偏激的观点"等批判的声音。但是，之后的支持"脱原发"的主张、报道基本都得到了读者的支持，这表明福岛第一核电站事故改变了日本人对核电的看法。

# 五　大灾害告诉我们应该超越国界进行合作

我得知发生东日本大地震的消息是在来中国采访时刚从上海的机场进入市内的时候。到达上海分局后，卫星直播的NHK节目中出现了房屋和车辆被大海啸冲走的画面。看到这灾难片似的景象后我倒吸一口气，急忙去查询回国的航班，发现成田和羽田机场都关闭了。订了次日早晨第一班飞机的票后，我心有余悸地回到了宾馆。告诉宾馆的服务员自己改为明天回国后，她对我说"希望您一路平安"。

中国的电视台也长时间持续播报着灾区的情况，大概也是为了确认在日中国人是否安全吧！然而，电视画面中悲壮的背景音乐、播音员沉痛的声音以及站在被破坏殆尽的故乡土地上为死去的亲人潸然泪下的日本人的身影，却传递着来自中国的同情之心。日本与中国之间由于历史原因，加上钓鱼岛主权之争引发彼此国民感情严重恶化。但我似乎感到，大灾害使我们从这种隔阂中走了出来。

据说在中国的网上有些人发表的对日本幸灾乐祸的言论遭到了激烈的批判。我在上海仅停留了一夜，是在中国朋友的家里看着电视度过的。虽然七点的定点新闻主要报道的是正在召开的全国人民代表大会，但之后就变成了日本大地震的特别报道节目。中国朋友说："四川大地震时，日本的救援队是最先来的，这点中国人清楚地记得。他们向遗体垂首默哀的举动让我很感动。"看起来中国的电视对受灾情况的长时间持续报道给人留下了更深刻的印象。

仿佛在嘲笑为防备频发的三陆海岸大海啸而兢兢业业构筑堤坝的人们一样，海啸轻而易举地跨过了堤坝，如巨人拂手般摧毁了街市。灾难跨越国境告诉我们，人类在面对凶猛的大自然时是多么的软弱无力。让人感觉，在巨大的威胁面前，国与国之间在细小问题上产生对立是一件多么愚蠢的事情。不，这甚至让我想到人类高喊"环境保护"，仿佛我们可以随心所欲地改变地球的环境一样。

地球如果难以承受人类带来的更多影响时便会抖动身子给人类来个下马威。需要保护的其实应该是人类。弱小的人类只有并肩团结才能走下去。我们互相之间实在没有你争我夺、彼此对立的闲暇。如果这样的教训能够跨越国境唤起共鸣的话，这次大地震应该也不会只是一场悲剧。我在乘坐次日早晨第一班飞机返回东京的途中，不由得这样想到。

大灾害的报道告诉我们，地球如今的现实是人类必须跨越国境互相帮助，国际间的救助活动和救援物资的运输也是依靠超越各国政治意志的人与人之间的连带感来支撑的。催生这种连带的便是超越国境的新闻报道。2008年5月的四川大地震后，灾区的采访权向外国报道机构开放，呼吁对灾区实施救援的呼声在外国顿时高涨起来。东日本大地震中，中国的电视台转播了灾区的情况，报纸也进行了详细的报道。

各国的报道机构协作开展这些报道自然会加深人们之间的连带感。其中确实存在由于担心引发社会混乱而无法追求真相的可能性。但我相信，被实际接触的灾区情况感染而努力超越信息统制和自身心理障碍来进行的报道必然会获得读者和观众的支持。

（葛奇蹊　译）

# 大众媒体在中、日、韩灾害报道及救援中的功能特征研究

朴胜俊[*]

## 一 引言

　　自然灾害不受人为国境制约，可以跨越国界不断扩散。中、日、韩三国地理相邻，三国的自然灾害也通过陆地、海洋不断迁移。生成于东南亚海域的台风几乎每年都会跨越三国国境，给三国国民带来很大损失。但迄今为止，中、日、韩三国还没有建立政府或者媒体之间的合作机制。尽管为了实现政治合作，三国最近在韩国首尔设立了三国合作秘书处。但到目前为止，三国政府之间、媒体之间

* 朴胜俊，研究领域为国际关系、中国外交政策、中国的政治经济学。1978年获首尔大学中国文学专业学士学位，2004年和2010年分别获得韩国高丽大学硕士和博士学位。1988年至1991年为朝鲜日报驻香港记者；1992年至1997年为朝鲜日报驻北京记者；2000年至2001年为朝鲜日报国际新闻编辑；2001年至2006年为朝鲜日报高级特约撰稿人；2006年至2009年为朝鲜日报记者及驻北京总编辑；2009年至2010年为韩国新编辑协会国际部主席；2010年至2011年为中韩战略合作伙伴关系专家委员会成员。现任韩国仁川大学外聘教授、前朝鲜日报北京分局局长。主要著作包括《邓小平评传》、《有趣的中国》、《韩中100年》等。

并未开展任何正式合作。

# 二 中、日、韩三国媒体灾害报道事例

## 1. 中国四川汶川大地震

2008年5月12日，以四川省汶川县为中心，8个省、市地区发生里氏8.0级大地震。6月10日，地震发生一个月后，新华社报道，这次地震造成69164人死亡、17516人失踪、37万人受伤，共计46余万人受灾。这次地震是继1976年7月26日河北省唐山大地震以来造成危害最大的一次。唐山大地震时，中国政府向外界公布的数字是：地震造成7200多幢房屋被损毁埋没，4200多人成为孤儿。但外界一般认为，当时唐山市大部分建筑被毁，有24万人死亡。

与唐山大地震相比，中国媒体在报道汶川大地震时，姿态有了很大变化。1976年唐山大地震时，中国尚未进行改革开放，当时新华社等中国媒体对地震所带来的损失并未做确切报道。地震损失主要是通过香港发行的《南华早报》等外部媒体进行报道的。但这次汶川大地震发生时，中国推进改革开放已有30年。地震发生时，新华社和中国中央电视台（CCTV）对地震的受灾现场、四川省政府与中央政府统计的死伤、失踪人数进行了24小时不间断的广播报道。报道姿态与唐山大地震时相比，可谓判若云泥。

## 2. 日本东北地震海啸

2011年3月11日，日本NHK正在直播国会预算审议现场。突然东京国会厅三层参议院第一委员会会议室大楼开始晃动起来，同时天花板上的装饰灯也开始剧烈摇晃。日本首相菅直人与内阁、国会议员惊慌不已，一部分议员甚至扶着墙以支撑身体。日本国会离震源——日本东北县有373千米，但这里发生的一切通过NHK的报道广为世人所知。

地震一发生，NHK就在电视画面下端打出了"紧急地震速报"的字样。1分27秒后，常规播报内容被中断，换成了灾害信息播报。播音员开始播报震灾情况，直升机清晰地拍摄下了地震后海啸涌来的情景。

日本从1962年开始实行《灾害对策基本法》，同时还建立了灾害防范基本体系，而NHK确立灾害播报体系则是以1983年东海中部地震引发的地震海啸为直接契机。在此之前，1954年9月，曾发生过一起由于台风导致客船倾覆、死亡

1155人的大惨剧。当时NHK向日本全国播放了从飞机上拍摄的图像资料，掀开了灾害播报的第一页。《日本广播电视法》第6条规定，对于"可以减灾的广播电视"实施义务化。现在NHK在自主判断的前提下，通过分布于日本全国54个地区的广播电视台对灾害信息进行播报。

### 3. 韩国 2011 年夏季台风与暴雨

2011年夏季韩国气候异常，七至八月份，艾利等台风陆续登陆朝鲜半岛，导致暴雨频频。两个月内仅有七天没有降雨。全国各地受灾严重，死亡、失踪人数众多。特别是7月25日到28日，韩国首都地区（首尔与京畿道地区）与江原道、庆尚南北两道、全罗南北两道以及朝鲜地区河水泛滥、住宅被淹、灾害连连。在首尔市瑞草区牛眠洞（首尔市具有代表性的高级住宅小区之一）以及江原道春川市新北邑等地，发生了山体滑坡事件，造成了重大人员伤亡。截至7月30日，死亡、失踪人数就已超过70人。牛眠洞荆村和田园村由于山体滑坡造成18人死亡，其中包括新世界财阀集团董事长的夫人。这给许多韩国人带来了巨大冲击。牛眠山体滑坡时的情形通过社会化网络软件（Social Networking Service，SNS）传送到了广播电视台，然后又被播报到了韩国各地。在电视无线电波尚未覆盖的地区，第一时间内拍摄到的台风、暴雨等受灾图像通常也会通过社会化网络软件直接传送出去或者通过电视TV播放到全国各地。另外，当时牛眠山体滑坡灾害救助的相关政府责任部门没能及时向受灾地区（瑞草区）的负责人通报灾害预警信息，而是通过手机短信把预警警告发给了瑞草区前任负责人，而该负责人当时已经离任，不在瑞草区。这件事被曝光后，也曾备受韩国民众非议。

## 三　三国媒体灾害报道的特点

媒体所提供的灾害信息，按其功能可以分为三大类。第一类是为了防患于未然而提供的"防灾信息"；第二类是当灾害发生后为尽量减少损失而提供的"减灾信息"；第三类是为了尽快启动灾后重建工作而提供的"灾后重建与希望信息"。就灾害信息的上述三种功能而言，中、日、韩三国媒体在进行灾害报道时，受本国政治体制与社会特色的影响，报道也各具特色。

## 1. 中国媒体

1976年唐山大地震发生时，中国媒体没能很好地履行提供防灾、减灾、灾后重建与希望信息中的任何一种职能。当时不仅没有进行地震预警，而且也根本没有提供有效的减灾以及灾后重建与希望信息。这么说，是因为当时中国媒体根本就没有及时报道地震所引发的受灾情况。

但在改革开放实施30年后，汶川大地震一发生，新华社和中央电视台就通过紧急新闻播报以及紧急灾害播报，对灾害的发生和受灾情况做了迅速报道。对此外界评价说，中国媒体及时履行了传达防灾、减灾以及灾后重建与希望信息的职能。特别是由于事先成功预测到了地震将引起地形变化、土石阻断溪谷而导致堰塞湖形成以及由此可能引发的其他灾害，使灾区居民得以提前撤离避让。这一点获得了外界的一致好评，被认为是出色地履行了防灾、减灾的功能。地震发生后，中国媒体在全国范围内持续播报，使灾后重建和希望信息也能够充分传播。在这一点上，外界普遍认为中国媒体完全超过了日、韩两国的媒体。

## 2. 日本媒体

无论是提供防灾、减灾或灾后重建与希望信息哪一方面，NHK等日本媒体都被公认为世界上做得最好的。特别是作为日本公营播报媒体，NHK备受好评。人们认为，NHK拥有一套良好的播报体系：他们对播报人员事先进行相关培训、平时不断进行灾害播报训练，使其灾情报道尽量做到减少损失和坚定日本人的意志。另外，NHK在播报震灾时启动如下体系：震级在3级以上时利用电视字幕加以公布，震级在6级以上时中断常规播报内容、启动临时新闻播报系统。

但是尽管日本媒体的灾害播报训练有素，在这次东北大地震中，由于海啸的规模巨大，远远超出了当地行政部门的预测，结果还是不能避免重大的人员伤亡与财产损失。特别是在福岛核电站核泄漏事故上，由于日本政府没能及时提供相关准确信息导致受灾严重。直至今日尚无法估量其损失程度。

## 3. 韩国媒体

公营播报媒体KBS、MBC，民营播报媒体SBS、YTN等韩国广播电视媒体在灾害报道方面，争相传达防灾、减灾以及灾后重建与希望信息。与中国以CCTV和新华社为中心，日本以NHK为中心所构建的公营灾害播报体系不同，韩国公

营和民营的广播电视媒体都以竞争为前提构筑灾害播报体系。

尤其突出的是，韩国的广播电视媒体在灾难发生时，若发现中央与地方政府有意缩小受灾规模，或存在非但不能很好地履行防灾职能，还企图隐瞒自身渎职行为的情况时，韩国广播媒体就会对其进行深度报道、行使监督职能，从而在日后再发生灾难时，促使中央和地方政府及时应对，把受灾损失降到最小。此外，韩国媒体无论是广播电视还是报纸，都致力于传达灾后重建与希望的信息。这在灾难发生后不久自毋庸赘言。可贵的是，韩国媒体会在灾后相当长时间里对受灾地区和人员进行跟踪报道，以期最大力度地传播灾后重建与希望的信息。这种努力为韩国媒体赢得了外界的许多赞扬。

# 四　三国媒体在灾害报道上的合作

如上所述，中、日、韩三国媒体灾害播报体系各有千秋。中国媒体在中国共产党和国务院提供的正确指导方针与信息的指导下，以广袤的领土和众多的人口为对象，统一进行灾害报道工作。灾难发生后能调动众多媒体力量，在克服灾难和传达希望信息方面表现出巨大优势。

日本则以NHK为中心，对全面负责灾害报道的相关人员进行事前教育和反复演练。灾害发生时，其报道优势主要体现在尽量减少灾害损失、尽快克服灾难，同时注意不让灾害带来的悲痛过度扩散，致力于鼓舞士气。

韩国媒体则在以下两方面凸显优势：一是竞相进行灾害报道。它们超越政府提供的灾害信息的范围，站在民众的立场上努力提供有助于克服灾害的信息。二是在克服灾害方面，媒体也表现出高于政府的水平，努力向受灾群众提供物资与希望信息。

关于灾害报道合作问题，笔者认为发挥中、日、韩三国各自的优势，以"三合一"为目标，实现三国媒体在灾害报道上的合作有重大意义，值得努力。

# 五　结语

三国媒体在灾害报道上的合作可先于至今仍处于起步阶段的政治合作。这可以推动三国政治、经济合作体系的建立。三国媒体构建灾害报道合作体系可以凝聚三国人心，极有利于克服跨境灾害。现在三国面临着一个共同的课题，即在

以欧美等发达国家为主导的工业化发展过程中，产生了大量的二氧化碳。这些二氧化碳引发的温室效应造成气候异常，而由气候异常引发的灾害正日益严重。因此，构筑三国媒体的灾害报道合作体系是目前亟待解决的重要课题。

**参考文献**

1．朴德根:《复合灾害要远离"大部分"、"紧急播报"、"单纯报道"》,《报纸与广播》2008年7月，第76页。

2．金大兴:《日本NHK灾害报道体系深层揭秘》,《宽勋时报》2011年夏，第18页。

3．李民圭:《灾害到来，如何报道？》,《宽勋时报》2011年夏季刊，第14页。

（张宝云　译）

# 中日韓三カ国の減災救災交流を強化し、協力を促進する

李全茂[*]

## 1. 中国の減災救災活動の基本的経験について

減災救災において、日本と韓国はたくさんの優れた経験を持っています。それはすべて、我々が見習い、参考にすべき経験だと思います。

長期にわたる減災救災の実践の中で、中国もいくつかの効果的なやり方と基本的な経験を見つけ出し、まとめてきました。主な内容は以下の通りです。

第一は比較的完全な防災救災法制体系を整備することです。20世紀80年代以降、中国は相次いで30部ほどの減災救災に関する法律や法規を公布しました。例えば、『中華人民共和国水防法』、『中華人民共和国防震減災法』、『中華人民共和国気象法』、『自然災害救助条例』、『地質災害の予防・治療条例』、『破

---

[*] 李全茂，国家民政部救災司救災専門員。前民政部優撫司調査研究員、民政部新聞弁副主任・主任、民政部弁公庁副巡視員、遼寧省民政庁副庁長などを歴任。近年は自然災害救助管理作業などを中心に研究。

壊的地震の緊急対応条例』、『ウエザー・モディフィケーション管理条例』など
です。特に2010年、『自然災害救助条例』の公布は、法律的に、災害救助にお
いて数年にわたり形成してきた活動の原則、制度、方法を肯定し、災害救助活
動が国家の緊急対応法律体系における地位を確立し、災害救助活動が法に基づ
き政務を行う新しい段階に入りました。

第二は比較的科学的な減災救災の指導体制・メカニズムを築いたことです。
科学的な減災救災体制・メカニズムの内容は非常に豊富です。私はそれを四つ
の言葉にまとめました。つまり、中央政府が統一的に指揮し、関連部門がしっ
かりと協力しあい、地方政府がクラスに応じて責任を取り、社会各界が広く参
画します。

中央のレベルでは、国務院の統一的な指導の下に、それぞれ国家減災委員
会、国家水防・抗旱魃総指揮部、国務院抗震救災指揮部、国家森林防火指揮部
と全国抗災救災綜合協調事務室などの機構を設けて、減災救災の調整と組織活
動を担当します。これらの機構は人員構成、業務職能と活動内容が一部交錯し
ていますが、業務にはそれぞれ重点があります。国家減災委員会は減災救災に
関連する各部門が含まれる災害管理総合調整機構で、全国の抗災救災活動を組
織し、調整することを担当します。国家水防・抗旱魃総指揮部は主に長江と黄
河の河川整備と水防抗旱魃の業務を担当し、国務院抗震救災指揮部は主に地震
（災害）の予防と地震後の抗災救災活動を担当、国家森林防火指揮部は主に如
何に火災を予防し、如何に消火活動を行い、災害をなくすかという仕事を担当
します。各部門には分業があるとともに、協力もあります。私があなたに協力
することもあり、あなたが私に協力することもあります。特に重大な自然災害
が発生した後には、中央政府がさらに国務院抗災救災総指揮機構を設けて、統
一的に抗災救災の活動を指揮します。たとえば、2008年の広範な地域におけ
る低温霙氷結災害への対策では、中央政府は国務院石炭・電気・石油輸送、緊
急救助・抗災緊急対策指揮センターを設けて、低温霙氷結災害への対策と石炭
・電気・石油輸送を保障する業務を総括的に計画手配・調整・指揮しました。
2008年5月12日と2010年4月14日、中国では相次いで汶川8.0級特大地震
と玉樹7.1級強烈地震が起こりました。国務院は相次いで抗震救災総指揮部を
設置して、全面的に各方面の抗震救災力に対する統一的な指導と指揮を強め、
絶好の抗災救災効果を実現しました。各レベルの地方政府も同様の職能を備え

た減災救災調整機構を設けて、当該レベル当該地域の減災救災活動を担当しました。

　同時に、長期にわたる減災救災の実践の中で、中国の国情に合い、中国の特色を持った減災救災活動メカニズムも築かれました。これらのメカニズムは主に以下の内容を含んでいます。

　——災害応急対応メカニズム。中央政府の突発的な自然災害への対応マニュアル体系は三段階に分けられます。つまり、国家全体緊急対応マニュアル、国家専門緊急対応マニュアル及び部門別緊急対応マニュアルです。政府の各部門は自然災害専門緊急対応マニュアルと部門の職責によって、もっと操作性のあるマニュアル実施方法と緊急対応活動規定を定めます。重大な自然災害が起こった後、国務院の統一的な指導の下に、関連部門は自身の責任を負って仕事をし、しっかりと協力し合い、緊急対応マニュアルを適時発動させ、マニュアルに基づき、きちんとそれぞれの抗災救災活動に当たります。被災地区の各レベルの政府は災害が起こった途端、すぐに緊急対応を取り、地元政府の責任者をリーダーとし、関連部分から成る災害緊急対策指揮機構を設け、統一的に災害への対策と措置を立案し、現場の応急処置活動を組織的に展開し、上級政府と関連部門に被災状況と抗災救災の活動状況を適時報告することを担当します。

　——災害情報公表メカニズム。適時正確、公開透明の原則に基づき、中央と地方各レベルの政府は、真剣に自然災害など各種の突発事案の緊急対応管理情報公表業務に当たり、ニュース記事を発表する権限を与え、記者を組織して取材をさせ、記者会見を開き、ニュース発表会を開催するなど様々な方式を取って、公衆に災害の発生・推移状況、対応措置活動の進展と防災避難知識などの関連情報を適時発表して、公衆の知る権利と監督権を保障します。

　——救災応急物資備蓄メカニズム。中国は既に物資備蓄倉庫に頼る救災物資備蓄ネットワークを築き、国家の応急物資備蓄体系は次第に整ってきました。目下のところ、全国で既に築いた、あるいは構築中の中央レベルの生活類救災物資備蓄倉庫は17カ所に達し、そして徐々に中央レベルの水防物資、森林防火物資などの物資備蓄倉庫を造り、整えてきました。一部の省、市、県は地方救災物資備蓄倉庫を築き、抗災救災物資備蓄体系は一応形成されました。

　——被災状況予警報協議と情報共有メカニズム。国は民政、国土資源、水利、農業、林業、統計、地震、海洋、気象などの主要な災害関連部門が参加し

た被災状況予警報協議と情報共有メカニズムを築き、災害情報データベース作成に乗りだし、国家地理情報公共サービスプラットを始動させました。そして、被災状況情報の共有・公表システムを築き、国家総合減災・リスク管理情報プラットを作り、中央と地方各部門の災害緊急対策に有効なサポートを適時提供します。

　——重大災害に備えて緊急対策を取る共同行動調整メカニズム。重大な災害が起こった後、関連する各部門は職能を果たして被災地域に関連部門の委員で構成した作業チームを適時派遣して、被災状況を理解し、抗災救災活動を指導して、関連部門を適時調整し、救災についての意見を提出して、被災地域を助けて救助活動を展開し、二次災害や誘導災害の発生を防ぎます。

　——災害緊急対応社会動員メカニズム。国は緊急救助動員、捜索救助動員、救護動員、救助動員、救災寄付動員を主要内容とする社会緊急対応動員メカニズムを築きました。人民団体、紅十字会などの民間組織、基層自治組織とボランティアが災害防止、緊急救援、救災寄付、医療救助、衛生防疫、復興再建、被災後の心理サポートなどで役割を果たすことに注目します。

　第三は緊急救助と災害救援の緊急対応体系を築いたことです。21世紀に入ってから、応急救援チーム、応急対応メカニズムと応急資金支出メカニズムを主要内容とする我が国の救災緊急対応体系は一応確立され、応急救援、輸送保障、生活救助、衛生防疫などの応急対処能力は大きく強化されました。

　——応急救援チーム体系。公安、武装警察、軍隊を中堅・突撃力とし、水防緊急救助、抗震救災、森林消防、海上捜索救助、鉱山救護、医療救護などの専門チームを基本力とし、企業・事業単位の本職・兼職チームと応急ボランティアチームを補助力とする応急救援チーム体系が一応確立されました。国家陸地空中捜査・救護基地の建設もテンポを速めて推進されました。応急救援装備も一層改善されました。

　——応急救助対応メカニズム。被災状況によって、中央は突発の自然災害に対応するレベルを四つに分け、各対応レベルの具体的な作業措置を明確にして、救災活動を規範的な管理作業プロセスに入れました。災害応急救助対応メカニズムの確立は、基本的に被災民衆が被災後24時間以内に助けを得ることを保障し、基本的に「食べられるご飯があり、着られる服があり、飲めるきれいな水があり、仮住居があり、病気を直す医者もいる」という目標を実現しま

した。

　——救災応急資金支出メカニズム。自然災害生活救助資金、特大水防抗旱魃補助資金、水害で破壊された道路の補助資金、内陸河川航路応急通行資金、衛生救災補助資金、文教行政救災補助資金、農業救災資金、林業救災資金を含めた中央抗災救災補助資金支出メカニズムは既に確立されました。同時に、国は積極的に救災活動をクラス別に管理し、救災資金をクラス別に負担する救災活動管理体制を進め、十分に地方政府の積極性を引き出し、地方の救災投入を保障し、被災民衆の基本生活を効果的に保障します。

　第四は自然災害の立体監視測定体系を構築したことです。この体系は地面監視測定、海洋海底観測と天−空−地観測を含む自然災害立体監視測定体系を築くことを含んでいて、災害監視測定予警報体系が一応形成されました。

　——災害リモートセンシング監視測定業務体系。環境減災小衛星星座A、B星の打ち上げに成功しました。衛星減災応用業務システムは大体の形が出来ていて、災害リモートセンシング監視測定、評価と政策決定に優れた技術的サポートを提供しました。

　——気象予警報体系。「風雲」シリーズの気象衛星打ち上げに成功し、全国各地に分布している新世代の天気レーダー、高空気象探査所L波段高空探査システムと地域気象観測所を築きました。全国の大気成分、酸性雨、砂嵐、雷鳴と電光、農業気象、交通気象など専門気象観測ネットワークを一応築き、基本的に比較的完全な数値予報予測業務システムを確立して、災害を招きそうな天気が差し迫っていることの予警報業務を展開して、ラジオ、テレビ、新聞、携帯電話、インターネットなどを含む都市と農村のコミュニティをカバーする気象予警報情報公表プラットを築きました。

　また、水利と洪水の監視測定予警報体系、地震監視測定予報体系、地質災害監視測定システム、環境監視測定予警報体系、野生動物疫源疫病監視測定予警報システム、病虫害監視測定予報システム、海洋災害予報システム、森林・草原火災予警報監視測定システム、砂嵐災害監視測定・評価体系も確立されました。これらの自然災害テスト体系は防災救災作業に比較的優れた技術的サポートを提供し、災害予警報、災害対応、災害評価、被災後の復興再建などにおいて、ますます大切な役割を果たしてきました。

　第五は一連の減災工程（プロジェクト）を実施したことです。近年来、国は

水防抗旱魃、抗震抗災、防風防潮、防砂治砂、生態建設など一連の重大な減災工程を実施しました。例えば、長江・黄河の整備工程、農村の生活が苦しい民衆の危険家屋改造工程、小中学校の危険校舎改造工程、中小学校の校舎安全工程、問題のあるダムの危険除去補強工程、農村飲料水安全工程、土壌浸食重点予防・復旧工程、農地灌漑排水工程、生態建設・環境整備工程、建築・工程施設防備対策工程、道路災害予防・復旧工程です。この一連の工程の実施は各方面での防災抗災能力を高めました。

## 2. 中日韓三カ国防災協力についての考え

中日韓三カ国は地理的に隣接し、文化も近く、気持ちも通じ合っていて、三カ国国民の友情には長い歴史があります。近年来、中日韓の関係が急速に発展することに伴い、減災救災の領域での協力も次第に強化されました。

自然災害に共に対応して、確実に防災救災活動を行うために、中日韓3カ国は以下のいくつかの方面に力点を置き、いっそう努力するべきだと思います。

第一、「予防を主とする」という思想観念をさらに確立しなければならない。中国の唐代に、大医学家孫思邈は「上位の医者は無病の人を治療し、中位の医者は病気に近い人を治療し、下位の医者は病気になった人を治療する」と言いました。この観点に立って我々の防災減災の活動を念入りに見れば、我々は上位の医者ですか、中位の医者ですか、それとも下位の医者ですか？上位の医者も中位の医者もいますが、下位の医者の方が多いと思います。それは我々の多くの仕事が、相変わらず消極的な救災状態に（重点を）置いているからです。災害時に緊急に行動して、抗災や救災に当たります。この緊急行動は絶対にやらなければならず、十分に必要としていますが、緊急行動時に、倒れてしまった家屋が出たり、死傷者が出たりしました。災害が発生したら、元に戻るわけがありません。そのため、我々は「無病の人」と「病気に近い人」を治療することを仕事の重点として、防災減災において早めに時間や力を投入し、そして多くの時間や力を投入すべきです。そうすれば、自然災害の襲来時に、我々は「風波が立つのに任せて、われ関せずと泰然自若だ」ということができ、災害の損失をできるだけ減らすこともできます。

第二、三カ国の災害管理協力の機構建設を進めなければならない。中日韓の

災害管理協力は国際的な災害管理で、組織、協調、連絡の仕事は大量に上り、任務の負担も大きいため、常設機構がこの任務を担当しなければならない。中日韓三カ国のリーダーは、三カ国協力の事務局を設けることで既にコンセンサスに達しており、三カ国協力の事務局を設け、事務局長を任命しました。ただし、この事務局は一定の職能を持っている比較的現実的な機構と組織で、正常・健康・高効率の運営状態にあり、減災救災で顕著な役割を果たしています。中日韓各国もそれぞれ相応する機構を設けるべきです。これで連絡と協調が便利になり、すばらしく効果的な仕事を展開することもできます。同時に三カ国災害管理協力の良性的なメカニズムも築かなければなりません。こういうメカニズムは少なくとも下記の内容を含めるべきです。第一に会議制度です。年に一回三カ国災害管理協力会議を開き、三カ国ともに関心を持っている防災減災救災活動について交流や総括を行います。第二は連絡制度です。主に誰が、誰に、如何にして連絡するかという問題を解決します。第三は重大災害時の救助緊急協議制度です。一つの国で重大な自然災害が起きたら、三カ国協力事務局は三カ国の関連部門を組織して、緊急協議を進め、対応策を検討する必要があります。こういう体制が次第に確立されることが、三カ国災害管理協力を保障する必要条件です。

　第三、経験交流をさらに深めなければならない。中日韓三カ国とも防災救災において、たくさんの著しい成績を収め、豊富な経験を積み重ねてきました。三カ国の減災救災経験には同じく類似したものもあれば、それぞれ特色があり異なるものもあります。経験交流を深めれば、一つの家の経験を三つの家共通の経験に変え、三カ国の減災救災活動を促進することができます。経験交流会の開催という形式で各国各地の経験を交流することもできるし、現地視察の形式で実地勉強をすることもできます。実際的な方法と措置を紹介することもできるし、未来の減災救災活動を展望して研究することもできます。政府の名で開催することもできるし、民間団体の名で開催することもできます。どうにかして互いに勉強し、参考にし、促進し合って目的に達するのが一番です。

　第四、科学技術の開発研究をさらに進めなければならない。防災減災救災活動を確実に行うには、結局、先端科学技術に頼らなければなりません。先端科学技術があれば、減災救災活動は半分の労力で二倍の効果を得ることができます。中日韓三カ国は科学技術の研究開発において、いずれも相対的に強い実

力を持っており、いずれも比較的明らかな成果を挙げてきました。三カ国が一定の措置を講じて、防災減災の科学技術の研究を強化すれば、次第に新しい進展、新しい突破、新しい成果を収めることができるはずです。協力研究の形式については、お互いに科学技術の研究成果を提供することもできるし、協力して難関に挑み、科学研究での困難と問題を解決することもできます。今年の5月22日、日本の東京で開いた中日韓の首脳会議において、「キャンパスアジア」を築くことについて既にコンセンサスに達しました。もしこの計画が実施できれば、共に防災救災を研究する科学研究機構は「キャンパスアジア」に置かれるべきで、防災減災救災を巡って緊密に科学研究を展開し、早期に多くの成果を収めることが期待されます。

第五、共同の養成・演習活動を強化しなければならない。養成と演習は、理論学習を防災減災の実践に変える有効な道です。歴史的な経験によれば、防災救災に優れているのはみな、養成と演習の活動に優れているものです。ここ数年来、地震災害が発生した際、日本国民の自己救助と相互救助の技能が次第に高まっているのは、演習の重視と不可分です。もう一例を挙げると、我が国の四川省安県の桑棗中学は普段から、時々教師と生徒を組織して地震災害を予防する演習を行ってきたため、抗震の心理素質と技術を高めました。汶川大地震の中で、全校2000人ほどの教師と生徒は成功裏に避難し、一人の死傷者も出ませんでした。この方面では、韓国にも多くの成功例があります。そのため、中日韓は常に防災養成演習を組織するべきです。共に組織して実施することもできるし、一方が組織し、他方が見学して共に高めることもできます。

第六、より多くの情報を共有する。災害情報の共有は減災救災の基礎です。中日韓三カ国は台風、砂嵐、地震、津波、森林火災などの自然災害の脅威にさらされているので、情報共有にもっと力を注ぐべきだと思います。一つ目は24時間災害情報連絡ステーションを築くことです。双方が即座にさまざまな災害情報を共有・利用できるように自分の持っている情報を速やかに相手に伝えます。二つ目は情報共有の範囲を広げることです。各自の衛星システム、短波ラジオ、海洋観測システムを利用して災害情報の共有範囲を降雨情況、早魃、疫病、砂、砂嵐及びグローバル地震状況、波、海氷などの海洋災害情報にまで広げます。三つ目は防災科学技術情報の交流を強化することです。例えば、建物の防震技術、沿岸地域の高潮災害防止技術など。四つ目は情報共有に

おけるフィードバックをすることです。各自が災害情報の共有において成し遂げた成果を相手と交流し、経験をまとめ、効率を向上させることによって三カ国間の提携関係をさらに促進します。

　第七、相互支援関係をさらに固める。中日韓三カ国は地理的に隣接しているので、相互支援が必要であり、可能でもあります。三カ国が相互に支援するというすばらしい伝統を受け継ぎ、一段と高めたいと我々は思っています。重大な災害の緊急支援や協力関係をさらに深め、お互いに必要な援助を提供します。ここには、二つの重要なポイントがあります。一つは援助を求める時の情報説明です。つまり、被災国で深刻な自然災害が起こった時、災害情報や救援のメッセージを適時、他国に伝えなければなりません。もう一つは救助を実施することです。被災状況や相手の需要を確認した後、被災国の要求に応じて災害による損害を最小限に抑えるよう、できるだけ迅速に全力で被災国を援助します。その中には物資、資金、設備、救急隊や医療の支援が含まれています。

　三カ国の相互支援を実施するため、関連の準備をしなければなりません。例えば支援国は救援隊、ボランティア隊の結成や救援物資を常に用意しておかなければなりません。災害に即座に対応できるようにしておかなければならないのです。支援受け入れ国は外国の救援要員や物資が速やかに通関・通行できるよう免税制度やグリーン通路を設けておかなければなりません。

　第八、防災減災救災の民間交流や文化交流を強化しなければならない。三カ国が協力して減災救災に当たる以外、減災救災に関する民間交流を強化して政府間の提携の不備を補います。中日韓三カ国の文化には共通点が多く、特に書道・絵画において通じるところが多いのです。文化芸術という生き生きとした形で、減災救災に関することを報告・紹介・交流します。それでお互いに促進・進歩しあう目的を達成します。可能であれば中日韓減災救災文化協会を設立し、文化芸術に情熱を燃やす方たちが民間の減災救災の文化交流を計画し、減災救災という事業を推し進めます。

　3月11日に日本の仙台を中心に大地震がありました。90数年前、中国の偉大な思想家魯迅先生がそこで大学時代をすごしました。はるか遠いところにいる無数の人間はみな、私に関係していると20数年後、彼はある文章に書きました。この天下の人々を思い、天下を憂える精神を私たちは発揚し輝かせなければならないのです。ここ数十年、中日韓三カ国が各分野で目覚しい発展を遂

げました。中日韓三か国の友好関係の発展に従って、減災救災もますますスムーズに行われ、より立派な成果を挙げると信じています。災害がわが三カ国人民に及ぼす被害や損失はきっと少なくなります。私たちの未来は必ず美しいと信じています。

（訳文が一部削減。）

# 日本の防災体制と東日本大震災が今後の
# 防災体制に与える影響

加藤孝明*

## 1. はじめに

　現在の日本の防災体制は、5,000人超の人的被害をもたらした1959年の伊勢湾台風を契機とし、1961年に確立された。その後、現在に至るまで災害を契機に修正、改善され現在に至っている。特に1995年の阪神淡路大震災で

＊　加藤孝明,東京大学生産技術研究所都市基盤安全工学国際研究センター准教授．東京大学工学部都市工学科卒業．同大学院工学系研究科修士課程修了．博士（工学）．東京大学工学部総合試験所助手，東京大学大学院工学系研究科都市工学専攻助手，助教を経て2010年4月より現職．専門は，都市計画，地域安全システム学．東京都防災会議地震部会，東京都火災予防審議会，東京都地域危険度測定調査委員会，東京都防災都市づくり推進計画検討委員会，神奈川県被害想定調査委員会等，国，自治体の都市防災，都市計画分野の専門委員を務める．2008年5月の四川汶川地震では，都江堰市の復興概念計画の国際提案公募に参画．市街地の脆弱性評価技術に対して日本建築学会奨励賞（2001年），地域安全学論文賞（2007年），都市計画の理論と実践に対して日本都市計画家協会楠本賞優秀賞（2009年）．中国での著作として，日本本灾害对策体制（中国建筑工业出版社,2003）共著．

は、日本の防災対策の基幹となる防災基本計画も抜本修正がなされ、大幅に拡充されている。さらに2001年の国の中央省庁再編により内閣府が設置され、防災対策については内閣府が各省庁の防災を一元的に調整、統括することとなった。同時に防災担当大臣が新設され、今まで以上に防災を総合的にすすめられる体制となり、現在に至っている。

2011年3月11日に発生した東日本大震災は、死者・行方不明者が約20,000人にのぼる日本の歴史上最大の被害をもたらした巨大災害であった。災害から7カ月経過した現在、被災地は、自治体（市町村政府）の復興計画の内容が固まりつつある段階である。近代日本での初めての広域災害の経験であり、災害発生から現在に至る過程では様々な課題が発生し、今後の防災体制の見直しにつながると推察される。

本稿では、日本の防災体制について概説し、311東日本大震災の教訓をふまえた防災体制の今後の見直しの方向性について触れる。なお、東日本大震災での経験、得られた教訓が今後の防災体制にどのように反映するかについては今後の動向次第だが、本稿では、著者個人の視点から考察する。

なお、日本の防災体制については、日本国内閣府のホームページに英中韓語のパンフレットが掲載されている。また、中国語では「日本災害対策体制」(滕五暁・加藤孝明・小出治著，2003，中国建筑工業出版社,中国)」が公刊されているので参照願いたい。

# 2. 日本の防災体制の特徴

## （1）災害対策基本法を頂点とした法体系

現在の日本の防災対策は、1961年に制定された災害対策基本法を頂点とし、各種の関係法律によって防災体制を支える法体系が確立している。1961年以前にも各種の防災関係法が存在し、個々に予防、応急対応、復旧・復興の対策実施を支えていた。1959年に濃尾平野を直撃した伊勢湾台風は、5,000人を越える未曾有の人的被害をもたらした。この大災害の教訓として、それまでの個々の法律の個別・対症療法的な対応だけでは限界があること、組織横断的な総合的な対応が不可欠であること、また、その実施には責任主体を明確にした上での防災の計画化が必要であることが得られた。この教訓をもとに1961年

に災害対策基本法が制定された。

　災害対策基本法は、防災責任の明確化、防災に関する組織、防災計画の体系、災害予防・応急対策・復旧の各フェーズの対策・体制の枠組み、財政金融措置を規定し、国、都道府県、市町村、および、災害に関連する組織が整合性のある対応を行える防災体制の枠組みを規定している。

　日本の防災対策の法体系は、図1に示すように大規模な自然災害や事故を経験し、その教訓をふまえて進化し、現在に至っている。特に1995年の阪神淡路大震災では、7つの法律が新設された。

　災害予防、災害応急対応、復旧・復興に関する関連法律の一覧を表1に示す。

表1　主な災害と防災関連法制定の関係

| 契機となった災害 | 災害政策にかかわる主な法制度 | 防災計画・体制など |
|---|---|---|
| 1940年<br>　45　枕崎台風──→<br>　46　南海地震　──→<br>　47　カスリーン台風→<br>　48　福井地震──→ | 49 水防法<br>47 災害救助法<br>49 水防法<br>50 建築基準法 | |
| 1950年<br><br>59　伊勢湾台風─→ | 60　治山治水緊急措置法；<br>61　災害対策基本法；<br>62　激甚災害に対処するための特別の財政援助等に関する法案 | |
| 1960年<br>　61　豪雪──→<br>　64　新潟地震──→ | 62　豪雪地帯対策特別措置法<br>66　地震保険に関する法律 | 61防災の日創設<br>62中央防災会議設置<br>63防災基本計画 |
| 1970年<br>73桜島噴火・浅間山噴火─→<br><br><br>76東海地震発生可能性の研究発表（地震学会）──→<br><br><br><br><br>78　宮城沖地震　──→ | 73活動火山周辺領域における非難施設等に関する法律（78活動火山対策特別措置法）<br><br>78大規模地震対策特別措置法；<br>80地震防災対策強化地域における地震対策緊急整備事業に係る国の財政上の特別措置に関する法律）<br>81建築基準法一部改正 | 79（東海地震）地震防災計画 |
| 1980年 | | 83防災週間創設 |

| | | |
|---|---|---|
| 1990年<br><br>　95兵庫県南部地震（阪神・淡路大震災）——→ | 95地震防災対策特別措置法；<br>　建築物の耐震改修の促進に関する法律；<br>　大規模地震対策特別措置法一部改正；<br>96特定非常災害の被害者の権利利益の保全等を図るための特別措置に関する法律；<br>97密集市街地における防災地区の整備の促進にかんする法律；<br>98被災者生活再建支援法 | 95防災基本計画全面修正；<br>　防災とボランテイアの日等創設 |
| 99JCO臨界事故——→<br>広島豪雨——→ | 99原子力災害対策特別措置法<br>00土砂災害警戒区域における土砂災害防止対策の推進に関する法律 | |
| 2000年<br>　00　東海豪雨——→<br><br><br><br><br>04　新潟・福島豪雨等——→<br><br><br><br><br>　　　新潟県中越地震——→ | 01水防法一部改正；03特定都市河川浸水被害対策法<br><br>02東南海・南海地震に係る地震防災対策の推進に関する特別措置法<br>04日本海溝・千島海溝周辺海溝型地震に係る地震防災対策の推進に関する法律の一部改正<br>05水防法一部改正；<br>　土砂災害警戒区域における土砂災害防止対策の推進に関する法律　の一部改正；<br>06建築物の耐震改修の促進に関する法律；<br>　宅地造成等規正法一部改正 | 01内閣府設置<br>03東海地震対策大綱；<br>東南海・南海地震対策大綱；<br>東海地震防災対策推進基本計画；<br>05東海地震の防災推進戦略；<br>　東南海・南海地震の地震防災戦略；<br>　首都直下地震対策大綱；<br>06日本海溝・千島海溝周辺海溝型地震対策大綱；<br>　日本海溝・千島海溝周辺海溝型地震防災対策推進基本計画；<br>　首都直下地震の地震防災戦略；<br>　災害被害を軽減する国民運動の推進に関する基本方針；<br>08日本海溝・千島海溝周辺海溝型地震の地震防災戦略；<br>09中部圏・近畿圏直下地震対策 |

出典：内閣府（2011）。

表2　防災関連法律一覧

| （基本法関係） | （災害応急対策関係） |
|---|---|
| 災害対策基本法（昭和36年法律第223号） | 災害救助法（昭和22年法律第118号） |
| 海洋汚染等及び海上災害の防止に関する法律 | 消防組織法（昭和22年法律第226号） |
| （昭和45年法律第136号） | 海上保安庁法（昭和23年法律第28号） |
| 石油コンビナート等災害防止法 | 消防法（昭和23年法律第186号） |
| （昭和50年法律第84号） | 水防法（昭和24年法律第193号） |
| 大規模地震対策特別措置法 | 警察法（昭和29年法律第162号） |
| （昭和53年法律第73号） | 自衛隊法（昭和29年法律第165号） |
| 原子力災害対策特別措置法 | |
| （平成11年法律第156号） | （災害復旧・復興関係） |
| 東南海・南海地震に係る地震防災対策の推進に関する特別措置法 | 森林国営保険法（昭和12年法律第25号） |
| | 罹災都市借地借家臨時処理法 |
| （平成14年法律第92号） | （昭和21年法律第13号） |
| 日本海溝・千島海溝周辺海溝型地震防災対策の推進に関する特別措置法 | 農業災害補償法（昭和22年法律第185号） |
| | 農林水産業施設復旧事業費国庫補助の暫定措置に |
| （平成16年法律第27号） | 関する法律（昭和25年法律第169号） |
| | 中小企業信用保険法 |
| （災害予防関係） | （昭和25年法律第264号） |
| 砂防法 | 公共土木施設災害復旧事業費国庫負担法 |
| （明治30年法律第29号） | （昭和26年法律第97号） |
| 建築基準法（昭和25年法律第201号） | 公営住宅法（昭和26年法律第193号） |
| 森林法（昭和26年法律第249号） | 漁船損害等補償法（昭和27年法律第28号） |
| 特殊土壌地帯災害防除及び振興臨時措置法 | 鉄道軌道整備法（昭和28年法律第169号） |
| （昭和27年法律第96号） | 10、公立学校施設災害復旧費国庫負担法 |
| 気象業務法（昭和27年法律第165号） | （昭和28年法律第247号） |
| 海岸法（昭和31年法律第101号） | 11、天災による被害農林漁業者等に対する資金の |
| 地すべり等防止法（昭和33年法律第30号） | 融通に関する暫定措置法 |
| 台風常襲地帯における災害の防除に関する特別措置法（昭和33年法律第72号） | （昭和30年法律第136号） |
| | 12、空港法（昭和31年法律第80号） |
| 豪雪地帯対策特別措置法 | 13、小規模企業者等設備導入資金助成法 |
| （昭和37年法律第73号） | （昭和31年法律第115号） |
| 10、河川法（昭和39年法律第167号） | 14、激甚災害に対処するための特別の財政援助等 |
| 11、急傾斜地の崩壊による災害の防止に関する法律（昭和44年法律第57号） | に関する法案 |
| | （昭和37年法律第150号） |
| 12、活動火山対策特別措置法 | 15、漁業災害補償法 |
| （昭和48年法律第61号） | （昭和39年法律第158号） |
| 13、地震防災対策強化地域における地震対策緊急整備事業に係る国の財政上の特別措置に関する法律（昭和55年法律第63号） | 16、地震保険に関する法律 |
| | （昭和41年法律第73号） |
| | 17、防災のための集団移転促進事業に係る国の財政上の特別措置等に関する法律 |
| 14、地震防災対策特別措置法 | （昭和47年法律第132号） |
| （平成7年法律第111号） | 18、災害弔慰金の支給等に関する法律 |
| 15、建築物の耐震改修の促進に関する法律 | （昭和48年法律第82号） |
| （平成7年法律第123号） | |

| | |
|---|---|
| 17、土砂災害警戒区域における土砂災害防止対策の推進に関する法律<br>　（平成12年法律第57号）<br>18、特定都市河川浸水被害対策法<br>　（平成15年法律第77号） | 19、被災市街地復興特別措置法<br>　（平成7年法律第14号）<br>20、被災区分所有建物の再建等に関する特別措置法（平成7年法律第43号）<br>21、特定非常災害の被害者の権利利益の保全等を図るための特別措置に関する法律<br>　（平成8年法律第85号）<br>22、被災者生活再建支援法<br>　（平成10年法律第66号）<br>23、株式会社日本政策金融公庫法<br>　（平成19年法律第57号） |

出典：内閣府（2011）。

## （2）全国一律の防災計画・防災体制の体系

　日本の防災計画、防災体制は、災害対策基本法で規定されており、全国一律の体系となっている（図1）。

　行政の防災計画は、国、都道府県、市町村の行政の階層に対応し、かつ、相互に整合している。これに加えて指定行政機関と呼ばれる国の省庁、指定公共機関といわれる日本銀行、電力会社、通信会社等の公的サービスを行う機関が策定する計画についても、国レベルから地方レベルまで行政と整合した形となっている。

　防災計画としては、国の防災基本計画、都道府県、及び、市町村の地域防災計画、指定行政機関及び指定公共機関の防災業務計画がある。いずれも災害対策基本法に位置づけられた法定計画である。

　防災基本計画は、日本の災害対策の根幹をなすものであり、災害対策基本法第34条に基づき中央防災会議が作成する防災分野の最上位計画として、防災体制の確立、防災事業の促進、災害復興の迅速適切化、防災に関する科学技術及び研究の振興、防災業務計画及び地域防災計画において重点をおくべき事項について、基本的な方針を示している。対象とする災害は、震災、風水害、火山、雪害の自然災害、海上災害、航空災害、鉄道災害、道路災害、原子力災害、危険物等災害、大規模火災、林野災害の事故（人為的）災害である。災害種別毎に災害予防・事前対策、災害応急、災害復旧・復興の防災の各フェーズについて記述されている。その中で、防災の主体である国、都道府県、市町村、そして住民等の責任、役割分担について記述がなされている。1963年の

初版以降、1995年の抜本的改定を経て、適宜修正され現在に至っている。

　この計画に基づき、都道府県、市町村は地域防災計画を、指定行政機関及び指定公共機関は防災業務計画を作成している。行政、行政機関、公共機関の計画は、組織のヒエラルキーに対応し、整合したものとなっている。例えば，市町村の地域防災計画は、都道府県の地域防災計画に整合している。地域防災計画、及び、防災業務計画の内容は、対策の実施主体が策定することから、対策の実施に必要なすべての要素が盛り込まれている。

　防災を支える組織としては、常置の組織として、国レベルでは中央防災会議、都道府県レベル、市町村レベルでは、地方防災会議が設置されている。

　中央防災会議は、内閣総理大臣を会長とし、すべての国務大臣、主要な公共機関の長、及び学識経験者で構成され、防災基本計画の策定主体であり、その事務局を内閣府が務める。

　地方防災会議については、都道府県の場合は都道府県知事、市町村の場合は市長村長が会長となり、役所の局長、及び各地域の関係する公共機関の代表者で構成され、地域防災計画の策定主体である。

　災害が発生すると、被災地した都道府県、市町村は、ただちに災害対策本部を設置する。都道府県をまたぐような大規模災害の場合、国は、防災担当大臣を本部長とする非常災害対策本部を内閣府に設置し、さらに深刻な場合は、内閣総理大臣を本部長とする緊急災害対策本部を官邸に設置する。また必要に応じて、国は現地災害対策本部を設置することができる。

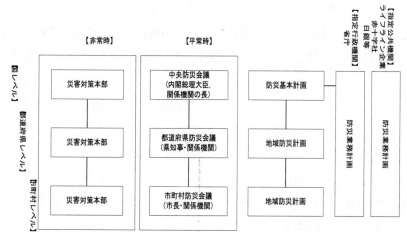

図1　日本の防災体制・防災計画の体系

## (3) 日本の防災体制の課題

　防災体制の課題として下記の4点が挙げられる。

　一点目として、防災対策の実施主体が行政のヒエラルキーの最下層である市町村にある点が挙げられる。原則として、市町村が対策を実施し、都道府県が市町村支援と調整、国が都道府県支援と財政的措置を取るという構造になっている。一般に災害は地域限定の事象であり、かつ、遠隔地からの情報収集には限界があることから、このしくみは合理的であると言える。ただし、甚大な災害においては、相対的に市町村の負担が重くなる。特に規模の小さい市町村では、そもそも人員が少ない上、災害時には職員自身が被災者となるため、災害対応能力が低下する。膨大な災害応急対応ニーズに対応しきれない。ただし、都道府県レベルを越えるような大規模災害に対応するため、国は非常災害対策本部、緊急災害対策本部を設置することになっている。しかし、広域消防援助隊等一部の機能を除けば、設置の是非は情報収集を得た上での判断であり、国が自動的に動く構造にはなっていない。大規模災害へ対応体制を議論する余地はある。

　二点目として、対応すべき防災対策のフェーズとして「復興」が独立して存在していない点が挙げられる。災害対策基本法、及び防災基本計画においても、防災計画の事前計画、応急対応、復旧・復興が一緒に分類されている。壊れたものを元に戻すという復旧フェーズと、被災を契機とした新たな地域づくりを行うという復興フェーズとを明確にする必要がある。

　三点目として，復興に関して総合的な視点が弱いことが挙げられる。災害予防、災害応急対応に関しては、防災会議、災害対策本部という組織横断的な組織が存在し、ここが全体調整及び指揮することにより総合的な対応が可能になっている。しかし復興フェーズでは、この機能を担う組織が法律により定められていない。1995年の阪神淡路大震災では、総合的な復興施策の展開を図るために内閣総理大臣を本部長とする「阪神淡路大震災復興対策本部」が政府に設けられたものの、法的には規定されていない。一部の学会からは復興基本法を求める声が聞かれる。復興を総合的、統合的に進めるための法的枠組みの必要性を議論する余地は大きい。

　四点目として、都道府県、市町村において防災行政を支える人材が防災の専

門家でない点が挙げられる。一部の都道府県、市町村では「危機管理監」が設置されているが、基本的には一般の職員が防災の担当者となることが多い。防災計画策定に高い専門性が求められるのは明らかである。防災専門職員を行政システムの中に設置することを検討する余地は大きい。

# 3. 科学技術の防災への反映

防災基本計画には、防災に関する科学技術及び研究の振興が位置づけられている。日本の防災の特徴の一つとして、科学技術に支えられていることが挙げられる。

中央防災会議は、最新の知見を防災政策に反映するため、学識経験者が参加する専門調査会を設置し、防災対策の方向性について恒常的に検討している。最近では、大規模水害対策に関する専門調査会（2006年~2010年）、首都直下地震避難対策等専門調査会（2006年~2008年）等のテーマが取り上げられている。

防災体制を支える科学技術の研究を国家レベルの科学技術基本政策の中に位置づけ、推進している。現在、重要課題として10の研究開発課題が進められている。すでに緊急地震速報が実用化される等、科学技術に裏付けられた防災体制の確立が進められている。

# 4. 地震防災戦略による防災対策の進捗管理

## （1）地震防災戦略

「地震防災戦略」は、1990年代後半から日本の行政においても活発に導入されてきた政策評価・行政評価の流れを汲んで、国が2005年より始めたものである。従来の防災計画において防災対策の達成目標が明瞭ではなかった点を改善し、防災対策の進捗管理を確実に行うことを意図したものである。

地震防災戦略は、2004年中央防災会議に報告・承認された。中央防災会議専門調査会で対象となった大規模地震を対象に、被害想定をもとに、人的被害、経済被害の軽減について達成時期を含めた具体的目標（減災目標）を2004年度中に定め、これを国、地方公共団体、関係機関、住民等と共有し、

各種投資と減災効果の把握に関する確立を図り、達成状況をモニタリングすることとした。

　現在、国の「減災目標」を頂点として自治体レベルでも防災対策の進捗管理プログラムが設けられている。減災目標については、人的被害及び経済被害について対象とする地震、達成時期及び減災効果を明らかにして、中央防災会議で決定し、さらに、減災目標を達成するため、対象地域、対策の内容、達成時期、達成すべき数値目標等からなる政策目標を設定している。都道府県、市町村についても、国の減災目標をふまえ、各地域の目標を策定することになっている。なお、大規模地震だけではなく各地域で起こりうる災害についても同様に地震防災戦略を策定することになっている。

　表3に国（中央防災会議）の地震防災戦略及び減災目標を取りまとめた。いずれの対象地震についても達成期間は10年間であり、人的被害（死者数）の減災目標は半減が多い。なお、内閣府は、東海地震及び東南海・南海地震の地震防災戦略のフォローアップ結果を2009年4月に公表し、減災目標の達成状況（2007年度末時点）を、目標ごとに約22~31%と評価している。

表3　国（中央防災会議）の地震防災戦略・減災目標

| 地震防災戦略の対象地震 | 策定時期 | 期間 | 減災目標 | |
| --- | --- | --- | --- | --- |
| | | | 人的被害（死者数） | 経済被害 |
| 東海地震 | H17.3.30 | 10年間 | 半減 | 半減 |
| 東南海・南海地震 | H17.3.30 | 10年間 | 半減 | 半減 |
| 首都直下地震 | H18.4.21 | 10年間 | 半減 | 4割減 |
| 日本海溝・千島海溝周辺海溝型地震 | H20.12.12 | 10年間 | 4～5割減 | 1/4減 |
| 中部圏・近畿圏直下地震 | 未策定 | － | － | － |

## （2）地震防災戦略の課題

　地震防災戦略は、減災目標、及び具体目標として数値が掲げられているため分かりやすく、防災対策の進捗管理として一定の効果を挙げていると評価できる。

一方、死者半減、経済被害半減という減災目標と、その実現のための個別政策の具体目標との関係性が必ずしも明確でないことが挙げられる。地震被害想定手法の限界により、すべての対策効果が定量化できないことに起因する。研究の進展を待つ必要がある。

　また、都道府県、市町村の防災対策実施においては、逆に数値に縛られている傾向が散見される。数字に結びつかない施策が相対的に軽視されがちである。また，国全体での目標は掲げやすいが、市町村レベルまで落とし込むと矛盾がみられることがある。例えば、死者の要因の多くは建物倒壊であり、死者を減らすためには倒壊建物数を減少させる必要がある。しかし、人口増加、建物ストックが増加している市町村では、死者を減らすのは困難である。一方、著しく人口が減少している地域では、防災対策を進めなくとも目標は達成されることになる。

　ただし、上記のような地震防災戦略の負の側面もあるものの、全体としては正の効果が大きい。

# 5. 民間セクターの計画及び対応

## （1）民間、市民の責務

　民間、市民の責務は、1995年の防災基本計画の抜本改定で位置づけられた。災害対策基本法に位置づけられている組織は、国、都道府県、市町村、指定行政機関、指定公共機関の「公の機関」だけであるが、大規模災害に対する行政の限界をふまえ、防災対策の主体として民間、市民が明確に位置づけられている点が特徴的である。

　阪神淡路大震災以降、「自助・共助・公助」という言葉が使われるようになった。「自助」は防災対策の実施、推進において個々の市民、個々の企業が担うべき責務、「共助」は地域コミュニティ・企業群が担うべき責務、「公助」は行政が担うべき責務という意味である。

　現在日本では、防災対策の実施、推進において必ず使われる言葉として定着している.

## (2) 市民の取り組み

市民の取り組みとして、従来からの地域社会の取り組み、1995年の阪神淡路大震災以降に日本に定着したボランティアの取り組みがある。

地域社会については、「町会」組織を中心に自主防災組織が組織され、防災訓練、要援護者対策（障害者、一人暮らし高齢者、傷病者等）、被災後の避難所運営等の準備計画がなされている。なお、町会は地域コミュニティ単位でほぼ全国に存在している組織で、住民による自治組織、同時に行政から行政委託された広報等の業務を行う行政組織の末端組織という両方の機能を有する。阪神淡路大震災の状況が示すように、大規模災害では地域外からの支援が途絶えることから、地域社会の活動の重要性は普遍的である。

一方、1995年阪神淡路大震災は「ボランティア元年」とも言われ、全国からのボランティアが被災地域で被災者の支援活動を行った．各地で設立されたボランティア組織がネットワーク化され、その後の災害での被災者支援活動の経験を通して、ボランティアによる支援が定型化し、今では大規模災害では欠かせない重要なプレーヤーの一つとなった．地域防災計画に全国から支援に来るボランティアの受け入れ体制が位置づけられるようになった。

## (3) BCP (Business Continuity Plan) / BCM (Business Continuity Management)

基本的には、企業の防災対策については各企業の自助努力に任されているが、新たにBCP (Business Continuity Plan) / BCM (Business Continuity Management) の概念が導入された。業務継続計画・管理である。企業が被災しても重要事業を中断させず、中断しても可能な限り短期間で再開させ、中断に伴う顧客取引の競合他社への流出、マーケットシェアの低下、企業評価の低下などから企業を守るための経営戦略の一つと位置づけられるものである。バックアップシステムの整備、代替オフィスの確保、即応した要員の確保、迅速な安否確認などが具体策の典型例とされる。BCP/BCMは長期的に見れば、企業の利益に結び付く概念であり、自律的に対策が進められる可能性を有するものと考えられる。

2003年に中央防災会議に設置された「民間と市場の力を活かした防災力向

上に関する専門調査会」でBCP/BCMの必要性が提言され、BCP/BCM作成のためのガイドブックが策された。現在、全国に普及しつつある状況である。BCP/BCMは企業だけではなく、行政組織においても策定が進められている。

　最近は個々の企業だけではなく、業務継続を支えることを目的に、大都市の企業が集積する地域ではDCP（District Continuity Plan、業務地域継続計画）という概念の下、地域全体で業務継続が行えるような基盤整備を進めていこうとする考え方が現れている。

## （4）民間セクターの活動と今後の展開

　地域社会の活動については、その活動力が低下していることが課題である。日本は65歳以上が23％を超える超高齢社会を迎えている。ローカルにみれば30％を超える地域も少なくない。町会活動の主要な担い手は、高齢者となっている。さらに都市域においては、町会活動に関心を示さない層が増加傾向にあり、地域社会の力は明らかに低下していることが課題として指摘できる。この課題に対応するためには、多様な階層を地域社会の活動に取り入れることが不可欠であり、中学生を巻き込む等、各地で多様な工夫により様々な動きが進められつつある。

　ボランティアについては、東日本大震災までは活動実績を積み上げてきたが、東日本大震災ではそれまでの災害と比べ、明らかにボランティアの数が少ない。正確には統計、及び分析を待つ必要があるが、これまでの被災地と比べ、遠方かつ交通の不便な地域が被災していることが要因と推察される。どのような災害に対しても安定して機能するためには、ボランティア休暇等、ボランティア活動を支える社会的しくみの拡充が不可欠であろう。

　企業の取り組みについては、行政が先導してBCP/BCMの普及を進めているところである。大企業への普及はある程度進んでいるが、中小企業への普及は一部に留まっている点が課題である。

# 6. 近年の新たな動き

## （1）復興準備（事前復興）

1995年阪神淡路大震災の復興の経験をふまえ、円滑な復興を実現するため、

被災前から復興の準備を行っていく必要性が指摘された。こうした動きを受け、1998年の防災基本計画の修正では、復興対策の充実が掲げられ、事前の復興準備が計画の中に位置づけられた。事前復興と呼ばれることが多い。

　復興準備（事前復興）の考え方として①被災後に進める復興対策の手順や進め方を事前に講じておく②復興における将来目標像を事前に検討し、共有しておく③被災後の復興事業の困難さを考えると事前に復興まちづくりを実現し、災害に強いまちにしておくことを喚起する–の3つが示されている。

　現在、都道府県レベル、政令指定都市クラスの大都市で進められているところである。東京都では、1995年阪神淡路大震災直後より検討が進められ、現在、①に対応する「震災復興マニュアル（2003年3月）」、②に対応する「復興グランドデザイン」（2001年）の形となっている。訓練として、マニュアル習熟を目的とした行政職員の訓練である「都市復興図上訓練」、さらに2004年からは復興まちづくりの手順を市民とととともに共有することを目的とした住民参加型のワークショップである「復興まちづくり模擬訓練」が進められており、事前復興の社会的な定着が図られている。また復興まちづくりに備えた条例を制定し、円滑かつ総合的な復興が実現できるようにする法的枠組みを準備している。

## （2）受援計画の策定

　被災地域が国等からの迅速かつ円滑な支援を受けるための計画として、受援計画の策定が始められつつある。被災地に遠方から援助に入る広域消防援助隊、自衛隊を速やか、かつ円滑に受け入れることを目的として、受け入れ拠点の確保等を定めようとしている。東京都では現在計画策定を進めているところである。

# 7. 東日本大震災の経験の現段階の教訓

　中央防災会議では、東日本大震災発生を受け「東北地方太平洋沖地震を教訓とした地震・津波対策に関する専門調査会」を設置し、地震・津波対策の今後の方向性を議論し、今後の大規模災害に対する防災対策の拡充の方向性について検討を行い、2011年9月末に報告書をとりまとめている。

広域巨大災害に対して「想定外」「想定以上」の状況が起こらないよう、各種防災計画の前提となる被害想定を見直し、防災基本計画を含む防災計画の内容の改定を提言している。当面、この方向性で日本の防災体制の拡充が図られることになる。

# 8. 最後に

日本はいろいろな意味で防災先進地域といえる。その意味は、多様な自然災害ハザードが存在しているという事実だけではない。アジアの中でいち早く、経済の安定成長・低成長期に入り、かつ超高齢社会、人口減社会を迎えている。既存の仕組みは、その前の時代のトレンド、すなわち経済成長、人口増加を前提としており、現状のトレンドに未だ追随していない。現状は、既存の仕組みと現実の間に大きなギャップが生じていると言える。東日本大震災を契機とした防災システムの見直しは「想定外」「想定以上」に備えることだけではなく、このギャップに着目し、それを埋めるために新たな防災システムにシフトしていく過程と位置づけられる。日本における今後の取り組みは、アジアにおいて次の時代の先鞭をつける新しい実験と位置づけられる。ともに議論し、経験をシェアすることが重要である。

**参考文献**
1. 内閣府 (2011):「日本の災害対策」, http://www.bousai.go.jp/1info/pamph.html
2. 都市防災美化協会 (2011):「時代の潮流を見据えた防災まちづくりのあり方に関する調査研究」都市防災美化協会

# 朝鮮半島防災システム

## 1. 災害の類型

我が国は災害の類型を自然災害、人的災害、社会的災害に分けている。

1) 自然災害: 台風・洪水・豪雨・強風・波浪・津波・大雪・落雷・日照り・地震・黄砂・赤潮・その他これに準ずる自然現象によって発生する災害

2) 人的災害: 火災・崩壊・爆発・交通事故・化学兵器事故・環境汚染事故・その他これらと類似の事故で大統領令が定める規模以上の被害

3) 社会的災害: エネルギー・通信・交通・金融・医療・首都など国家インフラのマヒや、伝染病拡散などによる被害

---

李光一，1995年、光州大学建築学科卒業。1997年ソウル科学技術大学産業大学院建築構造専攻修了。ソウル科学技術大学産業大学院研究助手、（財）建設災害予防研究院専任研究員、韓進建設株式會社建築構造設計チーム、CCALS International Inc.（Manila, Philippines）、廣進技術専門学院院長、（社）平生教育振興研究会ソウル中央教育院院長、米国GENEPI KOREA Corp. 代表理事を歴任。現在、国際防災学会常任主席副会長。著作に『建築構造』（ハンソルアカデミー、2001年）、『土木技師応用力学』（ハンソルアカデミー、2007年）等。研究業績に『新都市構造安全性評価に関する研究』（大韓建築学会、1995年）等。

## 2. 災害管理組織の変遷

## 3. 災害行政組織

（1）我が国は行政安全部長官が中央災害安全対策本部長として災害管理を総括し、その下で行政安全部と消防防災庁の二大組織に二元化して災害行政が運営されている。

（2）行政安全部は国家の災害管理を総括して社会的災害を担当し、消防防災庁は自然災害と人的災害を担当、消防と民間防衛業務も遂行している。

（3）災害政策推進内容

①自然および人的災害に対する先制的対応体系の構築

・季節別災害類型を事前に分析、関係機関合同で先制的対応

・大雪対応の事前点検および対策会議開催、対応指針準備

・災害発生時の被害住民緊急支援、関係部署などの政策調整推進

②国家インフラ体系保護強化

・国家インフラ体系保護指針準備、国家インフラ施設管理機関通知

・各部署および専門家の意見徴収、97の機関と260カ所の国のインフラ施設管理

・国家インフラ施設の指定取り消し、および新規指定（中央安全管理委員

会)

③社会的災害対応の機能強化

- 21の危機管理マニュアルに対する承認・点検など総括管理
- 各部署および自治団体の危機管理マニュアル随時点検、および持続的補完
- 天安号事件により危機管理マニュアル一斉点検

④国民安全死角地帯発見改善

- 国民生活の安全を脅かす要素を体系的に調査
- 危険要因の事前発見、災害初期対応(脆弱施設常時点検班運営)
- 災害予防事業場、猛暑対応実態、青少年修練施設、地域祭祀などの点検
- 政府の安全管理対策

## (4) 安全管理対策

安全事故(安全管理の不備による事故)死亡者比率を安全先進国水準に下げるために推進している政府横断レベルの政策。* 2008年全体の死亡者中の安全事故死亡者12.4% ⇒ 6%(OECD平均5.9%)

## (5) 政府の類型別安全管理対策

①<類型1:生活安全>

- 過密化・高度化された社会環境に対応して国民生活安全のための体系的な政策推進
- 特に自殺、児童虐待、災害脆弱階層に対する安全対策および教育生活・余暇活動中の安全事故予防の集中的推進

②<類型2:交通安全>

- 車両中心の交通政策から脱却した歩行者中心の交通安全政策実現
- 地下鉄安全施設拡充
- 既存交通安全対策の不備な点の改善、および交通関連事業の効率向上

③<類型3:火災安全>

- 大型火災に備えた火災予防対策準備で人命・財産被害最小化企画

④<類型4:産業安全>

- 画期的な産業災害減少を目標に災害束分野に対する安全政策強化
- 密閉空間など危険作業環境での安全規則の遵守など教育・広報強化

・造船業・埋め立て事業場事故の最小化などで産業安全管理を強化

⑤ <類型5：犯罪安全>

・急増する児童暴行および児童対象犯罪を事前に根絶し各種犯罪防止のための社会安全網構築

⑥ <類型6：食品・保健安全>

・毎年発生している食中毒事故に備えて給食環境を改善するなど食品安全管理強化

・伝染病および職場内での突然死防止など政府横断レベルでの保健安全対策準備

⑦ <類型7：その他>

・老朽化した河川施設一斉点検、および改善補修で洪水被害を最小化し、水質汚染防止のための効果的な安全対策を準備

・地震・山火事安全制度の装置準備、および四方事業拡大実施など国家的災害に備えた災害安全対策強化

・港湾施設安全事故および大型海洋汚染事故などに備えた災害安全対策強化

・モバイル国家災害安全情報センター構築内容

・災害安全情報収集・加工システム構築

・国土海洋部・気象庁・消防防災庁など44の災害関連機関で発生する災害情報の中で国民生活と密接な15種の災害情報収集

・機関別に散在している災害情報を、国民が簡単にアクセスできるように融合した災害安全情報として再加工

・モバイル基盤の災害安全ウェブ/アプリケーション開発

・一般PCおよびスマートフォンでサービスが可能なモバイルウェブ開発

・災害および安全管理基本法による3つの災害分野、15の主要災害類型を対象にモバイルウェア開発

- 災害類型別災害安全情報を7つの形態に細分化し、使用者が災害関連情報に簡単にアクセスできるように実現

| 区　分 | | 情　報　類　型 |
|---|---|---|
| 災害通知 | 災害状況 | 災害発生にともなう進行中の災害状況情報をリアルタイムに提供 |
| | 災害位置 | 地図上の災害類型別発生位置表示 |
| 危険通知 | - | 山崩れ、山火事、崩壊、洪水など危険地域を地図上に表示 |
| 交通および気象 | 交通情報 | 交通災害発生および道路渋滞情報（出発、目的地選択機能） |
| | 気象情報 | 黄砂、台風、豪雨など防災気象情報 |
| 災害統計 | 類型別 | 災害類型別発生件数、被害など統計情報 |
| | 地域別 | 地域別災害発生件数、被害など統計情報 |
| 写真および映像 | 写真情報 | 災害類型別事件写真情報 |
| | 映像情報 | 災害類型別ニュース、対応などの映像情報 |
| 行動/対処要領 | 対処要領 | 災害類型別国民対処要領情報 |
| | 主要施設 | 地域待避施設および病院などの主要施設情報 |
| その他情報 | 言論情報 | 災害類型別言論情報 |
| | その他情報 | 本情報提供項目以外に検索される情報 |

# 4. 行政安全部の役割と組織

## （1）災害の定義

　国民の生命と安全、および国家に被害を与えるものとして自然災害、人的災害、社会的災害に分類。

　自然災害と人的災害の場合、消防防災庁が主管しているが、災害安全総括部署の行政安全部でも状況管理、関連部署対応調整、政策決定支援などの業務を担当。

　社会的災害の場合、深刻な状態以前は主管部署で直接対応し、行政安全部は統括の役割を担当するが、深刻な状態以後は行政安全部が中央災害安全対策本部を構成し、災害対応を直接統括。

（2）2009年新型インフルエンザ拡散時の重大本部構成の運営
（'09. 11. 4～12. 11）

（3）中央災害安全対策本部
　①　社会的災害が深刻な状態になれば行政安全部長官を中央本部長、第2次官を次長、災害安全室長を総括調整官として中央災害安全対策本部を構成
　②　自然災害および人的災害：次長（消防防災庁長）、総括調整官（消防防災庁次長）、統制管および実務班は消防防災庁公務員で構成
　③　中央本部長は大規模災害の予防・対応・復旧などに関する事項を総括調整し、必要な措置、部署別の役割分担および調整を通した合同支援策準備、中央収拾本部長および地域対策本部が要請する部署間、地域間協力事項協議・処理などに当たることになる。
　④　* 中央収拾本部長：主務部署長官、* 地域対策本部長：市道知事

| 分野Field | 類型Type | 主管機関Primary Agency |
|---|---|---|
| 災害<br>Disaster | 風水害災害<br>Storm and Flood | 消防防災庁<br>National Emergency Management Agency |
| | 地震災害<br>Earthquake | 消防防災庁<br>National Emergency Management Agency |
| | 山火事災害Wildfire | 山林庁Forest Service |
| | 高速鉄道大事故<br>Large-scale incident of High-speedrailway | 国土海洋部<br>Ministry of Land, Transport and Maritime Affairs |
| | 多重密集施設大事故<br>Large-scale incident of Densely crowded facility | 消防防災庁<br>National Emergency Management Agency |
| | 大規模環境汚染<br>Large-scale Environmental pollution | 環境部Ministry of Environment<br>国土海洋部<br>Ministry of Land, Transport and Maritime Affairs |
| | 化学有害物質流出事故<br>Harmful Chemical Leakage | 環境部Ministry of Environment<br>雇用労働部<br>Ministry of Employment and Labor<br>知識経済部<br>Ministry of Knowledge Economy |
| | ダム崩壊<br>Dam Collapse | 国土海洋部<br>Ministry of Land, Transport and Maritime Affairs |
| | 地下鉄大型火災事故<br>Large-scale incident of Subway | 国土海洋部<br>Ministry of Land, Transport and Maritime Affairs |
| | 共同溝災害<br>Commonduct Disaster | 国土海洋部<br>Ministry of Land, Transport and Maritime Affairs |
| | 感染症<br>Infectious Disease | 保健福祉部<br>Ministry for Health and Welfare |
| | 家畜病<br>Livestock Disease | 農林水産食品部<br>Ministry for Food, Agriculture, Foresty and Fisheries |

| | 電力<br>Electric power | 知識経済部<br>Ministry of Knowledge Economy |
|---|---|---|
| 国家核心<br>基盤<br>National<br>Critical<br>Infrastruc-<br>ture | 原油供給<br>Oil supply | 知識経済部<br>Ministry of Knowledge Economy |
| | 原子力発電所安全<br>Nuclear Power Plant Security | 教育科学技術部<br>Ministry of Education, Science and Technology<br>知識経済部<br>Ministry of Knowledge Economy |
| | 金融電算<br>Finance and Computing | 金融委員会<br>Financial Service Commission |
| | 陸上貨物運送<br>Overland Freight | 国土海洋部<br>Ministry of Land, Transport and Maritime<br>Affairs |
| | 飲用水<br>Water | 国土海洋部<br>Ministry of Land, Transport and Maritime<br>Affairs<br>環境部Ministry of Environment |
| | 保健医療<br>Public Health and Medical Service | 保健福祉部<br>Ministry for Health and Welfare |
| | 情報通信<br>Information and Communication | 放送通信委員会<br>Broadcasting and Communication Commission |
| 安保<br>Security | 暴動・動乱Riots and Disturbance | 警察庁National Police Agency |

<国家危機管理マニュアルNational Crisis Management Manual>

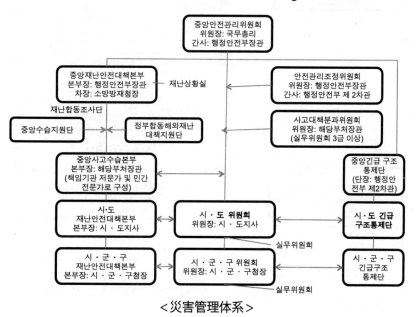

<災害管理体系>

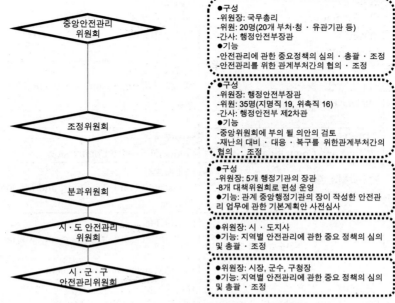

| | ●구성<br>-위원장: 국무총리<br>-위원: 20명(20개 부처·청 · 유관기관 등)<br>-간사: 행정안전부장관<br>●기능<br>-안전관리에 관한 중요정책의 심의 · 총괄 · 조정<br>-안전관리를 위한 관계부처간의 협의 · 조정 |
| 중앙안전관리<br>위원회 | |
| 조정위원회 | ●구성<br>-위원장: 행정안전부장관<br>-위원: 35명(지명직 19, 위촉직 16)<br>-간사: 행정안전부 제2차관<br>●기능<br>-중앙위원회에 부의 될 의안의 검토<br>-재난의 대비 · 대응 · 복구를 위한관계부처간의<br>협의 · 조정 |
| 분과위원회 | ●구성<br>-위원장: 5개 행정기관의 장관<br>-8개 대책위원회로 편성 운영<br>●기능: 관계 중앙행정기관의 장이 작성한 안전관<br>리 업무에 관한 기본계획안 사전심사 |
| 시 · 도 안전관리<br>위원회 | ●위원장: 시 · 도지사<br>●기능: 지역별 안전관리에 관한 중요 정책의 심의<br>및 총괄 · 조정 |
| 시 · 군 · 구<br>안전관리위원회 | ●위원장: 시장, 군수, 구청장<br>●기능: 지역별 안전관리에 관한 중요 정책의 심의<br>및 총괄 · 조정 |

<安全管理委員会>

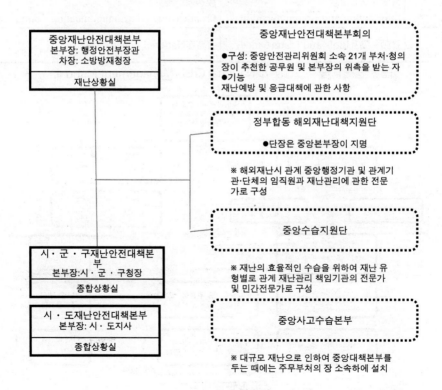

<災害安全対策本部>

162

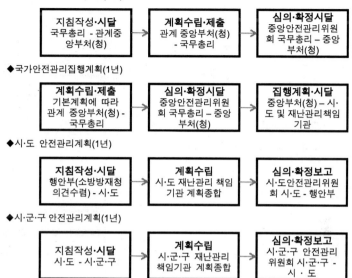

計画수립 절차

◆ 国家安全管理基本計画(5년)

| 지침작성·시달 국무총리 - 관계중앙부처(청) | 계획수립·제출 관계 중앙부처(청) - 국무총리 | 심의·확정시달 중앙안전관리위원회 국무총리 – 중앙부처(청) |
|---|---|---|

◆ 国家安全管理集行計画(1년)

| 계획수립·제출 기본계획에 따라 관계 중앙부처(청) - 국무총리 | 심의·확정시달 중앙안전관리위원회 국무총리 – 중앙부처(청) | 집행계획·시달 중앙부처(청) – 시·도 및 재난관리책임기관 |
|---|---|---|

◆ 시·도 안전관리계획(1년)

| 지침작성·시달 행안부(소방방재청 의견수렴) - 시·도 | 계획수립 시·도 재난관리 책임기관 계획종합 | 심의·확정보고 시·도안전관리위원회 시·도 - 행안부 |
|---|---|---|

◆ 시·군·구 안전관리계획(1년)

| 지침작성·시달 시·도 - 시·군·구 | 계획수립 시·군·구 재난관리 책임기관 계획종합 | 심의·확정보고 시·군·구 안전관리위원회 시·군·구 - 시·도 |
|---|---|---|

<国家安全管理計画樹立体系>

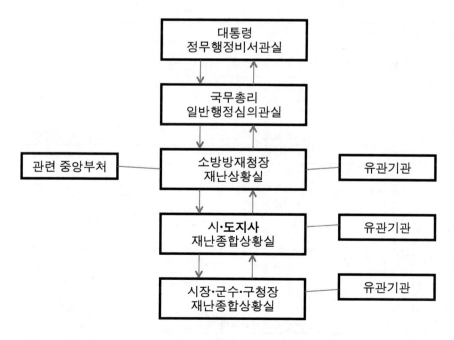

<災害状況報告、電波体系>

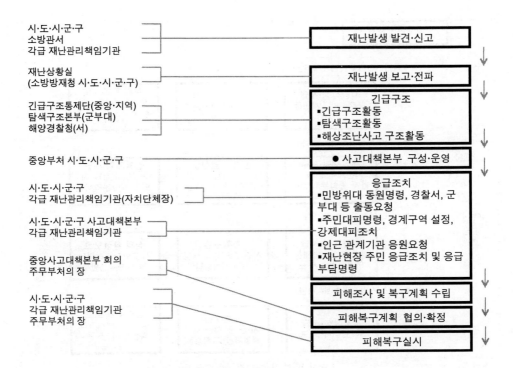

| 시·도·시·군·구<br>소방관서<br>각급 재난관리책임기관 | 재난발생 발견·신고 |
| 재난상황실<br>(소방방재청 시·도·시·군·구) | 재난발생 보고·전파 |
| 긴급구조통제단(중앙·지역)<br>탐색구조본부(군부대)<br>해양경찰청(서) | 긴급구조<br>▪긴급구조활동<br>▪탐색구조활동<br>▪해상조난사고 구조활동 |
| 중앙부처 시·도·시·군·구 | ● 사고대책본부 구성·운영 |
| 시·도·시·군·구<br>각급 재난관리책임기관(자치단체장) | 응급조치<br>▪민방위대 동원명령, 경찰서, 군부대 등 출동요청<br>▪주민대피명령, 경계구역 설정, 강제대피조치<br>▪인근 관계기관 응원요청<br>▪재난현장 주민 응급조치 및 응급부담명령 |
| 시·도·시·군·구 사고대책본부<br>각급 재난관리책임기관 | |
| 중앙사고대책본부 회의<br>주무부처의 장 | 피해조사 및 복구계획 수립 |
| 시·도·시·군·구<br>각급 재난관리책임기관<br>주무부처의 장 | 피해복구계획 협의·확정 |
| | 피해복구실시 |

<災害発生時収拾体系>

| 안전관리대상 | | 관련법 | 관계부처 |
|---|---|---|---|
| 시설안전 | 교량 | ▪ 도로법　　▪ 철도안전법<br>▪ 도시철도법 ▪ 농어촌도로정비법 | 국토해양부<br>행정안전부 |
| | 댐 | ▪ 댐건설 및 주변지역 지원 등에 관한 법<br>▪ 하천법 | 국토해양부 |
| | 수리시설 | ▪ 하천법<br>▪ 소하천정비법 | 국토해양부<br>소방방재청 |
| | 항만 | ▪ 항만법 | 국토해양부 |
| | 공공청사 | ▪ 학교시설사업촉진법<br>▪ 국유재산관리법<br>▪ 지방재정법 | 교육과학기술부<br>기획재정부<br>행정안전부 |
| | 아파트,<br>대형건물 | ▪ 건축법 ▪ 주택법 | 국토해양부 |
| | 백화점 등<br>대형판매시설 | ▪ 건축법 ▪ 유통산업발전법 | 국토해양부 |
| | 호텔 | ▪ 건축법<br>▪ 관광진흥법<br>▪ 공중위생관리법 | 국토해양부<br>문화체육관광부<br>보건복지가족부 |
| | 극장 | ▪ 공연법 ▪ 건축법 | 문화체육관광부 |

| | 리프트 등 | ▪ 삭도 · 궤도법 | 국토해양부 |
|---|---|---|---|
| | 유원시설 | ▪ 관광진흥법 | 문화체육관광부 |
| | 골프장, 스키장 등 | ▪ 체육시설의 설치┌이용에 관한 법률 | 문화체육관광부 |
| | | 재난및안전관리기본법, 소방기본법, 소방시설유지및안전관리에관한법률, 소방시설공사업법, 위험물안전관리법, 시설물안전관리에관한특별법, 건설기술관리법, 건설산업기본법은 공통적으로 적용 | |

| | 리프트 등 | ▪ 삭도 · 궤도법 | 국토해양부 |
|---|---|---|---|
| | 유원시설 | ▪ 관광진흥법 | 문화체육관광부 |
| | 골프장, 스키장 등 | ▪ 체육시설의 설치┌이용에 관한 법률 | 문화체육관광부 |
| | 재난및안전관리기본법, 소방기본법, 소방시설유지및안전관리에관한법률, 소방시설공사업법, 위험물안전관리법, 시설물안전관리에관한특별법, 건설기술관리법, 건설산업기본법은 공통적으로 적용 | | |
| 산업안전 | 석유화학 | 석유 및 석유대체 연료 사업법<br>유해화학물질관리법<br>수질환경보전법 | 지식경제부<br>환경부<br>노동부 |
| | 가스 | 도시가스사업법<br>고압가스안전관리법<br>액화석유가스의안전및사업관리법<br>대기환경보전법 | 지식경제부<br>환경부<br>노동부 |
| | 제조사업장 | 산업집접활성화및공장설립에관한법률<br>산업표준화법<br>승강기제조및관리에관한법률<br>기업활동규제완화에관한특별조치법 | 지식경제부<br>노동부 |
| | 건설사업장 | 건설기술관리법<br>건설기계관리법<br>건축법<br>도시 및 주거환경 정비법 | 국토해양부<br>노동부 |
| | 산업안전보건법은 공통적으로 적용 | | |
| 교통안전 | 도로교통 | 도로교통법<br>자동차관리법 | 행정안전부<br>국토해양부 |
| | 지하철 | 도시철도법 | 국토해양부 |
| | 철도 | 철도안전법 | 국토해양부 |
| | 해상안전 | 해양교통안전법 ▪선박안전법<br>어선법　▪해양오염방지법 | 국토해양부 |
| | 수상안전 | 수상레저안전법 | 소방방재청<br>국토해양부 |
| | 항공안전 | 항공법 | 국토해양부 |
| 화재 등 안전분야 | 화재▪폭발 | 소방기본법<br>총포┌도검┌화약류등단속법<br>화재로인한보상과보험가입에관한법률 | 소방방재청<br>행정안전부<br>기획재정부 |
| | 산불 | 산지관리법 | 농림수산식품부 |
| | 전기 | 전기사업법 ┌기공사업법<br>전기통신사업법<br>전기용품안전관리법 | 지식경제부 |
| | 원자력 | 원자력법<br>한국원자력안전기술원법 | 교육과학기술부 |
| | 광산 | 광산보안법<br>진폐의 예방과 진폐보호자 등에 관한 법률 | 지식경제부 |

| 재난및안전관리기본법, 소방기본법, 소방시설유지및안전관리에관한법률, 소방시설공사업법, 위험물안전관리법, 시설물안전관리에관한특별법, 건설기술관리법, 건설산업기본법은 공통적으로 적용 | | |
|---|---|---|
| 긴급구조 등 수습관련 | 소방기본법<br>재난및안전관리기본법<br>수난구호법<br>응급의료에관한법률<br>경찰관직무집행법 | 소방방재청<br>보건복지가족부<br>국토해양부 |

&lt;安全管理主要法令&gt;

(5、6、7　略)

# 8. 災害発生に伴う防災対策の方向

この100年間、地球上の気温上昇幅は約0.74℃と観測されたとされるが、朝鮮半島ではこの100年間に約1.5℃上昇し、世界平均の0.74℃を二倍以上も上回った。済州地域の海水面は40年間で22cm上昇し、年平均の上昇幅は5.5mmと世界平均の年1.8mmよりも速い。

そして1906年から2005年までの気温上昇の変化は、人間生活の便利さのため排出された温室効果ガス（$CO_2, CH_4, NO_2$等）が主要因という点は周知の事実であるが、IPCC（国連気候変動に関する政府間パネル）は、世界各国の努力にもかかわらず、2000年から2030年までに全世界の温室効果ガスは依然25~90%増加し、化石燃料は2030年以後も全世界のエネルギー源の中で主導的位置を占め続けると展望している。

この二つの事実が示すのは、気候変動は数十年間にわたり防止できない現象であり、朝鮮半島の気候変動の幅は世界平均を上回る危険な境遇に置かれているという点である。それでも、わが政府の気候変動に対する対処方案は微々たる状況で、特に国民の生命と財産を守らなければならない防災部門でのシステムの不在は、救済的に補完している状態だ。

一例として、10年後の2020年代には90年代に比べて降水量が5%以上も増加し、集中豪雨が発生して、20年後の2030年代の朝鮮半島の降水量は逆に10%程度急減し、気温は年平均2℃以上、着実に上がると展望される。2020年代には豪雨による被害額が56兆ウォン以上となり、これは2008年度国家予

算257兆ウォンの22%に相当しており、気温上昇と猛暑という現状の発生増加傾向が持続するならば、2030年代以後には毎年周期的に300余人以上が死亡するという気候変動による被害が予想される。

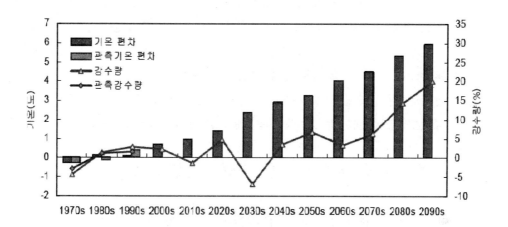

<地域気候モデリングで予測した気温と降水量変化>

## （1）気候変動に対する対策

　気候変動が災害を増幅させる最も大きな要因は、降水量の増加と降雨強度の変化であり、これによって洪水量が増加して局地性集中豪雨による被害が増加すると予想される。

　気候変動によって増加する洪水流量に対し、河川の数や洪水調節施設の整備などにおいて、社会的変化に対する条件を考慮しなければ対応が不可能な河川が継続して増加し、これを考慮した対策を策定すべきである。水系の安全もやはり外力（外的要因）の増加により相対的に見て顕著に低下するということを考慮し、施設安全管理基準などを再検討しなければならない。また、河川整備や洪水調節施設の整備などは、気候変動による外力の増加を含んだ整備目標を達成するため、相当な期間が必要であることを認識する必要がある。

　このような課題を解決していくためには、気候変動による外力の増加分が計画規模を上回る洪水となって整備基準を上回る洪水（超過洪水）に対する対応方案を具体的に設定する必要がある。

　また、具体的な気候変動適応対策を検討する際に従来の規模の防災計画から脱却し、河川に限定された規模の対策にない流域の総合的な対策を策定しなけ

ればならない。その他にも短期的には異常洪水に対して適応する順応的対応を推進しても、今後、地球温暖化にともなう気候変動が一般的な現象になるということを新しい概念として認識する必要がある。政府横断的な気候変動対応のマスタープランでの主要懸案では、気候変動により予想される災害の類型と規模を推定し、当該災害の被害を最小化するために必要な懸案を設定し、これを中長期的に実践する方案になるだろう。

① 気候変動にともなう災害規模の変化様相推定分析
② 社会構造変化にともなう災害規模の融合変化様相分析
③ 災害類型別脆弱性分析および管理補強のためのシステム構築

## （2）将来の災害に備えた国家防災目標設定および中・長期戦略の策定

各種開発事業と大都市での人口、施設の集中で、災害の大型化・多様化が憂慮されており、世界銀行によれば、下の表とともに、ソウルは地震、津波被害を除いたすべての自然災害の危険性が最も大きい20大都市に該当すると発表されたことがある（The World Bank,2003年報告書"Building Safer Cities"参考）。

各種社会基盤施設の設計基準を、予想されうる大型災害に備えて上方修正し、既存施設の補強については、補強基準が上がるほど安全という長所もあるが、これにともなう経済的な負担が倍加されてしまうので交換条件的（trade-off）な関係を持つことになる。従って国家の財政負担と望む水準の安全度を適正かつ段階的に設定して推進しなければならず、脆弱性が最も大きい施設を優先的に推進するための改善補修優先順位を設定することが重要である。また見過ごしてはならないことは従来の施設別、重要度別に中央政府で設定した一律的基準と、地域住民の安全に対する関心度と望む水準を共に考慮する方式を通じて、安全のための地域負担率に対する共感も形成する必要がある。

① 設計基準上方修正にともなう災害軽減効果と経済的負担分析
② 国家中期財政運用計画と段階別安全の確保目標設定
③ 脆弱性を考慮した施設別改善補修優先順位設定
④ 国家防災目標を達成するための制度および予算運営計画策定

## (3) 反復災害遮断予防復旧システムの構築

常習的水害地区および災害危険地区などと同じく、現在、持続的な脆弱性のある施設や地域に対しては、根本的な対策を策定するため、現在の災害要因を具体的に分析し、これに対処するための構造的、非構造的対策を策定しなければならない。

① 災害予防および復旧予算運用分析を通した改善案導入
② 反復被害改善のための法的、制度的装置準備
③ 段階別予算確保のための中長期計画策定

## (4) 災害軽減技術、防災産業インフラの構築

防災分野は総合学際的（multi-disciplinary）な要素が多いので、従来、学際では個別的な要素技術や基礎固有技術などを、国家研究開発事業を通じて確保、融合する応用技術の適用の可能性が非常に大きいという点で、防災分野の発展性は非常に大きいと見ることができる。

① 国内外防災関連技術動向調査
② 災害類型別感知技術および素材開発
③ 防災産業育成のための中長期マスタープラン策定
④ 防災産業輸出戦略産業化計画策定

## (5) 気候変動に脆弱な分野の補強システム

気候変動により我が国だけでなく全世界的に予想される一次的に危険性が加重される災害は、自然災害の中で気候と関連した災害であると予想されている。

① 猛暑分野脆弱システム管理補強
② 日照り分野脆弱システム管理補強
③ 超大型台風分野脆弱システム管理補強

## (6) 災害脆弱施設統合管理体制の構築および標準化

今後、防災産業の輸出戦略産業化などのためには国際標準化機構 (ISO:International Organization for Standards) の基準に合うように初期段

階から各種情報および管理施設の基準を標準化する作業が必要である。

① 災害類型別国際標準化連係技術開発

② 国家統合災害管理システムと連係した統合システム構築

③ 災害管理国家標準確立方案準備

　災害管理標準研究開発の科学技術、社会経済の重要性は予防、対応、復旧、情報連係、対国民の側面において、現在の国家安全管理水準を防災先進国水準に引き上げることを軸に用意することにある。また、技術的側面において災害管理標準を土台として、災害管理部門をシステム化して統合運営および管理することができるし、経済および産業的側面において災害発生時を標準の基盤としたシステム的対応を通じて経済的損失の最小化および国内産業の競争力強化を支援することができる。そして社会と文化の側面において、災害管理標準を通じて国家災害管理体系実行の主体である国民の認識と底辺を拡大することができる。災害管理標準化を通じて平常時に発生の可能性がある災害の類型を把握し、危険を評価して分析し、経済的で合理的な対策を用意することにより、事故発生時の財産被害および業務中断を最小化させ、緊急対応を通じて業務の連続性を確保しながら、同時に原状復帰の所要時間を最大限短縮させる効果を得ることができる。

## （7）気候変動対応防災基準強化

　上のような段階的な研究と政策開発を通じて最終的には気候変動と関連して増幅される災害を事前に予防し、被害を最小化できる国家の基準と、これを社会基盤施設全般に拡大する具体的な方案が用意されなければならないだろう。このためには気候変動にともなう全世界的な傾向と観測、影響評価などの分野で実行されてきた多くの研究結果と国家政策などを考慮し、適応分野に連動して流動的に変化することができる政策と予算投入などを共に考慮しなければならない。

　この間、防災分野の研究開発は、需要機関や国策研究所などで自然災害や人的災害、消防などの個別的な範疇内で、中長期的な研究開発よりも、当面の課題を解決するための小型課題を中心に推進されてきた。すなわちその間の防災分野国家研究開発事業は、中長期的観点でのR&D政策方向が多少不明確な状態で単純要素技術開発中心の散発的技術開発推進が成り立ってきた。これによ

り技術開発の結果を市場に導くことができず、政策に一貫性があっても反映させることができない結果を招いた。特に最近、気候変動および社会構造の変化によって各種災害災難の発生程度が増加して新しい類型の災害が発生することにより、過去の資料と経験に依存した防災技術開発のパラダイム転換に対する要求が急激に増加している。

　防災分野のR&Dは、やはり最近になってVIP-8を提示して全般的な方向を設定することはあったが、その細部的ロードマップとこれを効率化するための具体的で公開的な方案の考慮が不十分であるというのが実情である。防災技術開発の効率化のためには次のような方案が考慮されなければならないだろう。

　最初に、過去の羅列式事業推進から脱却して目標指向的事業体系を構築し、別途の研究企画会事業を構成するなど、防災技術開発のロードマップを開発し、戦略的R&D企画体系を構築して、防災分野のR&D予算規模の増大と経済的効率性の極大化が要求される。

　二番目に、R&D企画および遂行時の産学研専門家たちに研究開発テーマの選定と評価などを透明化して公開し、参加を誘導することによってopen innovationが成り立つようなシステムを整えることも必要である。このためには韓国防災学会などと同じ防災分野専門学会の積極的な参加を導くことが必要だろう。

　三番目に、防災技術R&D事業への民間参加を強化し、市場需要を反映させることが必要である。このため民間企業からの常時的R&D提案受付評価体系を構築し、協会および傘下研究所を通した研究開発の需要発掘を推進しなければならない。

　最後に、企画研究の対象は技術だけなく、市場と政策を含むことによって、研究開発を通じた技術開発の結果が市場と政策に効果的に反映されるようにしなければならない。

（小野田亮　訳）

# 日中韓防災管理協力―現状構造、発展展望及び政策提言

魏 玲[*]

　日中韓三カ国がある東北アジアは環太平洋火山帯にあり、自然災害の多発地帯にあたる。ここ数年、迅速な都市化、及び現代化、並びに気候変動等の影響を受け、三カ国が自然災害に遭遇する頻度、被害の深刻さは、共に増大している。日中韓防災管理協力は、災害による人的、物的損失を減少させ、社会経済の持続的発展を保障することができるのみならず、更に重要なこととして、国民同士の友好や相互理解を深め、三カ国間の信頼関係の確立に資するものだ。防災管理協力を三カ国間協力の最優先課題とすることで、地域と一体化し良好な相互作用を発揮する防災管理協力を実現すべきである。

　本稿は、日中韓防災管理協力の現状と枠組みの構築について整理し、現在の問題や課題について検討し、制度化された協力の推進について政策提言することを意図とする。

---

* 魏玲，外交学院東アジアセンター主任、副教授。外交学院政治学博士。アメリカ・オークランド大学（2003）、フランス・国際関係研究所（2007）客員研究員。東アジアシンクタンク連合（NEAT）の中国側連絡人。『外交評論』編集委員。国際関係理論・地域主義と東アジア地域協力研究に従事。関連著作・編著、翻訳多数。発表論文（中国語、英語）多数。

# 1. 日中韓防災管理協力—体制と進展

　日中韓における防災管理協力は、二国間、三カ国間及び多国間の3つの段階があり、多様な枠組みの中で同時に展開している。以下、日中韓協力、東アジア地域協力及び国家動議の3つの方面から、関連する体制について整理し、その進展と成果を総括する。

## （1）中日韓協力

　日中韓防災管理協力は、2008年の第一回日中韓首脳会議で始まり、それ以降、日中韓協力の重点分野に、かつ各回の首脳会議においても重点議事日程に入ったことで、体制の構築、規範作り及び具体的措置の各方面で顕著な進展があった。2008年12月13日、東アジア首脳会議とは別に開催された日中韓首脳会議において、「日中韓防災管理協力共同声明」が署名され、三カ国間の防災管理協力が正式に始動したことが表明された。「共同声明」では、（1）全体的な防災管理の枠組みを定める（2）施策を定め、併せてシステム化をはかり、防災能力、災害対応能力を強化し、災害による被害を最小限にとどめる（3）国家、地域及びコミュニティー、それぞれの次元における有効な防災管理を強化する—という3分野において日中韓防災管理協力を強化することが示された。

　2009年10月31日、第一回日中韓防災管理担当閣僚会合が日本で開催されて「三カ国防災管理共同声明」が公表され、その中で、今後、三カ国が情報や技術対策を共有し、建築物の耐震性について協力し、持ち回りで人材育成や専門家レベルのワークショップを行い、専門的な経験の共有、及び関係する国際協力を強化すること等を決定した。

　会議では、具体的な方法を検討するという精神に基づいて、持ち回りで、「中日韓三カ国防災管理担当閣僚会合」を開催することが決まった。今回の会議の最重要成果は防災管理担当閣僚レベルの会談について、その体制を確立し、制度化した協力の基盤作りを行ったことだ。これまでのところ「日中韓防災管理閣僚級会合」は二年に一度の開催で、2011年は中国で第二回会議が開催される予定になっていた。また、2011年5月22日、東京で公表された「第四回日中韓首脳会議宣言」は「防災管理協力」を付属文書として併せて発表し

た。文書では三カ国間防災管理協力の基本原則を、情報交流の強化、災害支援提供、災害支援及びその受け入れの円滑化の促進、経験及び教訓の共有、災害復旧支援の強化、及び三カ国が既存の国際又は地域メカニズムを活用し防災管理協力を行うこと等を確認した。文書では更に、（1）訓練の実施、能力の強化（2）災害発生時の迅速かつ円滑な意思疎通の確保（3）災害支援及びその受入れの円滑化（4）防災管理に関する技術の開発及び情報共有、並びに地域の組織や国連機関との連携により、既存の或いは計画中のプラットフォームの効果的活用−など、4つの取組みを行い、防災能力及び防災管理の地域協力を着実に強化することが示された。

## （2）日中韓の参画する東アジア防災管理協力

日中韓三カ国が共同加盟するASEAN防災管理協力は、主にASEAN地域フォーラム、ASEAN+3及びASEANサミットの3つの枠組みで行われており、この3つの体制における取り組みについて、2011年に公表された日中韓「防災管理協力」文書は、三カ国間の災害協力について地域的な枠組みを強化する必要があることを明確に打ち出した。

① ASEAN地域フォーラム（ARF）

災害救援協力はASEANフォーラムが展開する具体的な協力に関する重点分野の一つである。ASEANフォーラムは年一回「災害救援会合」を開催し、これまでに「ASEANフォーラム地域人道主義援助及び災害減少戦略に係る指導文書」、「ASEANフォーラム災害減少活動計画」、「ASEANフォーラム防災管理及び緊急対応に関する声明」及び「ASEANフォーラム災害救援協力ガイドライン」等の指針を制定した。

ここ数年、武装部隊が災害救援及び災害救援共同演習に参加することがASEANフォーラムの枠組みでの新たな注目点となった。2009年から2010年に、北京でASEANフォーラム武装部隊国際災害支援法律・規約樹立のための研究会が二度にわたり開催された。2009年及び2010年には、それぞれフィリピンとインドネシアで、災害救助共同演習を実施した。演習は、参加当事者が皆着目する国防・安全分野の重点協力事項について行われ、内容は机上演習、実兵演習及び人道主義災害救助を内容とし、加盟国が共同で緊急行動能力を高めることを目指した。

② ASEAN+3の枠組みにおける防災管理協力

　2004年のインド洋津波災害発生の後、防災・災害軽減はASEAN+3の重点協力分野の一つとなった。「東アジア協力に関する第二共同声明」及び「2007-2017年ASEAN+3協力活動計画」は防災管理分野の協力施策について、（一）洪水、土砂崩れ、地震及びその他の災害分野での協力（二）災害支援の提供に関するASEANの防災管理及び緊急協議の実施（三）災害軽減分野での軍民協力の強化−を定めた。2007年から2008年にかけ、中国は二度、「ASEAN+3武装部隊国際災害救援シンポジウム」を主催し、武装部隊が国際災害救援を行う上での問題について検討を行い、特に、どのように武装部隊国際災害救援協力体制を樹立し、基準操作手続き及び法律上の保障を強化するか等について検討が行われた。2010年、「ASEAN+3都市災害緊急管理シンポジウム」が北京で開催され、ASEAN+3各国の都市防災災害軽減に関する一連の提言がなされた。

　③ 東アジアサミット

　災害減少は、2007年1月第二回東アジアサミットが確定した重点協力分野の一つである。2009年第4回東アジアサミットは、「東アジアサミット防災管理ホアヒン声明」を発表し、（一）防災管理キャパシティビルディング支援に関する協力（二）本地域の開発と一体化させ、国境を越えた、多様な災害に対する防災能力を強化し、連携した早期警戒システム及び対応能力の強化（三）国連アジア経済社会理事会地域信託基金の支援（四）ASEANの人道主義協力及び重大災害に対する指導的役割の強化に関する取組み（五）災害の管理及び復興の共同実施（六）一般人の災害軽減及び防災管理に対する意識の向上による地域及びコミュニティーの対応能力の強化（七）ASEAN地域の災害緊急模擬訓練及びその他関連の模擬訓練の実施（八）関連の基準操作規定の実施及び強化（九）地域、国家、区域及び国際局面での早期警戒手配に関する技術力の強化（十）ASEANの担う防災管理人道主義支援協力における中心的役割の支援（十一）アジア災害軽減センターの支援（十二）アジア防災センター等、本地域におけるその他の関係組織を支援し、中国が行うアジア巨大災害研究センターの設立提案を支持する−など、14方面について、加盟国が力を合わせて実施するものとした。

## （3）国家動議

　日中韓三カ国はこれまで述べたような体制の下、防災管理協力に参画する以外に、関連国際機関を創設、運営している。日本が提唱した「アジア防災センター」は、1998年に設立され、日中韓三カ国は、そろってセンターの構成国となった。センターは災害対応能力の向上、安全なコミュニティーの建設、社会の持続的発展の促進をその目的とし、災害減少に関する情報の共有、人材育成、コミュニティー能力の建設、及び関連国際会議の開催、国際交流の4つの分野で活動を行っている。中国が提唱した「アジア災害軽減大会」は、アジア各国と利害のある関係者が制度化された災害軽減交流、協力活動についての基盤の構築を行ってきた。2005年北京で、第一回アジア地域閣僚級災害軽減会議が、初めて開催された。その後、アジア災害軽減大会は三度開催され、「アジア災害リスク軽減北京行動計画」、「災害被害リスク軽減デリー宣言」、「アジア災害リスク軽減クアラルンプール宣言」、「仁川宣言」及び「アジア太平洋地域の気候変動に対応し災害リスクを軽減させる仁川ルートマップ」が成果として挙げられる。

# 2. 日中韓防災管理協力: 好機及び課題

　ここ数年、日中韓三カ国による防災管理協力に関する文章、原則、具体的な政策取り組みにより、三カ国が防災管理協力を推進する重要な好機が訪れている。

　第一、日中韓協力が、全体的に良い方向へと向かっている。

　2008年より、日中韓首脳会議が定期開催され、三カ国は既に「三カ国パートナーシップ共同声明」、「三カ国防災管理共同声明」、「日中韓三カ国協力行動計画」、及び「日中韓三カ国協力ビジョン2020」等を公表した。2010年5月末までに、三カ国は防災管理の分野を包含した17の閣僚級会合及び50余りの対話交流の仕組みを築いた。2011年9月には、日中韓協力事務局が韓国で設立された。ここ数年の実務的協力により、日中韓の協力は、しばし波風が立つこともあるが、全体的には良い方向に向かい、協力への希望は全体的に高まっており、制度化の構築はゆっくりと進展しているが、具体的協力は日に日に

深まっている。

　第二、具体的協力は、日中韓協力の原動力であり、基盤である。

　共に北東アジアにある日中韓は、これまでにない多くの、例えば、朝鮮半島の核問題、食の安全、金融の安定化、自然災害等の、重大な安全問題に共に直面している。これらの分野では具体的な協力が進められなければならない。2010年9月に、日中間では、漁船転覆事件が発生し、両国国民間の好感度が低下したばかりであるが、その後、日本の報道機関が行った民間調査では、86．8％の日本人が、やはり中国は日本の経済振興に非常に重要であると考えていることが分かった。2010財政年度の上半期に、日本の対中輸出入は各6．6兆円、6．8兆円に上り、20％の増加率を示した。これらの統計数字からは、三カ国の相互信頼を構築し、協力を強化することは自然の流れだと言えよう。

　第三、防災管理協力は、容易に具体的協力に踏み込めるだけでなく、相互理解や地域間信頼を育成する重要なプロセスである。

　防災管理は、三カ国の国民の基本的福祉や直接の利益に直結し、三カ国の共同利益は三カ国の齟齬よりも格段に高く、協力の重点分野として比較的容易に推進できる分野である。防災管理協力は、民間友好の育成、相互理解の増進、地域間信頼の構築を推進する重要なプロセスである。汶川地震や東日本大震災発生後の日中災害救援協力などは、民間の友好や理解を深めた一つの例であると言える。

　第四，日中韓三カ国の防災管理協力は、既に優れた制度的、実践的基盤を有している。

　日中韓三カ国はこれまで、国際的、或いは地域間等の各次元で防災管理協力を提起し、参加することで、多様な次元や分野における災害対策体制を形成し、災害の予防、迅速な対応、及び災害後の救援や復興の分野で協力を行っており、規範や制度の面でも、或いは実践やオペレーションの局面でも、ある程度の経験が蓄積され、三カ国間協力でのよい基盤作りとなっている。

　同時に、日中韓防災管理協力の制度化推進には、少なからず課題も存在する。

　第一に、政治に関する相互信頼の不足が協力の進展に影響を及ぼす。

　政治戦略に関する相互信頼の不足は、日中韓の二国間或いは三カ国間関係の重大な障害になっている。政治戦略に関する相互信頼の不足は、主に歴史や領

土問題、地域の力関係の変化、ならびに、民間友好や相互理解の不足によるものであり、近年、東アジア地域発展のもたらす複雑化が、三カ国間の信頼構築を一段と困難にしている。相互信頼の不足は、北東アジア協力が長きにわたり「ASEAN+3」協力に遅れをとっている要因で、二国間関係に時に波風が立てば、必ずや、将来の協力に係る制度化の基準向上や協力の効率にも影響する。

　例えば、防災管理協力における武装部隊の救援や大型先進設備による救援は、政治の相互信頼の不足や民間の相互理解が低いことの影響を受ける。

　第二に、各協力体制やその枠組み間の連携に欠け、リソース利用の不足を招き、非効率であること。

　今世紀に入り、自然災害爆発の頻度やその深刻さが、絶えず高まっていることに伴って、地域が共同して災害救助を行うという意識が著しく高まり、それにより協力体制の構築にも少なからず進展があった。しかし、総合的、実態的な地域災害救援制度はまだ創設されていない。日中韓三カ国は多くの地域防災管理体制を提案し、参加してきたが、三カ国間にふさわしい体制が構築できておらず、総合的、常態的な三カ国間災害救援体制の実現は更に困難が伴う。

　しかし、今後三カ国が遭遇する災害は規模が大きく、より複合的なものであると考えられ、よって、災害救援体制について共同して計画し、リソースの利用効率を高めることは非常に喫緊、且つ必要な課題である。

　第三に、現在の防災管理協力は、安定的な専門家リソースの欠如、統一的で規範的な技術基準の未整備、地域災害救援物資の備蓄体制の未整備−という3つの問題に直面している。

　これまでの防災管理協力において、三カ国はある程度、固定的かつ安定的な災害対策のための専門家バンクを創設しておらず、また専門家の参加も完全な制度的保障はなかったため、それらは災害予防、災害対応、災害復興等の防災管理の各場面において制約となっていた。また、統一的な技術基準が未整備のため、しばしばオペレーションの混乱を招き、国際的な災害救援力が速やかに被災地で活動を開始する足かせとなっていた。その他、地域的な救援物資の備蓄体制がないため、地域リソースとの有効な連携がとれず、本地域の自然災害緊急対応能力に深刻な影響を与えている。

　第四に、防災管理キャパシティビルディングの場面で、巨大災害に対応する準備及び能力の不足、また地方政府やコミュニティーの防災管理能力不足−と

いう2つの問題を抱えている。

巨大災害の特徴は、人的被害が大きく、物的被害も大きく、併せて影響範囲が広範であるため、一旦発生すると、外界からの力で救援を行う必要があるということである。2011年3月の東日本大地震は巨大災害と言える。巨大災害に直面すると、一国の力では迅速に危機から脱することはできない。そして、下位のコミュニティーは、災害の影響を最も受け、受ける時間も長い行為主体である。よって、地方政府やコミュニティーの災害に対する認識、準備及び対応能力が、防災、災害軽減及び被災後の救援にとって重要な鍵となる。

# 3. 日中韓防災管理協力–対策提言

日中韓の防災管理協力の成果及び現状、好機及び課題に関し、本稿は以下の様な政策を提言する。

## （1）民間友好及び政治における相互信頼を強化し、防災管理協力の優先的地位を保持する。

防災管理協力は地域の信頼構築とプラスの相互作用があり、地域の一体化の重要な担い手として、民間友好の進展、相互信頼強化の受益者である。よって、一方で、社会文化交流を強化し、国民や報道機関の活動を円滑にする必要があるばかりでなく、他方で、防災管理協力の日中韓協力における優先的地位を保持しなければならない。

## （2）日中韓災害管理協力の制度化構築を強化し、併せて他の国際又は地域体制を十分に利用し、その連携を強化する。

防災管理や緊急対応に関する三カ国間協議の枠組みを構築し、防災管理閣僚級会合体制を実施し、ある程度の決定権や執行力を与え、ワーキンググループによりその具体的協力措置の実施をサポートさせる。既存の国際的又は地域間の協力体制を十分に活用し、その中での協力、協調を強化し、日中韓体制とその他の体制の良好な相互関係及びWin-Winの協力の実現を目指す。他方、防災管理の各具体的分野同士の連携や交流を強化する。

## (3) 日中韓防災管理専門家グループを設立する。

東アジア思想バンクネットのモデルを参考に、日中韓防災管理専門家ネットワークを創設し、政策指向型の研究を行う。専門家グループの活動は、組織化、ネットワーク化及び常態化されるべきであり、活動内容はデータ収集、実地研究、政策コンサルティング、技術支援、プロジェクト評価、人材育成及び関係する先駆的な科学研究を含み、長期的に有効な地域防災・災害軽減措置及び地域的防災・災害軽減体制を築くための論理的基礎を構築する。

## (4) 日中韓物資備蓄庫を建設する。

現時点で、東アジア地域は地域的な救援物資の備蓄庫を建設していない。日中韓は率先して、地域レベルの備蓄システム建設に係る研究を開始し、加盟国の関係備蓄庫の選別による地域的な備蓄庫ネットワークモデルの創設を検討し、日中韓においてその建設を先導的に実施する。

## (5) 巨大災害に対するキャパシティビルディングを強化する。

東アジアサミットは、2009年に文章で、中国の提案するアジア巨大災害研究センター建設を支持している。日中韓三カ国の巨大災害研究センターを先立って建設し、基準決定、情報共有、技術サポート及び人材育成、ならびに関係セクターによる目的をもった実地訓練及び演習等の分野において連携的な活動を行い、三カ国の巨大災害に対する対応能力を総合的に向上させる。

## (6) ボトムアップによる「コミュニティー防災管理体系」を発展させ、コミュニティーの災害対応及び復興能力を向上させる。

本地域の一部の都市にモデルプロジェクトを建設し、地方政府やコミュニティーの災害危機意識を高め、より安全で、適応能力の高いコミュニティーを建設する。

## (7) 制度化された防災管理参加モデルを構築し、各国が三カ国防災管理において制度化された協力を実現できるよう努める。

防災管理は、政府、社会、公的・私的セクター、非政府組織、ボランティア

及び軍隊など多様な行為主体に関係する。制度化された参加モデルの構築により、はじめて各主体の力の有効的な再構築及び規範化が行われ、広範で、秩序ある社会参加や相互作用を実現し、併せて災害処理効率の最大化を実現できる。同時に、各参加主体が三カ国間防災管理協力プロセスに入っていけるような積極的な働き掛けをし、立体的にネットワーク化された協力モデルを構築する必要がある。

（中村真帆　訳）

# 日中韓三カ国間防災協力体制の現状、問題点と展望

荒木田勝[*]

## はじめに

　本セッションの表題は「防災」となっているが、英訳では「Rescue and Relief」となっている。英文に従うと災害発生後の救援救助のみが対象と思えるが、一方で日中韓サミットの成果文書によると、災害予防や基盤整備を含む内容となっている。このため、本稿では予防・応急・復旧・復興からなる総合的な防災政策を対象として、現状把握と今後の展望について述べるものである。

---------------

[*]　荒木田勝，アジア防災センター　主任研究員。昭和38年生まれ。東北大学理学部物理第二学科　1987年3月卒業。2000年よりアジア防災センターで主にアジア地域における国際防災協力に従事し、災害情報共有、防災リモートセンシング、住民参加型防災計画等を行い、研究論文数編を発表した。

# 1．三カ国の最大級自然災害と災害後の防災協力

## （1）日本　2011年3月11日の東日本大震災（2011年10月4日現在）

死者・行方不明者：19,752人、負傷者：5,940人

建築物全壊：118,480戸、半壊：179,704戸、

経済損失：約16兆9千億円

海外からの支援：

ア　海外支援　163カ国・地域及び43機関が支援を表明

イ　救助隊　　28カ国・地域・機関から受入れ（現在1カ国が活動中）

ウ　救援物資　62カ国・地域・機関から受入れ

エ　寄付金　　92カ国・地域・機関から受領（約175億円以上）

中国からの支援：3/13救助隊員15名到着、岩手県大船渡市で活動、3/20撤収

韓国からの支援：3/12スタッフ5名救助犬2匹到着、宮城県仙台市で活動、3/23撤収。第二陣3/14救助隊102名到着、宮城県仙台市で活動、3/23撤収。

## （2）中国　2008年5月12日の四川大地震（2009年7月22日現在）

死者・行方不明者：86,633人（2009年5月7日現在）、負傷者：37,4176人

建築物倒壊：216,000戸、損壊：415万戸、

経済損失：8451億4000万元（約10兆1500億円）

日本からの支援：5億円分の支援。5/15国際緊急援助隊チーム（救助）派遣、北川で活動、5/21撤収。5/20医療チーム派遣、成都市の四川大学華西病院で活動、6/2撤収。

日本が提示した復興支援：

2008年7月9日の日中首脳会談で震災復興計画について、日中間の協力を推進していくことで一致した。日本側から、阪神・淡路大震災の復興計画を参考にした一つの全体計画と5つの柱（①健康・福祉　②社会・文化　③産業・雇用　④防災　⑤まちづくり）の下で、震災復興の経験、知識、技術等ソフト面で

の協力を重点とする具体的支援プロジェクトを提示したのに対し、中国側から、とりあえず約50項目について協力要請があった。

主な支援の例は以下のとおり。

① 健康・福祉面では、心のケアや災害医療システムの構築等。

② 社会・文化面では、学校や病院等の復旧や北京日本学研究センター等における防災教育の実施等。

③ 産業・雇用面では、農業・中小企業支援等。

④ 防災面では、災害対策本部の体制強化、地震防災研究分野における日中研究機関間の共同研究・調査の実施、ダム・堤防等の復旧支援等。

⑤ まちづくり面では、水道等のライフラインの復旧支援、建築物・道路の耐震、復興まちづくり等の新たな都市建設支援、災害廃棄物対策等。

## (3) 韓国　2002年台風ルサ（Typhoon RUSA）

死者・行方不明者：184人、被害者：88,626人

建築物浸水：17,046戸

経済損失：5兆4696億ウォン（約3530億円）

海外からの支援：

日本からの支援：約1,670万円相当の緊急援助物資（20人用テント10張、スリーピングマット75枚、2000リットル簡易水槽20個、3000リットル簡易水槽10個、浄水器10台、大工セット30セット）

（注記：日本の国際緊急援助隊が韓国へ派遣されたのは2007年油流出事故の際のみ）

# 2. 国際防災協力の歩み

## (1) 国際防災の10年

国連では1987年12月の第42回総会において、90年代を「国際防災の10年」とし、国際協調行動を通じ、全世界、特に開発途上国における自然災害による被害の大幅な軽減を図ろうとする決議案が採択された。

## (2) 国際防災の10年世界会議の開催

　1994年5月に、国際防災の10年の中間レビューと将来に向けた行動計画の立案を目的とする「国際防災の10年世界会議」が、国連の主催により横浜市で開催された。この会議では、災害の形態や防災対策に共通点を有する地域レベルにおける国際協力の重要性などを指摘した「より安全な世界に向けての横浜戦略」が採択され、これに則って世界中で国際防災の10年に関する活動が進められることとなった。

## (3) アジア防災政策会議の開催

　横浜戦略における地域レベルの協力の第1歩として、アジア地域を中心とする28カ国の防災関係閣僚等の参加を得て、「アジア防災政策会議」が1995年12月に国際防災の10年推進本部の主催により神戸で開催された。この会議では、アジア地域における防災センター機能を有するシステムの創設の検討開始を日本より提案するなど、国際防災協力の推進に向けた「神戸防災宣言」が採択された。

## (4) アジア防災専門家会議の開催

　「神戸防災宣言」に盛り込まれた「アジア地域における防災センター機能を有するシステム」の創設を議題とした「アジア防災専門家会議」が1996年10月、30カ国の防災担当部局長等の参加を得て、国連防災の10年推進本部の主催により東京で開催された。

## (5) アジア防災協力推進会合

　「アジア地域における防災センター機能を有するシステム」の具体的な活動内容等について、23カ国の防災担当部局長等の参加による「アジア防災協力推進会合」が1997年6月、国連防災の10年推進本部の主催により東京で開催された。

## (6) アジア防災会議

アジア各国の防災能力の向上、及びアジア地域での防災ネットワークの充実

・強化を図るため、開催国、日本政府、アジア防災センター及び国連国際防災戦略事務所（UNISDR）の共催により、アジア防災会議が開催されている。

　2002年1月　インド（ニューデリー）

　2003年1月　日本（神戸）

　2004年2月　カンボジア（シェムリアップ）

　2006年3月　韓国（ソウル）

　2007年6月　カザフスタン（アスタナ）

　2008年11月　インドネシア（バリ）

　2010年1月　日本（神戸）

　2011年6月　スリランカ（コロンボ）

## （7）第1回日中韓防災担当閣僚会議

　2009年10月31日、兵庫県神戸市で、第1回日中韓防災担当閣僚級会合が開催された。会合では、日中韓3カ国における防災対策についての基本認識が確認されるとともに、災害被害軽減に向けた取り組みについての情報共有や、今後の3カ国間での防災協力のあり方についての意見交換が行われた。合意事項は以下の通り。

　①　災害被害軽減に向けた各国の取組の情報共有

　・気候変動への防災上の取り組みについて情報共有を図り、今後の技術・建築物耐震化の取り組みについて情報共有を図るなど、各国における耐震化促進に向け、3カ国が協力していく。

　・防災分野での衛星技術の利用について情報共有を図ることを検討し、災害発生時の被災地の緊急観測において、3カ国の協力の可能性を議論する。

　②　今後の3カ国での具体的な協力

　・人材育成セミナーの開催などを通じた3カ国共同での人材育成を進める。

　・3カ国内に存在する国際機関との連携を拡大し、国際防災協力を推進することや、3カ国内で開催される国際会議での連携を強化する。

　なお、この日中韓防災担当閣僚級会合は、今後、3カ国持ち回りで開催され、次回の第2回会合は2011年に中国で開催される（10月28日に北京で開催）。

### （8）日中韓サミット

2011年5月22日に東京で開催された第四回日中韓サミットの成果として「防災協力」の付属文書が発出された。具体的な協力項目としては以下の4点が挙げられた。

① 訓練の実施・能力の向上

・支援提供・受け入れ能力の向上のための，各国の援助実施、及び受け入れ担当当局、及び防災・災害応急対策担当当局間の交流の促進。

・他の地域的枠組みとも必要に応じて連携しつつ，種々の災害のパターンを想定した，シミュレーション（机上演習）・共同訓練の実施の検討。

・被災地における各国の効果的な連携方法の構築。

② 災害発生時の迅速かつ円滑な意思疎通の確保

・災害発生の連絡や被災地のニーズと支援のマッチングを迅速に行うための24時間コンタクトポイントの設定。二国間の意思疎通をより円滑化するための日中韓協力事務局の活用のあり方も検討。

・迅速な安否確認のための体制整備に向けた協力強化。

③ 緊急援助チームや物資の派遣・受入の円滑化

・緊急援助チーム派遣や受け入れ，物資支援の受け入れに係る手続きやプラクティスについての情報共有。

④ 防災に関する技術の推進及び情報共有の強化

・各国の防災・災害救援に関する制度・政策についての情報共有。

・適切な地理空間情報の防災への活用について議論。

・地域の組織や国連機関と積極的に協力することで、既に存在する、または計画されているプラットフォームを最大限活用。

# 3. 国際防災協力体制の現状

## （1）UNISDR

国連の国際防災戦略（United Nations International Strategy for Disaster Reduction : UNISDR）は国連総会によって2000年に設立されたプログラムで、自然災害やそれに関連する事故災害および環境上の現象から生じた人的、

社会的、経済的、環境的損失を減少させるための活動にグローバルな枠組みを与えるという目的をもつ。UNISDRは、持続可能な開発に不可欠な要素として、防災の重要性に対する認識を高めることで、災害からの回復力を十分に備えたコミュニティを作ることを目ざしている。

## (2) 北東アジア地域自治体連合　防災分科委員会

北東アジア地域自治体連合（The Association of North East Asia Regional Governments：NEAR）は、北東アジア地域における文化、学術、経済、環境、観光等の多様な分野にわたる交流協力を主導する地域国際機関として、1996年に設立された。

防災分科委員会は国家及び地方における地震、水害、山火事、飢餓等の自然災害の種類や各自治体の対処能力の差を補完するため、情報及び人材面での交流事業を実施している。

## (3) アジア防災センター

アジア防災センター（Asian Disaster Reduction Center：ADRC）は1998年7月30日に兵庫県神戸市に設立された。活動目的はメンバー国の防災能力の強化、人々が安心して暮らせる地域づくり、持続可能な開発を可能にする社会づくりである。メンバー国の防災情報共有、人材育成、コミュニティの防災力向上、の3つを主要活動項目とし、アジアにおける多国間の防災能力向上のためのネットワークづくりを進めている。

# 4.　防災協力の課題

歴史的経緯により日中韓の関係が必ずしも良好でない時期があったにもかかわらず、近年では災害発生時の協力が実現している。これは前述のような国際防災協力の潮流や大規模自然災害を目の当たりにした際に自然発生する人道意識からなるものと推察される。

他方、日中韓三カ国に限らず緊急時の国際救援活動の受け入れについては、四川大地震や東日本大震災の事例でも、支援の申し出に対する受け入れ表明に時間がかかっている。より効果的な緊急救援活動の推進のためには、この点

の時間短縮について検討を進める必要がある。これは前述の日中韓サミットの「防災協力」項目③の点である。この実現のため、大規模な自然災害発生時の救援隊、救援物資の提供と受け入れの手順を検討、向上させることが有効である。

　また、人材育成や技術協力として、特に以下の分野における協力の推進が必要と思われる（「防災協力」項目④）。

・国際災害チャーターやセンチネルアジア等、近年急速に利用が進んでいる地球観測衛星画像とGISを利用した被災範囲把握や被害推定技術の共有

・世界災害共有番号（GLIDE）を用いた災害履歴管理の推進

・アジア防災センターを活用した防災・災害救援に関する制度・政策の共有推進

・アジア防災センターを活用とした人材交流の推進

# 5. 防災協力の展望

　日中韓ともに自然災害が多発する国であり、近年ではトップレベルでの協力体制の推進により、緊急援助隊の派遣や支援物資の提供、民間レベルでの義援金等、様々な防災協力が実現している。四川大地震後の取り組みを見ると、災害時における緊急援助から、復興計画作りの支援、人材育成支援等へ中長期的な防災協力が実現している。

　日中韓は三カ国間の防災能力を向上させることはもとより、アジア地域における防災能力向上の推進役としての役割も担っていることから、より効果的なアジア全域に対する緊急支援活動や防災協力活動の実現について、日中韓が今後検討を進めていくことを期待する。

**参考文献**

1. 緊急災害対策本部、平成23年（2011年）東北地方太平洋沖地震（東日本大震災）について2011年10月4日、http://www.kantei.go.jp/saigai/pdf/201110041700jisin.pdf、（2011/10/8参照）
2. 内閣府（防災担当）、東日本大震災における被害額の推計について2011年6月24日

3. 北東アジア地域自治体連合、http://www.neargov.org/app/index. jsp?lang=jp、(2011/9/22参照)

4. アジア防災センター、アジア防災センター年次報告書2000

5. 外務省、第4回日中韓サミット（概要）、http://www.mofa.go.jp/mofaj/ area/jck/summit2011/jck_gaiyo.html、(2011/9/22参照)

6. 外務省、第4回日中韓サミット防災協力（仮訳）http://www.mofa. go.jp/mofaj/area/jck/summit2011/disaster_management.html、 (2011/9/22参照)

7. 外務省、中国四川省における大地震に対する我が国復興支援策につい て http://www.mofa.go.jp/mofaj/press/release/h20/7/1181505_912. html、(2011/9/22参照)

8. 広報ぼうさい内閣府防災担当、2003年3月第14号

9. 人民日報日本語版、2008年9月5日、http://j.people.com.cn/94475/ 94700/6493727.html、(2011/9/22参照)

10. 人民日報日本語版、2009年5月7日、http://j.people.com.cn/94475/ 6653063.html、(2011/9/22参照)

11. NEMA, Disaster Report, http://eng.nema.go.kr/sub/cms3/3_2.asp、 (2011/9/22参照)

12. Qian Ye, November 2004 , Typhoon Rusa and Super Typhoon Maemi in Korea、http://ccb.colorado.edu/superstorm/ss-korea-v1. pdf,（2011/10/9参照）

# 緊急救護・救急のための知能・融合型
# 統合災害管理

鄭泰星*

気候変動、都市化によって、災害規模が増大しており、特に、東アジア地域は人口および施設が密集し、その被害が増幅されている。最近の災害の様相は、複雑で多様化し、災害管理の重要性が高まっており、構造的対策と非構造的対策を併用する総合的かつ体系的な災害管理プランが要求される。対応において救護・救急は大変重要な役割を担うので、総合的で一貫した政策とシステムが大変重要である。同時に政府機関同士、政府と民間団体間の効果的な協力体系構築が必要である。効果的な協力および意志決定のために、本研究では災害情報の共有、分析、そして災害危険度評価のための知能型・融合型技術基盤の統合災害管理システムを開発した。このシステムには気候、水門、前兆情報モニタリングのためのインフラ施設、資源管理施設を管理・運営するための機能が含まれており、救護・救急のための情報電波および双方向コミュニケーシ

* 鄭泰星，1995年、ソウル大学大学院土木工学科修士課程卒業。2000年、同博士課程卒業。工学博士（ソウル大学）。ソウル大学工科大学地球環境システム工学部BK21研究員、米国地質調査局（USGS）責任研究員、韓国水資源公社水資源環境研究院責任研究員を歴任。現在、消防防災庁国立防災研究所施設研究官。大韓土木学位会員、韓国水資源学会編纂委員。

ョンのための WEB GIS 基盤システムを共に構築した。このシステムは救護・救急支援時の救急のための被害地域把握、適時適所に救護物資が支援できるようにする資源管理情報の共有、双方向コミュニケーション、待避、応急復旧を支援するための技術、資源情報共有、復旧を支援するための防災情報分析、および危険度評価などに活用が可能であると期待される。

# 1. 序論

気候変動によって単純な気温上昇だけでなく、気温、降水、異常現象などに直接的な影響を与えており、水資源、農業と食糧安保、健康と居住、生態的財貨とサービス、経済の各分野にも二次的影響を及ぼしている。地球の各地で温暖化などの異常気象による今まで経験したことのない大規模な自然災害が頻繁に発生し、急激な都市化にともなう多くの人命被害も同時に発生している。

Minich Re の資料によればこの27年（1980~2007）の間、アジア地域で発生した自然災害の発生件数は5,680件で、この中の約60%が台風、暴風および洪水によって発生したことが明らかになり、自然災害は徐々に増加していることが分かる。この期間にアジア地域で自然災害による死亡者は約900,000人に達する。

韓国の場合、最近10年間（2000~2009）の自然災害被害状況を見ると、死亡684人、被災者275,008人、建物、農耕地、公共施設被害などによる財産被害が20,460 Million USD（約22兆ウォン）に至っている（チョン・テソン等、2011）。我が国は自然的、地形的に見ると、自然災害に脆弱な構造的条件を持っており、自然災害の60%以上が台風、集中豪雨などによって発生している。

世界的な気候変動とともに、産業構造が複雑・多様化して災害管理の重要性が高まり、総合的かつ体系的な防災の対策が求められている。危機管理と危険度管理は、災害の予防、対応段階で必須の要素と言え、現状を土台に将来発生する変化を予測して脆弱性を軽減する持続可能な発展計画を策定することだと言える。

災害管理とは危険に対する危険度を分析・評価してこれに対する被害を最小化することである。

災害管理において国家の役割は、安全対策を検討・適用することによって潜在的な被害分野を探し出し、これに対して持続的に、包括的・統合的な危険の分析・管理を実行することである。危機状況の発生に備え、持続的に準備した国家は、その被害を最小化することができる。災害は自然的、社会的属性を全て持っており、統合的な管理方法が必要である。すなわち、構造的方法で災害を防止すると同時に、社会経済的開発にあって災害軽減の方向に調整したり、早期警報、防災政策策定など非構造的な方案が同時に考慮されなければならない。最近の災害は多様で複合的である上、グローバル化しているため、一つの国にだけ限定されるのではなく、隣国の災害に備えるための予防、点検、専門担当者の共同養成などの協力体系構築が必要である。同時に国際社会ではイデオロギーによって抑え込まれてきた貧困、環境、女性、人口、保健など地球的課題が噴出し、これを解決するための国際的努力が加速化している。このような地球的課題の中にある開発途上国の周辺化と貧困化に対処するための国際社会の共同の努力が拡大し、貧困退治が国際協力の最大の焦点となって、持続可能な発展のための開発途上国援助の拡大が国際的次元で推進されている。

　韓国政府の緊急救護政策は、2004年西南アジア津波被害支援を基点に徐々に発展してきた。先に量的規模の面で大きく増加し2000年総ODA対比0.2%であった緊急救護支援は、2005年に5.6%まで拡大した。特に全体の1%未満に過ぎず経済規模に比べて不十分だという評価を受けた緊急救護予算を、2015年までに開発援助委員会加盟国平均水準の6%にまで大幅拡大することにした。政府は海外緊急救護予算を2009年95億ウォン、2010年190億ウォンと二倍ほどに拡大したが、これはハイチ、中国、インドネシアのような開発途上国にだけ支援できるODA予算である。緊急救護関連の法的、制度的システムも整備され、2007年には「海外緊急救護に関する法律」が制定され、2006年以後、2件の緊急救護実行マニュアルが策定された。また、効果的な緊急救護遂行のため「民官合同海外緊急救護協議会」と「海外緊急救護本部」が構成された。そして国際的共助体制に参加するための努力も持続的に進められてきた。2006年には「国連人道問題調整事務所（OHCA）供与国支援グループ」に、2009年には「グッド・ヒューマニタリアン・ドナーシップ（GHD:Good Humanitarian Donorship）」に加入した。このような数年間の努力と発展にもかかわらず、韓国政府の緊急救護政策は、次のような点で改善が必要であ

る。最初に、韓国政府の緊急救護政策には、緊急救護が必要な状況が発生した時点から再建を経て開発支援に達するまでの対応過程を総合的かつ一貫して推進する効果的な政策が必要である。二番目に、国内外の効果的共助と調整のための努力が必要であり、迅速な情報共有とこれに基づいた共助・協力体系構築が必要である。三番目に、専門性の不足であり、緊急救助専門家、応急医療専門家の他に、具体的分野の緊急救護政策専門家の養成が必要である。

　本研究は、緊急救護が必要な状況が発生した時点から再建を経て開発支援に達するまでの対応過程を総合的かつ一貫して推進するための情報統合管理システムを開発することである。開発のために予防・対応・復旧の段階別既存研究事例を総合分析し、災害管理業務により活用している情報システムおよび情報技術を分類し、既存の災害管理システムに対する問題点を分析する。分析された問題点に基づいて災害管理の非効果性と組織運営の非効率性を最小化し、複合的あるいは連続的な災害の予防、および対応のためのユーザー中心の災害管理システムという要求を充足するため、知能型・融合型技術基盤の統合災害管理システムを開発する。

# 2. 既存の研究動向分析

## (1) 防災情報システム

　防災情報システムと関連した国内研究ではホン・ジフン（홍지훈, 2008）、チャン・ウンスク（장은숙, 2007）、チャ・テウン（차대운, 2002）等が、GISを利用した災害管理構築に関する研究を通じて、GISを活用した国内外災害管理システム現況および災害管理構築方案を検討した。国土研究院（2008）は、防災国土構築のためのGIS活用方案研究を通じて、技術パラダイム変化による災害環境の変化および発生現況を災害管理システムに反映することが重要で、このためにはITインフラ社会で構築機関別に散在している空間情報を総合的に管理できるシステムを構築して、これを総合的に活用することが重要だと提示した。国土研究院（2008）は、防災国土構築のためのGIS活用方案研究（Ⅱ）を通じて、知能型都市防災情報体系として防災業務の先端化・高度化のためのuGIS基盤システム構築の必要性を提示した。

　キム・テユン（김태윤, 2000）は米国・ヨーロッパ・アジアのIT活用を通

した災害対応体系の現況分析を通じて、ITインフラの災害対応体系構築の必要性を提案した。ホン・ジフン（홍지훈, 2008）は国家災害管理の体系化のための情報技術の役割研究を通じて、国家災害管理体系（NDMS）高度化方案を導き出した。韓国情報社会振興院（2009）は現代社会の危機発生と対応実態分析を通じて、新しい安全管理パラダイムに適合したICT基盤の災害管理のための四大戦略を提示した。

## （2）救助・救急

救護救急に関する国内研究では、災害被災者救護対策に関するパク・ヨンス（박연수, 1979）の研究、第一線の公務員に対するアンケート調査を中心にした我が国の災害救護対策に関するキム・グァンソプ（김광섭, 1993）の研究、ソウル地域水害被災者救済活動と水害対策に対するパク・チョラ（박철하, 1999）の研究、効率的災害救護のための政策方案研究、災害救援物資倉庫運営評価および適正設置方案（キム・スングォン（김승권）, 2002）研究、地方政府の被災者救護品伝達体系改善（イ・ジェウォン（이재원）, 2000）研究、GilbertとSpechtの政策分析枠組みを中心にした我が国の被災者救護政策（심성화, 2004）研究、災害・災難管理に対する緊急支援体系（ハン・ドンウ（한동우）他, 2004）研究、そして市民、企業、政府間の統合災害救護システム構築（ソン・キファン（성기환）, 2006）研究などがここに属する（イ・ジェウォン, ヤン・キグン（이재은, 양기근）, 2006）。

## （3）被害調査および復旧支援

自然災害に対する被害調査と復旧支援および監督体系などに関する先行研究は、非常に貧弱なのが実情である。その理由はおそらく、被害調査などの分野が非常に技術的で、政府指針的性格が強いためである。最近の研究ではイ・ジェウォン、ヤン・キグン（2008）の自然災害被害調査および復旧支援・監督体系改善方案に関する研究が挙げられる。研究者は我が国と外国の自然災害による被害調査方法、手続きおよび被害調査組織の比較、外国の被害算定基準と復旧費算定基準関連法律および制度探索と被害復旧費用の便法専用、不良執行、不良監督に対する処罰規定などを比較・分析して、我が国の自然災害被害調査の方法、手続き、組織などと復旧支援および監督システムなどの現況と問

題点、そして改善法案を議論した。イ・ソンギュ（2005）は台風ルーサー（平成14年台風第15号）とマエミー（平成15年台風第14号）など地方政府の風水害事例を中心にした地方政府災害災難管理の改善法案に関する研究で被害額と復旧費算定の問題点と改善方案を提示した。彼は災害の被害合同調査時に被害確認の内容がそのまま反映される被害状況の不変化制度を考案して必要予算が実質的に全額計上されるようにしなければならないことを提案した。

　ペク・ジョンハ（2005）は洪水被害額算定のためのGIS入力データの構築方案研究において、FEMAが製作したHAZUS-MHプログラムをベンチマーキング対象に選定し、データベースの構造をHAZUS-MHの三種類の災害分析モジュールの中で洪水モデルにだけ限定して分析することによって、我が国の災害復旧費用算定基準準備と洪水被害額算定データのプロトタイプなどを提示した。イ・ヨンチョル（2006）は自然災害の原因と管理戦略に関する研究で、米国、日本、韓国の自然災害事例を中心に災害管理段階別災害の主要原因と災害管理上の問題点を比較・分析した後、専門家たちに対するAHPアンケート調査分析を通じて、我が国の災害管理戦略方案を提示している。特に、台風マエミーの事例を通じて復旧段階での問題点として、被災者の受け入れと迅速な災害復旧措置の不十分さ、公共施設復旧の遅延、モラルハザードによる復旧費過多申請、そして専門性欠如による被害調査の不備などを提示した。

# 3. 災害管理システムの問題点分析

　災害管理システムを災害目的別に区分すれば、①過去記録を土台に災害発生時期、震源地、そして予想被害地域などを予測して、関連地域にこれを通知・準備させるための災害予・警報システム②被害が発生した場合、被害地域に対する被害状況を迅速に災害対策本部や関連部署緊急救助センターに伝達し被災者管理、応急措置、第二次あるいは三次の後続被害防止などを迅速に処理するための災害状況処理システム③中央統制本部、関連部署、被害地域住民を連結する緊急通信網を構築し、被災地復旧を支援する災害復旧支援システム④災害復旧完了後、類似災害の再発防止や問題点、および現防災システムの性能分析を通じて再発時の被害最小化を図るための災害評価および事後対策支援システム-に分類することができる。

それにもかかわらず、現在は部署別に災害管理システムが分散構築・運営されていて、類似機能の重複または、分散運営による災害管理の非効果性と組織運営の非効率性が存在する。例をあげると、4大河川事業と同じ大規模河川工事以後の災害予防、および対応の効率化のためには、現在の国土海洋部、環境部、行政安全部、消防防災庁そして地方自治体に分散構築・運営している河川管理システムを、国家河川と中・小規模河川を統合・連係する統合管理システムに転換することが要求される。実際、災害発生形態は複合的様相を帯びているものの、現在は災害類型別単位システムを分散構築・運営することで、総合的な影響分析および適正対応方案の準備に困難が存在している。例を挙げると、日照り・黄砂・高温・山火事などは一連の関連性を持つ複合的な災害様相にもかかわらず、単位システムが個別に構築・運営されており、予防、対応の効率化のためには意志が十分に反映されるよう、災害行政専門機構の地位補強と情報の一貫性維持のための単位システム間連係・融合技術の開発が要求される。

# 4. 知能型・融合型技術基盤統合災害管理システム

　災害予防のために最も重要なのは、災害や事故の危険を減らし、非常時に対処するために潜在的危険を正確に分析・予測することである（UNDP,2007）。災害発生にともなう被害を最小化するためには、予防段階で脆弱性および危険分析を通じた危険要素を除去したり、降雨、水位、流量観測施設および監視カメラ情報の持続的なモニタリング（Monitoring）活動によって管理し、防災施設による被害予測シミュレーションを通じて、地域的特性や産業的特性により発生可能な脆弱性および危険要素を適用し、施設に対する被害を事前に分析して予防活動に適用する。このシステムには、監視カメラのイメージ変換の程度を感知して自動的に災害状況を監視・警報できる機能が搭載されている。監視カメラは各地域の地方自治体が設置、運営し、中央政府はこれらの情報を連係して総合分析する体系を構築している。これらの情報は4,8,16,32個などに分割された画面を市・郡・区別、台風進路、河川流域別に区分表示することができるような機能を実現し、総合分析が可能なようにした。

　統合災害管理システムには地理情報システム（GIS:Geographic Information System）を活用し、災害類型によりマッピング技術（Mapping）を適用する

ことによって被害発生にともなう被害の程度を分析して、影響評価を遂行する。多様な防災、気象、水門、火災、消防情報の効率的分析、および予測を通じて、効率的な災害管理のために必要な自然災害および人的災害のDBを収集、分析して、活用可能な災害情報形態として提供するように情報を表示、および分析する機能を実現した。統合危険も分析システムを開発するために、先に国内外の災害危険度分析の関連研究結果を調査および分析して、これを土台に統合危険度分析の方向を設定し、選ばれた評価方案を満足させるための危険度評価指標を選定し、選ばれた指標に対する加重値決定、評価方法およびシステムにおける算定方案を考慮し、図8と同じように統合危険度を分析した。最近の災害発生形態は複合的様相を帯びており、災害類型別単位システムでは総合的な影響分析および適正対応方案の準備に困難がある。統合災害管理システムは災害危険予測技術とGISが結びついた危険度評価によって、一連の関連性を持つ複合的な災害様相を連係・融合分析する技術を開発した。消防防災庁は効果的な地理情報システム（GIS）の活用のため、関連機関の災害関連データベースを連係する関連機関間の協力体系を構築した。予防段階では中央部署および地方自治体、関連機関などが管理している施設、および施設に対して移動電話やPDAのような携帯用端末機を通じて現場での施設および施設管理業務を遂行できるように自動火器術を適用した。

　対応段階では、迅速な資源の支援と配分が必要である（Kathleen J. Tierney,1985）。そして災害の被害を最小化するための早期警報体系と緊急通信網構築、非常連絡網と通信網整備、および効果的な非常対応活動の確立が含まれる（Bruce B. Clary（1985）。これと共に、予想できない災害にも資源が投入できる特別資源確保方案も用意しなければならない（Zimmerman,1985）。特に応急医療体系にあって病院や災害管理機関との緊密な協力は、災害の人命被害を減少させるに当たって重要な問題である（Kathleen J. Tierney,1985）。災害発生への対応段階では、被害予測プログラムを活用し、危険度を分析・評価して、災害発生の経過に対する予測分析結果を土台に、人的・物的資源を確保・配分する。このため消防防災庁は、災害管理に活用可能な意志決定支援システムを構築して危険度分析評価および待避帯確保などに活用している。意志決定支援システムには、洪水氾濫シミュレーションを通した危険性分析のため河川断面および地形資料をシステムにImport

する機能を実現し、洪水氾濫シミュレーションおよび適用性を検討して、当該モデルを通じて分析されたシミュレーション結果をシステムにImportし、研究者が洪水氾濫被害情報を直接分析できるようにシステムを構築した。

　同時に対国民災害関連広報サービスの提供および行動要領に対する情報を提供する。また、衛星または、航空撮影等を通して災害情報を収集して災害発生を事前に認知し、関連情報を分析・評価した後、関連情報を中央及び地方自治団体、関連機関などに提供する。提供された災害情報を土台に各機関は細部の対応計画を準備する。そして対国民災害情報を提供するためにTV、ラジオ放送を活用して情報を提供するようにする。

　災害現場での情報と状況室での情報を災害管理情報システムと連動するためには、既存の文字中心の入力形態ではなく、イメージ、動画などのマルチメディア形式で入力されてこそより効果的な災害管理を遂行できる。広域帯統合網（BcN:Broadband convergence Network）を構築し、次世代移動通信を活用した高速パケット無線伝送技術、およびIPインフラの移動通信網技術を中心に統合・発展させて、多様な形態のマルチメディア情報を既存移動通信網、インターネット網などと連動させ、高速・高品質での送受信が可能とする。

　災害状況が終息すれば、復旧活動を進める。復旧活動は短期間に復旧できる緊急復旧と中長期間にわたって復旧活動を遂行する予防復旧に区分する。現在保有している人的・物的資源で復旧できる場合は緊急復旧を遂行し、中長期間が必要とされる復旧は復旧計画を策定して、復旧事業者を選定するなどの手続きを実施する。復旧計画は被害評価を実施し、被害額と被害程度を調査し、分析した後、復旧計画を策定する。被害評価に対する結果は、災害地域宣言および支援計画を策定するのに活用する。

　復旧段階は、将来の災害の影響を減少させ、再発を防止する良い機会となり、危機管理の初期段階の災害予防と緩和段階に循環的に連結させるという点を強調することができる。（McLouglin,1985）。災害救護および被害復旧現場でICTを活用した事例としては「サハナ（Sahana）災害管理システム」を紹介できるが、このシステムは失踪者の捜索と追跡（tracing Missing Person）、ボランティアメンバーグループの調整と支援（Coordinating Donor Group）、臨時キャンプおよび待避確認（Recording the Location of Temporary Camps DND Shelters）等に提供された（UNDP,2007）。

消防防災庁は円滑な復旧事業のため、補償協議行政手続き期間を短縮した。今までは、復旧事業と関連した補償業務に対する明確な指針がなく、地方自治体別に業務が推進され補償が遅れる事例がたびたび発生するという問題が提起されていた。補償協議行政手続き（事業施行告示、土地調書作成、補償計画公告・閲覧など）は段階別履行で補償協議期間が長期にわたり必要とされ、補償協議拒絶時の受け入れなど強制執行を推進しなければならないが、第一線の地方自治体では協議補償だけを進めるなど消極的な対応をしていた。その上、一部の自治団体では協議取得による補償協議だけ推進して補償協議命令に応じない時、受け入れ裁決申請ができなかった。これを改善するため、現行法律範囲内で補償協議行政手続きを同時履行して補償協議期間を短縮し、編入土地（支障物など）は協議取得と受け入れ裁決手続きを原則として同時履行するものの、補償協議期間内に未協議となった土地と支障物は、必ず受け入れ裁決手続きを履行するように行政手続きを簡素化した。

# 5. 結論

災害管理の段階別適正対応方案策定と効果的な協力および意志決定を支援するため、本研究では災害情報の共有、分析そして災害危険度評価のための知能型・融合型技術基盤統合災害管理システムを開発した。このシステムには気候、水門、前兆情報モニタリングのための基盤施設、資源管理施設を管理・運営するための機能が含まれ、救護・救急のための情報電波および双方向コミュニケーションのためのWEB GIS基盤システムを共に構築した。本研究で開発されたシステムは、救護・救急支援時の被害地域把握、適時適所に救護物資が支給されるようにする資源管理の情報共有、双方向コミュニケーション、待避、応急復旧を支援するための技術、および資源情報の共有、復旧を支援するための防災情報分析、危険度評価などに活用が可能であると期待される。

（小野田亮　訳）

# 中国の原子力発電安全および
# 中日韓の原子力安全協力

彭 俊*

## 引言

　原子力安全は国家の安全にとって不可欠の重要な構成要素である。同時に全世界の安全と安定に深く影響する。先日発生した福島県の原発事故の教訓は、極めて被害が大きく、原子力安全の重要性と広い影響力を改めて現わした。同時に、福島県の原発事故は「核安全に国境無し」というグローバル性についても説明している。原子力安全はすでに各国上層部の中で、二国間あるいは多国間会議においてますます関心を払われる議題となっている。

　本文では、中国の原子力発電発展の現状および現在の原子力安全監督の状況

* 彭俊，中国環境保護部国際司核安全国際合作処副処長。1997年、清華大学工程物理系核反応堆工程・安全修士取得。1997年–1998年、国家核安全局電処助理項目官員。1998年–2000年、国家環保総局弁公庁秘書処秘書。2000年–2005年、国家核安全局核電処項目官員。2005年–2010年、中国常駐国際原子力エネルギー機構代表団第二秘書。2010年より現職、主に核安全国際協力事務を担当。

を簡単に振り返り、さらに福島県の原発事故発生後に中国が採った対応措置および現在行っている活動を紹介する。同時に福島県の事故がもたらした影響および重点的に研究が必要な問題に対して検討をおこなう。また本文最後で、中日韓三ヶ国の原子力安全協力についての回顧と展望をおこなう。

# 1. 中国の原子力発電の現状

　中国経済はめざましい発展を続けており、世界経済の成長に大きな貢献をはたしている。同時にエネルギーの需要も膨大で、現在は世界第二位のエネルギー消費国である。よって中国のエネルギーや資源の節約推進における原子力エネルギーの発展は、エネルギー構造を改善し、温室効果ガス排出を減少させ、気候変化に重要な意義を持つ。

　現在までに、中国はすでに15基の原子力発電施設を運用し、28基を建設中である。主に浙江省秦山・広東省大亜湾・江蘇省田湾の三カ所の原子力発電基地に分布している。目下運用中の原子力発電施設の管理水準は絶えず高まっており、全体の安全水準も良好である。原子力発電施設建設おける品質は管理された状態に置かれている。2009年の原子力発電装置の比率は1.03％である。2012年には中国において運用と建設中の原子力発電装置は50数基となり、2020年には100基以上に達する見込みであり、原子力発電装置の比率は4％まで上昇する。中国は自らの中に取込むという基礎に立ち、固有の知的財産権を持つ原子力発電メーカーを作り、同時に原子力発電の人材を養成し、原子力発電の重要な鍵となる装置の国産化を押し進める。またノウハウを得ることで、原子力発電施設の建設と技術装置・人材育成と核安全監督管理能力を互いに適応させていく。

# 2. 中国の原子力安全監督状況

　原子力の安全は原子力発電発展の生命線であり、人々の生命財産と社会安定は原子力発電の成否に関わっている。中国政府の一貫して責任を負うという態度に基づいて、原子力安全を非常に重視し、終始「安全第一」を原子力発電施設建設のトップに据えている。原子力の安全を確保するために、中国政府は

原子力発電が開始された当初から、発展部門とは完全に独立した専門部署の原子力安全監督管理機構–国家核安全局を設立した。全国の民間用原子力施設に対して統一的な監督を実施し、原子力安全監督権を独立行使する。中国の原子力安全監督管理業務は20数年の努力を経て、無から有へと徐々に発展し、中国の情勢と国際水準に合致した原子力安全監督管理機構制度をさしあたって設立・実施した。そして許可制度を実施し、全過程の管理をおこなっている。

中国の法律では、中国国家核安全局が技術審査・技術検査・行政許可・現場監督・司法執行・環境監督などの方法を通じて、許可証保有者に対して原子力安全活動の監督管理を実施する権限を認めている。そして安全責任と法に拠った安全に関する活動を担うのである。20数年におよぶ努力を通じて、中国はすでに包括的な法律・行政法規・部門規則・遵守すべき規律・安全基準と技術参考書など様々な階層で原子力と輻射の安全法規標準体系を造り上げ、原子力エネルギー発展のために堅固な基礎を打ち立てた。

中国の原子力発電事業の開始は遅かったが、ひとたび開始されると国際規準に則り原子力発電施設を建設した。アメリカのスリーマイル島原発事故と旧ソ連のチェルノブイリ原発事故の経験と教訓のもとに、中国の原子力安全法規は主として国際原子力機構の規準を参考として、国際原子力安全の良好な実践を取り入れている。

中国政府は原子力安全を重視しており、国際慣例に基づき民間用原子力施設に対して独立した審査と監督を実施している。原子力発電所の建造過程・（燃料の）装填と運行の過程すべてに厳格な許可制度を採用しており、国家核安全局は原子力発電所に厳格な通常監督をおこなっている。旧ソ連のチェルノブイリ原発事故以後、適宜、国際上の新たな原子力安全文化理念を取り入れ、各核施設に強く提唱と推進をおこなっている。

次世代原子力発電に対する現代社会の要求に応えるために、中国政府は原子力エネルギー開発過程において、メルトダウンと放射性物質放出の可能性の危険をより低減させ、重大事故の発生率を減少させ、より放射性廃棄物の排出量を減少させ、より良い核廃棄物処理方法を探し求め、人々と環境に対する放射性の影響を減少させる、ことが求められている。そのために中国は、国際的な安全をつくり、完成された第二世代原子力発電技術の基礎に立ち、すでに世界の最先端である第三世代原子力発電技術を導入・収集し、さらに改良・開発を

おこなっている。同時に固有の安全水準でより高い第四世代原子力発電技術の研究と試験をおこなっている。

　現在、中国の原子力エネルギーは安定した発展をしており、危険の可能性を安全にコントロールできる状態においている。人々の安全な文化は明らかに強化され、発電所の安全業績も顕著に増えている。これらの業績は監督管理により得た明確で顕著な効果を示しており、我が国の原子力安全管理監督体系と制度設置が科学的で合理的であることを証明している。この安全監督管理の独立性と権威性は十分に保障されている。

　中国国家核安全局本部は現在70名の人員がいる。華北・西北・東北・西南・華南・華東の6地域の監督所は331人の人員で編成され、原子力と輻射安全センターは600人からなる（現在徐々に配置されている）。その他の技術支援部門は北京核安全審評センター・蘇州核安全センター・核設備安全と信頼性センター・輻射監督測定センターの約260名を含む。これ以外に110名の専門家で構成された専門家委員会が我々に専門支援を提供してくれる。福島県の事故発生後、中国政府が採った措置は、より原子力安全監督管理機構を強化し、まず人員・資源の面から十分な保障をあたえ、原子力安全監督管理能力をさらに高めた。

# 3. 福島県の原発事故後の中国の対応措置

　福島県の原発事故発生以後、中国政府はこれを非常に重視し、系統立ち、断固とした・有効な・効果的な措置を採用し、すぐさま応対した。3月11日以来、環境保護部（国家核安全局）は主に以下の活動をおこなっている。

　（1）各種のルートを通じて今回の事故に関する情報収集に力を注ぎ、事態の進展を注視し、日本原子力安全・保安院に定期的に電話で最新の情報を確認する。事故の最新の進展状況の把握によって、入手した情報に分析と研究、判断をおこなう。さらに、これに基づき対応のための意見と建議をおこない、中国政府が適切な対応政策を決定するための根拠と支援を提供する。

　（2）国内で運行されている原子力発電所に今回の地震と津波によって起こりえる影響の注視と防止を迅速に求めた。また運転管理をより確かなものとし、安全で安定した運行を確保した。

（3）全国輻射環境管理観測ネットワークを全て起動させ、厳格に監督観測をおこなった。

（4）人々に対して大々的にアナウンスをおこなった。最初の段階では把握している事故の状況と環境監督観測情報を公表し、人々の知情権を保証した。同時に専門家を組織して、原子力発電および核安全基礎知識の解釈と説明を広くおこない、人々の誤解・心配、恐れを取除く事ですばらしい効果を得た。

## 4. 中国が目下おこなっている活動

福島県の原発事故は強烈に原子力安全の重要性と緊迫性を突き付けた。中国の原子力発電の安定・健全・安全な発展を保つために、中国側は以下の項目を確実におこなっている。

（1）原子力施設の日常監督管理に対する適切な強化

（2）建設中の原子力発電施設に対する全面的な安全再審査

（3）新たな原子力発電項目の厳格な審査、批准

（4）運行中の原子力施設に対して全面的な安全検査の実施。全面的で細部にわたる安全検査を通じて、まだ表面化していない危険を確実に取除く。また福島原発事故における耐震・津波対策・応急電源装備・水素爆発など経験と教訓を参考として、積極的に関連する対策を整理改善する。それによって安全水準を改め高める。

（5）直ちに原子力安全計画を編成し、完全な原子力発電発展中長期計画を整備する。原子力安全計画批准の前に、暫定的に新たな原子力発電項目を審査批准する。これは業務開始前の項目も含む。

（6）原子力安全監督管理の機構部門・法規水準・技術能力の三大方面から業務に着手する。

## 5. 福島原発事故の影響および重点研究の必要性の問題

福島の事故は未だ収束しておらず、我々が把握している情報は非常に限定的である。しかし、全体的に見て、今回の事故の結果はかなり深刻であり、教訓はとても深く刻まれている。まず結果から見ると、ただ放射性物質が漏れた事

により重大な放射能問題を引き起こしただけでなく、経済に大きな損失を与えた。さらに重要な事は、原子力発電に関わる人々の受容性に影響を受け、一般の人々が原子力発電開発の安全性に疑念を抱いたことである。教訓の面から考えると、今回の事故は各方面の問題を露呈させた。これらの問題は、あるものは技術面の、あるものは管理面の、またあるものはどうする事も出来ない自然災害がもたらしたものである。今後、重点を置くべきは以下の方面の検討と研究を深め、対策を模索することである。

第一は、安全規準をさらに高め、全体的に有効に執行することについての問題。福島の原発事故は、人類社会の自然災害に対する認識が依然として限定的であることを映し出している。原発事故の結果の深刻性から鑑みるに、原子力発電所の設備防衛規準をもう一段階高める必要がある。とりわけ自然災害・テロリズムなど外部要因に対しての設備防衛規準である。これと同時に各項目の安全規準が全面的に有効に執行される事が保証される必要がある。

第二は、より緊急対応機能を改善し緊急対応能力を高める事についての問題。緊急機能とは国内の緊急対応機能だけでなく、国際緊急対応機能をも含む。福島原発事故から見出せることは、一国の出来事がその他の国家にも影響を与える。原子力事故において、対処する者を当事者国家が動員するだけでなく、同時に関係各国も動員する共同対応が必要である。

第三は、より強化された原子力安全監督管理機構設立についての問題。原子力安全監督管理機構は完全な独立性・権威性・有効性が備わっており、大規模な技術集団・堅実な技術の基礎と十分な資源の保証を有するべきである。緊急状況下で正確な政策決定を下し科学的で合理的な行動をとることを確実に保証するためである。

第四は、情報公開と公共アナウンスをより広めることについての問題。誤解と疑惑が社会問題を引き起こし、人々の原子力発電会社の受容性に対する問題を避けるために、早急な情報公開が必要であり、確実にアナウンスを行い、原子力事故の情報をすぐさま公表、共有することで、社会混乱が起こる事を避ける。同時に、確実に公共に科学の普及宣伝をより広める事で、人々の原子力発電に対する正確な認識と理解を促す。

第五は、国際協力をより一層強化し、経験と能力をしっかりと共有することについての問題。原子力安全に国境はなく、城門失火すれば殃は池魚に及び

（思わぬ巻き添えをくらう）、人々は様々な事が上手くおこなえず、皆な不便を被る。原子力安全におけるこの大家族では、いかなる国家も独り善がりではいけない。よって、各国の原子力安全監督管理機構間の経験と能力の共有、相互援助、相互支援、共同研鑽、共同発展を大いに提唱していく必要がある。

# 6. 中日韓の核安全協力

　中国、日本、韓国の三ヶ国はみな原子力エネルギー利用大国である。それぞれ数十基の原子力発電施設を保有し、世界の原子力安全に関する様々な事柄で重要な影響と役割を果たしている。また三ヶ国は原子力安全領域において長期間良好な協力を続けている。2008より、中日韓三ヶ国の原子力安全監督管理機構の間で原子力安全上級規制者会合の制度を設立し、すでに三回、原子力安全上級規制者会合が開催された。これにより北東アジア地域で整備された原子力安全協力機構と情報交換のプラットフォームを作り、共同で当該地域の原子力安全協力を推進するために積極的に力を注ぎ、重要な役割を果たす、とした。中日韓原子力安全上級規制者会合は毎年一回開催され、各国の原子力安全監督管理機構が輪番で主催する。2010年11月、中国環境保護部（国家核安全局）は北京に於いて第三回原子力安全上級規制者会合を主催した。

　中日韓三ヶ国の原子力安全領域の主要な内容は以下の通りである。三ヶ国の核安全監督管理実践・各国の原子力発電所運行状況・原子力発電所での出来事の報告および運行経験のフィードバック・原子力安全関連法案規準の改定など原子力安全情報の交流、技術員の交換・相互交流など、である。この基礎に依りRCOP1で経験のフィードバック項目を行い、RCOP2で試験片の損傷検査・欠陥評定・政策項目の維持修正を行い、協力機構内の作業方針を決定する。

　中日韓の三ヶ国は現在、アジア地域ひいては世界の中で原子力発電事業発展が速い国家である。同時に隣国でもあり、三ヶ国の核安全協力を緊密にすることは人々の共通の願いであり共通の利益の所在でもある。福島の原発事故以後、三ヶ国は自然災害時の原子力発電安全の措置について十分な討論を重ね、原発事故防止のための効果的な実践を十分に共有し、人々に対するアナウンスと情報公開をより広め、人々の信用と信頼を増すべきである。

# 結び

福島県の原発事故は凶事ではあるが、ある意義から述べれば、これは一種の財産である。それは世界の原子力産業界の財産である。この事故は我々に得難い機会を与えた。心を落ち着け真剣に回顧と思案をおこない、弱連結を発見しこれを補うのである。これは得難い案件である。我々は福島の原発事故について真剣に、詳細に分析評価をおこなう必要がある。その後、これらの経験や教訓から得られたことにより、我々の業務を推進し改善していくのである。

（二宮聡　訳）

# 原子力発電所の安全性確保と
# 今後の国際協力について

森田裕二*

## はじめに

2011年3月11日に発生した東北地方太平洋沖地震と、この地震が引き起こした津波は、我が国の東北地方を中心に甚大な被害をもたらした。地震の規模はマグニチュード9.0、世界でも20世紀初頭からの110年で4番目の規模であり、津波の遡上高は40.5mと国内観測史上最大であった。10月3日現在の死者は1万5,821人、行方不明者は3,962人にのぼり、全壊した建物は102,886

* 森田裕二，昭和26年生まれ。昭和49年京都大学理学部有機合成化学学科卒業。主な経歴（平成23年9月現在まで）：昭和49年4月共同石油㈱（㈱ジャパンエナジー、現JX日鉱日石エネルギー㈱）入社、昭和59年4月~昭和61年3月 （財）日本エネルギー経済研究所出向、平成9年4月㈱ジャパンエナジー企画部主席参事、平成10年7月（財）日本エネルギー経済研究所、政策予研究グループ専門研究員、平成12年6月第二研究部石油グループマネージャー、平成17年4月計量分析ユニットユニット総括研究主幹、平成18年4月計量分析ユニットユニット総括研究理事、平成23年7月石油・ガスユニットユニット担任研究理事現在に至る

戸、半壊は58,515戸、電力、ガス、水道をはじめ鉄道、道路などのライフライン・インフラも大きな損傷を受けた。このため、一時は39万人近い人々が避難・転居を強いられ、現在も73,000人以上が避難生活を続けている。

　この津波は福島県にある東京電力の2つの原子力発電所を襲い、福島第一原子力発電所では大規模かつ長期にわたる原子力事故が発生した。原子炉からは大気中に放射性物質が放出され、総放出量はINES評価（国際原子力・放射線事象評価尺度）で1986年4月のチェルノブイリ発電所事故と同じ「レベル7」に相当する値となった。

　この事故は、大規模な津波の襲来に対する想定と対応が十分に行われていなかったところに起因しており、自然災害を契機に発生したこと、複数の原子炉の事故が同時に引き起こされ、核燃料のメルトダウン、原子炉圧力容器や格納容器の損傷という過酷事故に至ったことなど、1979年3月の米国スリーマイルアイランド発電所事故やチェルノブイリ発電所事故とは様相の異なる点が多い。

　以下、事故の発生の経緯とその原因、今後の安全対策について、現在までに公表されている報告書等をもとに概説する。

# 1. 事故の経緯

　日本時間2011年3月11日14時46分、三陸沖約130kmの海域でマグニチュード9.0の地震が発生した。震源は北緯38.1度、東経142.9度、深さ23.7kmで、日本海溝沿いに太平洋プレートが北アメリカプレートの下に沈み込む領域で発生した。その後7波にわたって東北地方に津波が襲来し、全浸水面積は561km2に及んだ。

　東京電力株式会社の福島第一原子力発電所は、福島県双葉郡大熊町と双葉町に位置し、沸騰水型軽水炉（BWR）が1号機から6号機まで6基設置されている。総発電容量は469.6万kWである（表-1）。第一原子力発電所から約12km南の福島県双葉郡楢葉町と富岡町にまたがる地域には福島第二原子力発電所があり、沸騰水型軽水炉が1号機から4号機まで4基設置されている。総発電容量は440万kWである（表-2）。

　地震発生前、福島第一原子力発電所では1号機、2号機、3号機が定格出力

運転中であり、4号機、5号機及び6号機は定期検査中であった。このうち、4号機については、原子炉圧力容器の中にあった核燃料は全て使用済燃料プールに移送された状態にあった。一方、福島第二原子力発電所では、1号機から4号機までの全てが定格出力で運転中であった。

| | 1号機 | 2号機 | 3号機 | 4号機 | 5号機 | 6号機 |
|---|---|---|---|---|---|---|
| 原子炉形式 | BWR-3 | BWR-4 | BWR-4 | BWR-4 | BWR-4 | BWR-5 |
| 主契約者 | GE | GE・東芝 | 東芝 | 日立 | 東芝 | GE・東芝 |
| 格納容器形式 | Mark-1 | Mark-1 | Mark-1 | Mark-1 | Mark-1 | Mark-2 |
| 炉心燃料集合体数(本) | 400 | 548 | | | | 764 |
| 建設着工 | 1967年9月 | 1969年5月 | 1970年10月 | 1972年9月 | 1971年12月 | 1973年5月 |
| 営業運転開始 | 1971年3月 | 1974年7月 | 1976年3月 | 1978年10月 | 1978年4月 | 1979年10月 |
| 電気出力(千kW) | 460 | 784 | | | | 1100 |
| 非常用ディーゼル発電機 | 2 | 2 | 2 | 2 | 2 | 3* |
| 3月11日時点におけるプラントの状態 | 運転中 | 運転中 | 運転中 | 燃料交換停止 | 燃料交換停止 | 燃料交換停止 |

表-1 福島第一原子力発電所 設備の概要

| | 1号機 | 2号機 | 3号機 | 4号機 |
|---|---|---|---|---|
| 原子炉形式 | BWR-5 | BWR-5 | BWR-5 | BWR-5 |
| 主契約者 | 東芝 | 日立 | 東芝 | 日立 |
| 格納容器形式 | Mark-2 | Mark-2改良 | Mark-2改良 | Mark-2改良 |
| 炉心燃料集合体数(本) | 764 | | | |
| 建設着工 | 1975年11月 | 1979年2月 | 1980年12月 | 1980年12月 |
| 営業運転開始 | 1982年4月 | 1984年2月 | 1985年6月 | 1987年8月 |
| 電気出力(千kW) | 1100 | | | |
| 非常用ディーゼル発電機 | 3 | 3 | 3 | 3 |
| 3月11日時点におけるプラントの状態 | 運転中 | 運転中 | 運転中 | 運転中 |

表-2 福島第二原子力発電所 設備の概要

## (1) 地震の発生

福島第一原子力発電所には計6回線の外部電源が接続されていたが、地震によって遮断器等が損傷を受け、送電鉄塔も倒壊したことから外部電源による受電が全て停止した。地震発生直後の大きな地震加速度を受けて原子炉が緊急停止(スクラム)し、14時47分に制御棒が挿入されたことにより、全ての原子炉が正常に自動停止した。外部電源は喪失したものの、非常用発電機が正常に

自動起動し、電源は確保されていた。運転員は、定められた手順に沿った冷却動作に入っていた。

　福島第二原子力発電所も、全号機が地震により自動停止した。外部電源は、点検作業中のため停止していた1回線を除く3回線が接続されていたが、地震による断路器碍子破損や避雷器損傷により2回線が停止した。ただ、残る1回線の外部電源の接続が維持されたことから、非常用機器への電源は確保された。また、停止した回線は、3月12日13時以降、順次復旧した。

## （2）津波の襲来

### ① 福島第二原子力発電所

　福島第二原子力発電所には、地震発生後37分が経過した15時23分頃に最初の大きな波が、15時35分頃に次の大きな波が到達した。津波の浸水高は6.5~7mに達し、この津波によって、補機冷却用 の海水ポンプ施設は3号機を除く全てが冠水して機能を停止した。原子炉建屋地下2階に設置されていた非常用ディーゼル発電機各3台は、3号機の2台及び4号機の1台の発電機が機能を確保したが、1号機、2号機の発電機は停止した。

　1号機、2号機、4号機は、その後、圧力抑制室（S/C、Suppression Chamber）の温度が100℃以上となり、原子炉の圧力抑制機能が喪失したが、外部電源が確保されており、電源盤、直流電源等が水没を免れていたことから、復旧作業により除熱機能が回復した。1号機については3月14日17時00分、2号機については同日18時00分、4号機については3月15日7時15分に、原子炉冷却材の温度が100℃未満の冷温停止となった。3号機については、原子炉除熱機能が喪失等に至ることなく維持されたことから、3月12日12時15分には冷温停止した 。

### ② 福島第一原子力発電所

　一方、福島第一原子力発電所には、地震発生後41分が経過した15時27分頃に最初の大きな波が、15時35分頃に次の大きな波が到達した。津波の高さは福島第二原子力発電所を上回る14~15mに達し、全号機の補機冷却用海水ポンプ施設が冠水して機能を停止した。これに加え、1~5号機のコントロール建屋やタービン建屋の1階、地下階に設置されていた非常用ディーゼル発電機及び配電盤が冠水した。6号機については、3台ある非常用発電機のうちディー

ゼル発電機建屋1階に設置されていた1台のみ機能を喪失せず、非常用電源の供給が可能であった。

　冷却動作に入っていた福島第一原子力発電所では、この津波により6号機の1台を除き全交流電源が喪失した。電源の喪失によりパラメータ情報の確認ができなくなったほか、停止時冷却系（SHC、Shut Down Cooling System）が使用できず、原子炉の崩壊熱を除去することができない状態となった。運転員は過酷事故（シビア・アクシデント）手順書に従い、緊急に電源を確保する試みを行ったが、結局、電源を確保することはできなかった。

　この結果、蒸気を利用した1号機の非常用復水器（IC、Isolation Condenser）、2号機の原子炉隔離時冷却系（RCIC、Reactor Core Isolation Cooling system）、3号機の原子炉隔離時冷却系と高圧注水系（HPCI、High Pressure Coolant Injection System）の作動が行われたものの、これらを除いては非常用冷却機能が全て喪失した。

　その後、交流電源を用いないこれらの炉心冷却機能も停止したことから、ディーゼル駆動の消火ポンプや消防車を利用した、消火系ラインによる淡水、海水の代替注水による冷却に切り替えられた。併せて電源車を利用した電源の復旧も進められ、3月13日には6号機から5号機への電力融通が開始された。

　注入された水は核燃料から気化熱を奪い原子炉圧力容器（RPV、Reactor Pressure Vessel）内で水蒸気になるため、原子炉圧力容器の内圧が上昇する。この水蒸気は、安全弁を通して格納容器（PCV、Primary Containment Vessel）内に漏出する。この結果、1号機~3号機では徐々に格納容器の内圧が上昇した。格納容器が圧力により破損することを防ぐ目的から、圧力抑制室の気相部から排気筒を通じ格納容器内部の気体を大気中に逃す格納容器ウェットウェルベントが数回にわたって行われた。

　ただ、1号機~3号機は、原子炉圧力容器への注水ができない事態が一定時間継続したため、炉心の核燃料が水で覆われずに露出し炉心溶融に至った。

| | 1号機 | 2号機 | 3号機 |
|---|---|---|---|
| 3月11日 | 14:46：外部電源喪失、非常用ディーゼル発電機起動<br>14:52：非常用復水器起動<br>15:37：全交流電源喪失<br>17:00頃：燃料が露出し、その後、炉心溶融が開始 | 14:47：外部電源喪失、非常用ディーゼル発電機起動<br>14:50：RCIC（原子炉隔離時冷却系）起動<br>15:41：全交流電源喪失 | 14:47：外部電源喪失、非常用ディーゼル発電機起動<br>15:05：RCIC起動<br>15:41：全交流電源喪失 |
| 3月12日 | 05:46：消火系から淡水注入を開始<br>注水は、約14時間9分にわたり停止したとみられる<br>15:36：原子炉建屋で水素爆発 | | 11:36：RCIC停止<br>12:35：HPCI（高圧注水系）起動 |
| 3月13日 | | | 02:42：HPCI停止<br>08:00頃：燃料が露出し、その後、炉心溶融が開始<br>09:25：消火系統から淡水注入を開始<br>注水は、約6時間43分にわたり停止したとみられる |
| 3月14日 | | 13:25：RCIC停止<br>18:00頃：燃料が露出し、その後、炉心溶融が開始<br>19:54：消火系から海水注入開始<br>注水は、約6時間29分にわたり停止したとみられる | 11:01：原子炉建屋で水素爆発 |
| 3月15日 | | 06:00頃：格納容器の圧力抑制室付近で爆発音 | |

表-3　各号機の炉心の状態

　燃料棒被覆管の損傷に伴い、使用されているジルコニウムと水蒸気との化学反応により大量の水素が発生するとともに、燃料棒内の放射性物質が原子炉圧力容器内に放出された。原子炉圧力容器を減圧する操作の過程で、これらの水素や放射性物質は格納容器内に放出された。

　1号機と3号機では、格納容器ウェットウェルベント後に、格納容器から漏えいした水素が原因と思われる爆発が原子炉建屋上部で発生し、それぞれの原子炉建屋のオペレーションフロアが破壊された。これによって大量の放射性物質が大気中に放散された。

　続いて、定期検査のため炉心燃料がすべて使用済み燃料プールに移動されていた4号機においても、原子炉建屋で水素が原因とみられる爆発があり、原子炉建屋の上部が破壊された。また、2号機では格納容器の圧力抑制室付近と推定される場所で水素爆発が発生し、格納容器に破損が生じたとみられる。

　電源の喪失によって1号機から4号機の各号機の使用済み燃料プール水の冷却が停止したため、使用済み燃料の発熱により水が蒸発し、水位が低下を続けた。このため、当初は自衛隊、消防や警察のヘリコプターや放水車を用いて使用済み燃料プールへの注水が進められた。最終的にはコンクリートポンプ車を確保し、海水、後には、近くの貯水池の水など淡水の注水が行われた。

# 2. 事故の原因と当面の対策

## （1）福島第一原子力発電所

　福島第一原子力発電所の敷地高さは1~4号機がO.P.（小名浜港工事基準面、即ち海水面）+10m、5号機及び6号機はO.P.+13mである。発電所設置許可上の設計津波水位は、チリ地震（1960年5月22日、マグニチュード9.5）を対象波源とし、O.P.+3.1mとされていた。その後、2002年に土木学会が実施した「原子力発電所の津波評価技術」に基づく評価で、各号機の水位はO.P.+5.4mからO.P.+5.7mとされたことから、東京電力は6号機の海水ポンプ取り付け高さのかさ上げを行なうなど、O.P.+5.7mを基準とした対策を行っていた。しかし、津波は、O.P.からの高さである浸水高が14~15mに達し、主要建屋設置敷地のほぼ全域が冠水した。

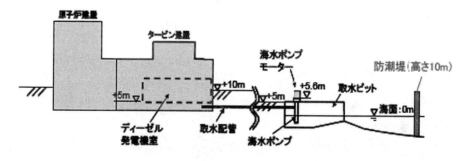

図-1　福島第一原子力発電所1号機の概要

　津波によって、高さ5.6~6mに設置された補機冷却用海水ポンプ施設は全号機が冠水した。また、原子炉建屋やタービン建屋の地下階（高さ0m~5.8m）に設置されている非常用ディーゼル発電機及び配電盤の多くが被害を受け、非常用電源の供給が失われた。

## （2）福島第二原子力発電所

　一方、敷地高さがO.P.+12mである福島第二原子力発電所は、設計時における津波高さが3.1~3.7mとされていた。また2002年の土木学会の評価では最高水位が5.1~5.2mとされた。津波の浸水高は6.5~7mに達したが、主要な建

屋の設置敷地では、1号機、2号機の建屋周辺及び3号機の建屋南側の浸水に
留まったことから、福島第一原子力発電所と比較すると津波による被害は少な
かった。

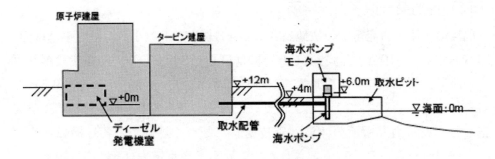

図-2　福島第二原子力発電所の概要

## （3）事故の原因と政府の緊急安全対策

　2011年3月30日、原子力安全・保安院は、巨大地震に付随した津波が事故
の拡大をもたらし、災害規模を大きくした直接的要因と考えられるとした。そ
して、事故に至った理由として以下の点を挙げている。

　（1）所外電源の喪失とともに、緊急時の電源が確保できなかったこと

　（2）原子炉停止後の炉心からの熱を最終的に海中に放出する海水系施設、も
しくはその機能が喪失したこと

　（3）使用済み燃料貯蔵プールの冷却やプールへの通常の所内水供給が停止し
た際に、機動的に冷却水の供給ができなかったこと

　このため、緊急安全対策として、仮に津波により上記の（1）全交流電源（2）
海水冷却機能（3）使用済み燃料貯蔵プールの冷却機能の3つの機能を全て喪
失したとしても、炉心損傷や使用済み燃料の損傷を防止し、放射性物質の放出
を抑制しつつ冷却機能の回復を図ることが出来るよう、以下の6項目について
概ね1カ月以内の対応を求めた（表-4）。

| フェーズ | 緊急安全対策<br>短期 | 抜本対策<br>中長期 |
|---|---|---|
| 完了見込み時期 | 1ヶ月目途<br>(4月中旬頃) | 事故調査委員会等の議論に応じて決定 |
| 目標<br>（要求水準） | 津波により①全交流電源、②海水冷却機能、③使用済燃料貯蔵プール冷却機能を喪失したとしても炉心損傷、使用済み燃料損傷の発生を防止 | 今回の災害をもたらした津波を踏まえて設定される「想定すべき津波高さ」を考慮した災害の発生を防止 |
| 具体的対策の例 | 【設備の確保】<br>・電源車の配備 原子炉や使用済み燃料プールの冷却用）<br>・消防車の配備 冷却水を供給するためのもの）<br>・消火ホースの配備 淡水タンクまたは海水ピット等からの給水経路を確保するためのもの） 等<br>【手順書等の整備】<br>・上記の設備を利用した緊急対応の実施手順を整備<br>【対応する訓練】<br>・実施手順書に基づいた緊急対策の訓練を実施 | 【設備の確保】<br>・防潮堤の設置<br>・水密扉の設置<br>・その他必要な設備面での対応<br>※以下順次設備面での改善を実施すること 例:空冷式ディーゼル発電機、海水ポンプ電動機予備品の確保等）<br>【手順書の整備】<br>【対応する訓練】 |
| 保安院の確認等 | ・緊急安全対策の実効性を担保する省令の改正、同対策を盛り込んだ保安規定の認可<br>・緊急安全対策の実施状況に対して検査等で厳格に確認 | |
| 事業者の対応 | ・設備については、現在、鋭意調達中。配置場所も確保中）<br>・今回の事故を踏まえて手順書を新規に作成し、訓練を実施。<br>・緊急安全対策確認後も継続的な改善に取り組み、その信頼性向上を図る。 | |

表4　福島第一原子力発電所事故を踏まえた対策

① 緊急点検の実施: 津波に起因する緊急時対応のための機器、設備の緊急点検の実施

② 緊急時対応計画の点検と訓練の実施: 全交流電源喪失、海水冷却機能喪失及び使用済み燃料貯蔵プールの冷却機能喪失を想定した緊急時対応計画の点検と訓練の実施

③ 緊急時の電源確保: 所内電源が喪失し、緊急時電源が確保できない場合に、必要な電力を機動的に供給する代替電源の確保

④ 緊急時の最終的な除熱機能の確保: 海水系施設、もしくはその機能が喪失した場合を想定した、機動的な除熱機能の復旧対策の準備

⑤ 緊急時の使用済み燃料貯蔵プールの冷却確保: 使用済み燃料貯蔵プールの冷却やプールへの通常の所内水供給が停止した際に、機動的に冷却水を供給する対策の実施

⑥ 各サイトにおける構造等を踏まえた当面必要となる対応策の実施

原子力安全・保安院は5月6日、これらの実施状況について各電気事業者からの報告を受け、適切に実施されたことを確認した。

## （4）事故収束に向けたロードマップ

福島第一原子力発電所の事故の収束に向けて、東京電力は2011年4月17日、「当面の取り組みのロードマップ」を策定した（表-5）。原子炉および使

用済み燃料プールの安定的冷却状態を確立し、放射性物質の放出を抑制することを基本的考え方とし、「放射線量が着実に減少傾向となっていること」を「ステップ1」、「放射性物質の放出が管理され、放射線量が大幅に抑えられていること」を「ステップ2」とする2つの目標が設定された。目標達成時期について、「ステップ1」は3カ月程度、「ステップ2」はステップ1終了後の3~6カ月程度を目安とした。「ステップ2」の達成に最も重要な課題となる原子炉の冷温停止の条件については（1）圧力容器底部の温度がおおむね100℃以下（2）新たに放出される放射性物質による敷地境界での被曝（ひばく）が年間1mSv（ミリシーベルト）以下と定義した。

| 分野 | 課題 | 目標と対策 | |
| --- | --- | --- | --- |
| | | ステップ1 | ステップ2 |
| Ⅰ 冷却 | （1）原子炉の冷却 | ① 安定的に冷却できている<br>・窒素充填<br>・燃料域上部まで水で満たす<br>・熱交換機能の検討 実施<br>②（2号機）格納容器が密閉できるまでは、滞留水の増加を抑制しつつ冷却する | ③ 冷温停止状態とする（号機ごとの状況に応じて十分に冷却されている）<br>・ステップ1での諸対策を維持・強化 |
| | （2）使用済燃料プールの冷却 | ④ 安定的に冷却できている<br>・注入操作の信頼性向上<br>・循環冷却システムの復旧<br>・（4号機）支持構造物の設置 | ⑤ プールの水位が維持され、より安定的に冷却できている<br>・注入操作の遠隔操作<br>・熱交換機能の検討・実施 |
| Ⅱ 抑制 | （3）放射性物質で汚染された水（滞留水）の閉じ込め、保管・処理・再利用 | ⑥ 放射線レベルが高い水を敷地外に流出しないよう、十分な保管場所を確保する<br>・保管/処理施設の設置<br>⑦ 放射線レベルが低い水を保管 処理する<br>・保管施設の設置/除染処理 | ⑧ 汚染水全体の量を減少させていく<br>・保管/処理施設の拡充<br>・除染/塩分処理（再利用）等 |
| | （4）大気・土壌での放射性物質の抑制 | ⑨ 建屋/敷地にある放射性物質の飛散を防止する<br>・飛散防止剤の散布<br>・瓦礫の撤去<br>・原子炉建屋カバーの設置 | ⑩ 建屋全体を覆う（応急措置として） |
| Ⅲ モニタリング・除染 | （5）避難指示/計画的避難/緊急時避難準備区域の放射線量の測定・低減・公表 | ⑪ モニタリングを拡大 充実し、はやく正しくお知らせする<br>・モニタリング方法の検討 着手<br>（注）避難指示/計画的避難/緊急時避難準備区域での放射線量のモニタリングや低減策については、国と十分に連携かつ県・市町村に十分にご相談しながら、当社としてできる限りの対策を進めたい。 | ⑫ 避難指示/計画的避難/緊急時避難準備区域の放射線量を十分に低減する |

表5　当面の取組みのロードマップ

　事故からほぼ3カ月が経過した7月19日、政府の原子力災害対策本部は、放射線量が着実に減少傾向となる「ステップ1」についてほぼ達成されたとの見解を発表した。さらに、東京電力は9月28日、福島第一原子力発電所2号機の原子炉圧力容器底部の温度が午後5時の測定で99.4℃となり、事故後初め

て100℃を下回ったと発表した。1号機、3号機は、それぞれ78℃、79℃と既に70℃台に低下しており、炉心溶融を起こした1~3号機のすべてが100℃を下回った。敷地境界の放射線量も0.4mSvに下がっており、事故から約6カ月半を経て、数字の上では「冷温停止状態」の重要な条件が満たされた。

## （5）他の原子力発電所への対応

福島第一原子力発電所の事故を受けて、他の地域の原子力発電所についても、地元の自治体ならびに周辺住民の不安が高まった。5月6日、政府は中部電力株式会社に対し、今後予想される地震により大規模な津波が引き起こされる可能性が高いことから、政府の中長期的対策が完了するまでの間、浜岡原子力発電所の全ての号機の運転を停止するよう要請した。

更に政府は7月11日、ストレステストを参考にした安全評価を実施することを決定した。評価は「一次評価」と「二次評価」に分かれており、「一次評価」は定期検査中で起動準備の整った原子力発電所について、運転の再開の可否について判断するために実施する。安全上重要な施設・機器等が設計上の想定を越える事象に対し、どの程度の安全裕度（耐力）を有するかの評価を、許容値等に対しどの程度の裕度を有するかという観点から実施する。

| 評価項目 | | 評価内容 |
|---|---|---|
| 自然現象 | 地震 | 想定を超える地震や津波に対して、どのような安全機能で、どの程度の大きさまで、燃料の重大な損傷を防止できるか |
| | 津波 | |
| | 地震・津波の重畳 | |
| 機能喪失 | 全交流電源喪失 | 発電所外部送電線からの受電ができず、かつ、非常用ディーゼル発電機が全て停止し、発電所が完全に停電した事象 全交流電源喪失）に対して、どのような安全機能で、どのくらいの期間まで、燃料の重大な損傷を防止できるか |
| | 最終的な熱の逃し場 最終ヒートシンク）喪失 | 海水系ポンプが全て停止し、原子炉や使用済燃料プールの冷却が完全に停止した事象 最終ヒートシンク喪失）に対して、どのような安全機能でもって、どのくらいの期間まで、燃料の重大な損傷を防止できるか |
| シビアアクシデント・マネジメント | | 燃料の重大な損傷とそれに引き続き起こる放射性物質の大規模な外部への放出に対して、多重防護の観点から、どのような防護対策がとられているか |

表-6　ストレステストの評価項目

「二次評価」は運転中の原子力発電所について、欧州諸国のストレステストの実施状況、福島原子力発電所事故調査・検討委員会の検討状況も踏まえ、運転の継続又は中止を判断するために実施する。設計上の想定を超える事象の発生を仮定し、評価対象の原子力発電所が、どの程度の事象まで燃料の重大な損傷を発生させることなく耐えることができるか、安全裕度を総合的に評価する。また、燃料の重大な損傷を防止するための措置について、多重防護の観点から、その効果を示すとともに、クリフエッジ を特定して、潜在的な脆弱性を明らかにする。

　これを受けて、原子力安全・保安院は7月21日、ストレステストの評価手法と実施計画を原子力安全委員会に提出した。電力会社が年度内をめどにこれらの評価を行い、結果を原子力安全・保安院に提出する。原子力安全・保安院は結果を評価するとともに、原子力安全委員会に対して評価の確認を求めることになっている。

## （6）原子力安全対策の見直しに向けて

　政府は8月15日、「規制と利用の分離」の観点から、現在経済産業省の外局である原子力安全・保安院の原子力安全規制部門を経済産業省から分離することを決定した。同時に原子力安全委員会設置法に基づく原子力安全委員会の機能をも統合し、2012年4月を目標に環境省にその外局として「原子力安全庁（仮称）」を設置することとした 。原子力安全規制に係る関係業務を一元化することで、規制機関として一層の機能向上を図ることが目的で、原子炉及び核燃料物質等の使用に係る安全規制、核セキュリティへの対応、環境モニタリングの司令塔機能を担う。また、事故発生時の初動対応その他の危機管理を「原子力安全庁」の重要な役割と位置づけ、そのための体制整備を行う予定である。

# 3. 事故の教訓と安全対策

　以下、「原子力安全に関するIAEA閣僚会議に対する日本国政府の報告書（2011年6月）」ならびに「国際原子力機関に対する日本国政府の追加報告書（2011年9月）」を中心に、今回の事故の教訓と今後の安全対策について概観

する。

## （1）大規模な津波に対する対応が十分なされていなかった

　原子力発電所の耐震設計指針は2006年9月に改定が行われた。考慮すべき活断層の活動時期の範囲を12~13万年以内とし、マグニチュード6.5の直下型地震に代えて、国内外の観測記録を基に、より厳しい「震源を特定せず策定する地震動」を設定した。水平方向に加え鉛直方向についても基準地震動を策定することとし、地震発生メカニズムを詳細にモデル化できる断層モデルを地震動評価手法として採用した。

　このような地震に対する対策の強化に対して、津波に対する設計は、過去の津波の伝承や痕跡に基づいて行っており、適切な再来周期を考慮するような取り組みとはなっていなかった。福島第一原子力発電所を襲った津波は、想定を大幅に超える14~15mの規模であったが、手順書では、このような津波への対応は想定されていなかった。

　今回の地震は、1100年前の西暦869年に、ほぼ同じ地域で発生したマグニチュード8.3の「貞観地震」の再来と見られている。産業技術総合研究所が貞観地震の津波による堆積物を調査した結果、福島第一原子力発電所の約7km北に位置する福島県浪江町で、現在の海岸線から約1.5kmの浸水の痕跡を発見しており、津波は海岸線から最大4キロの内陸まで達していた。

　2006年の新耐震指針制定を受けて、東京電力は福島第一原子力発電所の耐震性再評価を実施した。この中間報告書案について検討する審議会が2009年6月に開催されたが、福島県沖で1938年5月23日に起きた塩屋崎沖地震（マグニチュード7.5）が津波の想定として設定されていたことから、貞観地震も踏まえた検討の必要性が指摘された。これを受けて、原子力安全・保安院は2009年7月、貞観地震の津波について新たな知見が得られた場合は、設計用津波水位の評価を検討するよう東京電力に求めた。

　2003年から2005年にかけて土木学会が確率論的な評価手法の検討を実施したことから、東京電力は、福島県沖で明治三陸沖地震規模のマグニチュード8.2以上の大地震が起きた際、津波が福島第一原発に押し寄せる確率論的な評価を調査した。この結果、8.4~10.2mの巨大津波（遡上高は、1~4号機で15.7m、5号機、6号機で高さ13.7m）を予測し、2011年3月7日に原子力安

全・保安院に報告した 。東京電力は、土木学会が指針を改定する2012年4月以降、対策に反映させる計画であったと報じられており 、結果的には対策が整う前に津波が起こってしまったことになる。

　政府は、地震の想定については、複数の震源が連動する場合を考慮するとともに、外部電源の耐震性を強化する計画である。津波については、過酷事故を防止する観点から、再来周期を考慮した津波の発生頻度と十分な高さを想定する。その上で、津波による敷地への浸水影響を防止する構築物等の安全設計を、津波のもつ破壊力を考慮に入れて行う。さらに、想定された津波を上回る津波が施設に及ぶことによるリスクの存在を十分認識し、敷地の冠水や遡上波の破壊力の大きさを考慮しても重要な安全機能を維持できる対策を講じる計画である。

## （2）電源の多様性が図られていなかった

　今回の事故の大きな要因として、原子炉を「止める」、「冷やす」そして放射性物質を「閉じ込める」という機能に必要な電源が確保されなかったことが挙げられる。政府は、空冷式ディーゼル発電機、ガスタービン発電機など、さまざまな非常用電源の整備、電源車の配備等によって電源の多様化を図ること、耐性の高い配電盤等や電池の充電用発電機を整備することなどにより、緊急時の厳しい状況においても電源を確保できるようにする計画である。

## （3）冠水への対策が図られていなかった

　今回の事故の原因の一つとして、多くの重要機器施設が津波で冠水し、このために電源の供給や冷却系の確保に支障をきたしたことが挙げられる。このため、設計上の想定を超える津波や洪水に襲われたような場合でも重要な安全機能を確保できるよう、津波や洪水の破壊力を踏まえた水密扉の設置、配管等浸水経路の遮断、排水ポンプの設置などにより、重要機器施設の水密性を確保できるようにする計画である。

## （4）水素爆発への対策が図られていなかった

　今回の事故では、1号機と3号機、4号機の原子炉建屋で、相次いで水素によるとみられる爆発が発生した。沸騰水型軽水炉では、格納容器については内

部を不活性化し、可燃性ガスの濃度制御系を設置している。しかし、今回のような原子炉建屋に水素が漏えいして爆発するという事態を想定しておらず、原子炉建屋の水素対策はとられていなかった。

政府は、発生した水素を的確に排出するか濃度を下げるため、シビアアクシデント時に機能する原子炉建屋での可燃性ガス濃度制御系の設置、水素を外に逃すための設備の整備等の水素爆発防止対策を強化する考えである。

# 4. 国際協力について

政府は、今回の事故発生後に受けた海外各国からの資機材等の支援の申し出に対して、支援を国内のニーズに結びつけていく政府部内の体制が整っておらず、十分な対応ができなかったことを反省点として挙げている。また、大量の汚染水の保管場所を確保するため4月4日に実施した低レベル汚染水の海水への放出について、近隣国・地域への事前の連絡がなされなかったことなど、国際社会への情報提供が十分でなかった点も挙げている。

このため、国際協力に関する今後の対応として、

① 事故対応に効果的な資機材の在庫リストを国際協力により作成しておくこと

② 事故時の各国のコンタクトポイントを予め明確にしておくこと

③ 国際的な通報制度の改善を通じて情報共有の体制を強化すること

④ 科学的根拠に基づく対応を可能にする一層迅速で正確な情報提供を行うこと

など、国際的に効果的な対応の仕組みづくりを、国際協力を通じて構築してゆく考えである。

政府は、事故の収束の状況を見計らいながら「原子力安全基盤の研究強化計画」を推進していくとしている。この計画では、シビアアクシデント対策強化のための研究などを国際協力によって推進し、その成果が世界の原子力安全の向上につながるように取り組んでいく。今回の事故に関する情報と、この事故から得られる教訓については、今後の事故の収束とさらなる調査解明によって更新し、それらを引き続き国際原子力機関ならびに世界各国に提供し続ける考えである。

政府は9月30日、原子力災害対策本部（本部長・野田佳彦首相）を開き、半径20キロ〜30キロメートル圏に設けた緊急時避難準備区域を解除した。緊急時避難準備区域は、水素爆発などの不測の事態に備え、住民に対しいつでも屋内退避や区域外へ避難できるよう求めてきたもので、4月22日に設定された。今後、対象の福島県5市町村がまとめた復旧計画に沿って学校、病院などのインフラ復旧を急ぎ、地元自治体と放射性物質の除染作業を進めることになる。

　これからの課題は、原子炉を冷温停止させる「ステップ2」の実現である。「ステップ2」の達成後、半径20キロメートル圏内で原則立ち入りが禁止されている警戒区域や、20キロメートルの圏外にあるものの放射線量が高い計画的避難区域の解除の具体的な検討が行われるが、解除には未だ時間を要するものと見られる。

　また、避難が解除されたとしても、放射性物質の除染が進まなければ、避難住民の多くが戻ることは期待できない。除染は、表土を削る作業が中心となるが、汚染土等の中間貯蔵設備についても未整備の段階にあり、課題が山積している。政府は、セシウムなどの放射性物質が集積した物質から放射性物質を取り除く作業について、IAEAに対し協力を要請、除染の専門家12人による派遣団が10月9日に来日した。今後は、このような専門家の助言を受けながら、除染対策を進めてゆくことになる。事故の収束に向けて、そして今後の原子力発電所の安全性確保に向けて、これからも、このような国際的な協力が欠かせない。

# おわりに

　今回の地震、津波、そして原子力発電所の事故に伴う未曾有の被害に対し、中国、韓国をはじめ世界の130以上の国・地域、40近い国際機関から多くの支援が寄せられた。中国からはテント、毛布など、韓国からは食料、水、タオルなどのさまざまな生活必需品が届けられた。暖房や輸送、発電に欠かせない石油、天然ガスなどについても、中国からはガソリン1万トン、軽油1万トンの提供を受け、韓国のKorea Gas Corp.（KOGAS）からは、40万トン〜50万ト

ンのLNGの融通を受けた。加えて、両国からは住民の救援活動のために、韓国からは宮城県仙台市、中国からは岩手県大船渡市に救助隊員が派遣された。

　特に、本稿のテーマとの関連では、中国の三一重工業集団有限公司から、高さ62mから放水できるコンクリートポンプ車が寄贈されたことに言及しておきたい。このポンプ車は、爆発事故を起こした福島第一原子力発電所の建屋上部からの放水に用いられ、原子炉の冷却に大きな効果をもたらした。政府間レベルだけでなく、民間の事業者からも、このような資機材の提供が多く寄せられた。この他、数多くの非政府組織、そして世界中の多くの方々から温かいお見舞いの言葉、励ましの言葉と義捐金等さまざまな支援が届けられた。ここに改めて感謝を申し上げたい。我が国は必ずやこの災害を克服し、ご支援を頂いた皆様のご期待に沿うことが出来るものと確信している。

## 参考文献

1. 復興への提言~悲惨のなかの希望~、2011年6月25日、東日本大震災復興構想会議
2. 福島第一・第二原子力発電所事故を踏まえた他の発電所の緊急安全対策の実施について、原子力安全・保安院、2011年4月4日（2011年3月30日経済産業大臣指示）
3. 原子力発電所及び再処理施設の外部電源の信頼性確保について、2011年4月15日、原子力安全・保安院
4. 原子力安全に関するIAEA閣僚会議に対する日本国政府の報告書–東京電力福島原子力発電所の事故について–、2011年6月、原子力災害対策本部
5. 国際原子力機関に対する日本国政府の追加報告書- 東京電力福島原子力発電所の事故について -（第二報）、2011年9月、原子力災害対策本部
6. 東北地方太平洋沖地震を教訓とした地震・津波対策に関する専門調査会報告、2011年9月28日、中央防災会議
7. 福島第一原子力発電所東北地方太平洋沖地震に伴う原子炉施設への影響について、2011年9月、東京電力株式会社
8. 東京電力（株）福島原子力発電所の事故について、2011年6月20-24日（原子力安全に関する国際原子力機関（IAEA）閣僚会議）、原子力災害対策本部・日本国政府

9. 福島第一原子力発電所・事故の収束に向けた道筋、2011年4月17日、東京電力株式会社

10. 東京電力株式会社福島第一原子力発電所第一~4号機に対する「中期的安全確保の考え方」に関する指示について、2011年10月3日、原子力安全・保安院

11. 東京電力株式会社福島第一原子力発電所における事故を踏まえた既設の発電用原子炉施設の安全性に関する総合的評価に関する評価手法及び実施計画（案）、2011年7月21日、原子力安全・保安院（第55回原子力安全委員会資料）

# 福島事故への対応経験を通してみた
# 隣国の放射能事故対応

李世烈[*]

## 序論

　2011年3月11日に発生した福島原発事故は、それまでの1979年のTMI事故、1986年のチェルノブイリ事故と同様に、原子力の歴史に記録されるほどの大事件だった。原子力産業界だけでなく、一般人にも途方もない衝撃を与えた今回の福島原発事故は、地震・津波によって誘発された事故として、極限の自然災害への対応の重要性に対する認識と同じく、放射線災害への対応戦略を

---

[*] 李世烈，韓国原子力安全技術院防災総合室主任。1982年、ソウル大学核工学科卒業。1984年、同修士課程卒業。1992年、米国テキサスA&M大学Nuclear Engineering専攻にて博士論文『A Study and Improvement of Large Eddy Simulation (LES) for Practical Applications』を提出、卒業。工学博士（Texas A&M University）。韓国原子力研究所原子力安全センター研究員、米国テキサスA&M大学Nuclear Engineering専攻助TAおよびRA、韓国原子力安全技術院専任研究員を歴任。

227

全般的に再検討する契機となった。また、事故の当事者でない隣国としての対応経験を通じて、原子力発電が今なお存在する北東アジアの韓中日の三カ国間で原子力事故に対する緊密な協力が必要であることをより一層、切実に感じさせた事件だった。本論文では福島原子力発電所事故発生時の隣国としての韓国の事故対応経験を振り返り、88機の原子力発電所が稼動中の北東アジア三カ国間の非常時協力方案を考察してみたいと思う。

# 1. 放射能事故の特性

　放射能災害は、放射線の特性により、一般的な他の災害とは違った数種類の特性があり、このような特性のために一般的災害とは違った特別な対応が必要である。

　最初に、放射線は五感による感知が不可能である。従って、放射線を感知するには計測器など特殊な装備が必要となる。また、放射線防護には放射線の特性に対する専門知識が必要である。このような特性のため、放射線事故発生時には一般人が個別に行動してはならず、専門知識と装備を備えた専門家、或いは政府の指示に従って行動しなければならない。よって、原子力事業者と政府は、従事者と一般住民の保護のため甲状腺防護薬品、防毒マスク、保護服、被ばく線量計などの防護用品を事前に準備している。

　二番目に、放射線事故の影響は非常に広範囲で、長期間にわたって持続するという点である。原子力施設での事故発生時、外部に放出された放射性物質は数十kmから、遠くは数千kmの拡散範囲があり、放射性物質の半減期は核種により1カ月未満から数カ月、或いは数十年以上となる。また、広範囲な地域での汚染物質除去は莫大な技術的、経済的、物質的努力が必要であることは、チェルノブイリ原子力発電所周辺の現実でよく知られている。このような放射線事故影響の範囲の広さのため、国際機構および隣国間の協力体制構築が必須である。

　三番目に、放射線が人体に及ぼす影響は急性放射性症候群を誘発し、長期にわたる人体への影響誘発など多様な形態で表れ、専門医療陣による医療救護が必要である。

　四番目に、一般人が放射線に対してもつ漠然とした恐怖のため、放射線被ば

くおよび放射性物質に対する不安感と心理的憂慮が過度になり、恐慌状態を誘発することもある。これを防止するためには、適時、正確な情報提供が必要で、強力なデマに対する統制が必要である。

　五番目に、放射線事故の場合、潜在的事故誘発者が存在し、そのほとんどが既にわかっている。原子力施設内には不活性気体、放射性ヨウ素、放射性粒子など多量の放射性物質があり、周囲への流出の可能性を前提にした放射線非常対策を策定している。よって、原子力施設周囲に非常計画区域を設定して、集中的な非常対策を策定している。

# 2. 韓国の福島原発事故対応

## （1）状況室の維持

　日本で大地震が発生し、近隣の原子力発電所が影響を受けるという事実に直面し、韓国原子力安全技術院（Korea Institute of Nuclear Safety, KINS）は、直ちに非常待機態勢に入った。当日（3月11日）16時40分に最初の報告をした後、一日2回、福島原子力発電所の状況、気象予報、全国環境放射能監視の現況、空港での出入国者汚染検査結果などを放射線異常主管部署の教育科学技術部関連部署に報告した。日本は隣国で、韓日間原子力関連交流はあったが、実際に原子力発電所で事故が発生した時の情報提供の義務などに関連した条約はなかった。日本マスコミの報道と日本原子力安全保安院（NISA）の情報公開、IAEA公開情報、および個別の接触による日本の知人を通じた情報を総合的に整理し、現況を把握した。

## （2）環境放射能監視

　国内原子力施設の事故ではない隣国の原子力事故においては、事故収拾とそれに関連する直接的な介入が不可能なので、隣国の事故による影響が後に及ぼすであろう影響を予測して対応することが重要な業務となる。したがって気流分析等による影響評価とともに、環境放射線監視による影響評価、および対応が重要であった。

　KINSでは平時でも全国土壌環境放射能監視を実施していたが、非常状況下においては監視周期を短縮するようになっている。空間ガンマ線量率観測は、

平時の15分間隔から5分間隔に短縮し、大気浮遊塵の観測も月1回の実施を週1回へと変更し、毎日観測するように強化した。水道水分析は週2回、海洋放射能分析も、毎月1回実行した。

## (3) 空港での出入国者汚染監視

日本東北地域の韓国人および外国人旅行者が韓国へ入国することから、入国者の汚染の有無を確認するため、3月17日から日本と連結している四つの国際空港（仁川、金浦、金海、済州）および四つの港湾（釜山、東海、済州、光陽）で、日本からの入国者を対象に汚染検査を実施した。3月17日から6月7日まで延べ329,188人を検査し、うち2人の汚染者が発見され、除染作業後に帰宅措置とした。

## (4) 言論対応

言論・報道等を通して放射線影響に対する憂慮が大きくなり、多種多様な問い合わせの電話がKINS状況室に寄せられるとともに、言論機関を何回も訪問し取材を受けた。原子力安全技術院では、全国土壌環境放射能監視網資料をネイバーなどのポータルサイト業者に提供して国民の情報への接近性を高め、放射性物質が検出された場合、メディアを通じて直ちに発表するなど透明で積極的な対応をした。

放射線に対する一般人の関心と憂慮を現わす指標の一つは、KINSがホームページを通じて公開した環境放射能監視サイトに対する一般人のアクセス件数である。2004年から2010年までは年間平均アクセス件数が8,845件にすぎなかったが、2011年は5月31日現在3,595,860件のアクセスがあり、3月だけで1,973,771件のアクセスがあった。こういった国民の高い関心を反映し、教育科学技術部ホームページと一般国民がよくアクセスする国内主要ポータルサイト（ネイバー、ダウム、ネイト）にリアルタイム環境放射線測定結果を提供し、国民を安心させることに注力した。また、韓国国内1位のポータルサイト、ネイバーの知識iNにKINS、原子力医学院、気象庁、外交通商部などが参加して放射能の危険性と対応策などに関する専門的知識を提供した。

# 3. 隣国事故時の国際協力

　原子力事故時の放射線に対する一般人の鋭敏な反応に対応するため、正確かつ迅速な情報の提供が重要なことは、前述した福島事故時に、実際に非常対応をしながら切実に感じた。自国内原子力事故の場合、事故状況に対する正確な情報獲得が適時可能であるが、隣国など他国の事故情報取得は相対的に難しい。チェルノブイリ事故の後、原子力発電所事故が一国に限定されず隣接した国に影響を及ぼす可能性があることを認識してIAEAは「原子力事故時の早期通知に関する協約（Convention on Early Notification of a Nuclear Accident, 1986）」を制定したが、事故発生時の実質的な情報を迅速に提供させるには不足の感がある。実際、福島事故対応時にも迅速な事故情報が必須だったが、公式的な情報公開窓口の日本原子力保安院（NISA）の情報公開、IAEAを通した公開情報は迅速性に欠け、マスコミの確認されていない報道の洪水に対処するのは難しかった。

　福島事故の後、第4回韓中日首脳会談を通じて原子力安全規制責任者会議（TRM）を強化し、非常時早期通知体制構築、気流分析および予測情報共有方案など実質的な協力強化方案を模索しようと考えたが、実効性のある協力方案のためには韓中日の三カ国間放射能防災ネットワークを構成し、各国間に専門担当連絡官を設置して非常時の迅速な情報提供を可能にしならなければならないだろう。また、発電所類型、事故内容、放射線放出量など、非常時対応のため実質的に必要な情報を選定して迅速に提供できる体制を整え、実務水準の放射能防災Working Groupを構成し、平常時の三カ国間放射能早期通知専門担当連絡官の設置、情報交換訓練、地域内共同防災訓練、相互防災訓練参観および通信訓練などに関する事項を定期的に議論し、協力することができるようにしなければならないだろう。

## 結論

　今回の福島の原子力発電所事故に対応しながら放射能事故がもつ様々な特性を実感できたし、また、特に国民および言論とのコミュニケーションの側面

で、多くの経験と教訓を得る契機となった。一般人には正確で透明な情報公開が非常に重要で、国民は専門家たちが考えるよりはるかに具体的で多様な疑問をもっていることが明らかになった。今後、効果的な対応のためには質問資料を詳細に分析し、非常時の状況に備えたFAQ作成が必要だろう。また、実際に担当窓口の役割をした原子力規制機関の業務範囲を超える多様な質問に備え、気象、食品、医学など多様な分野に対応できるよう訓練された言論対応の専門家確保が必要と思われる。

今回の福島事故は極限の自然災害にともなう複合災害として、多数号機同時事故、長期間電源喪失など既存の非常時対策に対する全般的な再検討が必要となった。長期にわたる放射性物質の環境放出にともなう放射線防護基準適用、大規模廃棄物に対する処理、復旧時に適用する放射線防護基準など放射線事故の特性にともなう対応も考慮しなければならない。

韓中日の三カ国は、88機の稼動中の原子力発電所と37機の建設中の原子力発電所、200余機の原子力発電所追加建設計画がある原子力集中地域である。三カ国間の地理的、経済的関連性などを考慮する際、原子力事故時の相互協力は大変重要で、実務レベルの実質的協力を早急に開始しなければならないだろう。

## 参考文献

1. Government of Japan, Report of the Japanese Govern -ment to the IAEA Ministerial Conference on Nuclear, Safety, 2011
2. IAEA GS-R-2, Preparedness and Response for a Nuclear or Radiological Emergency (2002)
3. KINSホームページ (www.kins.re.kr) および情報公開センターホームページ (nsic.kins.re.kr)

（小野田亮　訳）

# 各国間の人々の理解と行動を促すよい交流

## ——メディアは災害救助を報道する<br>パブリックディプローマシーの使命

鐘　新*

　経済のグローバル化、災害影響のグローバル化、各国の依存度の高まりを背景に、理解や同一性意識は、災害損失をできるだけ軽減し、共通利益の維持を核心的目標とする国際協力にとって、大変重要です。中日韓は三千年にわたる経済文化の交流の歴史を有しており、相互の理解、信任、同一性のプラットフォームに対する構造的基礎がしっかりと築かれているが、この百年、軍国主義を推進した日本が中韓両国を侵略した歴史は、3カ国の相互信任や同一性意識の障害となっています。3月11日に東日本大地震が起こってから、鳳凰網は73,293人に対しネット調査を行ない、その結果によると、77.6%の人は日本に人道援助を行うべきであると考え、その内、55.9%の人は、両国間の歴史や現実の衝突を問わず、中国は日本を援助すべきと考えており、それに対し、

* 　鐘新，中国人民大学新聞学院教授、博士指導教員。中国人民大学伝播学博士。アメリカ・デンバー大学とメリーランド大学客員研究員。研究領域は放送テレビ新聞・国際放送・公共外交・危機放送・新聞教育など。主な著作に『危機伝播: 信息流及噪音分析』『伝媒鏡鑒: 国外権威解読新聞伝播教育』『新聞写作与報道訓練教程』などがある。

17.2%の人は日中両国の歴史、現実の摩擦を理由として、日本に人道援助を行うべきでないと述べました。一方、中国人に嫌悪感を引き起こす日本の中国に対する悪い態度や行為の一部の原因は、日本の首脳が日本国民の中国に対する態度から影響または圧力を受けている可能性があります。日中両国の国民がお互いの好感度を高め、安定した信頼関係を結ぶには長期的な努力が必要であり、それはパブリックディプローマシーの役割です。

　自然災害などの災厄は人類の生存を脅かすものの、人々は災害救助というプラットフォームにより、相互の理解、対話、協力に対するチャンスを提供してもらいます。例えば、2011年5月22日、中日韓の首脳は東京で『第4回中日韓首脳会議宣言』を共同で発表し、今後、災害管理、原子力安全、経済成長、環境面で持続可能な成長などの分野で協力をさらに強化するよう強調しました。北京大学国際関係学院の教授、アジア太平洋研究センターの副主任などを兼任する楊宝雲の考えによると、今回の中日韓首脳会議は実質的な協力成果を収め、日本の震災はその推進剤であると言え、『朝日新聞』の論説によると、アジアのサポートは日本の災害復旧にとって欠かせず、中日韓の協力関係は日本復興の要素です。

　メディアの国際的な災害救助に対する報道は、各国間の人々に向けて相互の理解、信任、同一感の情報プラットフォーム、世論プラットフォーム、社会動員プラットフォームを構築しており、パブリックディプローマシーの機能が備わっています。当文章では、中国メディアの東日本大震災に対する報道を例として、災害救助に対する報道でメディアがパブリックディプローマシーの使命を遂行する方法、被災国の国民にメディアが各国国民の理解や良性の交流に関する情報を伝達する方法を論じます。

# 1. 被災状況をタイムリー且つ正確に報道し、被災国の国民に「我々はあなた達に関心を持ちます」というメッセージを伝えます

　被災状況をタイムリー且つ正確に報道することがメディアの職責であり、メディアの環境監視機能を実現することにより、人々に環境の変動状況を知らせ、人々の行動方針に参考となる情報を提供します。グローバル化を背景に、

外界と関係がない「離島」が少なくなったので、各国のメディアは地球の裏側のことを報道し、それが隣の国民とも関連性があります。世界に災害が発生してから、全世界の人々は「我々はどんな危機に直面していますか?」「我々はどうしますか?」という二つの最も基本的な問題を提起します。この二つの問題に基づき、メディアの被災に対する報道は危機識別という重要情報を提供する必要があります。危機識別情報とは、人々が危機の性質や危機の現実状況を識別する情報を指し、地震発生の時間、場所、マグニチュード、震央、波及範囲、破壊程度などが例として挙げられます。危機対応情報とは、人々が危機対応措置により、損失を軽減したり、回避したりする情報を指し、危機対応の方法、方案などの情報を含みます。危機識別情報のタイムリーさ、正確性、充実度、危機対応情報の正確性、有効性などは防災、救助、災害軽減にとって大変重要です。

　各国におけるメディアが被災状況をタイムリー且つ正確に報道することは、各国政府が正しい救援措置を取り、迷惑をかけない重要な依拠であり、さらに、各国のメディアに広く注目されることにより、被災国の国民の孤独感を排除できるばかりでなく、彼らが運命と戦う自信を高めることができます。このため、メディアが他国の被災状況をタイムリー且つ正確に報道することは、被災者にとって有益です。

　東日本大震災が北京時間2011年3月11日午後1時46分に発生しました。中国メディアが史上空前のスピードや規模で日本の大震災を報道したことは、中国メディアの国際報道にとって画期的な出来事であると言えます。報道スピードから見れば、新華網は震災発生後の午後1時53分に「3月11日、日本で地震が発生し、東京では揺れは強い」という速報を伝え、数分間で、それが新浪網、鳳凰網などのウェブサイトに転載されました。中国中央テレビ(CCTV)の中国語国際チャンネル『中国ニュース』は午後2時4分に口頭発表という形式で上記のニュースを報道し、英語ニュースチャンネルは午後2時7分に日本の大地震を報道しました。報道規模かれ見れば、各テレビ局は重要な時間帯に現地報道を特別番組で放送し、人々に衝撃を与える画面や音楽でこれらの特別番組のタイトルを表現しました。プリントメディアはヘッドライン、特定ページなどにより、日本の地震の深刻さを表現し、それに対し、ネットメディアは日本の大地震を主題として、スクロールニュースをリアルタイムに報道しまし

た。報道内容から見れば、国際メディアの報道優位性に対する利用または国際メディアの報道内容に対する統合は、中国メディアが報道内容を豊かにする重要な方法であり、例えば、中国中央テレビ（CCTV）の英語ニュースチャンネルは日本のNHKの放送信号を迅速にステレオに導入し、中国中央テレビ（CCTV）のニュースチャンネルもNHKの放送信号を迅速にステレオに導入して、それを同時通訳しており、それは国際メディアが災害救助を報道する提携モードです。

　中国メディアが日本の大地震をタイムリー且つ大規模に報道したことから、北アフリカの政局に対する注目度と比べると、日本の大地震に対する中国の国民の注目度は一段と高かったと言えます。

## 2. 災害現場を細かしく報道し、それにより、「我が事のように思っています」というメッセージを被災国の人々に伝えます

　メディアが災害現場を細かく報道することにより、国内の国民はすべての画面で被災状況を知り、被災国の人々に対する注目を有効に喚起できるとともに、国際社会は被災国の国民に対する注目を喚起でき、メディアというプラットフォームを通じ、人々の情感を伝達したり、交流したりすることができます。

　中国メディアが東日本大震災に対し、自主的な取材活動を多く行ったことが一番印象深いことでした。国際ニュースに関する自主取材能力は、中国メディアにとって、国際報道能力を向上させる重要な方向です。3月11日に地震が発生してから、大手新聞社は東京駐在の記者を被災地に派遣し、3月12日から中国の記者達も北京、上海など日本以外の地域から日本の被災地に行きました。例えば、中国中央テレビ（CCTV）は日本・東京拠点、香港・アジア太平洋拠点、タイ・バンコク拠点を含む10人の駐在記者を仙台の被災地に派遣させました。

　在中国日本大使館は中国の記者が日本の被災地を取材することに対し、利便性を図るため、グリーンチャンネルを開設しました。3月12日、寧夏衛視（寧夏衛星テレビ）は『日本大地震直撃』という特別番組で「在中国日本大使館は

グリーンチャンネルを開設し、各メディアは先を争って日本へ行きます」という内容の報道をしました。中国の記者は空前の数量で日本の被災地に行ってから、現場で取材した最新情報をメディア報道やミニブログ・ブログに文章を書くという形式で中国に情報を発信し、さらに、それを世界に伝達しました。

　中国メディアの日本大震災に対する報道により、中国国民は、それが日本で史上最強の地震であると判断できました。地震による津波の規模が拡大し、50以上の国が津波警報を出し、それは日本の天災であると言うより、むしろ人類の共同の災難でありました。中国国民は中国の記者の取材情報を通じ、多くの被害を受けた被災地の状況を近距離で観察でき、公園における大きな亀裂、壊れた建物、津波で屋根の上に乗った自動車、壊れたピアノなど地震や津波による破壊を見てから、家屋を失った日本国民の気持ち、交通渋滞で家に帰れず焦っている気持ち、運転手が数キロにわたる車の長蛇の列で給油を待ち焦っている気持ち、飲用水や食品が不足している状況、福島周辺地域の住民の放射線に対する不安を感じ取ることができます。メディアの現実的且つ直観的な報道により、中国国民は日本の大地震の破壊性をはっきりと認識でき、国際人道主義に対する認知度を向上させることができます。地震に対する間接的な体験により、鳳凰網の調査に応じた人は「両国間の歴史や現実の衝突を問わず、中国は日本を救助すべき」という見方を維持していました。

## 3. 被災国の国民の災害に対する理性的な対応を報道し、被災国の国民に「私たちはあなたたちを尊重する」というメッセージを伝えます

　被災者の災害に対する態度は国民の素質を体現でき、メディアの報道によって世界に知られ、被災国の国民に対する世界の人々の評価、態度、行為に影響する可能性があります。災害は世界各国の交流を促進するばかりでなく、災害の影響力や国際社会の災害に対する高い注目度のため、各国の国民感情や交流の傾向が注目されるようになります。メディアは世界の人々が交流する架け橋とプラットフォームになります。

　中国メディアが東日本大震災を報道する過程で、被災者の冷静さ、理智、秩序、建物の耐震性、日本メディアの理性、被災者の悲惨さを多く表現しないこ

と、被災者の遺体に関する報道を避けることが、中国国民に深い印象を与えました。

　2011年3月11日午後9時、CCTV-2は『日本大地震全景記録』という特別番組で、メーンキャスターが専門家との対話により、日本国民の素質の高さや建物の耐震性を言い表しました。

　芮成鋼（メーンキャスター）：今日、突発事件に対処する日本の冷静さや秩序で一番印象深かったのは、大恐慌が起こらなかったです。我々は日本の緊急対応体制を参考にするべきです。例えば、家に応急バッグ、水などを備え、さらに、それを定期的に交換しています。

　章弘（日本問題専門家）：日本人は、突発事件の発生後に窓から逃げるため、家の収納室に斧を備え、さらに、新幹線の窓側にハンマーが備えられ、必要な場合、それで窓ガラスを破ることができます。地震が発生した場合、水が汚染されやすいので、日本人は災害救助のため、多くのミネラルウォーターを貯蓄しています。訓練では、日本人は訓練時に机の下にもぐり、小学校から高校まで日本人は災害対策訓練に参加する必要があり、さらに、高層ビルで緊急対策訓練が行われる場合、人々は非常に真面目で、真剣な姿勢が私の心に印象深く残っています。

　芮成鋼：今日、ほかにも日本の建築構造や耐震能力が注目される話題です。日本では、ほとんどの建物はM10級の地震に対応できます。

　章弘：1970年代以前、日本では5、6階建てのビルがよく見られました。1970年代以降、経済が高度に成長し、新宿地域に高層ビルが多く建てられ、日本人は軟性構造により地震問題を解決しました。すなわち、土台の下に多くのボールを入れ、移動装置を設定し、地震が発生した場合、建物は波に従い揺れるので、衝撃力を減らすことができます。当該技術は台北の101ビルにも用いられました。高層ビルの耐震問題を解決してから、東京、大阪、札幌、福岡などの大都市に多くの高層ビルが建てられました。今日の午後、我々の観察結果によると、大地震を経た後、高層ビルのガラスが壊れたというひどい問題は発生していません。しかし、低層建築物において、人々は津波の衝撃による被害を多く受けました。

　中国メディアは上記の報道により、日本のことを勉強し、日本人を尊重すべ

きであるというメッセージを中国国民に伝達しました。3月11日、鳳凰網の調査に応じた73,293人のうち、39% の人は「日本人の大災害に対する秩序が一番印象深い」と感嘆し、43.5%の人は「被害を多く受けたものの、死傷者が少ないことに感心する」と思った。しかし、「日本政府の対応のスピードに満足した」と思ったのは人は9.4%でした。中国国民はいつも中国メディアの報道内容を主要な情報ソースや判断依拠とするので、日本政府に対する評価より、日本国民に対する評価が高かったのです。中国メディアの報道は、両国国民のよりよい交流を促進しました。

## 4. 自国や国際社会は被災国に対する救援報道により、被災国の人々に「我々は友好且つ善良な地球村の住民です」というメッセージを伝えます

　友好な善意は信頼性を強化する要素です。客体の立場から見れば、自身のことを尊重し、福祉に対し心から関心を持つ主体の信頼性が高いのです。例えば、2004年12月、インドネシアが津波に襲われてから、米国は被災地に食品、薬物を提供した上、再建援助用の資金を調達しました。その後、2003年3月の世論調査によると、援助を受ける前の状況と比べ、65%のインドネシア人は米国に対し好感を持つようになりました。米国は災害救助活動での友好や善意により、自身の信頼度を高めました。

　東日本大地震が発生してから、中国メディアは中国や他国が日本を救援することを多く報道しました。3月11日、鳳凰衛視の「鳳凰全球連線」番組は中国赤十字青空災害救援隊の指揮者・邱莉莉と連絡を取り、中国救援隊の待機態勢を伝えました。邱莉莉の話によると、彼らは出国手続き、救援隊の選定、設備の選定など3つの方面から準備を進めていました。邱莉莉は12日に寧夏テレビの「日本大地震直撃」番組の訪問を受けた時、「現在、私たちの救援隊員は自分で旅費を出して日本を救援する予定があります」と語りました。

　『解放日報』は日本の華人が募金活動を組織したことを報道し、関連記事の内容によると、前の週の日曜日、日本の湖南人会は東京の街頭で募金活動を組織し、募金箱に「死者を追悼し、皆さん頑張ろう」という内容が記され、多くの華人はわれ先にお金を寄付し、日本のお年寄りはそれを見て大変感動し、本

当にありがとうございますと語りました。一方、『解放日報』は「日本TBSテレビの報道によると、日本国公使が救助隊を隊長と中国地震局震災応急救援司副司長を兼任する尹光輝に感激の挨拶をした時、尹光輝は『我々は多くの人命を廃墟から救助するためにここに来ました』と述べ、多くの日本の視聴者が感動しました」という長い記事を報じました。マスコミを通じて、中国国民の友好且つ善良な言葉や行動が多く伝えられました。

　海外からの援助を受けることや外国を援助することにより、各国は国際社会に対する開放的な態度や協力姿勢を表現でき、人間を大事にし、災害による損失を極力軽減するという重要な策略に基づき、海外からの援助を受けることや外国を援助することは中国の国策となっています。しかし、すべての中国国民が援助の意義や中国の援助の歴史的背景を理解できるとは言えない、中国が海外からの援助を受け、或いは外国を援助する場合、メディアは援助の動向を何より重視しており、援助の動向を報道すると同時に、人々の援助に対する注目度により、メディアは援助に関する国民の素質教育活動を行えます。例えば、テレビメディアは中国の援助の歴史を記録映画として作成し、専門家への訪問や視聴者参加などの形式により、援助について討論を行うことができます。ネットメディアは災害救援を機として討論のテーマを設定し、社会交流のメディアプラットフォームにより人々を十分に討論させます。一方、ネットユーザーの閲覧のため、救助に関するマルチメディア情報やデータベースを提供できます。プリントメディアは救援についてのテーマに対し、深みのある背景・調査焦点を報道できます。

# 結論

　パブリックディプローマシーは内向的且つマジックブリットな対外宣伝を捨て、交流や協力により、相互の理解、信頼性、同一化を促進し、対象国の利益を重視し、各国国民のよりよい交流を促進することを強調します。パブリックディプローマシー理念に基づく対外交流は伝統的な対外宣伝メディアのことでなく、すべてのメディアに関わる事業です。各種のメディアの協力により、中国国民は外国の国民との積極的な交流をしっかりと促し、各国間の良い民間交流関係が国際関係にとって重要な土台の役割を果たしており、災害救助報道に

おいてメディアがもつパブリックディプローマシーの使命に関する当文章の討論を通じて、関連の議論をさらに引き起こしたいと考えます。

# 危機伝播におけるニュース発表について

賀文発\* 馬文津\*\*

## 要旨

　本文章は主にコミュニケーション化及びグローバル化によって推進されている世界的なリスク伝播という現代環境において、如何にして危機伝播中のニュース発表をよりよく取り扱うかということを検討する。一般的な情報伝播や定例的なニュース発表と比べて、危機伝播中のニュース発表は著しい特徴を持っている。危機伝播中のニュース発表は実際には社会公衆と情報・観点を交流する役割を演じている。上手に対応できれば社会の世論を導き、社会の安定を守る効果がある。上手に対応できなければ、かえって逆効果をもたらす。

\*　賀文発，中国伝媒大学外国語学院副教授。山西師範大学英語専業文学学士、東北財経大学経済学修士中国伝媒大学国際新聞学専業文学博士。米ニューヨーク州立大学バッファロー校区伝播系客員研究員。主な研究領域は対外報道と国際伝播・突発事件と危機伝播・アメリカ新聞史など。主な著作に『怎様做対外宣伝報道』『突発事件と対外報道』などがある。
\*\*　馬文津，中国伝媒大学2009級対外中国語専門。

ニュース発表にはたくさんの種類がある。その中で、最も手ごわく、そして最もチャレンジ性がある種類は、危機伝播中のニュース発表である。全ての危機伝播は、一つの危機事件を巡って行われるのである。一般的には、危機事件ニュース発表の主体は、我が国では主に各レベルの政府機関、企業組織及び個体公民の三階層を含めている。

本文章では、主に第一階層の危機伝播主体のニュース発表を検討する。それは、後の二つの階層に対しては、メディアの介入障害が比較的小さく、情報交換と伝達も比較的順調で、そして最も大切なのは、突発的な危機事件に巻き込まれる利益関係者（stakeholders）の範囲は通常、有限なので、争議を引き起こしすぎて、社会の安定に甚大な破壊をもたらすわけがないからである。

# 1. 我が国における現政府の危機伝播とニュース発表の建設状況

国務院新聞弁公室の2010年末の定例ニュース発表会の資料によると、政府のニュース発表制度は広く築かれてきた。目下のところ、国務院の各部門、全国人民代表大会、全国政治協商会議、高等裁判所、高等検察院など90程度の部門と機構及び31の省（自治区、直轄市）、人民党委員会、政府はニューススポークスマンを設けている。

ニュース発表は徐々に正しい軌道に乗ってきたが、問題は相変わらず存在している。特に危機伝播中のニュース発表である。もし2003年のSARS期間に、我々のニュース発表が出航期に置かれたというなら、2008年の汶川地震は基本的に我々のニュース発表が運行安定期に置かれていたと言える。ただし、その中で、一つ理解しなければならないのは、汶川地震が自然的な突発危機事件であることである。一般的に、目下のところ、我が国では自然要因による突発的な危機事件に対応する能力は、人為・社会要素による突発的な危機事件に対応する能力よりも強い。こういう特徴は我が国に限ったことではなく、世界的にも同じである。それは自然的な要因による突発的な危機事件は、ニュース発表の中では通常、メディア（公衆）の挑戦的な質問を招くわけがなく、ニューススポークスマンの主な仕事はメディア（公衆）と、発生した客観的で事実的な情報を交流することであるからである。そして人為的な社会要因による突発

243

的な事件の中で、ニューススポークスマンにとって最も難しいことは、如何にしてメディア（公衆）の危機事件に関する質問、特に大規模な災害事故的な事件の責任に関する質問に回答することである。

それは、ニューススポークスマンとして、当部門から引き起こした、及び当部門が担当する突発的な危機事件に直面して、如何にニュース発表の助けを借りて、最大限に当部門のイメージを守るかということが、いつも考えるべき、そして真剣に対応すべき問題であるからである。しかし、それと同時に、危機事件ニュース発表のゴールドルール、つまり事実に忠実であるということに従わなければならない。実際に、全ての危機事件ニュース発表の仕事に従事している者にとって、これは避けられない進退きわまる苦境である。「両害の程度をはかり、軽い方を取る」という原則に基づき、適格のニューススポークスマンは、事実の情報に忠実であることを前提に、出来るだけ当部門の利益とイメージを守るべきである。

全体的に言えば、目下のところ、我が国では突発的な危機事件でのニュース発表に関して、情報発表の「適時性」（timeliness）において、基本的には合格水準に達した。しかし具体的なニュース発表の技術においては、改善する必要のあるところはまだたくさんある。言い換えれば、技術面での不合格は、大体において、まだ全面的かつはっきりと危機伝播及びニュース発表の原理特徴を認識していないためである。

## 2. 危機伝播及びニュース発表の特徴

全ての危機伝播は、一つの中心事件、つまり通常「突発事件」と呼ばれる事件を巡って発生する。そして危機を引き起こした事件は、たいていある消極的な意味を持っている。たとえば、危機関係者または利益関係者に生命、財産及び感情方面の損失などをもたらす。積極的な意味を持つ事件なら、危機事件にならないからである。

中国の諺「悪事千里を走る」は突発的な危機事件の伝播特徴をまとめただけではなく、一つの側面から類似事件に対する人々の注目の程度を総括している。危機伝播の「素早さ」こそ、ニュース発表も「適時」（timeliness）、「正確」（correctness）、「安定」（steadiness）の要素を備えることを要求するは

ずである。もし適時性がニュースの前提というなら、正確性はニュースの命といえ、安定性はニューススポークスマンの生命線といえる。もしニュース発表が適時性を失ったら、噂を招く最も適切な温床を提供するに違いない。もしニュース発表に正確性がなければ、メディアと公衆の信頼（credit）を失うに違いない。筆者がなぜ、安定性がニューススポークスマンの生命線であるという観点を提起するのか。それは「安定性」に基づいた説明、つまり落ち着きと沈着、謙虚さと慎み深さのことであるからだ。前者はスポークスマンの風格をあらわし、後者はスポークスマンの態度をあらわす。謙虚さと慎み深さの裏に隠れているのは、スポークスマンが自分のために残す余地である。

　もし適時性が危機事件に対するニューススポークスマンチームの最も基本的な対応要求というなら、正確性は一人のニューススポークスマンが危機事件に対して素早い判断を下し、これによって事件をめぐる速く正確な一セットの対応策を立てることができるかどうかの試金石の一つである。そして安定性は舞台に立ってフラッシュの下に人々に注目されたニューススポークスマンの個人発言芸術に対する全体的な考量である。相対的に言えば、ニューススポークスマンとして、安定性は最もチャレンジのある修業応対である。

　一人のスポークスマンが鍛えに鍛えて筋金入りになりたいなら、安定性に時間をかけなければならない。それにしても、危機事件の予測できない突発性、危機事件に表れる再現性のない「ユニークな特徴」及び発生後の社会公衆の世論による圧力のため、ニューススポークスマンにとって完璧な「安定性表現」は実に難しい。

　一般的には、ニューススポークスマンの安定性と言えば、一部の西側先進国で比較的によく対応できた。これは彼らが以前から安定性を重視し始めたからである。しかし一番大切なのは西側文化、特に政治伝播における長い歴史のあるパブリックスピークの伝統のためである。

　要するに、危機伝播中のニュース発表の本質的な要求は、なるべく短い時間になるべく多くの情報を提供することである。そのため、危機伝播のニュース発表に対応するには、普段の修業が大切である。ニューススポークスマンチームにとっては、普段危機対応マニュアルを備えることが必要である。一旦危機が発生したら、やらなければならないことは危機に経済評価を下すことである。同時に、危機対応マニュアルを適度に調整することである。

# 3. 危機伝播とニュース発表の特徴は、ニュース発表の技術操作を決める

　危機伝播及びニュース発表の本質は、情報・観点の交換過程によって決まる。情報・観点の交換過程でやらなければならないことは、フィードバックされた情報・観点・気持ちを判断・整理・検討して、それによって後で発表していく情報・観点を絶え間なく調整することである。多くの場合では、危機を解決するには法廷の法律裁判（court of law）に頼るわけではなく、社会公衆の公共世論裁判（court of public opinion）によって決まるのである。具体的な例として、ニュース発表会現場での公共関係技巧は、実際には人と人との間の練達の交流技巧である。

　（1）メディアの後ろに立っている公衆の気持ちを把握することが一番重要である。全ての危機事件は必ず事件の内層利益関係者（internal stakeholders）の高度な憂慮、不満と怒りの気持ち及び外層関係公衆（external public）のさまざまな野次馬根性を伴うに違いない。ただし、両方とも危機事件の真実情報状況に対する理解には限度がある。この限度こそ、危機伝播のニューススポークスマンに情報不均衡なメリットの要害な高地を占めさせる。それは相対的に言えば、彼らはいつでも公衆より多くの危機事件に関する情報を把握しているであるから。そのため、情報を発表する前に、ニューススポークスマンは必ず公衆の普遍的な気持ち指数を十分に理解しなければならない。気持ち指数とは主に突発的な危機事件に直面して、公衆の心に含まれている主要な事件責任者に対するさまざまな感情意識のことを指す。こういう気持ち指数は一般的には初期の恐怖と憂慮、中期の焦燥と不満、及び後期の失望と怒りなどに分けられる。

　（2）公衆の気持ちをある程度、判断して把握することができたら、勇敢に責任を負わなければならない。危機伝播中のニュース発表にとっては、責任を逃れることは忌みである。一般的には、手ごわく、公衆の不満感情を引き起こす全ての危機事件の裏には、必ず人為的な手抜かりの原因があるから、ニューススポークスマンは責任を負ったら、ある程度、公衆に自信と沈着の態度を伝達する。

（3）ニュース発表時の前置きをうまく利用する。責任を負うこと以外、ニュース発表時の前置きには事前に用意した危機対応マニュアル内の気持ちを慰める言葉（holding statements）も必要である。もし気持ちを慰める言葉が定例化、プログラム化の定例行為に属すというなら、如何にしてこういう定例行為を最も完璧な方式で、特定のニュース発表現場で特定の雰囲気で表現するのは、ニューススポークスマンのレベルを比較、評価する尺度である。

（4）ニュース発表時の言葉遣いは慎重でなければならない。ニューススポークスマンは、ある意味で修辞家である。情報発表の言葉は通常、簡潔、明瞭、有効でなければならない。相対的に専門知識を背景に備えている突発的な危機事件の伝播について、ニュース発表時にはなるべく、普通の公衆に理解し難い専門語を少なくしたほうがいい。永遠に記者をプロと見做さない。危機ニュース発表にとって、これは比較的に参考とする意味のある原則のはずだと思う。

（5）ニューススポークスマンは、基本的なメディアとニュース知識を備える必要がある。一人の適格なスポークスマンはハーフのメディア人の基本素養を備えるべきである。メディアの運営特徴と記者の職業操作規範を十分に認識して、記者が危機事件に直面して背負う「情報を得る圧力」を十分に理解する必要がある。こういう圧力は大体以下のところに表れている。つまり、情報ができるだけ正確という前提で、できるだけ早く編集部に危機事件に関する関連情報をフィードバックしなければならない。

（6）突発的な危機事件の情報発表の適時性。情報発表の適時性は効果的に噂を阻止することができるだけではなく、容易にメディアと公衆の信頼を得ることもできる。一旦突発的な危機事件が発生したら、また関連情報が極めて足りない場合、ニューススポークスマンは類似したメディアの「転がる記事」の格式に倣って、絶えざる「転がる発表」（regular briefings）を採用することができる。実はこれはちょうど異なるメディアの締め切り圧力（deadline pressure）を満足させる。

（7）準備のない戦争はやらない。十分な準備ができていない場合、気軽に発言しないほうがいい。でなければ、かえって逆効果をもたらす可能性がある。大切な情報に対しては、確実な情報源に支えられていなければだめである。スポークスマンの結論には十分な証拠が必要で、質問と反問に耐えられなければならない。

（8）情報発表には前後矛盾したことを表すわけにはいけない。一旦、前後矛盾したことが現れたら、メディア、記者及び公衆の信頼を失う羽目に陥る。信頼はすべての突発的な危機事件に対処する最も大切な要素であるから、絶対的な自信がなければ、必ず自ら余地を残さなければならない。こういう点こそ多くの危機情報にある固有の特徴である。例えばSARS時期には、もともとこの伝染病に対して、科学的には完全な認識がないから、こうした状況のような場合、情報発表時に、公衆に関連情報とデータの「限定性」（limitation）と「不確実性」（uncertainty）を強調する必要がある。

（9）発生していない非事実的な仮説問題に対して、絶対の自信がなければ返事をしないほうがいい。これはいわば「虚を避け、その実につく」。こういう点は定例的なニュース発表会での記者の質問に対する推奨技巧「実を避け、その虚をつく」とは全く違うものである。危機伝播のニュース発表にとって、なるべく発生した、存在していた事実の情報とそれに対する積極的な対応措置について返事したほうがいい。

（10）「ノーコメント」のような言葉遣いは最も避けねばならない。これは公衆の不信頼と猜疑心を招くことにしかならない。いわば危機伝播の最も致命的な障害である。そのため、情報発表者は十分な忍耐力を持ち、危機事件に対する公衆（メディア）の憂慮と不安、さらに恐怖の気持ちを十分に理解、肯定しなければならない。一歩譲って言うなら、ある把握した情報に対して、ある原因で適時に発表したくない、または発表できない時でも、ニューススポークスマンは修辞語を換えて、情報の発表時間を延期し、適切なチャンスを待つほうがいい。

（11）確実に答えられない質問に対しては、正直自分が知らないことを認めることができ、そして認めなければならない。ニュース発表中、うまく例を挙げたり、物語を語ったり、例えたりする必要がある。ある「攻撃性」（attacking）を有する質問に対して、答える時には人ではなく事案に対応し、同時になるべく気持ちを和らげ、相手からの「攻撃的」な問題を激烈な「論争」の問題に変えることは絶対にしてはならない。ニュース発表の一つの目的は、論争を開始することではなく、論争を終結することである。言い換えれば、メディアの質問に直面して、ニューススポークスマンは永遠に癇癪を起こすことができない。ニューススポークスマンは結局、メディアに頼って公衆に情報を

発表する。記者が一旦、コントロールを失ったら、彼の記事に影響をもたらすことは免れない。

（12）危機事件の処理及びニュース発表中、絶えずメディアの危機事件に対する記事を検討し、間違った情報を発表で適時、補充・訂正・調整し、そして間違った原因を発表で説明する必要がある。メディア側による真実ではない、及び間違った記事に対して、適時、指摘・訂正しなければならない。

# 4. 危機伝播とニュース発表中の世論誘導

我が国では目下、危機伝播中のニュース体制の主な障害は、大体以下のところに現れていた。既存の政治枠内で絶えずニュース主管部門及び地方各レベルの政府の不適当（特に危機事件の伝播中で）な権力規制を突破することを求めなければならないだけではなく、一方ではニュース体制を改める中で、メディア内のさまざまな資本勢力と対抗しなければならない。

こういう二重の圧力下にあるニュース体制は、一旦外部に強く関与されたら（危機事件のニュース伝播中では特にこうした状況が起こりやすい）、小心でびくびくしているメディアが自己審査または自己制限に陥り勝ちであるから、「情報真空」（information vacuum）という状態を招いて、メディアのニュース記事は、社会公衆の危機事件に対する情報ニーズ、及び知る権利を十分に満足させない。

そのため、我が国では目下、危機伝播とニュース発表の重点は、突発的な危機事件の進展により、関連の危機情報を適時フォローアップし、発表することにある。人為的な原因による社会的な突発事件なら、さらに本当の公衆世論を適時反映する必要があり、これを以って情報真空による社会混乱、或いは公衆の心理的危機を補う。またこれをベースにして、科学的に社会世論を導く。

それに対して、我が国の前世代新聞人、馬達も「我が国のニュースマスコミの現状から見ると、人民公衆の意見と建議、民情や世論を十分に反映する、または反映しすぎるわけではなく、世論を導くことに深刻な不足が存在するわけでもなく、社会世論の反映は極めて不十分だ。そして世論の導き方も悪く、関与しすぎたり、制限しすぎたりしてしまった」と思っている。（雷頤の『馬達の思考』、『経済観察報』2011年9月12日、第49版により）。

世論誘導、または世論指導が必要である。また伝播学中の議事日程設置理論によっても、必ず効き目がある。しかし、前提は既存の社会世論によって導くことしかできない。言い換えれば、世論の操作ではなく、世論を導くことである。世論は誘導より先に存在していた客観的な存在であるからだ。でなければ、一旦誘導した世論または指導した世論が社会世論から離れすぎたら、或いは全く社会世論を放っておいたら、かえって逆効果をもたらすかもしれない。これは危機伝播中では特に明らかである。

## 5. ニュース発表は一切の問題を解決する、とっておきの手段か？

　全文の結語として、筆者がこういう問題を提出するのは、上記で討論した突発的な危機事件のニュース伝播中のニュース発表の効力を否定するためでないことは明らかで、正確なニュース発表がいかに危機伝播中でのポジション、役割及び機能を持っているかを指摘するためである。

　今日、我々は様々なメディア形態が共存しているグローバルメディア時代に既に入ったことは誰でも否定できない。突発的な危機事件のニュース伝播はある程度、既存の国家地理と空間限界を超え、グローバルメディアが注目する話題になった。中国インターネット情報センター（CNNIC）が発表した報告によると、2011年6月末までで、中国のインターネットユーザーは4.85億人に達した。2011年上半期、我が国の携帯インターネットユーザーは3.18億人に達し、ツイッターユーザーは1.95億人に達した。ここ数年来の危機伝播研究によると、多くの突発的な危機事件はニューメディアで「武装」した公民記者が率先してトップ記事を発表したのである。

　このようなメディア構成の下、突発的な危機事件が一旦発生したら、伝統的な主流メディアと呼ばれるメディアに様々なニューメディアを加えて、専門記者チーム、個体化した公民記者、及び国内外の各種のニュースメディアが全部情報発表のチームに参加するはずである。既存の「ニュースを隠す」、「記者を防備する」という「駝鳥政策」は根本的にだめになってしまった（筆者がこういう点を指摘するのは、我々の政府機関、特にある地方政府の中にこのような旧観念がまだ存在しているからである）。それに上記で検討した政府機関が危

機情報を封鎖すること、またはメディアが危機記事の中で自己審査することによる「情報真空」も生存スペースがなくなってきた。危機伝播中、政府が無理やりメディアの「ゲートキーパー」を演じることや、社会の安定を守るために必要としてきた「世論一律」も今日では基本的に実行できない。

　そのため、ニュース発表で政府が本当にやらなければならないのは、適時、客観、公正に真実の情報を発表し、間違った情報を明らかにし、これに基づいてメディア世論と社会世論を誘導して、またできる限り危機によるマイナスの影響を減らすことである。言い換えれば、ニューススポークスマンというキャラクターはメディアの助けを借りて社会公衆と情報・観点を交流する役割を果たして、危機事件による公衆のパニックと社会のプレッシャーを和らげる目的を達成する。中でも、最も大切なのは間違った情報伝播に誘発された、現れるはずのない社会混乱を適時除去することである。こういう混乱は危機伝播中の「情報危機」とも呼ばれる（「メディア危機」という呼び方もある）。

　目下のメディア環境の下で、政府は突発的な危機事件に対応する際、真剣にニュース発表を取り扱う必要があるが、同時に、突発的な危機事件がもたらした一切の影響を、ニュース発表が根本的に、そして直ちに消去してしまうと期待することはできない。この二つの方面では、我々はまだまだかもしれない。

# 大震災・原発事故と日本の新聞


清水美和<sup>*</sup>


## はじめに

　3月11日午後2時46分、宮城県沖約130キロを震源に発生したマグニチュード9・0の巨大地震と、太平洋沿岸各地に押し寄せた大津波は、死者1万5811人、行方不明4035人（9月26日現在）という大きな被害をもたらした。さらに、この地震・津波により原子炉の緊急冷却装置が作動しなくなった福島

＊　清水美和, 1953年生まれ、名古屋市出身、77年、京都大学経済学部卒業後、中日新聞社入社。
　　三重総局、東京本社社会部、同特別報道部を経て、香港、北京特派員、米コロンビア大学客
　　員研究員を歴任。中国総局長を経て編集委員、論説委員。現在、論説主幹。2003年、『中国
　　農民の反乱』によりアジア太平洋賞特別賞、07年、著作、報道、評論活動に対し日本記者ク
　　ラブ賞。著書に『中国農民の反乱』、『人民中国の終焉』（講談社 + α 文庫）、『中国はなぜ「反
　　日」になったか』（文春新書）、『驕る日本と闘った男——日露講和条約の舞台裏と朝河貫一』
　　（講談社）、『中国が「反日」を捨てる日』（講談社 + α 新書）、『「中国問題」の内幕』『「中国問題」
　　の核心』（ちくま新書）。近著は「2011年の世界情勢」（PHP、共著）、「中国はいま」（岩波新
　　書、共著）。

第1原発は、1~3号機がメルトダウン（炉心溶融）を起こし、11万3000人に上る周辺住民が避難を余儀なくされた。原発史上最悪というレベル7の事故を起こした福島第1原発は、今も放射性物質の排出が止まっておらず、東日本ばかりか日本全国、周辺諸国まで放射能への不安を広げている。未曾有の大災害に対し、日本のメディア、とくに新聞はどのような役割を果たし、またどのような反省をしなければならないのか。それを中国や韓国の同業の皆さんと、今回の災害報道を通じた教訓として共有したい。

## 1. 被災地に勇気を与えた

まず、報告したいのは、新聞の情報媒体としての役割が見直され、とくに大災害に見舞われた被災地をはじめ日本全国に勇気を与えたという点である。日本でもメディアといえば、インターネットやフェイスブック、ツイッターといったソーシャルネットワークが脚光を浴び、新聞は斜陽産業と考えられている。

しかし、地震発生とともに東日本全体を襲った大停電、通信網の途絶は、ソーシャルネットワークの威力を半減させた。被災地ではテレビも映らず、ラジオも電池が切れると役に立たなくなった。地震・津波で、多くの新聞社の社員が被災し、新聞製作機能が麻痺した。新聞を各家庭に送り届ける新聞販売店が津波で流されるなど、各新聞社の被害は甚大だったが、それでも新聞人たちは新聞を発行し続けた。

宮城県石巻市のローカル新聞「石巻日日新聞」は社屋が被害を受け新聞が製作できなくなると、社員たちは大きな模造紙に手書きで記事を書いた「壁新聞」をつくり、避難所に張り出して被害の模様を伝えた。東京新聞と協力関係にあり、仙台市に本社のある河北日報は新聞制作のホストコンピューターが倒れたため、約250キロ離れた新潟県の県紙、新潟日報の本社まで整理記者が赴き、紙面を製作し、その紙型を仙台で印刷して新聞を発行し続けた。新聞を配れない販売店がある地域には、社員が直接新聞を運び、避難所で無料配布した。「新聞で初めて被害の模様を知り、体が震えた」「新聞が届くドサッという音を聞くと安心した」という被災住民の声を、河北新報の一力雅彦社長は最近の講演で紹介している。

日本の新聞は日頃、社会のマイナス面を紹介することが多いが、震災後は被災地や全国の人々に勇気を与えるニュースを大量に報道した。人口約1万7000人の街全体が津波にのみ込まれた宮城県南三陸町では、津波に襲われるまで防災無線で住民に避難を呼びかけた女性職員がいた。町危機管理課職員の遠藤未希さん（25歳）は地震後も町役場別館の防災対策庁舎（3階建て）に残り、無線放送を続けた。地震から約30分後、高さ10メートル以上の津波が町役場を襲い、庁舎屋上の無線用鉄塔にしがみついていた10人を除いて、職員を押し流した。最後までマイクを握り続けた未希さんは遺体で発見された。南三陸町の街全体が破壊されながら、死者は530人にとどまったのは未希さんの呼び掛けが功を奏したとみられる。

　9月に結婚を控えながら、自らの命を犠牲に住民を救った未希さんの物語は新聞、テレビで全国に報道され、感動の涙を誘った。野田佳彦首相も9月13日の就任後初の所信表明演説の冒頭、未希さんの名前を紹介し人々に与えた感動と勇気を讃えた。

　宮城県女川町では、水産加工会社「佐藤水産」専務、佐藤充さん（55歳）が工場裏の2階建て寮で地震の恐怖に震えていた中国人実習生20人に「津波が来るぞ」「逃げろ」と呼びかけ、寮から約50メートルの小山に連れ出した。佐藤さんは山上の神社に実習生たちを避難させると、山を下りて他の社員の救出に向かい行方不明となり、遺体で見つかった。佐藤さんの命をかけた救出劇は中国でも大きく報道され、5月に来日した温家宝首相も「国籍にかかわらずに救助した。災難の中で得た友情は大切で貴重だ」と佐藤さんをたたえた。

　このほか、被災地では極限状況の中でも人々が理性を失わず、助け合う姿があった。最愛の肉親を失い、あるいは行方がわからなくても、被災した人たちの救援に奮闘する多くの勇敢な人々がいた。原発災害に立ち向かい命懸けの放水を行った消防隊のリーダーは、部下より自分の被爆量が多かったことでほっとしたと語った。現場で奮闘する自衛隊、消防、警察の隊員たちの寡黙な態度は、多くの人々の胸を打った。新聞はこれらのエピソードを、紙面を大きく割いて伝え、「想定外」の大地震と、信じてきた「原発安全神話」の崩壊にうちひしがれていた国民を再び立ち上がらせた。

　朝日、産経、毎日、読売の全国紙4新聞社は4月下旬、各紙の購読者を対象に、震災と原発事故について、新聞の読まれ方などの共同調査を実施した。そ

れによると、震災・原発事故以降、重要度が増したメディア・情報源は、新聞86・2%、テレビ放送（ＮＨＫ）85・0%、テレビ放送（民放）70・8%という結果だった。ニュースの速報性ではテレビが新聞を上回ったが、「具体的な被災状況や原発事故の解説など詳細な情報」については新聞79・3%がテレビ放送（ＮＨＫ）61・8%をしのいだ。新聞には、テレビやネットにはない情報があることを4割があらためて認識し、新聞への評価が高まった。

## 2. 真実を報道したか

このように震災・原発報道を通じて新聞の評価は高まったが、読者の熱い期待にこたえられるほど、新聞が真実を報道したか、という点については、実は反省点も多い。被災地の惨状を伝えるよりも、人々を勇気づける報道に力点が置かれた結果、未曾有の惨劇の実態を伝える点では、新聞には躊躇があった。日本の新聞が遺体の写真を掲載しない方針を貫いていることは、よく知られている。同じように被災地で被害にあった人々から窃盗を働いたり、空き家となった家屋に空き巣に入ったりする犯罪が多発し、治安が悪化していることを新聞はほとんど伝えなかった。中には相当、悪質な犯罪も起きていたというが、震災発生以来の紙面に、それらの報道を見つけるのは難しい。被災地の犯罪報道は、本社や編集責任者が指示したわけではなく、記者それぞれが取材、執筆を自粛した例が多いと聞く。現場では誰が言うわけでもなく、事態の積極的な面に着目して報じる「正面報道」の方針が貫かれていたわけだ。

被災地の報道で記者が、こうした心情になるのは理解できるが、原発報道については見過ごすわけにはいかない。震災発生の翌日、3月12日、経済産業省原子力安全・保安院の中村幸一郎審議官は、東京電力の福島第1原発1号機で原子炉の心臓部が損なわれる「炉心溶融（メルトダウン）が進んでいる可能性がある」と発表した。発電所の周辺地域から、燃料の核分裂に伴うセシウムやヨウ素が検出され、燃料が溶けて漏れ出たと考えられるという。炉心溶融が事実だとすれば、最悪レベルの原子力事故が起きたことになる。

ところが、政府は3月12日深夜に中村幸一郎審議官を更迭、その後、原子力・安全保安院の発表は「メルトダウンの恐れを否定できない」「燃料棒の損傷はあるが溶融はない」と次第に後退し、菅直人首相は「格納容器で囲まれて

いるわけだから、メルトダウンのような危機的状況にはならない」と楽観的な見通しを語った。実際には1カ月後の4月18日、原子力安全・保安院は福島第1原発1~3号機で原子炉内の核燃料の溶融が起きていたと政府に報告し、メルトダウンを事実上、認めた。

　新聞をはじめメディアは当初の発表で、メルトダウンの可能性が高いのを知っていたし、専門家の中にもメルトダウンが起きているという意見が強かった。しかし、新聞は政府の発表の変化を追及するよりも、それに合わせてメルトダウンの可能性をあいまいにする報道に後退した。これは政府と異なる見解を報道することを恐れたというより、メルトダウンと断定することで住民の間にパニックが起きるのを避けたいという気持ちがメディアにも強かったからではないか。「事態が深刻であってほしくない」という災害時特有の心理からメディアも自由になりえず、結果的に政府による事態の隠蔽に加担してしまった面がある。

　社会に不安や恐怖を広げることを避けたいというメディアの報道姿勢が、放射性物質の汚染や除染対策が立ち遅れる一因になったことも否定できない。日本政府は約128億円をかけ原発事故などによる放射性物質の拡散を予測する「緊急時迅速放射能影響予測ネットワークシステム（ＳＰＥＥＤＩ）」を開発してきた。

　しかし、福島第一原発事故では、拡散の試算結果を公表したのは、3月23日と4月11日の2回だけにとどまった。原発が電源を失い、予測に必要とされた原子炉や放射性物質に関する情報が入手できなかったとして、データの公表を控えた。確定データに基づく拡散予測はできなかったものの、ＳＰＥＥＤＩは仮定の条件に基づいて試算を行い、ある程度正確な拡散の模様を示すことはできた。しかし、それも「無用の混乱を招く」（原子力安全委員会）と公表されなかった。

　これに対し、欧州各国の気象当局などは独自の予測を迅速にホームページ上で公開した。ドイツ気象庁は、福島第1原発が最初に水素爆発を起こした3日後の3月15日から、国際機関から入手したデータを基に放射性物質が拡散する範囲などを予測して公表した。英国やオーストリア、フランス、フィンランドなども福島の事故を受け、早々に拡散を予測して一般に公開した。

　こうした予測を基に在日ドイツ大使館は3月16日までに、被災地や首都圏

に住むドイツ人に対し国外待避を呼びかけた。在日アメリカ大使館は3月17日、日本にいる自国民に対し福島原発から「80キロ圏外への退避勧告」を出し、イギリスやオーストラリア、韓国なども同様の勧告を出した。日本政府は3月15日に原発から半径20キロ以内の住民に避難を指示、20〜30キロの住民に屋内退避を指示したが、同心円に設定された避難、待避区域は、実際には北西に延びた放射性物質の拡散エリアとは食い違っていた。さらに、原発から20キロ圏内を災害対策基本法に基づく警戒区域に設定し、立ち入りを禁止したのは4月22日までずれ込んだ。

　新聞は各国が原発周辺からの退避勧告を自国民に出している事実を伝え、自社の記者には原発から50キロ圏内への立ち入り取材を制限しながら、政府の避難指示の立ち遅れを十分に追及することはできなかった。結果として放射性物質による汚染の拡大を黙認した。それは官邸、原子力安全保安院、東京電力の発表が矛盾をきたし、真相が見極められなかったうえ、原発周辺の住民に恐怖や混乱が広がることを恐れたためであるが、新聞も政府と同様に責任を免れない。

　実はこうした事態は今も続いている。7月28日、衆議院厚生労働委員会で児玉龍彦東京大学先端科学技術研究センター教授は参考人として放射性物質拡散の現状を告発し、内部被曝対策と除染の緊急性を訴えた。児玉教授は福島第一原発から「ウラン換算で広島原爆の20個分の放射性物質が漏出している」と指摘した。さらに「放射線の残存量は1年で原爆が1000分の1程度に低下するのに対して、原発からの放射線汚染物は10分の1程度にしかならない」と警告した。そして、汚染地の放射線量測定や体内被曝をもたらす恐れのある食品検査を徹底し、放射線に弱い子どもの被曝を減少させ、国策として民間の力も結集して土壌汚染の除染を呼びかけた。

　体内被曝をもたらす食品に対する放射性物質による汚染は、水道水、主食のコメや野菜、お茶、稲わら汚染による牛肉、海洋汚染による水産物など次々に問題になっている。しかし、低レベル放射性物質の人体への影響については定説がなく、政府の規制値も暫定とされ、報道に当たっても消費者の安全と、生産者の立場、社会に混乱を起こさない配慮との間でジレンマに陥り、問題追及の矛先が鈍っているのが現状だ。

# 3. 脱原発依存を目指して

　広島、長崎に原爆を落とされた日本は原子力への拒否反応が強かった。しかし、原子力発電は核の平和利用という点が強調され、多くの日本人は「核兵器はだめだが、平和利用はいい」という見方を共有するようになった。政府は国家の安全保障上からも必要とあれば核兵器開発に転用できる原発建設と核燃料サイクルの確立に躍起となり、電力会社とともに「事故は絶対に起こさない」という安全キャンペーンに力を入れた。

　多くの人々は日本の技術力への過信から原発の安全を信じるようになり、日本列島全体に活断層が走る危険な地震大国が原発に頼り、処理できない核廃棄物を貯め込むことに慣れていった。地球温暖化防止のため二酸化炭素を出さない原発はクリーンなエネルギーとして、さらに宣伝が強化された。しかし、福島第一原発は事故が起きれば取り返しがつかない、原発依存の危険を多くの日本人に再認識させた。

　東京新聞加盟の日本世論調査会が6月11、12日に実施した全国世論調査によると、国内に現在54基ある原発について「直ちにすべて廃炉にする」「定期検査に入ったものから廃炉にする」「電力需給に応じて廃炉を進める」とした人が合わせて82％に上り、「現状維持」の14％を大きく上回った。

　事故前後での原発に対する不安について聞いたところ、事故前に「大いに不安を感じていた」「ある程度感じていた」は計43％だったのに対し、事故後は計94％と倍増し、今回の事故が与えた心理的変化の大きさを裏付けている。政府がエネルギー基本計画で掲げていた「2030年までに原発14基以上を新増設する」との方針については、67％が「新設、増設すべきではない」と回答した。「14基より減らすべきだ」は22％で、「方針通り進めるべきだ」は6％にとどまった。

　また、重点的に取り組むべきエネルギー分野（二つまで回答）では、太陽光などの再生可能エネルギーが84％でもっとも多く、次いで水力45％、天然ガス31％と続いた。原子力は7％で、石油、石炭（各4％）を上回った。

　こうした世論の変化を背景に新聞各紙は「原発ゼロ社会—いまこそ　政策の大転換を」（朝日新聞、7月14日付）、「原発から再生エネルギーへ」（毎日新聞、

8月2日付)、「原発に頼らない国へ」(東京・中日新聞、8月6日付) という社説と論説特集を掲げ、エネルギー政策の転換を訴えた。一方、読売、産経、日本経済の3紙は原発の安全性を確保しながら、再稼働を求める立場を変えていない。

　東京新聞社説は原発の廃炉で「電力が足りなくなったらどうするのか」という意見には「人の命と安全は経済性に優先すると答えたい」と反論している。「核の制御の難しさはもちろん、日本が四枚のプレート上にある世界有数の地震国である」ことも原発のない国を目指す理由に挙げている。福島第一原発の事故で「原発の安全、安価、クリーンの神話は崩れ去った」と述べ「電力の自由化、自然エネルギー庁の新設、徹底した情報公開」を提言した。「原発は中国やインド、中東などで増えそうで各国の事情はある」と各国独自の選択に理解を示しながら「日本は持ち前の技術と結束力で、原発がなくとも豊かな社会が築けるというモデルを世界に示すべき」と呼びかけている。

　脱原発を目指す提言には、読者から「読ませていただき少し安心しました。脱原発は遠く厳しい道のりでしょうが、姿勢を変えずに他のメディアをリードしていってください」「読者にあるべき将来をも展望させる素晴らしい内容で感服した」といった共感と励ましのファクスやメールが数多く寄せられた。一方で「原発が日本に必要ないという感じを強く受けました。このような偏った考え方を新聞の一面に掲載すべきではないと思います」と批判の声もあった。

　しかし、その後の脱原発を目指す主張、報道も、概ね読者から支持と共感の声で迎えられ、福島第一原発事故で日本人の原発に対する意見が変わったことを裏付けている。


# 4. 国境を越えた協力教える大災害

　私が東日本大震災の発生を知ったのは、中国取材のため上海の空港に到着し、市内に入ってまもなくだった。上海支局に着くと、衛星放送のNHKテレビに大津波で押し流される家や車が映し出されていた。パニック映画のような映像に息をのみ、あわてて帰国便を探したが、成田も羽田も閉鎖されている。翌日朝一番の飛行機をおさえ動悸がやまないままホテルに帰った。ホテルの従業員に予定を変更し明日帰国すると伝えると、「早く帰れるといいですね」と

言ってくれた。

　中国のテレビも被災地の模様を延々と中継していた。日本にいる中国人の安否を伝えるためでもあろう。しかし、肉親の死に涙を流し、破壊しつくされた故郷で立ちすくむ日本人の姿を、悲壮な音楽を交え沈痛な声で伝える画面からは同情が伝わってきた。日本と中国の関係は歴史的な背景もあり、昨年は尖閣諸島の領有権をめぐる対立も起きて互いに国民感情は悪化した。しかし、大災害はわだかまりを乗りこえさせたかのように感じた。

　中国のインターネットに書き込まれた日本の不幸を喝采する意見は、激しい批判を浴びたという。一晩だけになった上海の夜、中国の友人宅でテレビを見ながら過ごした。7時の定時ニュースは開催中の全国人民代表大会が中心だったが、その後は日本の大災害を伝える特別番組だった。「四川大地震で、日本の救援隊が真っ先に来たことを中国人はよく覚えている。遺体に、こうべをたれる姿には感動した」と友人はいう。中国のテレビも延々と伝えた被災の模様は、さらに大きなインパクトを与えたようにみえる。

　たびかさなる三陸海岸大津波で、営々と堤防を築いてきた人々をあざ笑うように、津波は軽々と堤防を乗りこえた。巨人が手で払ったごとく街は壊滅した。それは大自然の猛威に対し悲しいほど無力な人間の姿を、国境を越えて教えた。巨大な脅威の前には、国と国が小さな問題をめぐり対立することなど愚かに感じさせた。いや、人間が地球の環境を自分たちの意のままになるかのように思い「環境保護」を言い立てることすら思い上がりだったようにも思える。

　地球は人類がもたらす生態系への影響が耐え難いまでになれば、身震いをして人類を振り払ってしまうのではないか。保護されなければならないのは実は人間だったのだ。弱い人類は肩を寄せ合って生き延びてくほかない。お互いに、いがみ合い対立する余裕など、実はなかった。こうした教訓が国境を超えて共有されるとすれば、今回の大震災も悲劇だけでは終わらないだろう。何とか翌日、朝一番の飛行機に乗り込んで東京へ向かう途中、そんなことを考えた。

　大災害の報道は、人類が国境を越えて助け合わなければならない地球の現実をわれわれに教える。国際的な救助活動や支援物資の運搬も、各国の政治的思惑を超えた人間としての連帯感が支えている。こうした結びつきを生み出すのが、国境を超えた報道だ。2008年5月の四川大地震では、被災地の取材が外

国報道機関にも開放された結果、被災地の救援を呼びかける声は外国でも高まった。東日本大震災では中国のテレビが被災地の模様を中継し、新聞も詳しく報道した。

　こうした報道を各国の報道機関が協力して展開することが、結果的に人々のつながりを深める。そこでは確かに、科学的知識の不足や社会の混乱を恐れる気持ちから真相に迫れない実態もあるかもしれない。しかし、実際に触れる被災地の様子に突き動かされ、情報統制と自らの心理的な壁を乗りこえる努力が、読者や視聴者から支持される報道につながると信じている。

# 韓中日の災害報道と災害救助協力のための
# マスメディアの役割と機能

朴勝俊[*]

## 序論

　自然災害は人為的な国境を越えて広がる。東アジアの隣国である韓国と中国、日本で発生する自然災害もこれら3カ国の国境とは関係なく、陸と海を通じて伝播する。毎年、東南アジア海域で発生する台風は、概して韓中日の3カ国の国境を行き来しながら、これらの国の国民に被害をもたらすが、韓中日3カ国間の政府間の共助も、これらの国のメディア間の共助も未だに成り立っていない。最近、ソウルに3カ国間の政治的協力のための韓中日首脳会議事務

*　朴勝俊，仁川大学中国語中国文学科教授。1978年、ソウル大学人文学部中国語中国文学科卒業。2010年、高麗大学大学院政治外交学科国際政治専攻博士課程卒業。政治学博士（高麗大学）。朝鮮日報香港特派員、北京特派員、国際部長、北京特派員兼支局長、北朝鮮・中国戦略問題研究所所長、韓国新聞放送編集者協会国際委員会委員長、仁川大学中国学研究所兼任教授を歴任。現在、戦略的協力パートナー関係のための韓・中国専門家共同研究委員会社会文化分科委員。著作に『鄧小平評伝』（朝鮮日報出版部、1988年）など。

局が発足したが、まだ政府間、メディア間の本格的な協力はなされていない。

# 1. 韓中日のマスメディアの災害報道事例

## （1）中国四川大地震

2008年5月12日、四川省汶川県をはじめとする中国8つの省と市一帯でリヒター地震計震度8.0の地震が発生した。地震発生1カ月後の6月10日、新華通信の報道によれば、この地震で死亡6万9164人、行方不明1万7516人、負傷37万人等、全部で46万人余りの人的被害が報告された。この地震は、中国国内では1976年7月26日に発生した河北省唐山市大地震以来、最大の被害を出した。唐山大地震当時、中国政府の公式発表は7200世帯余りが埋没、4200人余りが孤児になったとのことだったが、国外では唐山市の大部分の建物が破壊され、24万人が死亡していたと把握していた。

中国のメディアは、唐山市大地震と四川省大地震を報道する過程で大きく変わった報道姿勢を見せた。改革・開放政策実施以前の1976年に発生した唐山市大地震当時、新華通信をはじめとする中国メディアは地震による被害を正確に伝えなかったし、地震被害は主に香港で発行されるSouth China Morning Postなど海外メディアの報道を通じて伝えられた。しかし、⊠小平が中心となって推進した改革・開放政策実施から30年後に発生した四川省大地震では、発生した瞬間から新華通信とCCTV（中国中央電視台）が24時間の徹夜報道と放送を通じて、地震被害の現場と死亡・失踪・負傷の人数に関する四川省当局と中央政府の集計を逐一報道し、唐山市大地震当時とは「桑田碧海」のような全く変わった報道姿勢を見せた。

## （2）日本東北地震津波

2011年3月11日、日本のNHKは国会予算審議を生中継で放送していた。突然、東京国会議事堂3階参議院第1委員会会議室の建物が揺れ、天井にぶらさがったシャンデリアがひどく揺れた。菅直人総理と内閣、そして国会議員らは慌てふためき、一部の議員らは壁をついて身体を支えた。震源地の東北から373km離れた日本の国会で広がった状況はNHK放送に乗って全世界に伝えられた。

地震が発生した直後にNHKは放送画面下段に「緊急地震速報」を流し、1分27秒後、正規放送を中断して災害放送に切り替えた。アナウンサーは地震被害状況を報道し始め、放送ヘリコプターは地震の津波が押し寄せる光景を生々と中継した。

　日本は1962年に「災害対策基本法」が施行され、災害防止基本体系が作られた。NHKの災害放送システムの確立は1983年に東海中部で発生した地震と津波が直接的な契機となった。NHKはこれに先立って、1954年9月に発生した台風で旅客船が転覆し1155人の死亡者が発生した大惨事を航空機で撮影した画面を全国に報道することによって、災害放送の最初の一ページを開いた。日本放送法第6条では「災害を減らすことができる放送」を義務化しており、NHKは全国54の地方放送局を通じて独自の判断により災害放送をしている。

## （3）韓国2011年夏の台風と豪雨

　2011年夏の韓国は異常気象に見舞われ、7~8月の2カ月の夏の間にメアリーをはじめとする台風が朝鮮半島に上陸し、雨が降らなかった日が7日にすぎないほど頻繁に豪雨が発生し、全国のあちこちで多くの死亡者と行方不明者を出す被害をこうむった。特に7月25日から28日まで、ソウルと京畿道をはじめとする首都圏と江原道、慶南北、全羅南北と北朝鮮において河川が氾濫し、住宅が浸水するなど多くの被害が発生した。ソウルの代表的な高級住宅街の一つ瑞草区、牛眠洞と、江原道、春川市新北音などの地域で山崩れが発生し、多くの死傷者を出した。死亡・行方不明者数は7月30日までで70人を超えるほどであった。牛眠洞茄村地区と田園地区では山崩れで18人が死亡し、この中には財閥グループ新世界会長の夫人も含まれ、多くの韓国人に衝撃を与えた。

　牛眠山の山崩れの場合、山崩れが発生する光景がSNSを通じ放送会社によって全国に伝えられるなど、既存の空中波TV放送がカバーできない地域と時間帯に撮影された台風と豪雨の被害場面がSNSを通じて直接伝えられたり、空中波TVで放送されて、全国に知らされた。牛眠山の山崩れは災害救助を担当すべき政府部署が被害地域の瑞草区担当者に災害予告を正確にできず、すでに瑞草区から離れた前職の担当者に携帯メールで警告文を伝えてしまったと発表され物議をかもした。

## 2. 三ヶ国マスメディアの災害報道の特性

メディアが提供する災害情報の機能は大きく三つ形態に区分することができる。第一に災害発生を未然に防止する「災害予防情報」を提供する機能、第二に災害が発生した場合、被害を最小化する「災害応急情報」を提供する防災の機能、そして第三に災害を早期に復旧する「災害復旧と希望情報」を提供する復興の機能に区分することができる。このようにメディアが提供する災害情報の三つ機能と関連して、韓中日3カ国のメディアは各国の政治体制と社会の特性により、各自の特徴をもった災害報道を行なっている。

### （1）中国メディア

1976年に発生した唐山市大地震当時、中国メディアは災害予防情報と災害応急情報、災害復旧と希望情報を提供する三種類の機能の全てを正しく遂行できなかった。地震予告をしていないことはもちろん、臨時情報を提供することもなかったし、災害復旧と希望情報もまともに提供しなかった。計り知れない地震による被害の発生自体を正確に伝えなかったためだ。

しかし、改革・開放政策実施から30年後に四川省大地震が発生すると、すぐに新華通信とCCTVは緊急ニュース速報と緊急災害放送を通じて、大災害の発生と被害を速かに報道し、災害予防情報と応急情報、災害復旧と希望情報の三種類の機能を正しく遂行したと評価できる。特に地震による地形変化と、渓谷が岩と土で遮断されてできた堰塞湖の形成と、それによって発生する被害をあらかじめ予想し、被害地域の住民たちをあらかじめ待避するようにした点は災害予防と応急情報を見事に報道したと評価できる。地震発生後には、持続的な全国的放送を通じて災害復旧と希望情報を十分に報道することによって、この分野で韓国と日本のメディアを圧倒する機能を遂行したと評価できる。

### （2）日本メディア

NHKをはじめとする日本メディアは災害予防と応急、そして災害復旧と応急情報の三種類の機能の全てを世界で最もよく遂行するメディアだと評価されている。その中でも特に日本公共放送のNHKは、災害に関して報道陣を事前

によく教育し、災害放送に対しても絶えず訓練をして、できるだけ被害を最小化し、災害過程で日本人たちの意志が折れないよう適切に報道するメディアシステムを持っていると高く評価される。NHKは地震災害放送の場合、震度3以上ならばTV速報を通じて公表し、震度6以上ならば正規放送を中断して臨時ニュースを放送するシステムを稼動させている。

　日本メディアはこのように常によく訓練された災害放送をしているが、今回発生した東北大地震の時は、現地の行政機関の予想をはるかに超える規模の津波が発生し、途方もない死傷者と被害を出した。特に福島原子力発電所の放射能流出に対して日本政府が正確な情報を適時に提供せず、現在もその被害がどの程度であるのかが不明で、計り知れない程の被害を出した。

### （3）韓国メディア

　公営放送のKBSとMBC、民間放送のSBSとYTNをはじめとする韓国の放送メディアは災害報道に関する限り、互いに切磋琢磨して災害予防と応急情報、そして災害復旧と希望情報を報道する努力をしている。中国がCCTVと新華通信を主軸に、そして日本がNHKを主軸に災害放送システムを構築しているのとは違い、公営と民間放送が競って災害報道システムを構築している。

　特に韓国の放送メディアは災害が発生した場合、中央政府をはじめとして地方行政当局が災害の規模を縮小したり、災害予告機能を正しく遂行できず自分たちの職務怠慢を隠蔽・縮小しようとする企図を暴き出し報道することによって、次の災害に中央政府と行政当局がしっかりと対処し災害被害を最小化できるようにさせる報道慣行を遂行している。韓国のメディアは放送と新聞を分離せず、災害復旧と希望情報の報道に関する限り、災害直後はもちろん、長期間の被害者追跡報道を通じて災害克服の希望情報の伝達を極大化しようとする努力をよく遂行していると評価される。

## 3. 三ヶ国マスメディア間の災害報道の協力

　上述したように、韓中日メディアの災害放送システムは、各自の特長を持っている。中国メディアの場合、広い国土と多くの人口を対象にした災害報道を中国共産党と国務院が提供する正確な指導方針と情報により統一的に遂行する

一方、災害発生直後にはメディアの力量を総動員して災害克服と希望情報を報道するのに強力な力を発揮している。

　日本の場合、NHKを中心に、災害報道を専門的に担当する報道陣に対する事前教育と反復された事前訓練を通じて、深刻な事態が実際に発生した場合、被害を最小化し災害を早期に克服する一方、過度の悲観を拡大させず、国民の士気が折れないように配慮する災害報道に特長を示している。

　韓国のメディアは、政府が提供する災害情報の範囲を超えて国民の視点で国民の災害克服に実際に役立つ情報を提供することができるように競争的な災害報道をする特長をもっている。一方、災害克服でも、政府の能力範囲を超えた水準で災害被害を受けた国民に物資と希望情報を提供するよう努力している。

　韓中日3カ国のメディアの間の災害報道に関する協力は、3カ国のメディアがもつこのような特長を結合する「Three- in- one」を目標にした協力を進めることが望ましいと判断される。

# 結論

　3カ国メディア間の災害報道に関する協力は、まだ開始段階にすぎない韓中日の政治的協力に先立ち、3カ国間の政治・経済的協力体制構築を先導できる分野だと判断される。3カ国メディア間の災害報道に関する協力体制構築は、3カ国国民の心を一つにまとめる契機を提供でき、実際に国境を越えた災害の被害を克服するのに大いに役立つと考えられる。その上、3カ国の全てが、米国やヨーロッパなど先進国が先導した産業発展によって生成された二酸化炭素を排出し、温室効果ガスによる異常気象の災害の被害がますます拡大しており、3カ国メディア間の災害報道協力体制の構築は、一日も早く構築しなければならない緊急な課題だと判断される。

（小野田亮　訳）

# 중일한 3국의 재난 구제와 재난 감소를 위한 교류를 강화하고 협력을 추진할데 대하여

리취안모*

## 1. 중국 재난경감 및 재난구조 사업의 노하우

일본과 한국은 재난경감 및 재난구조에 비교적 선진적인 많은 경험들을 보유하고 있는데 이는 중국이 배우고 참고할만한 가치가 있는 부분이다.

중국은 장기적인 재난경감 및 재난구조 실천에서 일부 효과적인 방법과 기본경험들을 도출하고 정리하였다. 주로 다음과 같은 내용들이 있다.

(1) 비교적 완비된 재난 예방 및 구조 관련 법제체계가 구축되어 있다.

1980년대부터 중국은 약 30여 종의 재난경감 및 재난구조 관련 법률, 법규를 반포하였다. 예를들면,《중화인민공화국 홍수방지법》,《중화인민공화국

---

* 리취안모, 국가 민정부 재난구호국 재난구호 판무관. 민정부 원호국 조사연구원, 민정부 보도 판공실 부실장, 실장, 민정부 판공청 부순시원, 료닝성 민정청 부청장 등 직을 역임하였다. 근년에는 자연재해 구호 관리사업을 연구하고 있다.

지진방재법》,《중화인민공화국 기상법》,《자연재해 구조조례》,《지질재해 예방퇴치조례》,《파괴성 지진 응급조례》,《날씨에 대한 인공적인 영향 관리 조례》등이 있다. 특히 2010년에 반포된《자연재해 구조조례》는 법률 차원에서 재난구조사업이 다년간에 걸쳐 형성된 업무 원칙, 제도, 방법을 종합하였으며 국가응급법률체계에서의 재난구조사업의 지위를 확립하여 재난구조사업이 법에 의하여 행정사무를 수행하는 새로운 단계로 진입하도록 하였다.

(2) 과학적인 재난경감 및 재난구조 지도 체제와 메커니즘을 구축하였다.

과학적인 재난경감 및 재난구조 체제와 메커니즘의 내용은 매우 풍부한데 중앙정부의 통일적인 지휘, 관련 부서의 긴밀한 협조, 지방정부의 급별 책임, 사회 각계의 동참 등으로 개괄할 수 있다.

중앙 차원에서는 국무원의 통일적인 지도하에 국가재난경감위원회, 국가 홍수방지 및 가뭄대처 총지휘부, 국가삼림방화지휘부, 전국재해대처구조 종합조율판공실 등 기구를 각기 설립하여 재난경감 및 재난구조 관련 업무의 조율과 조직을 관장하였다. 이런 기구들의 인원구성, 업무직능 및 업무내용 등에서 일부 접점이 있지만 주요 업무의 내용은 각기 다르다. 국가재난경감위원회는 재난경감 및 재난구조 관련 부서들이 포함된 하나의 재난관리종합조율기구로서 중국 전역의 재난 대처와 구조 업무를 관장한다. 국가 홍수방지 및 가뭄대처 총지휘부는 주로 큰 하천의 정비, 홍수의 방지 및 가뭄의 대처 업무를 관장하며 국가삼림방화지휘부는 주로 화재의 예방과 진화, 재난구조 등 업무를 관장한다. 이런 기구들은 분업이 명확하면서도 서로간에 긴밀하게 연계되어 있어 상호 지원및 협조하는 관계이다. 특별히 중대한 자연재해 발생 시에는 중앙정부는 국무원 재난 대처 및 구조 총지휘기구를 설립하여 재난 대처와 구조 업무를 통일적으로 지휘한다. 예를 들면, 2008년초 빙설재해 발생 시에 중앙정부는 국무원 석탄, 전기, 석유, 운수 및 재난구조 긴급 지휘 센터를 설립하여 빙설재해에 대처하고 석탄, 전기, 석유의 공급과 운수의 원활성을 보장하는 업무를 통일적으로 조율하고 지휘하였다. 2008년 5월 12일과 2010년 4월 14일에 중국의 쓰촨 문천과 칭하이 옥수에 규모 8.0, 7.1의 강진이 발생한 후 국무원은 지진 대처 및 재난구조 총지휘부를 설립하여 지진대처 및 재난구조 관련 여러 부서들에 대한 통일적인 지도와 지휘를 전면적으로 강화하여 재해 대처 및 재난구조에서 최적의 효과를 보았다. 또한 각급 지방정부도 이와 기능이 비슷한 재난경감 및 재난구조 조율기구를 설립하여 현지의 재난구조업무를 관장하였다.

그리고 장기적인 재난구조 실천에서 우리는 또 중국의 국정에 맞는 중국 특색의 재난경감 및 재난구조 메커니즘을 구축하였다. 이런 메커니즘은 아래의 내용들을 포괄하고 있다.

——재난 긴급대응 메커니즘. 중앙정부의 돌발성자연재해 대응책은 3단계로 구분할 수 있다. 즉 국가의 총체적인 긴급대응책, 국가의 특정사건 긴급대응책과 부서별 긴급대응책이다. 정부 각 부서는 자연재해 특정사건 긴급대응책과 부서 직책에 따라 운용력이 더욱 강한 대응책 실시방법과 긴급대응업무수행규정을 제정한다. 중대한 자연재해가 발생한 후, 국무원의 통일된 지도하에 관련 부서는 각기 자기의 기능을 수행하고 긴밀히 협력하며 긴급대응책을 적시에 실행하여 대응책에 따라 재해 대처와 구조 관련 제반 업무를 원만히 수행한다. 재해지역의 각급 정부는 재해발생 직후에 긴급대응메커니즘에 따라 현지정부 책임자가 지휘를 담당하고 관련 부서가 모두 참여한 재해긴급지휘기구를 설립하며 재해대응책을 마련하고 현장 긴급대처업무의 수행을 조직하며 적시에 상급 정부와 관련 부서에 재해상황과 재난구조상황을 보고한다.

——재해정보 발표 메커니즘. 적시, 정확, 공개, 투명의 원칙에 따라 중앙과 지방 정부는 자연재해 등 각 유형의 돌발적사건 긴급대응 관리정보 발표업무를 잘 수행하며 뉴스통일원고의 발표권한을 부여, 기자의 인터뷰 조직, 기자회견 소집, 뉴스브리핑 개최 등 여러가지 방식을 강구하여 대중에서 재해의 발생, 발전 현황, 대응상황, 피해방지지식 등 관련 정보를 제때에 알려줌으로써 대중의 알권리와 감독권을 보장한다.

——재난구조 긴급대응물자비축 메커니즘. 중국은 물자비축창고를 바탕으로 하는 재난구조물자비축 네트워크를 이미 구축하였으며 국가긴급대응물자비축체계도 점차 보완되고 있다. 현재 중국 전역에는 17개의 중앙급 생활용 구조물자 비축창고가 이미 건설되었거나 건설중에 있다. 또한 중앙급 홍수방지물자, 삼림방화물자 등 물자비축창고도 지속적으로 건설하고 보완하고 있다. 일부 성, 시, 현에서도 지방급 재난구조물자 비축창고를 마련하였다. 이를 통해 기본적인 재해 대처 및 구조 물자 비축체계를 구축하였다.

——재해상황 조기경보 협의 및 정보공유 메커니즘. 중국 정부는 민정부,

국토자원부, 수리부, 농업부, 임업부, 통계국, 지진국, 해양국, 기상청 등 재해 관계 부서가 참여한 재해상황 조기경보 협의 및 정보공유 메커니즘을 구축하였다. 재해정보 데이터베이스를 구축하고 국가지리정보 공중서비스플랫폼을 활용하며 재해상황 정보 공유 및 발표 시스템을 구축하고 국가 재난경감 및 위험관리 정보플랫폼을 구축하여 중앙과 지방 각 부서의 재난긴급대응 관련 결정을 위해 효과적인 지원을 제때에 제공한다.

──중대 재난 구조 협동 및 조율 메커니즘. 중대한 재난이 발생한 후, 각 관련 부서는 자체의 직능을 제대로 수행하고 재해지구에 관계 부처들로 구성된 업무팀을 제때에 파견하여 재해상황을 파악하고 재난구조업무를 지도하며 관련 부서들을 조율하고 재난구조 의견을 제출하며 재해지구를 도와 구조작업을 전개하고 2차 재해의 발생을 방지한다.

──재난 긴급대응 사회동원 메커니즘. 중국 정부는 위험제거 동원, 수색구조 동원, 구호 동원, 재난 구조 동원, 재난구조 기부 동원 등을 주요내용으로 하는 사회긴급동원의 초보적 메커니즘을 구축하였다. 재해방어, 긴급구조, 재난구조 기부, 의료구조, 위생방역, 복구재건, 재해후 심리지원 상담 등에서의 인민단체, 적십자회 등 민간기구, 기층자치기구와 자원봉사자의 역할 발휘를 중시한다.

### (3) 위험제거 및 재난구조 긴급대응 체계를 구축하였다.

21세기에 이르러 중국은 긴급구조 기구와 인력 및 긴급대응메커니즘, 긴급대응자금 조달메커니즘을 주요 내용으로 하는 재난구조 긴급대응 메커니즘을 초보적으로 구축하여 긴급구조, 운수보장, 생활구조, 위생방역 등 긴급대처 능력이 크게 향상되었다.

──긴급구조 기구 및 인력 체계. 경찰, 무장경찰, 군인을 기반으로 하고 홍수재해 대처 및 긴급구조, 지진재해 대처 및 긴급구조, 삼림소방, 해상수색구조, 광산구호, 의료구호 등 전문기구와 인력을 기본역량으로 하며 기업, 공기관의 전문직 또는 겸직 인력과 긴급대응자원봉사자들을 보조인력으로 하는 긴급구조 기구 및 인력 체계를 기본적으로 구축하였다. 국가의 지상 및 공중 수색구호기지의 건설이 추진되었다. 긴급구조장비가 한층 더 개선되었다.

──긴급구조 대응 메커니즘. 재해정도에 따라 중앙기구는 돌발성 자연재해 대응책을 4등급으로 구분하고 등급별 대응조치를 명확히 하였으며 규범화

된 관리프로세스에 따라 재난구조업무를 수행하고 있다. 재난긴급구조 대응 메커니즘의 구축을 통하여 이재민이 재해 발생 후의 24시간내에 구조를 받을 수 있도록 기본적 체계를 확보하였으며 "음식, 의류, 음용수, 임시거주장소, 의료 서비스의 확보"라는 목표를 실현하였다.

　　——재난구조 긴급대응자금 조달 메커니즘. 자연재해 생활구조금, 대형 홍수 및 가뭄 대처 보조금, 홍수 파괴 도로 보조금, 내륙 하천 항로 긴급 정비 자금, 위생 구호 보조금, 문화교육행정 구호 보조금, 농업 구호 자금, 임업 구호 자금을 포괄한 중앙 재난 대처 및 구조 보조금 조달지급 메커니즘은 이미 구축되었다. 또한 국가는 재난구조업무 급별관리, 재난구조자금 급별관리 체제를 적극 추진하며 지방정부의 적극성을 충분히 동원하여 재난구조에 대한 지방의 투입을 확보하였고 이재민의 기본생계를 효과적으로 보장하였다.

### (4) 자연재해 입체 모니터링 체계를 구축하였다.

　　이 체계에는 지상모니터링, 해양해저관측, 우주-공중-지상 관측을 포함한 자연재해 입체 모니터링 체계이다. 기본적인 재난 모니터링 조기 경보 체계도 형성되었다.

　　——재난 원격탐지 모니터링 체계. 환경재난경감전용 인공위성인 "성좌A"와 "성좌B"를 성공적으로 발사하여 위성을 재난경감에 활용하는 업무시스템이 초보적인 규모를 갖추게 되었으며 재해에 대한 원격탐지 모니터링, 평가 및 정책결정을 위해 선진적인 기술 지원을 제공하였다.

　　——기상 조기경보 예보 체계. "풍운" 시리즈 기상위성을 성공적으로 발사하여 전국을 탐지할 수 있는 신형 기상레이더, 고공기상탐지소 L 밴드 기상관측시스템과 지역기상관측소를 건설하였다. 대기성분, 산성비, 황사, 우뢰, 번개, 농업기상, 교통기상 등 전문적인 기상관측 네트워트를 초보적으로 구축하였으며 비교적 완비된 수치예보예측 시스템을 구축하여 재해 기상 단시간 근접 조기경보 업무를 시행하고 있다. 라디오, 텔레비, 신문, 휴대폰, 인터넷 등을 포괄한 도시와 농촌을 커버한 기상 조기경보 정보 발표 플랫폼을 구축하였다.

　　이외에 수문 및 홍수 모니터링 조기경보 예보 체계, 지진 모니터링 예보 체계, 지질재해 모니터링 시스템, 환경 모니터링 조기경보 체계, 야생동물 전염병 모니터링 조기경보 시스템, 병충해 모니터링 예보 시스템, 해양재해 예보 시스템, 삼림과 초원 화재 조기경보 모니터링 시스템, 황사재해 모니터링 및 평가 체계 등을 구축하였다. 이런 자연재해 모니터링 시스템은 재난의 예방과 구조 업무를 위하여 비교적 선진적인 과학기술 지원을 제공하였으며 재해의 조기경보 예보, 재해대응, 재해상황평가, 재해후의 복구건설 등에 있어서 갈수록 더 중요한 역할을 발휘하고 있다.

(5) 일련의 재난경감을 위한 공정을 실시하였다.

근년 들어 중국 정부는 홍수방지, 가뭄대처, 지진재해대처, 태풍과 조수대처, 황사대처, 생태건설 등을 위한 일련의 중대한 재난경감공정을 실시하였다. 예를들면, 하천 정비, 농촌 부실주택 개조, 중소학교 부실건물 개조, 부실저수지 보수보강, 농촌 음용수 안전, 수토유실 중점퇴치, 농경지 관개 및 배수, 생태건설 및 환경정비, 건축물 및 공정시설의 사고예방시설 설치, 도로재해 방지 등이다. 이런 일련의 작업이 실시되어 각 영역의 재난 예방 및 대처 능력이 향상되었다.

## 2. 재난의 예방 및 경감 사업의 공동 수행에 의견과 건의

한중일 3국은 지연적으로 인접한 나라로서 문화가 비슷하고 상호간의 친선도 오랜 역사를 거쳐 다져왔다. 근년 들어, 한중일 3국의 관계가 급속히 발전함에 따라 재난경감 및 재난구조 영역에서의 3국 협력도 지속적으로 강화되어 왔다.

자연재해에 공동으로 대처하여 재난예방과 재난구조 사업을 더욱 잘 수행하기 위해서는 한중일 3국은 다음과 같은 몇가지 방면에서 한층 더 노력을 기울이어야 한다.

### (1) "예방 위주"의 사상, 관념을 확립하여야 한다.

중국 당나라 시기의 명의인 손사막 (孫思邈) 은 뛰어난 의사는 병을 미연에 방지하고 보통의 의사는 발병증상이 보일 때에 치료하며 실력 없는 의사는 병이 악화된 후에야 치료한다 (上醫醫未病之人, 中醫醫欲病之人 下醫醫已病之人) 고 말하였다. 이러한 관점에서 우리의 재난대처사업을 검토해보면 우리는 상기 3가지 경우중 어디에 속하는가? 上醫 또는 中醫에 속하는 경우도 있겠지만 下醫에 속하는 경우는 적지 않다고 본다. 왜냐 하면 우리의 많은 업무는 아직 피동적인 재난구조 시행 상태에 있기 때문이다. 재난이 닥쳐와야 급히 서둘러 재난에 대처하고 구조를 전개한다. 이런 긴급대응은 마땅하고도 매우 필요하다. 다만 우리가 긴급히 움직일 땐 일부 건물이 무너지고 일부 사상자가 발생하여 재난이 이미 만회할 수 없는 결과를 초래하였기 때문이다. 그러기에 우리는 병을 미연에 방지하고 발병증상이 보일 때에 치료하는데 사업의 중점을 두어야 한다. 즉 재난의 예방과 경감에 주력하여야 한다. 이렇게 해야만 우리는 자연재해가 갑자기 닥쳐올때 냉정하게 대처할 수 있으며 재난으로 인한 손실을 줄일 수 있다.

### (2) 3국의 재난관리 협력기구를 설치, 보완하여야 한다.

한중일 재난관리 협력은 다자간의 재난관리로서 조직, 조율, 연락 업무가 많고 임무도 막중하기에 하나의 상설기구의 설치가 필수적이다. 한중일 3국 정상은 3국 협력 사무국의 설립에 합의하고 이미 3국 협력 사무국을 설립하고 사무국 국장도 임명하였다. 다만 이 사무국을 일정한 직능을 가진 기구와 조직으로 보완하여 정상적이고 효율적인 운영상태를 유지하도록 함으로써 재난구조에서 뚜렷한 역할을 발휘하도록 하여야 한다. 한중일 각국은 이에 대응되는 기구를 설립하여야만이 연계와 조율이 잘 되어 효과적으로 업무를 수행할 수 있다. 또한 3국 재난 관리 협력 메커니즘을 구축하여야 한다. 이 메커니즘에는 다음과 같은 내용들이 포함되어야 한다. ① 회의제도. 1년에 1회의 3국 재난관리 협력회의를 개최하여 3국 공동 관심사인 재난의 예방, 경감, 구조 등의 업무를 교류하여 종합하여야 한다. ② 연락제도. 이를 통해 주로 누구가 연락하고 누구와 연락하며 어떻게 연락하는가 하는 문제를 해결한다. ③ 중대재난구조 긴급협의제도. 한 국가에서 중대한 자연재해가 발생하면 3국 협력사무국은 3국 관계 부서가 참여한 긴급협상을 추진하여 대응조치 등을 연구하여야 한다. 이러한 메커니즘의 구축과 보완은 3국 재난관리 협력을 보장하는 요건이다.

### (3) 경험 교류를 한층 강화하여야 한다.

한중일 3국은 재난 예방과 구조 영역에서 많은 성과를 거두었고 또한 풍부한 경험을 쌓았다. 3국의 재난경감 및 재난구조의 경험은 비슷한 점들도 있겠지만 상이한 점, 독특한 점도 있다. 때문에 경험 교류는 각자의 경험을 3국이 공유할 수 있어 3국의 재난경감 및 재난구조 사업을 촉진할 수 있다. 경험교류 회의를 개최하는 형식으로 3국 각자의 경험을 교류할 수 있으며 현장 견학, 답사의 형식으로 서로의 경험을 배울 수도 있다. 실용적인 방법과 조치를 소개할 수도 있고 향후의 재난구조 사업을 전망하고 연구할 수도 있다. 정부 또는 민간단체에서 주최할 수 있다. 서로 배우고 서로 참고로 하고 서로 추진하는 목적을 달성해야 한다.

### (4) 과학기술의 개발연구를 강화하여야 한다.

재난의 예방, 경감, 구조 업무을 잘 수행하려면 결국은 과학기술의 지원이 필수적이다. 선진적인 과학기술이 확보되면 재난구조사업은 적은 노력으로도 큰 성과를 거둘 수 있다. 한중일 3국은 과학기술 연구개발 영역에서 모두 강한 실력이 있고 뚜렷한 성과들을 거두었다. 3국이 일정한 조치를 강구하여 재난의 예방과 경감 관련 과학기술 연구를 강화하면 반드시 새로운 진전, 새로운 돌파, 새로운 성과를 이룩하게 된다. 공동연구의 형식은 서로간에 과학기술의 연구성과를 공유할 수도 있고 과학연구의 난제를 공동으로 해결할 수도 있다. 올해 5월 22일에 일본 도쿄에서 개최된 한중일 정상회담에서 한중일 3국은 "캠퍼스 아시아" 프로그램의 운영에 합의하였다. 만약 이 프로그램이 실시되면 재난예방과 재난경감를 연구하는 한중일 공동 과학연구기구는 이 "캠퍼스 아시아" 프로그램내에 설치할 수 있으며 재난의 예방, 경감, 구조 관련 과학연구를 전개하여 하루빨리 보다 많은 성과를 거두도록 노력하여야 한다.

### (5) 합동 교육과 훈련을 강화하여야 한다.

교육과 훈련을 통하여 이론지식을 재난예방 및 재난경감의 실천에 활용하게 된다. 과거의 경험을 보면 평소에 교육과 훈련을 잘 해야만 재난예방과 재난구호를 잘 수행할 수 있다. 평소에 긴급대피연습을 중시하였기에 일본 국민들은 지진재해 발생 시 자구능력과 구조능력이 강하다. 실례를 들면, 중국 쓰촨 안현의 상조중학교는 평소에 지진대피 연습을 자주 진행한 까닭에 교직원과 학생들의 지진대처의 심리자질과 능력이 향상되어 강진이 발생하였는데도 2,000여명의 교직원과 학생들중 한 명의 사상자도 없었다. 한국에도 많은 성공적인 사례들이 있다. 때문에 한중일은 재난예방 관련 교육과 훈련을 많이 실시하여야 한다. 3국 공동으로 조직하여 실시할 수도 있고 한 나라에서 조직하고 다른 나라들은 견학하는 방식으로 공동으로 방재능력을 향상시킬 수 있다.

### (6) 정보공유 업무를 잘 수행하여야 한다.

재난정보의 공유는 제반 재난구조업무를 공동으로 훌륭히 수행할 수 있는 기반이다. 한중일 3국은 모두 태풍, 황사, 지진, 해일, 삼림화재 등 자연재해의 위협에 노출되어 있기에 정보공유에서 보다 많은 노력이 필요하다. ① 24시간 재난정보연락소를 설치하여 각자가 파악한 정보를 상대방에게 전송하여 제반 재난정보가 최단시간내에 각측이 공유하고 활용할 수 있도록 확보한다. ② 정보공유의 범위를 확대한다. 각자의 위성시스템, 단파방송국, 해양관측시스템 등을 활용하여 재난정보공유의 범위를 장마, 가뭄, 전염병, 황사 및 전세계의 지진활동, 폭풍해일파, 파도, 빙해 등 해양재해 영역으로 확대하여야 한다. ③ 재난예방 관련 과학기술정보의 교류를 강화하여야 한다. 예들 들면, 건축물의 내진기술, 연해지구의 폭풍해일과 대처기술 등이다. ④ 정보공유 관련 피드백을 잘해야 한다. 각자가 재난정보공유를 통해 얻은 효과를 적시에 상대방에게 피드백하여 계속하여 경험을 축적하고 효율성을 높여야 하며 재난정보공유 영역에서의 3국의 협력을 지속적으로 추진하여야 한다.

### (7) 3국간은 서로 지원하여야 한다.

한중일 3국은 인접국이기에 상호 협력적으로 구조활동을 하는 것이 필요할 뿐만 아니라 또한 가능하다. 3국간에 서로 지원하는 훌륭한 관례는 계속 견지하고 선양하여야 하며 또한 중대한 재해 발생 후의 긴급 구조와 협동을 강화하여 서로간에 필요한 지원과 도움을 주어야 한다. 여기에는 두가지 요소가 있다. 하나는 구조요청 정보의 제공이다. 즉 특대 자연재해가 발생한 나라는 즉시 상대국에 재난정보와 구조요청 정보를 제공하는 것이다. 다른 하나는 구조의 실시이다. 기타 나라는 재난정황을 파악하고 상대방의 수요를 확인한 후, 재해발생국의 청구에 따라 물품지원, 자금지원, 설비지원, 구조팀의 지원, 의료지원 등을 포괄한 지원을 조속히 실시하여 재해발생국을 도와 재해로 인한 손실을 최대한으로 줄인다.

3국간의 상호 지원을 확보하려면 관련 준비업무를 잘 수행해야 한다. 예를 들면, 지원국은 구조팀, 자원봉사팀의 준비업무, 구호물품의 비축업무 등을 잘 수행하여 지원할 만반의 준비가 되어 있어야 한다. 지원을 받는 나라는 과세

면제정책을 제정하고 구조전용 그린라인을 개설하여 외국 구조요원과 구호물품의 신속한 세관 통과를 보장하여야 한다.

(8) 재난의 예방, 경감, 구조 관련 민간교류와 문화교류를 강화하여야 한다.

　3국 정부간에 재난경감 및 재난구조 관련 협력을 진행함과 아울러 재난의 경감과 구조 영역에서의 민간교류도 강화하여 정부간 협렵의 부족점을 보완하여야 한다. 한중일 3국의 문화는 서로 비슷하다. 특히 서예와 회화예술은 서로 통한다. 우리는 이러한 문화예술을 활용하여 재난경감 및 재난구조 업무를 반영하고 소개하며 교류함으로써 방재능력을 공동으로 제고하는 목적에 달성하여야 한다. 한중일 재난경감 및 재난구조 문화협회를 설립하는 것도 좋은 방법이다. 재난경감 및 재난구조를 주목하고 문화예술도 즐기는 3국의 지사들이 민간차원의 재난경감 및 재난구조 관련 문화교류를 진행하여 3국의 재난예방, 재난경감, 재난구조 업무를 추진하여야 한다.

　일본 센다이 지구는 올해의 일본 3.11지진의 중심지역입니다. 센다이는 90여년전에 중국의 위대한 사상가인 루쉰 (魯迅) 선생이 공부한 적이 있는 고장입니다. 20여년이 지난뒤, 그는 어떤 글에서 '끊없이 먼 곳, 수많은 사람들, 모두들 나와 관련이 있네' 라고 썼습니다. 이처럼 천하의 모든 사람들과 세상의 모든 일을 걱정하는 정신은 우리도 계속 선양하여야 합니다. 근년 들어 한중일 3국의 관계는 제반 분야에서 모두 세인이 주목할 만한 성과들을 거두었으며, 또한 정치, 경제 및 민간의 교류가 갈수록 긴밀해지고 있습니다. 한중일 3국의 관계가 급속히 발전함에 따라 재난경감 및 재난구조에서의 3국 협력이 갈수록 활성화될 것이며 그 성과도 갈수록 많아질 것이고, 3국 민중에 대한 자연재해의 상처와 그로 인한 손실도 갈수록 줄어들 것을 우리는 분명히 믿습니다. 한중일 3국 국민의 앞날은 반드시 더욱 아름다울 것이다.

(번역문에 삭제한 부분이 있음)

(金文学 译)

# 일본방재체제와 동일본대지진이 앞으로의 방재체제에 미친 영향

가토 타카아키 (加藤 孝明) *

## 1. 들어가며

현재의 일본방재체제는 5,000명 이상의 인적 피해를 가져온 1959년의 이세만태풍을 계기로 1961년에 확립되었다. 그 후부터 현재에 이르기까지 재해를 계기로 수정, 개선되어 현재에 이르고 있다. 특히, 1995년 한신아와지대지진에서는 일본방재대책의 근간이 되는 방재기본계획이 발본, 수정되어 대폭적으로 확충되었다. 또한, 2001년 정부의 중앙, 성, 청, 재편에 의해 내각부가

---

*   가토 타카아키 (加藤 孝明), 도쿄대학교 생산기술 연구부 도시기반안전공학 국제연구센터 부교수이다. 도쿄대학 공학부도시공학과를 졸업했으며, 같은 대학 대학원 공학과 석사과정을 수료하고 공학박사학위를 수여받았다. 도쿄대학 공학부 총합시험소조수이며, 도쿄대학 대학원 공학과 연구과 도시학전공조수이며, 조교를 지냈으며, 2010년 4월부터 현직을 맡게 되었다. 도쿄도시화재 예방위원회, 도쿄지역 위험도 측정조사위원회, 도쿄도시방재도시 만들기 추진계획 검토위원회, 카나 가와현 (神奈川県) 피해상정조사위원회등, 지자체의 도시방재분야의 전문위원을 맡았다. 연구테마로는 새로운 도시방재의 새로운 전개, 계획안의 평가이론, 평가시스템, 종래형 도시방재, 기초이론 등이 있다.

설치되어 방재대책에 관해서는 내각부가 각 성, 청의 방재를 일원적으로 조정, 통괄하게 되었다. 동시에, 방재담당대신이 신설되어 지금 이상으로 방재를 종합적으로 진척시키는 체제가 되어 현재에 이르고 있다.

2011년 3월 11일에 발생한 동 일본 대지진은 20,000명에 이르는 일본 역사상 최대의 피해를 가져온 거대 지진이었다. 재해로부터 7개월이 경과한 현재, 이재민에 대한 자치단체 (시·정·촌, 정부) 의 부흥계획 내용이 정해지고 있는 단계이다. 근대 일본 최초의 광역재해경험이고 재해발생으로부터 현재에 이르기까지 여러 가지 과제가 발생하여 앞으로의 방재체제의 재평가와 연결될 것이라고 예상 된다.

본고에서는 일본의 방재체제에 대해서 개설하고, 311동일본대지진의 교훈에 입각한 앞으로의 방재체제의 재평가의 방향성에 대해서 언급한다. 또한, 동일본대지진에서 얻은 경험과 교훈이 앞으로의 방재체제에 어떻게 반영되는가에 대해서는 앞으로의 동향에 따라 달라지겠지만, 본고에서는 저자 개인의 시점에서 고찰한다.

또한, 일본의 방재체제에 대해서는 일본 국내 각부의 홈페이지에 영어, 중국어, 한국어의 팜플렛이 게재되어 있다. 또, 중국어로는 「일본 방재대책체제」 (勝五曉·加藤孝明·小出治 저, 2003, 중국건축공업출판사, 중국)」가 공간되어 있으므로 참조하길 바란다.

## 2. 일본방재체제의 특징

### (1) 재해대책기본법을 정점으로 한 법체계

현재의 일본방재대책은 1961년에 제정된 재해대책기본법을 정점으로 하여 각종 관계 법률에 의해 방재체제를 지탱하는 법체계로 확립되어 있다. 1961년 이전에도 각종 방재관계법이 존재하였고 각자 예방, 응급대응, 복구·부흥의 대책 실시를 지탱하고 있었다. 1959년에 노비 (濃尾) 평야를 엄습한 이세만태풍은 5,000명이 넘는 미증유의 인적 피해를 가져 왔다. 이 대 재해의 교훈으로써 지금까지의 각각의 법률·대증요법적인 대응만으로는 한계가 있다는 것, 조직횡단적이고 종합적인 대응이 불가결하다는 것, 그리고 그 실시에는 책임주체를 명확하게 한 다음에 방재계획화가 필요하다는 것이었다. 이 교훈을 토대로 1961년에 재해대책기본법이 제정되었다.

재해대책기본법은 방재책임의 명확화, 방재에 관한 조직, 방재계획의 체계, 재해예방·응급대책·복구의 각 단계의 대책·체제의 틀 짜기, 재정, 금융조치를 정부, 도·도·부·현, 시·정·촌, 및 재해와 관련 된 조직이 정합성 있는 대응이 가능하도록 하는 방재체제의 틀을 규정하고 있다.

일본의 방재대책의 법 체계는 도표 1에 나타내는 바와 같이 대규모의 자연재해나 사고를 경험하고 그 교훈에 입각하여 진화해서 현재에 이르고 있다. 특히, 1999년의 한신아와지대지진에서는 7개의 법률이 신설되었다. 재해예방, 재해응급대응, 복구·부흥에 관한 관련법률 일람을 표 1에 나타낸다.

| 契機となった災害 | 災害政策にかかわる主な法制度 | 防災計画·体制など |
|---|---|---|
| 1940年<br>45　枕崎台風──→<br>46　南海地震 ──→<br>47　カスリーン台風→<br>48　福井地震──→ | 49　水防法<br>47　災害救助法<br>49　水防法<br>50　建築基準法 | |
| 1950年<br><br>59　伊勢湾台風─→ | 60　治山治水緊急措置法；<br>61　災害対策基本法；<br>62　激甚災害に対処するための特別の財政援助等に関する法案 | |
| 1960年<br>　61　豪雪──→<br>　64　新潟地震──→ | 62　豪雪地帯対策特別措置法<br>66　地震保険に関する法律 | 61防災の日創設<br>62中央防災会議設置<br>63防災基本計画 |
| 1970年<br>73桜島噴火・浅間山噴火─→<br><br><br>76東海地震発生可能性の研究発表（地震学会）──→<br><br><br><br>78　宮城沖地震　──→ | 73活動火山周辺領域における非難施設等に関する法律（78活動火山対策特別措置法）<br><br>78大規模地震対策特別措置法；<br>80地震防災対策強化地域における地震対策緊急整備事業に係る国の財政上の特別措置に関する法律）<br>81建築基準法一部改正 | 79（東海地震）地震防災計画 |
| 1980年 | | 83防災週間創設 |

280

| | | |
|---|---|---|
| 1990年<br>　　95兵庫県南部地震（阪神・淡路大震災）――→ | 95地震防災対策特別措置法；<br>　　建築物の耐震改修の促進に関する法律；<br>　　大規模地震対策特別措置法一部改正；<br>96特定非常災害の被害者の権利利益の保全等を図るための特別措置に関する法律；<br>97密集市街地における防災地区の整備の促進にかんする法律；<br>98被災者生活再建支援法 | 95防災基本計画全面修正；<br>　　防災とボランテイアの日等創設 |
| 99JCO臨界事故――→<br>広島豪雨――→ | 99原子力災害対策特別措置法<br>00土砂災害警戒区域における土砂災害防止対策の推進に関する法律 | |
| 2000年<br>　00　東海豪雨――→<br><br><br><br><br><br>04　新潟・福島豪雨等――→<br><br><br><br>　　　新潟県中越地震――→ | 01水防法一部改正；03特定都市河川浸水被害対策法<br><br>02東南海・南海地震に係る地震防災対策の推進に関する特別措置法<br>04日本海溝・千島海溝周辺海溝型地震に係る地震防災対策の推進に関する法律の一部改正<br>05水防法一部改正；<br>　　土砂災害警戒区域における土砂災害防止対策の推進に関する法律　の一部改正；<br>06建築物の耐震改修の促進に関する法律；<br>　　宅地造成等規正法一部改正 | 01内閣府設置<br>03東海地震対策大綱；<br>東南海・南海地震対策大綱；<br>東海地震防災対策推進基本計画；<br>05東海地震の防災推進戦略；<br>　　東南海・南海地震の地震防災戦略；<br>　　首都直下地震対策大綱；<br>06日本海溝・千島海溝周辺海溝型地震対策大綱；<br>　　日本海溝・千島海溝周辺海溝型地震防災対策推進基本計画；<br>　　首都直下地震の地震防災戦略；<br>　　災害被害を軽減する国民運動の推進に関する基本方針；<br>08日本海溝・千島海溝周辺海溝型地震の地震防災戦略；<br>09中部圏・近畿圏直下地震対策 |

도표1 주요한 재해와 방재기관법 제정의 관계 (출전: 내각부 (2011) )

（基本法関係）
災害対策基本法（昭和36年法律第223号）
海洋汚染等及び海上災害の防止に関する法律
　（昭和45年法律第136号）
石油コンビナート等災害防止法
　（昭和50年法律第84号）
大規模地震対策特別措置法
　（昭和53年法律第73号）
原子力災害対策特別措置法
　（平成11年法律第156号）
東南海・南海地震に係る地震防災対策の推進に関
する特別措置法
　（平成14年法律第92号）
日本海溝・千島海溝周辺海溝型地震防災対策の推
進に関する特別措置法
　（平成16年法律第27号）

　（災害予防関係）
砂防法
　（明治30年法律第29号）
建築基準法（昭和25年法律第201号）
森林法（昭和26年法律第249号）
特殊土壌地帯災害防除及び振興臨時措置法
　（昭和27年法律第96号）
気象業務法（昭和27年法律第165号）
海岸法（昭和31年法律第101号）
地すべり等防止法（昭和33年法律第30号）
台風常襲地帯における災害の防除に関する特別措
置法（昭和33年法律第72号）
豪雪地帯対策特別措置法
　（昭和37年法律第73号）
10、河川法（昭和39年法律第167号）
11、急傾斜地の崩壊による災害の防止に関する法
律（昭和44年法律第57号）
12、活動火山対策特別措置法
　（昭和48年法律第61号）
13、地震防災対策強化地域における地震対策緊急
整備事業に係る国の財政上の特別措置に関する法
律（昭和55年法律第63号）
14、地震防災対策特別措置法
　（平成7年法律第111号）
15、建築物の耐震改修の促進に関する法律
　（平成7年法律第123号）
17、土砂災害警戒区域における土砂災害防止対策
の推進に関する法律

（災害応急対策関係）
災害救助法（昭和22年法律第118号）
消防組織法（昭和22年法律第226号）
海上保安庁法（昭和23年法律第28号）
消防法（昭和23年法律第186号）
水防法（昭和24年法律第193号）
警察法（昭和29年法律第162号）
自衛隊法（昭和29年法律第165号）

　（災害復旧・復興関係）
森林国営保険法（昭和12年法律第25号）
罹災都市借地借家臨時処理法
　（昭和21年法律第13号）
農業災害補償法（昭和22年法律第185号）
農林水産業施設災害復旧事業費国庫補助の暫定措置に
関する法律（昭和25年法律第169号）
中小企業信用保険法
　（昭和25年法律第264号）
公共土木施設災害復旧事業費国庫負担法
　（昭和26年法律第97号）
公営住宅法（昭和26年法律第193号）
漁船損害等補償法（昭和27年法律第28号）
鉄道軌道整備法（昭和28年法律第169号）
10、公立学校施設災害復旧費国庫負担法
　（昭和28年法律第247号）
11、天災による被害農林漁業者等に対する資金の
融通に関する暫定措置法
　（昭和30年法律第136号）
12、空港法（昭和31年法律第80号）
13、小規模企業者等設備導入資金助成法
　（昭和31年法律第115号）
14、激甚災害に対処するための特別の財政援助等
に関する法案
　（昭和37年法律第150号）
15、漁業災害補償法
　（昭和39年法律第158号）
16、地震保険に関する法律
　（昭和41年法律第73号）
17、防災のための集団移転促進事業に係る国の財
政上の特別措置等に関する法律
　（昭和47年法律第132号）
18、災害弔慰金の支給等に関する法律
　（昭和48年法律第82号）
19、被災市街地復興特別措置法
　（平成7年法律第14号）

| （平成12年法律第57号）<br>18、特定都市河川浸水被害対策法<br>（平成15年法律第77号） | 20、被災区分所有建物の再建等に関する特別措置法（平成7年法律第43号）<br>21、特定非常災害の被害者の権利利益の保全等を図るための特別措置に関する法律<br>（平成8年法律第85号）<br>22、被災者生活再建支援法<br>（平成10年法律第66号）<br>23、株式会社日本政策金融公庫法<br>（平成19年法律第57号） |

표1. 방제관련법률 일람 (출전: 내각부 (2011) )

## (2) 전국 일률의 방재계획·방재체제의 체계

일본의 방재계획, 방재체제는 재해대책기본법에 규정되어 있고, 전국 일률 체계로 되어있다. (도표2)

행정의 방재계획은 정부, 도·도·부·현, 및 시·정·촌의 행정계층에 대응하면서 상호적으로 맞추어져 있다. 이것에 더해 지정행정기관이라고 불리는 정부의 성, 청, 지정공공기관이라고 불리는 일본은행, 전력회사, 통신회사 등의 공적 서비스를 행하는 기관이 책정하는 계획에 대해서도 정부차원에서 지방차원까지 행정과 정합된 형태로 되어 있다.

방재계획으로써는 정부의 방재기본계획, 도·도·부·현, 및 시·정·촌의 지역방재계획, 지정행정기관 및 지정공공기관의 방재업무계획이 있다. 모두 방재대책기본법으로 자리매김한 법정계획이다.

방재기본계획은 일본재해대책의 근간을 이루는 것이고, 방재대책기본법 제34조의 근거하여 중앙방재회의가 작성하는 재해분야 최상위 계획으로써 방재체제의 확립, 방재사업의 촉진, 재해부흥의 신속적절화, 방재에 관한 과학기술 및 연구의 진흥, 방재업무계획 및 지역방재계획에 있어서 중점을 두어야 할 사항에 대해서 기본적인 방침을 나타내고 있다. 대상이 되는 재해는 지진, 풍수해, 화산, 설해의 자연재해, 해상재해, 항공재해, 철도재해, 도로재해, 원자력재해, 위험물 등의 재해, 대규모화재, 임야재해 사고 (인위적) 재해이다. 재해종별마다 재해예방·사전대책, 응급, 재해복구·부흥 방재의 각 단계에 대해서 기술하고 있다. 그 중에서 방재의 주체인 정부, 도·도·부·현, 시·정·촌 그리고 주민 등의 책임, 역할분담에 대해서 기술하고 있다. 1963년 초판 이후, 1953년의 발본적 개정을 거쳐 적절하게 수정되어 현재에 이르고 있다.

이 계획에 근거하여 도·도·부·현, 시·정·촌은 지역방재계획을, 지정행정기관 및 지정공공기관은 방재업무계획을 작성하고 있다. 행정, 행정기관, 공공기관의 계획은 피라미드형 조직에 대응하여 맞추어져 있다. 예를 들면, 시·정·촌의 지역방재계획은 도·도·부·현의 지역방재계획과 맞추어져 있다. 지역방재계획 및 방재업무계획의 내용은 대책의 실시주체가 책정하는 것에 따라 대책 실시에 필요한 모든 요소가 담겨 있다.

방재를 지탱하는 조직으로써는 상설조직으로 정부차원의 중앙방재회의, 도·도·부·현 차원, 시·정·촌 차원으로는 지방방재회의가 설치되어 있다.

중앙방재회의는 내각총리대신을 회장으로 하고, 모든 국무대신, 주요 공공기관장 및 학식경험자로 구성된다. 방재기본계획의 책정 주체이다. 그 사무국을 내각부가 맡는다.

지방방재회의에 관해서는 도·도·부·현의 경우 도·도·부·현, 지사, 시·정·촌의 경우 시·정·촌의 촌장이 회장이 되고, 관공서의 국장 및 각 지역과 관련된 공공기관의 대표자로 구성된다. 지역방재계획의 책정 주체이다.

재해가 발생하면 피해지역이 된 도·도·부·현, 시·정·촌은 곧 재해대책본부를 설치한다. 도·도·부·현을 넘는 대규모재해의 경우 정부는 재해담당대신을 본부장으로 하는 비상재해대책본부를 내각부에 설치하고, 더 심각한 경우 내각총리대신을 본부장으로 하는 긴급재해대책본부를 관저에 설치한다. 또, 필요에 따라 정부는 현지재해대책본부를 설치할 수 있다.

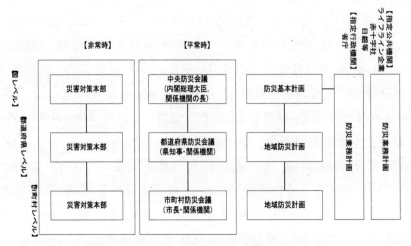

도표2. 일본의 방재체제·방재계획체계

### (3) 일본방재체제의 과제

방재체제의 과제로써 다음의 4가지를 들 수 있다.

첫 번째로, 방재대책실시주체가 행정 피라미드의 최하층인 시·정·촌에 있는 점을 들 수 있다. 원칙으로써 시·정·촌이 대책을 실시하고, 도·도·부·현이 시·정·촌 지원과 조정, 정부가 도·도·부·현 지원과 재정적 조치를 취하는 구조로 되어 있다. 일반적으로 재해는 일정 지역에 한정된 현상이고, 또한, 원격지로부터의 정보수집은 한계가 있기 때문에 이 구조는 합리적이라고 할 수 있다. 단, 대단히 큰 재해에 있어서는 상대적으로 시·정·촌의 부담이 커진다. 특히 규모가 작은 시·정·촌은 원래 인원이 적은 데다가, 재해 시에는 직원 자신이 이재민이 되기 때문에 재해대응능력이 저하된다. 방대한 재해응급대응요구에 부응할 수 없다. 단, 도·도·부·현을 넘는 대규모재해에 대응하기 위해서 정부는 비상재해대책본부, 긴급재해대책본부를 설치하게 되어있다. 그러나 광역소방원조대 등 일부 기능을 제외하면, 설치여부는 정보수집을 얻은 다음에 판단해야 하고 정부가 자동적으로 움직이는 구조로 되어 있지는 않다. 따라서 대규모재해에 관한 대응체제를 논의할 여지는 있다.

두 번째로는, 대응해야 할 방재대책단계로써「부흥」이 독립해서 존재하고 있지 않은 점을 들 수 있다. 재해대책기본법 및 방재기본계획에 있어서도 방재계획의 사전계획, 응급대응, 복구·부흥과 복구와 부흥이 함께 분류되어 있다. 부서진 것을 원래대로 되돌린다는 복구단계와 이재를 계기로 한 새로운 지역 만들기를 행한다고 하는 부흥단계를 명확하게 할 필요가 있다.

세 번째는, 부흥에 관해서 종합적인 시점이 약한 것을 들 수 있다. 재해예방, 재해응급대응에 관해서는 방재회의, 재해대책본부라고하는 조직횡단적인 조직이 존재하고, 여기가 전체조정 및 지휘하는 것에 따라 종합적인 대응이 가능하게 되어 있다. 그러나 부흥단계에서는 이 기능을 짊어질 조직이 법률에 의해 지정되어 있지 않다. 1995년 한신아와지대지진에서는 종합적인 부흥시책의 전개를 도모하기 위해서 부흥내각총리대신을 본부장으로 하는「한신아와지대지진부흥대책본부」가 정부에 설치되었지만 법적으로는 규정되어 있지 않다. 일부 학회에서는 부흥기본법을 요구하는 소리가 들려온다. 부흥을 종합적, 통합적으로 진행시키기 위해서의 법적인 틀의 필요성을 논의할 여지는 크다.

네 번째로, 도·도·부·현, 시·정·촌에 있어서 방재행정을 지탱하는 인

재가 방재전문가가 아닌 점을 들 수 있다. 일부 도·도·부·현, 시·정·촌에서는「위기관리감」이 설치되어 있지만 기본적으로는 일반직원이 방재담당자가 되는 경우가 많다. 방재계획책정에는 높은 전문성이 요구되는 것은 분명하다. 방재전문직원을 행정시스템 안에 설치하는 것을 검토할 여지는 크다.

# 3. 과학기술의 방재로의 반영

방재기본계획에는 방재에 관한 과학기술 및 연구의 지능이 자리잡고 있다. 일본 방재의 특징 중 하나로써, 과학기술로 지탱되고 있는 점을 들 수 있다. 중앙방재회의는 최신 식견을 방재정책에 반영하기 위해 학식경험자가 참가하는 전문조사회를 설치하고, 방재대책의 방향성에 대해서 항상 검토하고 있다. 최근에는, 대규모수해대책에 관한 전문조사회 (2006년~2010년), 수도직하지진피난대책 등 전문조사회 (2006년~2008년) 등의 테마가 거론되고 있다.

방재체제를 지탱하는 과학기술연구를 정부차원의 과학기술기본정책 안에 두고 추진하고 있다. 현재, 중요과제로써 10개의 연구개발과제가 진행되고 있다. 이미, 긴급지진속보가 실용화되는 등의 과학기술로 증명된 방재체제의 확립이 진행되고 있다.

# 4. 지진방재전략에 의한 방재대책의 진척관리

## (1) 지진방재전략

「지진방재전략」은 1990년대 후반부터 일본행정에 있어서도 활발하게 도입된 정책평가·행정평가의 흐름을 이어받아서 정부가 2005년부터 시작한 것이다. 과거의 방재계획에 있어서 방재대책의 달성목표가 명료하지 않았던 점을 개선하고 방재대책의 진척관리를 확실하게 행하는 것을 의도한 것이다.

지진방재전략은 2004년 중앙방재회의의에 보고·승인되었다. 중앙방재회의전문조사회에서 대상이 된 대규모지진을 대상으로 지진상정을 토대로 인적 피해, 경제 피해의 경감에 대해서 달성시기를 포함한 구체적인 목표 (감재목표) 를 2004년도 중에 정해서 이것을 정부, 지방공공단체, 관계기관, 주민 등과 공유하고, 각종 투자와 감재효과 파악에 관한 확립을 도모하고, 달성 상황을 모니터링하기로 하였다.

현재 정부의 「감재목표」를 정점으로 하여서 자치단체차원에서도 방재대책의 진척관리프로그램이 설치되어 있다. 감재목표에 대해서는 인적 피해 및 경제 피해에 대해서 대상이 되는 지진, 달성시기 및 감재효과를 분명히 하여서 중앙방재회의에서 결정하고, 또한, 감재목표를 달성하기 위해서 대상지역대책의 내용, 달성시기, 달성해야 할 수치, 목표 등으로 구성되는 정책목표를 설정하고 있다. 도·도·부·현, 시·정·촌에 관해서도 정부 감재목표를 바탕으로 각 지역의 목표를 책정하게 되어 있다. 또한, 대규모지진뿐만 아니라 각 지역에서 일어날 수 있는 재해에 대해서도 같은 지진방재전략을 책정 하도록 되어 있다. 표3의 정부 (중앙방재회의) 의 지진방재전략 및 감재 목표를 정리하였다. 어느 쪽의 대상지진에 대해서도 달성기간은 10년간이고, 인적 피해 (사망자 수) 의 감재목표는 반감되는 경우가 많다. 또한, 내각부는 동해지진 및 동남해·남해지진의 지진방재전략의 팔로우업 결과를 2009년 4월에 공표하고, 감재목표의 달성상황 (2007년도 말 시점) 을 목표마다 약 22~31%로 평가하고 있다.

| 地震防災戰略の對象地震 | 策定時期 | 期間 | 減災目標 | |
| --- | --- | --- | --- | --- |
| | | | 人的被害 (死者数) | 経済被害 |
| 東海地震 | H17.3.30 | 10年間 | 半減 | 半減 |
| 東南海·南海地震 | H17.3.30 | 10年間 | 半減 | 半減 |
| 首都直下地震 | H18.4.21 | 10年間 | 半減 | 4割減 |
| 日本海溝·千島海溝周辺 海溝型地震 | H20.12.12 | 10年間 | 4～5割減 | 1/4減 |
| 中部圈·近畿圈直下地震 | 未策定 | − | − | − |

표2. 정부 (중앙방재회의) 의 지진방재전략 · 감재목표

## (2) 지진방재전략의 과제

지진방재전략은 감재목표 및 구체목표를 수치로 예를 들었기 때문에 알기 쉽고, 방재대책의 진척관리에도 일정 효과를 거두고 있다고 평가할 수 있다.

한편, 사망자 반감, 경제 피해 반감이라는 감재목표와 그 실현을 위한 개별정책의 구체목표와의 관계성이 반드시 명확하지 않다는 점을 들 수 있다. 지진피해상정수법의 한계에 따라, 모든 대책효과가 정량화될 수 없는 것에 기인

한다. 연구의 진전을 기다릴 필요가 있다.

또, 도·도·부·현, 시·정·촌의 방재대책실시에 있어서는 반대로 수치에 얽매이는 경향이 여기저기 보인다. 숫자에 연결되지 않는 시책이 상대적으로 경시되는 경향이 있다. 또, 정부 전체의 목표는 들기 쉽지만 시·정·촌 차원까지 떨어뜨리면 모순이 보여지는 경우가 있다. 예를 들면, 사망자요인의 대부분은 건물 붕괴이지만, 사망자를 줄이기 위해서는 붕괴 건물수를 감소시킬 필요가 있다. 그러나 인구증가, 건물스톡이 증가하고 있는 시·정·촌에서는 사망자를 줄이는 것이 어렵다. 한편, 현저하게 인구가 감소하고 있는 지역에서는 방재대책을 진행하지 않아도 목표는 달성되게 된다.

단, 상기와 같은 지진방재전략의 마이너스측면도 있지만, 전체로써는 플러스의 효과가 크다.

# 5. 민간 섹터의 계획 및 대응

## (1) 민간, 시민의 책무

민간, 시민의 책무는 1995년의 방재기본계획의 발본개정에서 찾아볼 수 있다. 방재대책기본법에 있는 조직은 정부, 도·도·부·현, 시·정·촌, 지정행정기관, 지정공공기관의 「정부기관」만이지만 대규모재해에 대한 행정의 한계에 입각하여 방재대책의 주체로서 민간, 시민이 명확하게 자리잡고 있는 점이 특징이다.

한신아와지대지진 이후, 「자조 (自助)·공조 (共助)·공조 (公助)」라는 말이 사용되게 되었다.「자조」는 방재대책 실시, 추진에 있어서 개개의 시민, 개개의 기업이 짊어져야 할 책무,「공조 (共助)」는 지역커뮤니티·기업군이 짊어져야 할 책무,「공조 (公助)」는 행정이 짊어져야 할 책무라는 의미이다.

현재 일본에서는 방재대책의 실시, 추진에 있어서 반드시 사용되는 말로써 정착되어 있다.

## (2) 시민의 활동

시민의 활동으로써, 종래는 지역사회와의 활동, 1999년 한신아와지대지진 이후, 일본에 정착한 봉사활동이 있다. 지역사회에 「정회 (町会)」조직을 중심으로 자주방재조직이 조직되어, 방재훈련, 요원호자대책 (장애자, 독거고령자, 부상·질병환자 등) , 이재 후의 피난소 운영 등의 준비계획으로 이루어져 있다. 또한, 정회 (町숲) 는 지역커뮤니티 단위로 거의 전국에 존재하고 있는 조직으로, 주민에 의한 자치조직인 동시에 행정 홍보 등의 행정 위탁된 업무를 행하는 쌍방의 기능을 가진다. 한신아와지대지진의 상황이 나타내는 바와 같이 대규모재해에서는 지역 밖으로부터의 지원이 끊어지기 때문에 지역 사회 활동은 매우 중요하다.

한편, 1999년 한신아와지대지진은 「봉사원년」 이라고도 불려져 전국에서 온 자원봉사자가 이재지역에서 이재민의 지원활동을 하였다. 각지에서 설립된 봉사조직이 네트워크화되어 그 후의 재해에서 이재민 지원활동의 경험을 통해 봉사에 의한 지원이 정형화되어 지금은 대규모재해에서는 빼놓을 수 없는 중요한 플레이어의 하나가 되었다. 지역방재계획의 전국에서 지원으로 들어오는 자원봉사자의 받아들이는 체제가 자리잡게 되었다.

## (3) BCP (Business Continuity Plan) / BCM (Business Continuity Management)

기본적으로 기업의 방재대책에 관해서는 각 기업의 자조노력에 맡기고 있 지 만, BCP (Business Continuity Plan) / BCM (Business Continuity Management) 의 개념이 도입되었다. 업무계속계획·관리이다. 기업이 재해를 당해도 중요사업을 중단시키지 않고 중단해도 가능한 한 단기간에 재개시켜 중단에 따른 고객거래가 경쟁타사로의 유출, 시장점유율의 저하, 기업평가의 저하 등으로부터 기업을 지키기 위한 경영전략의 하나로 자리잡고 있는 것이다. 백업시스템의 정비, 대체오피스의 확보, 즉각 응대할 수 있는 요원의 확보, 신속한 안부확인 등이 구체적인 대책의 전형적인 예라고 할 수 있다. BCP / BCM은 장기적으로 보면 기업의 이익에 연결되는 개념이고, 자율적으로 대책이 진행될 가능성을 가지고 있다고 생각된다.

2003년에 중앙방재회의에 설치된 「민간과 시장의 힘을 활용한 방재력 향상에 관한 전문조사회」 에서 BCP / BCM의 필요성이 제안되어 BCP / BCM 작성을 위한 가이드북이 마련되었다. 현재 전국에 보급되어 가고 있는 상황이다. BCP / BCM은 기업뿐만이 아니라 행정조직에 있어서도 책정이 진행되고 있다.

최근에는 개개의 기업뿐만 아니라 업무를 지속 하는 것을 목적으로 대도시의 기업이 모여있는 지역에서는 DCP (District Continuity Plan, 업무지역계속계획) 라는 개념 아래, 지역 전체에서 업무를 계속할 수 있는 기반 조성을 진척시키자고 하는 생각이 나타나고 있다.

### (4) 민간 섹터 활동과 앞으로의 전개

지역 사회의 활동에 관해서는 그 활동력이 저하되고 있는 것이 과제이다. 일본은 65세 이상이 23%를 넘는 초고령화사회를 맞이하고 있다. 지방에서는 30%를 넘는 지역도 적지 않다. 정회활동의 주요한 담당자는 고령자로 되어있다. 또한, 도시지역에 있어서는 정회활동에 관심을 보이지 않는 층이 증가하는 경향이 있고, 지역사회의 힘은 분명하게 저하되고 있는 점을 과제로써 지적할 수 있다. 이 과제에 대응하기 위해서는 다양한 계층을 지역사회활동에 받아들이는 것이 불가결하고, 중학생을 참여시키는 등, 각지에서 다양한 방법으로 여러 가지 움직임이 진행되고 있다.

봉사 활동에 관해서는, 동일본대지진에서는 활동실적을 쌓아 왔지만, 동일본대지진에서는 그때까지의 재해와 비교해 분명하게 자원봉사자의 수가 적다. 정확한 수치는 통계 및 분석을 기다릴 필요가 있지만, 지금까지의 이재구역과 비교해 교통이 불편한 원거리 지역이 재해를 입은 것이 요인이라고 추측된다. 어떠한 재해에 대해서도, 안정되게 기능하기 위해서는 자원봉사자 휴가 등 자원봉사활동을 지탱하는 사회적 틀의 확충이 불가결하다.

기업의 활동에 관해서는, 행정이 앞장서서 BCP / BCM의 보급을 진행시키고 있다. 대기업으로의 보급은 어느 정도 진척되고 있지만, 중소기업으로의 보급은 일부분에 머물러 있는 점이 과제이다.

# 6. 근래의 새로운 움직임

## (1) 부흥 준비 (사전 부흥)

1995년 한신아와지대지진의 부흥 경험에 입각하여, 원활한 부흥을 실현하기 위해 이재 전부터 부흥 준비를 해 갈 필요성이 지적되었다. 이러한 움직임을 받아들여, 1998년 방재계획수정에서는 부흥대책의 충실함이 거론되어 사전의 사전부흥준비가 계획 안에 자리를 잡았다. 사전 부흥이라고 불려지는 경우가 많다.

부흥준비 (사전부흥) 의 생각으로써, ①이재 후에 진행되는 부흥대책의 순서나 진행방법을 사전에 강구해 둔다, ②부흥에 있어서의 미래 목표를 사전에 검토하고 공유해둔다, ③이재 후의 부흥 사업의 어려움을 고려하여 사전에 부흥마을 만들기를 실행하고, 재해에 강한 마을을 건설하는 것을 환기시킨다. 등의 세가지가 나타나 있다.

현재 도·도·부·현 차원, 정령지정도시 수준의 대도시에서 진행되고 있는 중이다. 동경도에서는 1995년 한신아와지대지진 직후부터 검토가 진행되어 현재 ①에 대응하는「지진부흥매뉴얼 (2003년 3월)」, ②에 대응하는「부흥그랜드디자인」(2001년) 의 형태로 되어 있다. 훈련은 매뉴얼에 익숙해지는 것을 목표로 한 행정직원의 훈련인「도시부흥도상 훈련」과 함께 2004년부터는 부흥마을 만들기의 순서를 시민과 함께 공유하는 것을 목표로 한 시민참가형의 워크숍인「부흥마을 만들기 모의훈련」이 진행되고 있어 사전부흥의 사회적인 정착이 도모되고 있다. 또 부흥마을 만들기에 대비한 조례를 제정하여 원활하고 종합적인 부흥이 실현될 수 있도록 법적인 틀을 준비하고 있다.

### (2) 수원 (受援) 계획의 책정

이재지역이 정부로부터의 신속하고도 원활한 지원을 받기 위한 계획으로써 수원계획의 책정이 시작되고 있다. 이재지로부터 먼 곳에서 원조에 들어가는 광역소방구조대, 자위대를 신속하고도 원활하게 받아들이는 것을 목적으로써 접수 거점의 확보 등을 정하려고 하고 있다. 동경도에서는 현재 책정 계획을 진행시키고 있는 중이다.

## 7. 동일본대지진 경험의 현단계의 교훈

### (1) 중앙방재회의의 보고

중앙방재회의에서는 동일본대지진 발생을 당하고「동북지방태평양앞바지진을 교훈으로 한 지진·쓰나미대책에 관한 전문조사회」를 설치하고 지진·쓰나미대책의 확충의 방향성에 관해서 검토를 하여 2011년 9월말에 보고서를 정리하였다.

광역거대재해에 대해서「상정 외」「상정 이상」의 상황이 일어나지 않도록 각종방재계획의 전제가 되는 피해상정을 재검토하고 방재기본계획을 포함한 방재계획의 내용의 개정을 제안하고 있다. 당분간 이러한 방향으로 일본 방재체제의 확충이 도모되게 된다.

# 8. 나오며

일본은 여러 가지 의미에서 방재선진지역이라고 할 수 있다. 그 의미는 다양한 자연재해위험이 존재하고 있다는 사실만이 아니다. 아시아국가 중에서 가장 먼저 경제의 안정성장·저성장기에 들어서고 또한 초고령화사회, 인구감소사회를 맞이하고 있다. 기존의 구조는 과거의 시대 트랜드, 즉 경제성장, 인구증가를 전제로 하고 있어 현재의 트랜드에 아직 따라가지 못 하고 있다. 현재는 기존의 구조와 현실 사이에 커다란 틈이 생겼다고 할 수 있다. 동일본대지진을 계기로 방재시스템의 재평가에는 「상정 외」 「상정 이상」에 대비할 뿐만 아니라 이 것에 착안하여 그것을 메우기 위해서 새로운 방재시스템으로 이동해 가는 과정이라고 할 수 있다. 일본의 앞으로의 활동은 아시아에 있어서의 다음 시대를 앞지르는 새로운 실험이라 할 수 있겠다. 함께 논의하고 경험을 나누는 것이 중요하다.

**참고문헌**

1. 내각부 (2011) :「일본의 방재대책」http://bousai.go.jp/1info/pamph.htm1
2. 도시방재미화협회 (2011) :「시대의 조류를 응시한 방재마을 만들기의 본연의 자세에 관한 조사연구」도시방재미화협회

(강희령　译)

# 한반도 방재 시스템

이광일[*]

## 1. 재난의 유형

우리나라는 재난의 유형을 자연 재난, 인적 재난, 사회적 재난으로 나누고 있습니다.

자연 재난: 태풍·홍수·호우·강풍·풍랑·해일·대설·낙뢰·가뭄·지진·황사·적조 그 밖에 이에 준하는 자연현상으로 인하여 발생하는 재해.

인적 재난: 화재·붕괴·폭발·교통사고·화생방사고·환경오염사고 그 밖에 이와 유사한 사고로 대통령령이 정하는 규모 이상의 피해.

사회적 재난: 에너지·통신·교통·금융·의료·수도 등 국가기반체계의 마비와 전염병 확산 등으로 인한 피해.

---

[*] 이광일, 1971년 11월 10일생, 1995년 2월 광주대학교 공과대학 건축학과 졸업, 1997년 8월 서울과학기술대학교 산업대학원 수료 (전공, 건축구조) . 선후로 서울과학기술대학교 산업대학원 연구조교, 재단법인 건설재해예방연구원 선임연구원, 광진기술전문학원 원장, 사단법인 평생교육진흥연구회 서울중앙교육원 원장, 미국 GENEPI KOREA Cdrp 대표이사, 국제방재학회 초대 상임 수석부회장 역임. 저작으로 《建築构造》, 《土木技师应用力学》 등 다수.

| 구분 | 재난유형 | 재난정보 | 주요내용 | 제공기관 |
|---|---|---|---|---|
| 자연<br>재난<br>(5<br>개) | 풍수해 | 태풍 발생정보, 기상특보, 통보문 | 풍수해 관측정보, 피해상황 (인명, 재산) , 응급복구 등 | 기상청 |
| | 지진 | 지진속보,<br>지진통보문, 해일<br>발생정보 | 발생위치 (진앙) , 등급, 발생일시 (진원시) , 규모 (리히터) 등 | 기상청 |
| | 황사 | 황사 발생정보 | 관측위치, 등급, 황사지수, 발생시간, 측정기상상태 등 | 기상청 |
| | 낙뢰 | 낙뢰 발생정보 | 발생시간 및 위치 | 기상청 |
| 인적<br>재난<br>(5<br>개) | 산불 | 산불위험 및<br>발생정보 | 발생위치 및 시간, 출동헬기정보, 조종사명, 이륙 및 착륙시간, 진화시간 등 | 산림청 |
| | 폭발/<br>대형화재 | 대규모 사고, 가스사고<br>발생정보 | 가스 폭발 사고 발생일시 및 장소, 사고내용, 피해내용 (인명, 재산) 등 | 지자체 및 유관기관, 한국가스공사 |
| | 교통재난 | 교통사고 발생정보,<br>항공기 결항정보 및<br>지연정보 | 발생일시, 노선명, 구간, 상하행, 교통사고 내용 등 | 한국도로공사, 경찰청, 인천국제 및 한국공항공사 |
| | 건축물 등<br>시설물재난 | 대규모 사고<br>발생정보 | 공사장 붕괴 발생일시 및 장소, 사고내용, 피해내용 등 | 지자체 및 유관기관 |
| 사회<br>재난<br>및 안<br>전사<br>고<br>(5<br>개) | 에너지 | 정전 발생정보, 원자력 정보 | 정전 사고일시 및 지역, 사고내용, 사고원인, 피해내용 (사망, 부상) 등 | 한국전력공사,<br>원자력안전기술원 |
| | 감염병 | 감염병 발생정보 | 질병명, 지역, 접수일자, 해외감염여부 | 질병관리본부 |
| | 가축전염병 | 가축전염병 발생정보 | 발생일시, 질병명, 지역, 농장명 | 국립수의과학검역원 |
| | 여름철 물놀이 | 물놀이 사고정보 | 발생일자 및 위치, 기상상태, 인명피해, 사고내용, 원인, 조치사항, 해파리 발생정보 등 | 소방방재청, 지자체, 국립수산과학원 |
| 기타<br>정보<br>(6<br>개) | 의료기관 | 병원·약국 정보 | 의료기관명,구급차보유수 등 | 중앙응급의료센터 |
| | 병상 | 병상 변동정보, 진료가능 여부 | 진료가능과목, 의료기관 실시간 병상정보 | |
| | 대피시설 | 이재민 수용시설, 대피소 | 시설명, 시설유형, 수용능력, 대피소별 대피인원 | 소방방재청,국립공원관리공단 |
| | 민방위 | 민방위 대원정보 | 연차수, 교육이수이력, 교육일정 | 지자체 |
| | 식중독 | 식중독 발생정보 | 발생위치, 발생일자, 환자수 | 식품의약품안전청 |

<재난 및 안전관리기본법에 의한 주요 재난유형 (15개) 및 기타정보 (6 개) >

## 2. 재난의 특성

**불확실성**
- 재난은 위험의 의미를 내포
- 손실의 크기와 발생 정도?
- 재난관리 전 과정에서 발생

**재난의 특성**

**상호작용성**
- 재난의 자체
- 재난에 대한 피해주민
- 피해지역의 기반시설

**복잡성**
- 불확실성, 상호작용성이 복합적으로 작용
- 재난 자체의 복잡성
- 재난 발생 후 관련 기관들간의 관계

## 3. 재난관리의 특성

**공공재적 성격**
- 시장에 의해 통제되기 어려움
- 정부의 개입이 반드시 필요
- 사회구성원을 공유

**재난관리의 특성**

**현장위주의 관리**
- 재난관리는 시시각각으로 변함
- 현장경험자가 총괄책임자로 적합
- 현장위주의 중요성 부각

**경계성 및 가외성 원리**
- 최고 인력, 장비를 갖추면서도 사용 되지 않도록 유도
- 재난발생, 재난피해가 적으면 가장 성공적임
- 능률성 원리와 상반된 개념

# 4. 재난관리 체계의 특성

**열 세 성**
- 예산책정의 우선순위에서 뒤쳐짐
- 인력, 예산 등의 다른 조직에 비해 열세

**연 계 성**
- 구성요소간의 연계관계를 통합
- 관계부처간의 연계성은 당연

**재난관리 체계의 특성**

**협 조 성**
- 활동영역의 더욱 확장
- 다수기관의 참여, 협조

**보 충 성**
- 상설 재난관리체계는 대처할 능력이 떨어짐
- 임시 재난관리체계 운영

# 5. 재난관리조직의 변천

**중앙정부 재난관리조직**

- 1961년 07월 경제기획원 국토건설청 신설

**인 적 재 난 관 리**
- 주로 화재관련업무를 담당하는 소방에서 출발
- 1975년 08월 : 내무부 민방위 본부 산하에 소방국 신설
- 내무부 민방위재난통제본부 재난관리국 신설

**통 합 재 난 관 리**
- 2004년 06월 : 소방방재청 개청

**지방정부 재난관리조직**

**자 연 재 난 관 리**
- 건설방재국 치수방재과에서 담당

**인 적 재 난 관 리**
- 건설방재국 재난관리과에서 담당
- 1971 ~ 1974년 : 정부조직법 개정으로 서울, 부산 소방본부 설치
- 그 이후 나머지 광역시, 각 도에 소방본부 설치

**통 합 재 난 관 리**
- 소방본부로의 완전통합 및 부분통합

# 6. 재난행정 조직

(1) 우리나라는 행정안전부장관이 중앙재난안전대책본부장으로서 재난관리를 총괄하고 있으며, 그 아래, 행정안전부와 소방방재청 양대 조직으로 이원

화되어 재난행정이 운영되고 있습니다.

(2) 행정안전부는 국가의 재난관리를 총괄하고 사회적 재난을 담당하며, 소방방재청은 자연재난과 인적재난을 담당하고 소방과 민방위 업무도 집행하고 있습니다.

(3) 재난정책 추진내용

① 자연 및 인적 재난에 대한 선제적 대응체계 구축

*계절별 재난유형을 사전에 분석, 관계기관 합동으로 선제적 대응

*폭설 대비 사전점검 및 대책회의 개최, 대비지침 마련

*재난 발생시 피해 주민 긴급지원, 관계부처 등 정책 조정 추진

② 국가기반체계 보호 강화

*국가기반체계 보호지침 마련, 국가기반시설 관리기관 통보

*각 부처 및 전문가 의견 수렴 및 97개 기관 260개 국가기반시설 관리

*국가기반시설 지정취소 및 신규 지정 (중앙안전관리위원회)

③ 사회적 재난 대응기능 강화

*21개 위기관리 매뉴얼에 대한 승인·점검 등 총괄 관리

*각 부처 및 자치단체의 위기관리 매뉴얼 수시 점검 및 지속 보완

*천안함 사태에 따라 위기관리 매뉴얼 일제점검

④ 국민 안전 사각지대 발굴 개선

*국민생활 안전을 위협하는 요소를 체계적으로 조사

*위험요인 사전 발굴, 재난 초기 대응 (취약시설 상시점검반 운영)

*재해예방사업장, 폭염대비실태, 청소년수련시설, 지역축제 등 점검

*정부의 안전관리 대책

(4) 안전관리 대책

안전사고 사망자 비율을 안전 선진국 수준으로 낮추기 위해 추진하고 있는 범정부 차원의 정책입니다. * 2008년 전체사망자 중 안전사고 사망자 12.4% ⇒ 6% (OECD 평균 5.9%)

(5) 정부의 유형별 안전관리대책

①<유형 1: 생활안전>

*고밀화·고도화된 사회환경에 대응하여 국민 생활안전을 위한 체계적인 정책 추진

*특히, 자살, 아동학대, 재난취약계층에 대한 안전대책 및 교육생활·여가

활동 중 안전사고 예방 집중 추진

②<유형 2: 교통안전>

＊차량 위주의 교통정책에서 탈피한 보행자 중심의 교통안전 정책 실현

＊도로 및 지하철 안전시설 확충

＊기존 교통안전대책의 미비점 개선 및 교통 관련 사업의 효율성 제고

③<유형 3: 화재 안전>

＊대형화재에 대비한 화재예방 대책 마련으로 인명·재산 피해 최소화 도모

④<유형 4: 산업안전>

＊획기적인 산업재해 감소를 목표로 재해 다발 분야에 대한 안전정책 강화

＊밀폐공간 등 위험 작업환경에서의 안전수칙 준수 등 교육·홍보 강화

＊조선업·매립사업장 사고 최소화 등으로 산업 안전관리 강화

⑤<유형: 범죄안전>

＊급증하는 아동 성폭력 및 아동 대상 범죄를 사전에 근절하고 각종 범죄방지를 위한 사회안전망 구축

⑥<유형 6: 식품·보건안전>

＊매년 발생하고 있는 식중독 사고에 대비해 급식 환경을 개선하는 등 식품안전관리 강화

＊전염병 및 직장내 돌연사 방지 등 범정부 차원에서의 보건안전 대책 마련

⑦<유형 7: 기타>

＊노후화된 하천시설물 일제 점검 및 개보수로 홍수 피해를 최소화하고 수질 오염방지를 위한 효과적인 안전대책 마련

＊지진·산불 안전 제도적 장치 마련 및 사방사업 확대 실시 등 국가적 재앙에 대비한 재난안전 대책 강화

＊항만시설 안전사고 및 대형 해양오염사고 등에 대비한 재난안전 대책 강화

⑧모바일 국가재난안전 정보센터 구축내용

＊재난안전정보 수집·가공시스템 구축

＊국토해양부·기상청·소방방재청 등 44개 재난관련기관에서 발생되는 재난정보 중 국민생활과 밀접한 15종의 재난정보 수집

＊기관별로 산재되어 있는 재난정보를 국민이 쉽게 접근할 수 있도록 융합된 재난안전정보로 재가공

＊모바일 기반의 재난안전 웹/앱 개발

＊일반 PC 및 스마트폰에서 서비스가 가능한 모바일 웹 개발

＊재난 및 안전관리기본법에 의한 3개 재난분야 15개 주요재난유형을 대상으로 모바일웹개발

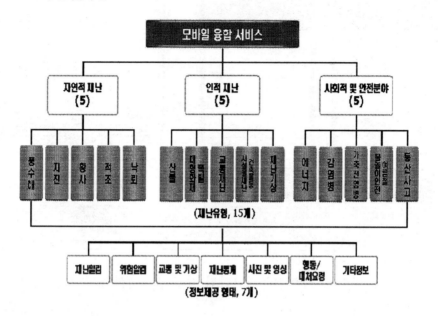

재난유형별 재난안전 정보를 7개의 형태로 세분화하여 사용자가 재난관련 정보를 쉽게 접근할 수 있도록 구현

| 구 분 | | 정 보 유 형 |
|---|---|---|
| 재난알림 | 재난상황 | 재난발생에 따른 진행 중인 재난상황정보를 실시간 제공 |
| | 재난위치 | 지도기반의 재난유형별 발생 위치표시 |
| 위험알림 | – | 산사태, 산불, 붕괴, 홍수 등 위험지역을 지도기반 표시 |
| 교통 및 기상 | 교통정보 | 교통재난 발생 및 도로정체 정보 (출발, 목적지 선택기능) |
| | 기상정보 | 황사, 태풍, 호우 등 방재기상정보 |
| 재난통계 | 유형별 | 재난유형별 발생건, 피해 등 통계정보 |
| | 지역별 | 지역별 재난발생건, 피해 등 통계정보 |
| 사진 및 영상 | 사진정보 | 재난유형별 사건 사진 정보 |
| | 영상정보 | 재난유형별 뉴스, 대응 등 영상 정보 |
| 행동/대처요령 | 대처요령 | 재난유형별 국민 대처요령 정보 |
| | 주요시설 | 지역 대피시설 및 병원 등 주요시설 정보 |
| 기타정보 | 언론정보 | 재난유형별 언론정보 |
| | 기타 정보 | 본 정보제공 항목 이외에 검색되는 정보 |

< 모바일 기반 재난안전 웹 서비스 >

< 모바일 기반 재난안전 웹 모델 (예시) >

# 7. 재난의 정의와 행정안전부의 역할

(1) 재난의 정의

국민의 생명과 안전 및 국가에 피해를 주거나 줄 수 있는 것으로서 자연재난, 인적재난, 사회적재난으로 분류하고 있습니다.

자연재난과 인적재난의 경우 소방방재청에서 주관하고 있으나, 재난안전 총괄 부처인 행정안전부에서도 상황관리, 관련부처 대응 조정, 정책결정 지원 등의 업무를 담당합니다.

사회적 재난의 경우 심각상태 이전에는 주관부처에서 직접 대응하고 행정안전부는 통합역할을 담당하지만, 심각상태 이후에는 행정안전부에서 중앙재난안전대책본부를 구성하여 재난 대응을 직접 총괄합니다.

(2) 2009년 신종플루 확산시 중대본부 구성·운영 ('09. 11. 4~12. 11)

(3) 중앙재난안전대책본부

①사회적 재난이 심각상태가 되면 행정안전부장관을 중앙본부장, 제2차관을 차장으로, 재난안전실장을 총괄조정관으로 하여 중앙재난안전대책본부가 구성

②자연재난 및 인적재난: 차장(소방방재청장), 총괄조정관(소방방재청차장), 통제관 및 실무반이 소방방재청 공무원으로 구성됨

③중앙본부장은 대규모 재난의 예방·대비·대응·복구 등에 관한 사항을 총괄조정하고 필요한 조치, 부처별 역할 분담 및 조정을 통한 합동 지원책 마련, 중앙수습본부장 및 지역대책본부에서 요청하는 부처간, 지역간 협조사항 협의·처리 등을 하게 됩니다.

④*중앙수습본부장: 주무부처 장관, *지역대책본부장: 시도지사

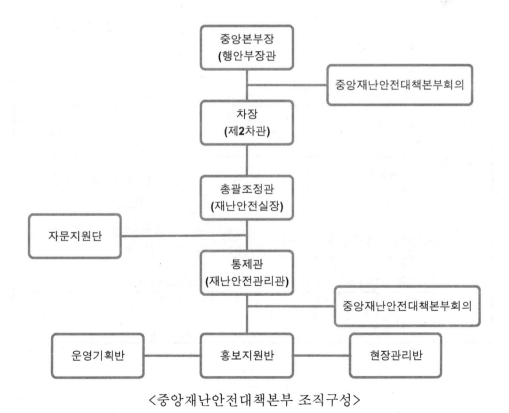

<중앙재난안전대책본부 조직구성>

301

| 분야 Field | 유형 Type | 주관기관 Primary Agency |
|---|---|---|
| 재난 Disaster | 풍수해재난 Storm and Flood | 소방방재청 National Emergency Management Agency |
| | 지진재난 Earthquake | 소방방재청 National Emergency Management Agency |
| | 산불재난 Wildfire | 산림청 Forest Service |
| | 고속철도대형사고 Large-scale incident of High-speedrailway | 국토해양부 Ministry of Land, Transport and Maritime Affairs |
| | 다중밀집시설대형사고 Large-scale incident of Densely crowded facility | 소방방재청 National Emergency Management Agency |
| | 대규모환경오염 Large-scale Environmental pollution | 환경부 Ministry of Environment 국토해양부 Ministry of Land, Transport and Maritime Affairs |
| | 화학유해물질유출사고 Harmful Chemical Leakage | 환경부 Ministry of Environment 고용노동부 Ministry of Employment and Labor 지식경제부 Ministry of Knowledge Economy |
| | 댐 붕괴 Dam Collapse | 국토해양부 Ministry of Land, Transport and Maritime Affairs |
| | 지하철대형화재사고 Large-scale incident of Subway | 국토해양부 Ministry of Land, Transport and Maritime Affairs |
| | 공동구재난 Commonduct Disaster | 국토해양부 Ministry of Land, Transport and Maritime Affairs |
| | 감염병 Infectious Disease | 보건복지부 Ministry for Health and Welfare |
| | 가축질병 Livestock Disease | 농림수산식품부 Ministry for Food, Agriculture, Foresty and Fisheries |

| | | |
|---|---|---|
| 국가핵심기반 National Critical Infrastructure | 전력<br>Electric power | 지식경제부<br>Ministry of Knowledge Economy |
| | 원유수급<br>Oil supply | 지식경제부<br>Ministry of Knowledge Economy |
| | 원전안전<br>Nuclear Power Plant Security | 교육과학기술부<br>Ministry of Education, Science and Technology<br>지식경제부<br>Ministry of Knowledge Economy |
| | 금융전산<br>Finance and Computing | 금융위원회<br>Financial Service Commission |
| | 육상화물운송<br>Overland Freight | 국토해양부<br>Ministry of Land, Transport and Maritime Affairs |
| | 식용수<br>Water | 국토해양부<br>Ministry of Land, Transport and Maritime Affairs<br>환경부 Ministry of Environment |
| | 보건의료<br>Public Health and Medical Service | 보건복지부<br>Ministry for Health and Welfare |
| | 정보통신<br>Information and Communication | 방송통신위원회<br>Broadcasting and Communication Commission |
| 안보<br>Security | 소요폭동 Riots and Disturbance | 경찰청 National Police Agency |

<국가 위기관리 매뉴얼 National Crisis Management Manual>

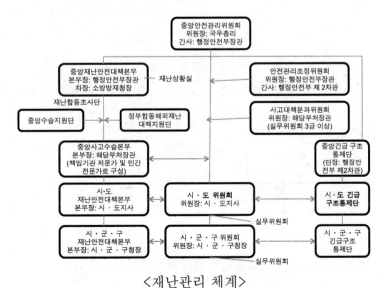

<재난관리 체계>

303

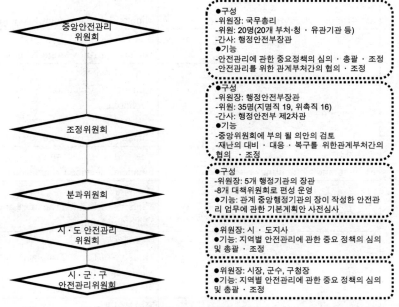

<안전관리위원회>

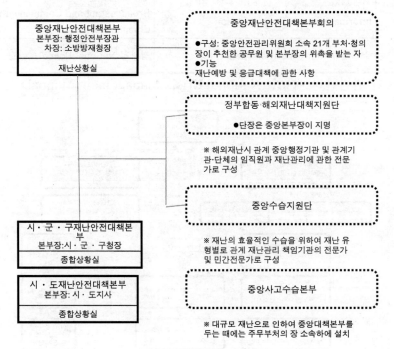

<재난안전대책본부>

304

가. 법적근거

◆ 【재난및안전관리기본법】 제49조 내지 제52조

◆ 【재난및안전관리기본법시행령】 제54조 내지 제62조

■ 【긴급구조대응활동및현장지휘에관한규칙】 (제정중)

나. 구성 및 기능

◆ 구성

■ 단장: 소방방재청장

■ 부단장: 소방청책국장

■ 부서: 4부 1대

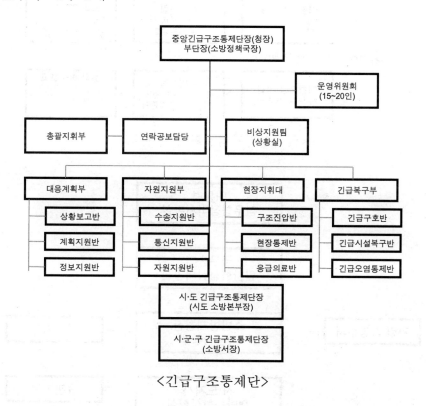

〈긴급구조통제단〉

계획수립 절차

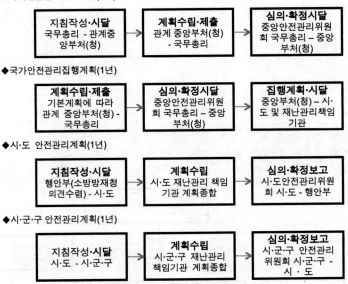

◆국가안전관리기본계획(5년)

| 지침작성·시달 국무총리 - 관계중 앙부처(청) | 계획수립·제출 관계 중앙부처(청) - 국무총리 | 심의·확정시달 중앙안전관리위원 회 국무총리 – 중앙 부처(청) |

◆국가안전관리집행계획(1년)

| 계획수립·제출 기본계획에 따라 관계 중앙부처(청) - 국무총리 | 심의·확정시달 중앙안전관리위원 회 국무총리 – 중앙 부처(청) | 집행계획·시달 중앙부처(청) – 시· 도 및 재난관리책임 기관 |

◆시·도 안전관리계획(1년)

| 지침작성·시달 행안부(소방방재청 의견수렴) - 시·도 | 계획수립 시·도 재난관리 책임 기관 계획종합 | 심의·확정보고 시·도안전관리위원 회 시·도 - 행안부 |

◆시·군·구 안전관리계획(1년)

| 지침작성·시달 시·도 - 시·군·구 | 계획수립 시·군·구 재난관리 책임기관 계획종합 | 심의·확정보고 시·군·구 안전관리 위원회 시·군·구 - 시 · 도 |

<국가안전관리계획 수립체계>

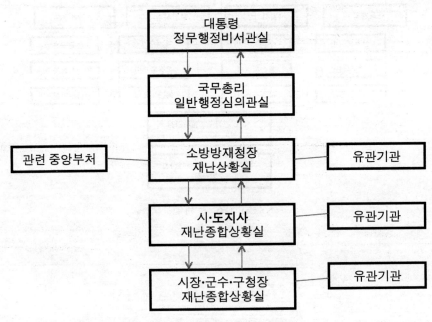

<재난 상황보고, 전파 체계도>

306

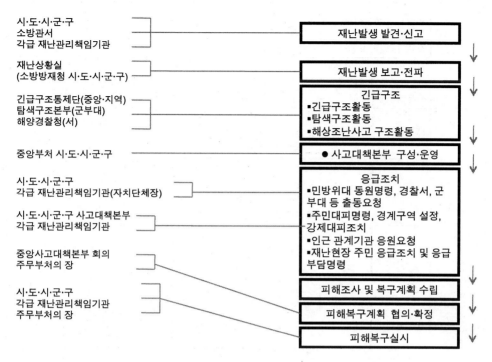

| 시·도·시·군·구<br>소방관서<br>각급 재난관리책임기관 | → | 재난발생 발견·신고 | ↓ |
| 재난상황실<br>(소방방재청 시·도·시·군·구) | → | 재난발생 보고·전파 | ↓ |
| 긴급구조통제단(중앙·지역)<br>탐색구조본부(군부대)<br>해양경찰청(서) | → | 긴급구조<br>▪긴급구조활동<br>▪탐색구조활동<br>▪해상조난사고 구조활동 | ↓ |
| 중앙부처 시·도·시·군·구 | → | ● 사고대책본부 구성·운영 | ↓ |
| 시·도·시·군·구<br>각급 재난관리책임기관(자치단체장)<br><br>시·도·시·군·구 사고대책본부<br>각급 재난관리책임기관 | → | 응급조치<br>▪민방위대 동원명령, 경찰서, 군부대 등 출동요청<br>▪주민대피명령, 경계구역 설정, 강제대피조치<br>▪인근 관계기관 응원요청<br>▪재난현장 주민 응급조치 및 응급부담명령 | |
| 중앙사고대책본부 회의<br>주무부처의 장 | → | 피해조사 및 복구계획 수립 | ↓ |
| 시·도·시·군·구<br>각급 재난관리책임기관<br>주무부처의 장 | → | 피해복구계획 협의·확정 | ↓ |
| | | 피해복구실시 | ↓ |

<재난 발생시 수습체계>

| 안전관리대상 | | 관련법 | 관계부처 |
|---|---|---|---|
| 시설안전 | 교량 | ▪ 도로법    ▪ 철도안전법<br>▪ 도시철도법 ▪ 농어촌도로정비법 | 국토해양부<br>행정안전부 |
| | 댐 | ▪ 댐건설 및 주변지역 지원 등에 관한 법<br>▪ 하천법 | 국토해양부 |
| | 수리시설 | ▪ 하천법<br>▪ 소하천정비법 | 국토해양부<br>소방방재청 |
| | 항만 | ▪ 항만법 | 국토해양부 |
| | 공공청사 | ▪ 학교시설사업촉진법<br>▪ 국유재산관리법<br>▪ 지방재정법 | 교육과학기술부<br>기획재정부<br>행정안전부 |
| | 아파트,<br>대형건물 | ▪ 건축법 ▪ 주택법 | 국토해양부 |
| | 백화점 등<br>대형판매시설 | ▪ 건축법 ▪ 유통산업발전법 | 국토해양부 |
| | 호텔 | ▪ 건축법<br>▪ 관광진흥법<br>▪ 공중위생관리법 | 국토해양부<br>문화체육관광부<br>보건복지가족부 |
| | 극장 | ▪ 공연법 ▪ 건축법 | 문화체육관광부 |

| | 리프트 등 | ▪삭도 · 궤도법 | 국토해양부 |
|---|---|---|---|
| | 유원시설 | ▪관광진흥법 | 문화체육관광부 |
| | 골프장, 스키장 등 | ▪체육시설의 설치┌이용에 관한 법률 | 문화체육관광부 |
| | 재난및안전관리기본법, 소방기본법, 소방시설유지및안전관리에관한법률, 소방시설공사업법, 위험물안전관리법, 시설물안전관리에관한특별법, 건설기술관리법, 건설산업기본법은 공통적으로 적용 | | |
| 산업안전 | 석유화학 | 석유 및 석유대체 연료 사업법<br>유해화학물질관리법<br>수질환경보전법 | 지식경제부<br>환경부<br>노동부 |
| | 가스 | 도시가스사업법<br>고압가스안전관리법<br>액화석유가스의안전및사업관리법<br>대기환경보전법 | 지식경제부<br>환경부<br>노동부 |
| | 제조사업장 | 산업집접활성화및공장설립에관한법률<br>산업표준화법<br>승강기제조및관리에관한법률<br>기업활동규제완화에관한특별조치법 | 지식경제부<br>노동부 |
| | 건설사업장 | 건설기술관리법<br>건설기계관리법<br>건축법<br>도시 및 주거환경 정비법 | 국토해양부<br>노동부 |
| | 산업안전보건법은 공통적으로 적용 | | |
| 교통안전 | 도로교통 | 도로교통법<br>자동차관리법 | 행정안전부<br>국토해양부 |
| | 지하철 | 도시철도법 | 국토해양부 |
| | 철도 | 철도안전법 | 국토해양부 |
| | 해상안전 | 해양교통안전법 ▪선박안전법<br>어선법 ▪해양오염방지법 | 국토해양부 |
| | 수상안전 | 수상레저안전법 | 소방방재청<br>국토해양부 |
| | 항공안전 | 항공법 | 국토해양부 |
| 화재 등<br>안전분야 | 화재▪폭발 | 소방기본법<br>총포┌도검┌화약류등단속법<br>화재로인한보상과보험가입에관한법률 | 소방방재청<br>행정안전부<br>기획재정부 |
| | 산불 | 산지관리법 | 농림수산식품부 |
| | 전기 | 전기사업법 ┌기공사업법<br>전기통신사업법<br>전기용품안전관리법 | 지식경제부 |
| | 원자력 | 원자력법<br>한국원자력안전기술원법 | 교육과학기술부 |
| | 광산 | 광산보안법<br>진폐의 예방과 진폐보호자 등에 관한 법률 | 지식경제부 |

| 재난및안전관리기본법, 소방기본법, 소방시설유지및안전관리에관한법률, 소방시설공사업법, 위험물안전관리법, 시설물안전관리에관한특별법, 건설기술관리법, 건설산업기본법은 공통적으로 적용 | | |
|---|---|---|
| 긴급구조 등 수습관련 | 소방기본법<br>재난및안전관리기본법<br>수난구호법<br>응급의료에관한법률<br>경찰관직무집행법 | 소방방재청<br>보건복지가족부<br>국토해양부 |

<안전관리 주요법령>

**가. 상시대비단계**

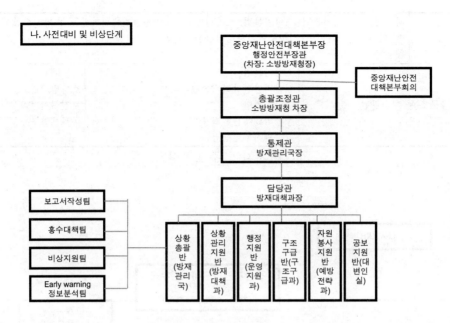

나. 사전대비 및 비상단계

중앙재난안전대책본부장
행정안전부장관
(차장: 소방방재청장)

중앙재난안전
대책본부회의

총괄조정관
소방방재청 차장

통제관
방재관리국장

담당관
방재대책과장

보고서작성팀

홍수대책팀

비상지원팀

Early warning
정보분석팀

상황총괄반(방재관리국)

상황관리지원반(방재대책과)

행정지원반(운영지원과)

구조구급반(구조구급과)

자원봉사지원반(예방전략과)

공보지원반(대변인실)

<중앙재난안전대책본부의 조직>

| 구분 | 단체명 | 대표자 | 주소 | 회원수 |
|---|---|---|---|---|
| 정회원 | 대한간호협회 | 신경림 | 서울 중구 훈련원로 95 | 120,125 |
| | 전국의용소방대연합회 | 박재만 | 서울 영등포구 영등포동 8가 87-4 소방회관 3층 | 98,000 |
| | 대한의사협회 | 경만호 | 서울 용산구 이촌 1동 302-75 | 100,000 |
| | 대한적십자사 | 유종하 | 서울 중구 남산동 3-32 | 73,600 |
| | 새마을운동중앙회 | 이재창 | 서울 강남구 영동대로 627 | 2,000,000 |
| | 안전생활실천시민연합 | 송자 최병렬 김춘강 | 서울 관악구 조원동 1653-6 새한빌딩 2층 | 20,000 |
| | 한국구조연합회 | 정동남 | 서울 서초구 방배동 795-9 방재빌딩 1층 | 4,700 |
| | 한국자원봉사센터중앙회 | 김준목 | 서울 용산구 동자동 43-56 센트럴프라자 6층 | 5,000,000 |
| | 한국자원동사협의회 | 이제훈 | 서울 중구 신당동 357-11 아리빌딩 4층 | 4,000,000 |
| | 해병대전우회중앙회 | 김인식 | 서울 성동구 성수동 656-75 에스콰이어빌딩 4층 | 200,000 |
| | 한국아마추어무선연맹 | 함영만 | 서울 서초구 양재동 267-5 KARL 빌딩 3층 | 8,851 |

| | | | | |
|---|---|---|---|---|
| 협력회원 | 소방방재청 | 박연수 | 서울 종로구 세종로 정부중앙청사 | |
| | 사회복지공동모금회 | 이세중 | 서울 중구 정동 1-17번지 6층 | |
| | 연세대 방재안전관리 연구센터 | 조원철 | 서울 서대문구 신촌동 134 연세대학교 공학원 316A | |
| | 한국산업안전보건공단 | 노민기 | 인천 부평구 기능대학길 25 | |
| | 한국시설안전공단 | 김경수 | 경기 고양시 일산구 대화동 231 | |
| | 위기관리 이론과 실천 | 이재은 | 충북 청주시 개신동 12 충북대 | |
| | 119매거진 | 최명신 | 강남구 역삼동 648-3번지 2층 | |

<재난안전 네트워크>

# 8. 재해발생에 따른 방재대책의 방향

지난 100년간 지구상의 기온 상승폭은 약 0.74℃로 관측되었다고 하는데, 한반도에서는 지난 100년간 약 1.5℃ 상승하며 세계 평균인 0.74℃를 두 배 이상 크게 상회하며, 제주지역의 해수면은 40년간 22cm 상승하여 매년 평균 5.5mm의 상승폭으로 세계평균 매년 1.8mm보다 빠른 속도이다.

그리고 1906년부터 2005년까지의 기온상승의 변화는 인간생활의 편의를 위해 배출되었던 온실가스 ($CO_2$, $CH_4$, $NO_2$ 등) 가 주 요인이라는 점은 주지의 사실임에도, IPCC (유엔정부간기후변화위원회) 는 세계 각국의 노력에도 불구하고 2000년에서 2030년까지 전 세계 온실가스는 여전히 25~90% 증가할 것이며, 화석연료는 2030년 이후에도 전 세계 에너지원에서 주도적 위치를 고수할 것이라고 전망한다.

이러한 두 가지 사실로 앞으로 수 십 년간 기후변화는 막을 수 없는 현상이며, 한반도의 기후변화의 폭은 세계평균을 상회하는 위험한 처지에 놓였다는 점이다. 그럼에도 우리 정부의 기후변화에 대한 대처방안은 미미한 실정이고 특히 국민의 생명과 재산을 지켜야 하는 방재부분에 대한 시스템부재는 구제적인 보완이 시습한 상태이다.

일례로 10년 후 2020년대에는 90년대에 비해 강수량이 5%이상 상회하면서 집중호우가 발생하고, 20년 후 2030년대의 한반도는 강수량은 오히려

10% 정도 급감하고 기온은 연평균 2℃ 이상 꾸준히 오를 것으로 전망하는데, 2020년대에는 호우로 인한 피해액이 56조원이상으로 이는 2008년도 국가예산 257조의 22%에 해당하는 액수가 증발할 것이며, 기온상승과 폭염 현상의 발생 증가 추세가 지속된다면 2030년대 이후에는 매년 주기적으로 300여명 이상이 사망하는 기후변화로 인한 피해가 예상된다.

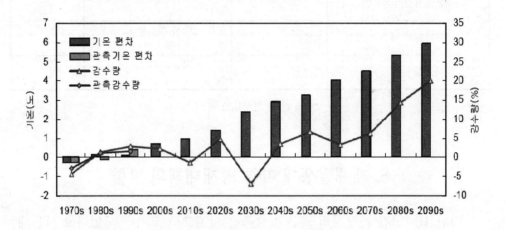

<지역기후모델링으로 예측한 기온과 강수량 변화>

## (1) 기후변화에 대한 대책

기후변화가 재해를 가중시키는 가장 큰 요인은 강수량의 증가와 강우강도의 변화가 될 것이며, 이로 인해 홍수량이 증가하고 국지성 집중호우로 인한 피해가 증가될 것으로 예상된다.

기후변화로 인해 증가하는 홍수유량에 대해 하천개수나 홍수조절시설의 정비 등에 있어서 사회적 변화에 대한 여건을 고려하지 않으면 대응이 불가능한 하천이 지속적으로 증가할 것이므로 이를 고려한 대책을 수립하여야 하며, 수계의 안전도 역시 외력의 증가에 따라 상대적으로 현저하게 저하됨을 고려하여 시설물 안전관리 기준 등을 재검토하여야 한다. 또한 하천정비나 홍수조절시설의 정비 등은 기후변화에 의한 외력증가를 포함한 정비목표를 달성하기 위해 상당한 기간이 필요함을 인지할 필요가 있다.

이러한 과제를 해결해 나가기 위해서는 기후변화에 의한 외력의 증가분을 계획 규모를 상회하는 홍수나 정비기준을 상회하는 홍수 (초과홍수) 에 대한 대응방안을 구체적으로 설정할 필요가 있다.

또한 구체적인 기후변화 적응대책을 검토할 때에 종래의 치수방재계획에서 벗어나 하천으로 한정된 치수대책이 아닌 유역종합적인 대책을 수립하여야 한다. 이외에도 단기적으로는 이상홍수에 대해 적응하는 순응적 대응을 추진하되, 향후에는 지구온난화에 따른 기후변화가 일반적인 현상이 된다는 것을 새로운 개념으로 인식할 필요가 있다. 범정부적 기후변화 적응 마스터플랜에서 주요사안으로는 기후변화에 따라 예상되는 재난의 유형과 규모를 추정하고, 해당 재해의 피해를 최소화하기 위해 필요한 사안을 설정하고, 이를 중장기적으로 실천하는 방안이 될 것이다.

### (2) 세부 대책

특히 각 세부사항 별로 추진해야 할 세부과제는 아직 국가적인 차원에서 연구 개발되어 있지 않거나 처음으로 검토되는 사안이기 때문에 우선적으로 국가연구개발사업과 연계하여 이를 추진하는 방안이 적정한 것으로 판단된다. 우리나라는 과거 1970년대 연평균 강수량 1,159mm에서 1980년대 1,274mm로, 최근에는 1,360mm 이상으로 증가하고 있는 것으로 조사되고 있다. 국립기상연구소 2007년 연구발표에 의하면 강수량은 많아지나 강수일수는 적어지고 있어 국지성 집중호우의 빈발은 더욱 심각해질 것으로 예상되고 있다. 이미 홍수발생의 척도가 되는 1시간 강우강도는 과거 최고기록이 118.6mm/hr에서 1998년 지리산 호우 시 145mm/hr를 기록하는 등 집중호우의 빈도와 규모가 증가하는 것으로 나타났는데, 특히 비공식적으로는 2001년 서울 관악구에서 156mm/hr, 2002년 부산 김해에서 160mm/hr의 집중호우가 발생한 바 있다. 이에 따라 하천, 댐, 하수관거 등 사회기반시설의 설계빈도는 관리주체 별로 별도로 설치되고 1960~1970년대에 설치된 기반시설이 많아 이미 내용연한(耐用年限) 40~50년에 접근, 대폭적인 개보수가 필요한 것으로 나타나고 있다. 따라서 우선적으로 재난발생의 메커니즘을 파악할 필요가 있고 이를 위해 각 재난유형별 정량적인 예측이 전제되어야 한다.

①기후변화에 따른 재난규모의 변화 양상 추정 분석
*강수량의 증가추세 분석 및 재해규모 추정
*폭염일수의 증가추세 분석 및 재해규모 추정
*초대형 태풍 증가추세 분석 및 재해규모 추정
*기후변화에 따른 재난위험성의 정량적 분석 및 경제적 파급효과 분석

②사회구조변화에 따른 재난규모의 융합 변화 양상 분석

*고령화, 도시화 등에 따른 재난의 다양화 변화 분석

*증가하는 외국인 거주자의 재해 위험요인과 대책

*도시재개발 및 도시계획상의 검토사항 및 제도화 방안

*민간기업의 자율적 재해대책 추진과 시장분석

③재해유형별 취약성 분석 및 관리보강을 위한 시스템 구축

*폭염분야 취약시스템 관리보강 시스템 구축

*가뭄분야 취약시스템 관리보강 시스템 구축

*초대형 태풍관련 취약시스템 관리보강 시스템 구축

## (3) 미래재난에 대비한 국가방재목표 설정 및 중·장기 전략수립

각종 개발사업과 대도시로의 인구와 시설집중으로 재난의 대형화⌐다양화가 우려되고 있는데, 세계은행에 의하면 아래 표와 같이 서울은 지진, 해일 피해를 제외한 모든 자연재난의 위험성이 가장 큰 20대 도시에 해당되는 것으로 발표된 바 있다 (The World Bank, 2003년 보고서 "Building Safer Cities" 참고)

| 도시명 | 침식 | 호우와 태풍피해 | | 홍수피해 | |
|---|---|---|---|---|---|
| | | 태풍 및 허리케인 | 국지성 집중호우 | 하천 | 해일 |
| 도쿄 (일본) | Y | Y (3) | - | Y | Y |
| 봄베이 (인도) | Y | Y (<1) | - | - | Y |
| 라고스 (나이지리아) | Y | - | - | - | Y |
| 다카 (방글라데시) | - | Y (<1) | - | Y | - |
| 카라치 (파키스탄) | Y | Y (<0.1) | - | - | Y |
| 뉴욕 (미국) | Y | Y (<1) | Y | - | Y |
| 자카르타 (인도네시아) | Y | - | - | Y | - |
| 캘커타 (인도) | - | Y (<1) | - | Y | - |
| 마닐라 (필리핀) | Y | Y (>3) | - | - | Y |
| 상하이 (중국) | - | Y (1) | - | Y | Y |
| 로스엔젤레스 (미국) | Y | - | Y | - | Y |
| 부에노스 아이레스 (아르헨티나) | Y | - | Y | Y | Y |
| 카이로 (이집트) | - | - | Y | Y | - |
| 이스탄불 (터키) | Y | - | Y | - | Y |
| 리오데자네이루 (브라질) | Y | - | - | - | Y |

| | | | | | |
|---|---|---|---|---|---|
| 오사카 (일본) | Y | Y (3) | - | Y | Y |
| 텐진 (중국) | - | Y (<0.1) | Y | Y | Y |
| 방콕 (태국) | Y | Y (<1) | - | Y | Y |
| 서울 (한국) | - | Y (1-3) | Y | Y | - |
| 리마 (페루) | Y | - | - | ? | Y |
| 마드라스 (인도) | Y | Y (<1) | - | - | Y |

주) Y: 발생가능성이 있음, - : 발생가능성이 없음, ( ) 안의 숫자는 연간 발생회수

각종 사회기반시설물의 설계기준을 예상되는 대형 재난에 대비하여 상향 조정하고 기존 시설물을 보강은 보강기준이 상향될수록 안전하다는 장점도 있으나 이에 따른 경제적인 부담이 배가되기 때문에 교호적 (trade-off) 관계를 가지게 된다. 따라서 국가의 재정부담과 원하는 수준이 안전도를 적정하게 단계적으로 설정하여 추진되어야 할 것이며, 취약성이 가장 큰 시설을 우선적으로 추진하기 위한 개보수 우선순위를 설정하는 것이 중요하다. 또한 간과해서는 안 될 것은 종래의 시설별 중요도별 중앙정부에서 설정한 일률적인 기준과 함께 지역주민의 안전에 대한 관심도와 원하는 수준을 함께 고려하는 방식을 통해 안전을 위한 지역부담율에 대한 공감대도 형성될 필요가 있다.

①설계기준 상향조정에 따른 재해경감효과와 경제적 부담분석

*시설별 현행 설계기준 분석과 안전도의 정량화

*설계기준 강화에 따른 안전도 정량화 분석

*설계기준 강화에 따른 국가재정부담에 대한 경제성 분석

②국가 중기재정운용계획과 단계별 안전도 확보 목표 설정

*국가중기재정운용계획 분석

*단계별 국가방재기준 설정 및 실천계획 수립

③취약성을 고려한 시설별 개보수 우선순위 설정

*댐, 하천, 하수도, 제방 등 시설별 취약도 분석

*과거 재해DB 및 시뮬레이션에 의한 개보수 우선순위 설정

④국가방재목표를 달성하기 위한 제도 및 예산운영계획 수립

*현행 제도 및 예산운영 분석을 통한 문제점 및 개선대책 도출

*제도 및 예산운영 변경에 따른 목표달성 가능성 분석

### (4) 반복재해 차단 예방복구시스템 구축

상습수해지구 및 재해위험지구 등과 같이 현재 지속적으로 취약성을 보이고 있는 시설이나 지역에 대해서는 근본적인 대책을 수립하기 위해 현재의 재해요인을 구체적으로 분석하고 이에 대처하기 위한 구조적, 비구조적 대책을 수립하여야 한다. 따라서 각 지구별로 구체적인 재해위험요인 해소방안을 조사하고 정립하여 이를 조기에 달성하기 위한 방안으로서 집단이주, 민간재원 유인을 위한 제도적 방법 등을 강구하는 동시에 재해발생시 복구사업을 추진하는 과정에서 원상복구 보다는 개량복구를 추진하는 방안 등이 강구되어야 한다.

①반복피해지역 조사 및 원인분석

＊상습수해지구 및 재해위험지구 전국 조사

＊지구별 해소방안에 대한 적정성 분석

＊재해위험지구 등의 해소관련 법 개정 및 지침마련

②재난예방 및 복구예산운용 분석을 통한 개선안 도출

＊현행 연단위 재난예산의 총괄적 분석 및 시사점 도출

＊예방단위 예산 확충과 이에 따른 복구예산의 변동성 추정

③반복피해 개선을 위한 법적, 제도적 장치 마련

＊집단이주 관련 법령 제정 및 개정방안 수립

＊민간자본 유인을 위한 규제완화 방법과 제도개선

＊사후 복구사업평가를 통한 복구방식의 개선방안 마련

④단계별 예산확보를 위한 중장기 계획 수립

＊단계별 해소지구 설정과 이에 따른 예산추진 세부계획

＊국가재정운용계획과 연동한 지자체의 자비부담 방안 강구

### (5) 재해저감기술, 방재산업 인프라 조성

방재분야는 다학제적 (multi-disciplinary) 인 요소가 많기 때문에 종래 학제로는 개별적인 요소기술이나 원천기술 등이 국가연구개발사업을 통해 확보되었지만 상대적으로 방재분야에 적용되지 않은 기술 등이 국내외적으로 산재되어 있다고 판단된다. 이러한 요인이 상대적인 약점이 될 수도 있지만 실제 재해현장 등에서의 경험이 바탕이 되고 여기에 선진 재해저감기술 등을 융합하는 응용기술의 적용가능성은 매우 많다는 점에서 방재분야의 발전성은 매우 크

다고 볼 수 있다.

　①국내외 방재관련 기술동향 조사

　*GIS, GPS 및 공간영상정보를 활용한 재해분야 적용기술 조사

　*IT 및 NT 기술 등을 통한 재해정보의 실시간 취득 및 전송기술 조사

　*로보틱스 기반기술 등을 통한 재해현장 적용 로봇개발 등

　②재난유형별 감지기술 및 소재개발

　*NT, IT, 고분자 기술 등을 활용한 재난유형별 재난감지용 센서개발

　*단기 실용화 가능한 복구 및 재해대응형 소재 및 장비 개발

　③방재산업 육성을 위한 중장기 마스터 플랜 수립

　*현행 법, 제도 개선을 통한 방재산업 육성방안

　*외국의 관련법령 및 운용체계 조사를 통한 시사점 분석

　*방재산업의 분류 및 관련 산업육성방안과의 연계

　④방재산업 수출산업 전략화 계획 수립

　*수출산업 가능 방재기술의 분류 및 육성방안 수립

　*수출대상 국가의 기준과 국내 기준의 적용성 검토기준 및 지침

　*연단위 수출산업 전략화 계획 수립

## (6) 기후변화에 취약한 분야 보강시스템

　기후변화에 따라 우리나라뿐만 아니라 전세계적으로 예상되는 일차적으로 위험성이 가중되는 재해는 자연재해 중에서 기후와 관련된 재해일 것으로 예상되고 있다. 국내외적으로도 최근 여름철의 폭염과 겨울철의 폭설은 과거 관측치를 상회하는 대규모화되고 있고, 빈도 역시 빈번하게 발생되고 있는 점을 감안하여 행정시스템을 보강하는 방안이 강구되어야 한다.

　①폭염분야 취약시스템 관리보강

　*폭염예측 시스템의 문제점과 보강기술

　*폭염의 지역별 빈도해석 및 취약성 분석

　*폭염 정도에 따른 위험성 분석지표 개발

　*폭염 경보의 실시간 경보체계 및 다양한 수신장비 개발

　②가뭄분야 취약시스템 관리보강

　*가뭄예측 시스템의 문제점과 보강기술

　*가뭄의 지역별 빈도해석 및 취약성 분석

＊가뭄 정도에 따른 위험성 분석지표 개발

＊가뭄해소를 위한 대체 수자원 확보기술

＊가뭄의 지역별 세분화된 예경보 및 인근 지역과의 연계

③초대형 태풍분야 취약시스템 관리보강

＊태풍의 조기 예경보 체계 구축 및 국가간 정보교류방안

＊태풍예상경로와 이에 따른 피해추정시스템 개발

＊태풍경보의 세분화 및 정량적 근거 마련

＊태풍의 국지적 예경보 체계 및 정보송수신 체계 정비

## (7) 재해취약시설 통합관리체제 구축 및 표준화

현행 재해유형별, 관리시설별로 부처별로 관리되고 있는 체계를 대폭 개선하여 범정부 재해정보 공유 및 분석체계를 마련할 필요가 있다. 특히 소방방재청이 재난전담기관으로 지정되어 있고 과거 내무부, 행정자치부에서 업무가 추진되어 지속되고 있는 국가재난관리 정보시스템 (NDMS) 등이 기 구축되어 있는 만큼 이를 중심으로 한 범정부 재난정보 네트워크를 구성하고, 이에 따라 각 부처별 운영되고 있는 재해정보 DB를 공유할 수 있는 체계가 마련되어야 한다. 특히 향후 방재산업의 수출전략 산업화 등을 위해서는 국제 표준화기구 (ISO: International Organization for Standards) 의 표준에 맞도록 초기 단계에서부터 각종 정보 및 관리시설의 기준을 표준화하는 작업이 필요하다.

①재난유형별 국제 표준화 연계기술 개발

＊홍수관련 범정부 국제표준화 전략 및 실천 마스터 플랜 수립

＊가뭄관련 범정부 국제표준화 전략 및 실천 마스터 플랜 수립

＊태풍관련 범정부 국제표준화 전략 및 실천 마스터 플랜 수립

＊폭염 및 기타 재난관련 범정부 국제표준화 전략 및 실천 마스터 플랜 수립

②국가통합재난관리시스템과 연계한 통합시스템 구축

＊단계별 재해정보 및 관리체계의 시스템적 통합방안 마련

＊국가재난관리시스템 (NDMS) 와 타 부처 시스템의 연동방안

③재난관리 국가표준 수립방안 마련

재난관리 표준 연구개발의 과학기술, 사회경제적 중요성은 예방, 대비, 대응, 복구, 정보연계, 대국민 측면에서 현재 국가 안전관리 수준을 방재 선진

국 수준으로 제고할 수 있는 기틀을 마련하는 것에 있다. 또한, 기술적 측면에서 재난관리 표준을 토대로 재난관리 부문을 시스템화 하여 통합 운영 및 관리할 수 있으며 경제 및 산업적 측면에서 재난발생시 표준에 기반을 둔 시스템적 대응을 통해 경제적 손실의 최소화 및 국내 산업의 경쟁력 강화를 지원할 수 있다. 그리고 사회와 문화적 측면에서 재난관리 표준을 통해 국가 재난관리 체계 실행의 주체인 국민의 인식과 저변을 확대할 수 있다. 재난관리 표준화를 통하여 평상시 발생 가능한 재난의 유형을 파악하고, 위험을 평가하고 분석하여, 경제적이고 합리적인 대비책을 마련함으로써 사고발생 시 재산피해 및 업무중단을 최소화시키고, 긴급대응을 통하여 업무연속성을 확보하면서, 동시에 원상복귀 소요시간을 최대한 단축시키는 효과를 얻을 수 있다.

　　*재난관리 기술의 국제표준화 방안
　　*국가표준 수립계획 및 단계별 추진전략

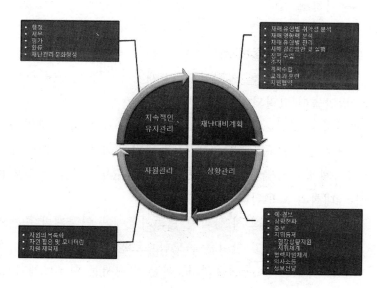

<국가재난관리 기준 체계>

## (8) 기후변화 적응 방재기준 강화

위와 같은 단계적인 연구와 정책개발을 통해 최종적으로는 기후변화와 관련하여 가중되는 재해를 사전에 예방하거나 피해를 최소화할 수 있는 국가의 기준과 이를 사회기반시설 전반에 확대하는 구체적인 방안이 마련되어야 할 것이다. 이를 위해서는 기후변화에 따른 전세계적인 추세와 관측, 영향평가 등의 분야에서 기 수행되어 온 많은 연구결과와 국가정책 등을 고려하여 적응분야에 연동하고 유동적으로 변화될 수 있는 정책과 예산투입 등을 함께 고려해야 한다.

그 동안 방재분야의 연구개발은 수요기관이나 국책연구소 등에서 자연재해나 인적 재해, 소방 등의 개별적인 범주 내에서 중장기적인 연구개발 보다는 당면과제를 해결하기 위한 소형과제 중심으로 추진되어 왔다. 즉 그 동안의 방재분야 국가 연구개발사업은 중장기적 관점에서의 R&D 정책방향이 다소 불명확한 상태에서 단순 요소기술 개발 중심의 산발적 기술개발 추진이 이루어져 왔다. 이로 인하여 기술개발의 결과가 시장을 이끌지 못하고 정책에 일관성 있게 반영되지 못하는 결과를 초래하였다. 특히 최근 기후변화 및 사회구조 변화로 인해 각종 재해재난의 발생강도가 증가하고 새로운 유형의 재해가 발생함에 따라 과거의 자료와 경험에 의존한 방재기술 개발의 패러다임 전환에 대한 요구가 급격히 증가하고 있다.

방재분야의 R&D 역시 최근 들어 VIP-8을 제시하여 전반적인 방향을 설정하기는 하였으나 그 세부적인 로드맵과 이를 효율화하기 위한 구체적이고 공개적인 방안의 고려가 미흡한 실정이다. 방재기술 개발의 효율화를 위해서는 다음과 같은 방안들이 고려되어야 할 것이다.

첫째, 과거의 나열식 사업추진에서 탈피하여 목표지향적 사업체계를 구축하고 별도의 연구기획사업을 구성하는 등 방재기술 개발 로드맵을 개발하여 전략적 R&D 기획체계의 구축함으로써, 방재분야의 R&D 예산 규모의 증대와 경제적 효율성 극대화가 요구된다.

둘째, R&D 기획 및 수행 시 산학연 전문가들에게 연구개발 주제의 선정과 평가 등을 투명하게 공개하고 참여를 유도함으로써 open innovation이 이루어지도록 시스템을 갖추는 것도 필요하다. 이를 위해서는 한국방재학회 등과 같은 방재분야 전문학회들의 적극적인 참여를 유도하는 것이 필요할 것이다.

셋째, 방재기술 R&D 사업에 민간참여를 강화하고 시장수요를 반영하는 것이 필요하다. 이를 위하여 민간기업으로부터 상시적 R&D 제안 접수 평가 체계를 구축하고 협회 및 산하연구소를 통한 연구개발 수요 발굴을 추진하여야 한다.

마지막으로 기획연구의 대상은 기술만이 아닌 시장과 정책을 포함함으로써 연구개발을 통한 기술개발 결과가 시장과 정책에 효과적으로 반영되도록 하여야 한다.

# 한중일 재난관리 협력: 메커니즘 현황, 비전, 정책건의

워이링*

　　한중일 3국이 위치한 동북아는 환태평양 화산지진대로서 자연재해가 자주 발생하는 지역이다. 근년 들어, 급격한 도시화와 현대화 및 기후변화 등 영향으로 3국은 자연재해의 위협에 노출되었다. 한중일 3국의 재난관리 협력은 이재민수와 재산 손실을 줄이고 사회 경제의 지속 가능한 발전을 보장할 수 있을 뿐만 아니라 더욱 중요한 것은 국민간의 친선 강화와 동질감 형성에 도움이 되고 3국간의 신뢰 구축에도 역시 도움이 된다는 것이다. 때문에 재난관리 협력은 3국 협력의 우선순위 영역이 되어야 하며 재난관리 협력과 지역통합 전개과정은 상호 추진하는 관계를 유지하여야 한다. 이 글은 한중일 재난관리 협력의 현황 및 메커니즘 구축을 정리하고 현존하는 문제와 도전과제를 검토하며, 협력의 제도화를 추진할 정책건의를 제시하려 한다.

---

* 워이링, 외교학원 동아시아 연구센터 센터장, 부교수. 외교학원 정치학 박사. 미국 Oakland University (2003년), 프랑스 국세관계연구소 (2007년) 방문학자. 동아시아 싱크탱크 네트워크 (NEAT) 중국측 연계인.『외교평론』편집위원. 국제관계이론, 지역주의와 동아시아 지역협력연구에 종사하고 있다. 관련 영역의 저서와 논문을 다수 발표하였다.

# 1. 한중일 재난관리 협력 : 메커니즘과 전개과정

한중일 3국간의 재난관리 협력은 양자, 3자 및 다자간에 다양한 틀 안에서 동시에 전개되고 있다. 이제 한중일 협력, 동아시아 지역협력 및 국가의 행위 등 3개 측면에서 관련 메커니즘에 대해 정리하고 전개상황과 성과를 종합하려 한다.

## (1) 한중일 협력

한중일 3국의 재난관리 협력은 2008년 한중일 정상회담에서 시작되었다. 그 후 수년간 재난관리는 이미 한중일 협력의 중점 분야가 되었고 매회의 정상회담의 중요한 의제로 되었다. 그리하여 제도 구축, 규범화, 구체적인 조치 등 방면에서 비교적 뚜렷한 성과들을 거두었다.

2008년 12월 13일, 최초로 동아시아정상회의에 독립되어 진행한 한중일 정상회담에서는「재난관리 협력에 관한 한중일 3국 공동발표문」을 채택하였다. 이로써 3국의 재난관리 협력이 공식적으로 가동되었다.「공동발표문」은 아래 분야에서의 협력 강화에 합의하였다. ①포관적 재난관리체제 개발, ② 재난 취약성 감소 및 패해 경감 시스템 개발, ③ 국가, 지방, 지역사회 등 다양한 수준에서의 재난관리 협력 강화.[1]

2009년 10월 31일에 제1차 '한중일 재난관리 기관장회의' 가 일본에서 개최되었다. 회의에서는「재난관리 협력 3자 공동발표문」을 채택하였다. 3국은 향후 재난에 대한 정보와 기술대책을 공유하고 건축물 내진 영역에서의 협력을 강화하며 인적자원 교육과 전문가세미나를 순환 개최하고 전업경험을 공유하며 관련 국제 협력을 강화할 것에 합의하였다. 또한 회의는 실무차원에서 '한중일 재난관리 기관장회의'[2] 를 순환 개최할 것을 결정하였다. 재난관리 기관장 정기회담 메커니즘을 구축하여 협력 제도화를 위해 기반을 마련한 것이 이번 회의의 가장 중요한 성과이다. 현재까지 한중일 재난관리 기관장 회의는 2년에 1회씩 개최되고 있는데 2011년에 중국에서 제2회 기관장회의가 개최될 것이다.

2011년 5월 22일, 일본 도쿄에서 제4차 한중일 정상회의에서「정상회의 선언문」과「재난관리 협력」부속문서를 채택하였다. 부속문서는 3국간 재난관리 협력의 기본원칙을 확인하였다. 그 내용을 보면 다음과 같다. 정보 교환을 강화하고 재난 구조를 지원하며 지원 시의 상호 조율을 강화하고 경험, 교훈을 공유하며 재난발생 시의 피해복구 협력을 강화하고 기존의 국제 및 지역 메커니즘 내에서의 3국간 재난관리 협력을 추진한다. 또한 부속문서에서는 하기의 4가지 조치를 강구하여 방재능력과 재난관리수준의 지역균형을 실속있게 강화할 것이라고 명시하였다. ①재난관리 훈련을 진행하여 방재능력을 제고한다. ② 재난발생시 소통의 신속성과 원활성을 확보한다. ③지원 시의 상호 조율을 강화한다. ④재난 관리 기술을 발전과 정보의 공유를 추진하고 지역성기구, 유엔기구와 적극 협력하여 기존 또는 구축 계획중인 플랫폼을 활용한다.[3]

### (2) 한중일이 동아시아 재난관리 협력에 참여

한중일 3국이 공동 참여한 동아시아 재난관리 협력은 주로 아세안지역안보포럼, 아세안＋한중일 정상회의, 동아시아정상회의 등 3개의 틀 안에서 전개되고 있는데 이런 메커니즘들도 역시 2011년에 채택된 한중일「재난관리 협력」부속문서에서 명시한 3국간 재난관리 협력 추진이 필요한 지역 메커니즘이다.

①세안지역안보포럼 (ARF)

재난구호 협력은 아세안지역포럼이 실무적인 협력을 전개하고 있는 핵심 영역의 하나이다. 아세안지역포럼은 해마다 재난구호 회기간 회의를 1차례 개최하여「ARF 지역포럼 휴머니즘 지원과 피해 경감 전력 가이드」,「ARF 재난 경감 사업계획」,「ARF 재난관리 및 긴급대응 성명」,「ARF 재난구호 협력 지도원칙」등 기본문서들을 채택하였다. 근년 들어, 군인이 재난구호와 재난구호 공동훈련에 참가하는 것이 아세안지역포럼의 새로운 협력 중점사항으로 되고 있다. 2009-2010년, 베이징에서 아세안지역포럼 무장부대 국제 재난구호 법률, 규정 세미나를 2차례 개최하였다.[4] 2009년과 2011년에 아세안지역포럼은 필리핀과 인도네시아에서 각기 재난구호 공동훈련을 진행하였다. 이런 훈련은 각 측이 모두 주목하는 방위 안보 영역의 중요한 협력 프로젝트로서 도상(圖上) 훈련, 구조현장훈련, 인도적 구호 등 내용이 포함되었고 회원국의 합동 대응능력을 향상하는데 목적이 있다.[5]

②ASEAN+3 틀 내의 재난관리 협력

2004년 인도양 해일 사태 후 재난 예방과 피해 경감은 10+3의 중요한 협력 영역의 하나로 되었다. 「제2차 동아시아 협력에 관한 공동성명」 및 「ASEAN+3 2007-2017 사업계획」은 재난관리 분야의 협력 조치를 제시하였다. ⓐ홍수, 산사태, 지진 및 기타 재난 영역에서의 협력을 강화한다. ⓑ재난관리와 긴급대응에 관한 아세안의 협의를 실시하기 위해 지원을 제공한다. ⓒ 재난 경감 영역에서의 군민 협력 증대한다. 2007-2008년, 중국에서 개최된 2차례의 ASEAN+3무장부대 국제 재난구호 세미나에서는 무장부대의 국제 구호 문제를 검토하였다. 예하면 국제 구호에서의 무장부대간 조율 메커니즘의 구축, 표준실시절차, 법적 보장 등의 문제들을 토의하였다. 2010년에 'ASEAN+3 도시 재난 긴급대응 관리 세미나'가 베이징에서 개최되었으며 ASEAN+3 국가 도시 재난 방지 및 재난 경감에 관한 건의들을 제기하였다.

③ 동아시아 정상회의

재난 경감은 2007년 1월에 개최된 제2회 동아시아 정상회의가 확정한 중요한 협력영역의 하나이다. 2009년 제4회 동아시아 정상회의는 「동아시아 정상회의 재난관리 파타야 성명」을 발표하여 회원국은 하기 14개 방면의 업무 수행에 노력하겠다고 발표하였다. 재난관리 능력 개발협력을 지원하고 지역적, 다국적, 다종 재난에 대한 방재능력을 개발하며 통합된 조기경보시스템과 대응능력을 개발하고 유엔아태경제사회이사회 지역신탁기금을 지속적으로 지원하며 인도적인 협조의 강화 및 중대 재난 대응에 대한 지도를 증대하려는 아세안의 노력을 지원하고 재난관리와 피해복구 영역에서의 협력을 전개하며 재난 경감과 재난관리에 대한 대중의 인식을 높이고 지방과 지역사회의 대응능력을 향상시키며 아세안지역범위에서 재난긴급대응 모의훈련과 기타 관련 모의훈련을 전개하고 관련 표준실시규정의 실시와 강화를 지지하며 지방, 국가, 지역, 국제 차원의 조기경보 운영 기술능력을 제고하고 아시아 재난관리와 인도적인 구호 협조 센터의 운영을 지원하며 아시아재난경감센터, 아시아방재센터 등 현 지역 기타 관련 기구를 지원하고 아시아 특대 재난 연구센터 설립제안을 지지한다.[6]

## (3) 국가의 행위

한중일 3국은 상기의 지역 메커니즘 내에서 재난관리 협력에 참가하였을 뿐만 아니라 관련 국제 협력의 발기국이자 제의국이다. 일본의 제의하에 1998년에 '아시아재난경감센터'가 설립되었고 한중일 3국은 모두 이 센터의 회원국이다. 센터는 회원국의 재난대응능력을 향상시키고 안전한 지역사회를 구축하며 사회의 지속 가능한 발전을 추진하는 것에 초점을 맞추고 있다. 센터는 주로 재난경감정보 공유, 인적자원 훈련, 지역사회능력 개발, 관련 국제 회의와 교류의 조직 등 업무를 수행하고 있다.[7] 중국에서 우선 제의한 '아시아재난경감대회'는 아시아 각국이 메커니즘화된 재난경감 교류와 협력을 진행하는 플랫폼이다. 2005년에 베이징에서 개최된 최초의 대회는 제1차 아시아지역 장관급 재난경감회의이다. 그후부터 아시아재난경감대회는 3차례 개최되었으며 「아시아 재난 리스크 경감 베이징 행동계획」, 「재난 리스크 경감 델리선언」, 「아시아 재난 리스크 경감 쿠알라룸프 선언」, 「인천선언」, 「아시아태평양지역 기후변화 적응을 통한 재해위험 저감 인천지역 로드맵」등 문서를 채택하였다.

## 2. 한중일 재난관리 협력 : 기회와 도전

근년 들어, 한중일 공동으로 채택한 재난관리 협력 추진에 관한 일련의 문서, 원칙, 구체적인 정책조치가 발표됨에 따라 3국의 재난관리 협력을 추진할 수 있는 중대한 기회가 찾아왔다.

### (1) 한중일 협력은 총체적으로 긍정적인 방향으로 발전하고 있다.

2008년부터 한중일 정례 정상회의 메커니즘이 가동된 이후 3국은 이미 「한중일 3국 동반자관계를 위한 공동성명」, 「3국 재난관리 공동성명」, 「한중일 3국간 협력증진을 위한 행동계획」및 「한중일 협력비전 2020」등 문서를 발표하였다. 2010년 5월 말까지 3국은 이미 재난관리를 포괄한 17개 장관급 회의 메커니즘과 50여개 교류 메커니즘을 구축하였다.[8] 2011년 9월에 한중일 협력사무국이 한국 서울에서 공식 운영되기 시작하였다. 수년간의 협력실천이 표명하다시피 한중일 협력이 비록 약간의 정체가 있었지만 전체적으로 긍정적인 방향으로 발전하였으며 협력의지가 전반적으로 강화되고 제도화가 안정적으로 추진되며 실무협력이 지속적으로 심화되었다.[9]

### (2) 실무협력은 한중일협력의 원동력이자 기반이다.

동북아에 위치한 한중일은 모두 많은 비전통적인 중대 안보문제에 직면하여 있다. 예를 들면, 북핵문제, 기후변화, 식량안전, 금융안정, 자연재해 등이다. 이러한 영역에서의 실무협력은 필수적이다. 2010년 9월에 중일간에 선박 충돌사건이 발생하여 중일 국민들간의 호감이 크게 저감되었으나 그 후의 일본 매체의 조사통계에 따르면 86.8%의 일본 조사대상자들은 일본의 경제 번영에 있어서 중국이 매우 중요하다고 답하였다.[10] 2010년 상반기 회계 년도의 일본의 대중국 수출액과 수입액은 각기 6조 6,000억 원으로 그 증가 폭이 20% 이상에 달한다.[11] 상기의 수치가 표명하듯이 3국은 상호 의존관계로서 협력을 강화하는 것은 필연적인 추세이다.

(3) 재난관리 협력은 시행하기 쉬운 실무협력이며 또한 동질감과 지역간 신뢰를 구축하는 중요한 과정이다.

재난관리는 한중일 3국 대중의 기본 복지와 신변 이익에 직접 관계되는 과제이다. 3국의 공동이익은 분쟁보다 크기 때문에 협력의 중요한 영역인 재난관리 협력은 상대적으로 추진하기 쉽다. 또한 재난관리 협력은 민간 친선을 다지고 동질감을 증진하며 지역간 신뢰구축을 추진하는 중요한 과정이다. 쓰촨, 문천 지진과 동일본 대형 지진이 발생한 후에 전개된 중일간의 구호협력이 민간 친선과 동질감을 증진한 실례이다.[12]

(4) 한중일 3국의 재난관리 협력은 이미 양호한 제도와 실천 기반이 마련되었다.

현재 한중일 3국은 이미 국제 및 지역의 다양한 재해관리협력을 발기하거나 참여하여 다차원, 다영역의 재난대응 메커니즘을 구축하였다. 재난 예방, 긴급대응 및 재난후 구호와 피해복구 등 영역에서 일부 협력을 전개하였으며 규범과 제도는 물론 실천과 운영 측면에서도 일부 경험을 쌓았고 3자협력을 위한 튼튼한 기반을 마련하였다.

이와 동시에 한중일 재난관리 협력의 제도화를 추진하는 쉽지 않은 도전에 직면하여 있다.

(5) 정치신뢰의 결여가 협력 전개과정에 영향을 미친다.

정치 전략 신뢰의 결여는 한중일간 양자와 3자 관계에 영향을 주는 중대한 장애이다. 정치 전략 신뢰가 결여된 원인은 주로 역사와 영토 문제, 역내 실력 대비 변화 및 민간 친선의 동질감의 결여이다. 근년 들어 동아시아지역협력 전개과정의 복잡성도 3국의 신뢰 구축에 장애가 되고 있다. 신뢰의 결여로 인해 동북아 협력은 ASEAN+3협력에 비해 장기적으로 미진한 상태이며 양자관계에 있어서도 가끔 분쟁이 생기는데 이는 미래 협력의 제도화 수준의 제고에 영향을 미치게 되며 협력의 효율에 영향을 미치게 된다. 예하면 재난관리 협력 일환인 무장부대 구호와 대형 선진장비 구호가 정치신뢰 결여, 민간 동질감 저하의 영향을 받을 수 있다.

(6) 제반 협력 메커니즘간에 조정이 결여하여 자원 활용이 충분하지 않고 효율이 높지 않다.

신세기에 들어온 후 자연재해의 발생이 증대됨에 따라 지역간 합동 구호 의식이 뚜렷하게 향상되고 메커니즘 구축도 진척되었으나 종합적이고 정상적인 지역구호 메커니즘은 아직 구축되지 않았다. 한중일 3국은 다수의 지역 재난관리 메커니즘을 발기하거나 참여하였으나 3국간에는 이와 상응되는 양자간 루트도 직접 마련 되지 않았기에 종합적이고 정상적인 3자간 재난구호 메커니즘의 활성화는 실현되기 더욱 어렵다. 향후에 3국은 규모가 더욱 크고 복합성도 보다 높은 재난에 직면할 가능성이 있기에 재난구호를 조정하고 통일적으로 계획하며 자원의 활용율을 제고하는 것이 매우 긴박하고 필요하다.

(7) 현재 재난관리 협력은 3대 문제에 직면하여 있다. 즉 안정적인 전문가자원의 결여, 통일적이고 규범화된 기술표준의 결여, 지역성 재난 구호물자비축의 결여이다.

현재까지 한중일 3국은 상대적으로 고정적이고 안정된 재난대응 전문가 조직을 구축하지 못하였으며 전문가의 참여가 완비된 메커니즘이 확정되지 않았다. 이는 재난 예방, 재난 대응, 재난후의 피해 복구 등 재난관리의 제반 영역의 발전을 제한하고 있다. 또한 통일된 기술표준의 결여는 관리의 혼란을 조성하게 되는데 이는 국제 재난구호의 실시에 불리하다. 그리고 지역성 재난구호물자비축체계가 없기에 지역자원의 효과적인 통합이 불가능하며 지역의 자연재해 긴급대응능력에 중대한 영향을 미친다.

(8) 재난관리능력개발에 있어서 두 가지 부족한 점이 있다. 즉 중대재난에 대응할 준비와 능력이 부족하며 정부와 지역사회의 재난관리능력이 부족하다.

중대 재난의 특징은 사상자가 많고 재산손해가 크며 그 영향이 광범위한 것이다. 중대 재난이 발생하게 되면 반드시 외부의 구호와 지원을 받아야 한다. 2011년 3월에 발생한 동일본의 대형 지진이 바로 중대 재난에 속한다. 중대 재난에 맞서서 자국의 능력으로는 위기에서 신속히 벗어날 수 없다. 지역사회는 재난의 피해를 가장 크게 받고 복구시간이 가장 많이 필요한 집단이다. 때문에 기층 정부와 지역사회의 재난에 대한 인식, 준비 및 대응능력은 재난예방, 재난절감과 재난후의 구호와 복구 실시가 관건이다.

## 3. 한중일 재난관리 협력 : 대책 및 건의

한중일 재난관리 협력의 성과와 현황, 기회와 도전 등을 감안하여 이 글에서는 하기와 같이 정책 건의를 하려 한다.

(1) 민간 친선과 정치 신뢰를 강화하며 재난관리 협력의 우선순위를 확보하여야 한다.

재난관리 협력과 지역간 신뢰는 서로 추진하는 관계를 유지하도록 하여 재난관리 협력을 통하여 지역통합을 추진하며 민간 친선 증진과 신뢰 구축을 통하여 재난관리 협력을 강화하여야 한다. 그리하여 사회문화교류를 강화하여 대중과 매체의 사업을 충실히 수행하는 한편 한중일 제도화 협력에서의 재난관리 협력의 우선순위를 확보하여야 한다.

(2) 한중일 재난관리 협력의 제도화를 강화하며 기타 국제 및 지역 메커니즘을 충분히 활용하여 조정과 협조를 강화하여야 한다.

재난관리와 긴급대응에 관한 3자 협의체를 마련하여 재난관리 장관급회의를 내실화하며 그에 일정한 정책 결정 권한과 집행력을 부여하여야 한다. 또한 실무팀을 조직하여 구체적인 협력조치를 실행하여야 한다. 한편으로 기존의 국제 및 지역 협력메커니즘을 충분히 활용하여 그 틀 안에서의 조정과 협조를 강화하여 한중일 메커니즘과 기타 메커니즘 간의 상호 추진과 협력 공생을 실현하기 위해 노력하여야 한다. 다른 한편으로는 재난관리 제반 영역간의 연계와 교류를 강화하여야 한다.

### (3) 한중일 재난관리 전문가팀을 설립하여야 한다.

동아시아 싱크탱크 네트워크의 모델을 참조하여 한중일 재난관리 전문가 네트워크를 구축하며 정책 도출을 위한 연구를 진행할 수 있다. 전문가팀의 업무수행을 메커니즘화, 네트워크화, 정상화할 필요가 있다. 업무내용으로는 데이터의 수집, 현지 연구, 정책 컨설팅, 기술 지원, 프로젝트 평가, 인적자원 훈련 및 전망성 관련 과학연구 등이 있다. 장기적이고 효과적인 지역 방재조치의 제정과 지역성 방재체계의 구축을 위하여 노하우를 제공한다.

### (4) 한중일 재난구호물자 비축창고를 마련하여야 한다.

현단계에 동아시아지역에는 지역성 재난구호물자 비축창고가 마련되어 있지 않다. 한중일 3국은 앞장서 이 사업을 추진할 수 있다. 우선은 지역성 비축시스템 구축의 타당성 연구를 진행하여야 한다. 회원국에서 관련 비축창고를 구축하여 지역비축창고 네트워크를 구성하는 모델을 검토하며 우선은 한중일 3국 범위에서의 구축을 추진하여야 한다.

### (5) 대형 재난 대응능력을 강화하여야 한다.

동아시아정상회의에서는 2009년에 이미 문서를 통하여 중국에서 제출한 아시아 중대 재난 연구센터의 설립에 대한 지지를 표명하였다. 한중일 3국의 중대 재난 연구센터의 설치를 우선적으로 고려할 수 있다. 운영표준, 정보공유, 기술지원, 인적자원훈련 등 업무 및 관련 부서에 협조하여 목적성 있는 현장훈련과 연습을 조직하는 업무를 수행하여 3국이 중대 재난에 대응하는 능력을 전반적으로 향상시켜야 한다.

### (6) 상향적인 '지역사회 재난관리 체계'를 발전시키고 지역사회의 재난대응 및 피해복구 능력을 향상시켜야 한다.

본 지역의 일부 도시에서 시범적으로 구축하여 지방정부와 지역사회의 재난 위험의식을 향상시키고 보다 안전하고 강한 적응력을 보유한 지역사회를 건설하여야 한다.

(7) 제도화된 재난관리 참여모델을 구축하며 모든 참가국이 3국 재난관리 틀안에서 제도화 협력을 실현하도록 주력하여야 한다.

재난관리는 정부, 사회, 공공부서, 개인부서, 비정부기구 (NGO) , 자원봉사자 및 군대 등을 포괄한 다양한 행위와 관련이 있다. 제도화된 참여모델을 구축하여야만이 제반 역량을 효과적으로 통합하고 규범화할 수 있으며 광범위하고 질서있는 사회참여를 실현할 수 있으며 재난대처효과의 최대화를 실현할 수 있다. 또한 각 참여국이 3국 재난관리 협력 전개과정에 참여하도록 적극 추진하여 입체적인 네트워크화 협력모델을 구축하여야 한다.

## 미주

1. "Trilateral Joint Announcement on Disaster Management Cooperation", Fukuoka, 13th December 2008, http://www.mofa.go.jp/region/asia-paci/jck/summit0812/disaster.html, 2011-10-10.

2. 陈曦：《首次中日韩三国灾害管理部门部长级会议在日举行》，新华 社2009年10月31日 电，http://www.gov.cn/jrzg/2009-10/31/content_1453454.htm，2011年10月10日登录。

3. 《第四次中日韩领导人会议宣言》，日本东京，2011年5月22日，http://www.fmprc.gov.cn/chn/pds/ziliao/zt/dnzt/wenzonglichuxizhongrihanhuiyi/t824439.htm，2011年10月10日登录。

4. 李绪成、褚振江：《东盟地区论坛武装部队国际救灾法律规程建设研讨会举行》，载《解放军报》2010年8月31日。

5. 张惠中：《东盟地区论坛联合救灾演习开始》，人民网印尼万鸦老2011年3月15日 电，http://news.cntv.cn/20110317/100218.shtml，2011年10月10日登录。

6. 《东亚峰会灾害管理帕塔亚声明》，泰国华欣，2009年10月25日，http://www.fmprc.gov.cn/chn/gxh/zlb/smgg/t814509.htm，2011年10月10日登录。

7. "About ADRC," http://www.adrc.asia/aboutus/index.html, 2011-10-14.

8. 中国外交部：《中华人民共和国、大韩民国和日本国政府关于建立三国合作秘书处的备忘录》，韩国济州岛，2010年5月30日，http://www.fmprc.

gov.cn/chn/pds/ziliao/zt/dnzt/wjbdhrmzsfwbcxdrczrhhy/t705968.htm, 2011年10月10日登录。

9. 魏玲:《中日韩合作》,载魏玲主编:《东亚地区合作: 2010》,北京: 经济科学出版社,2011年版,第84-115页。

10. James J. Przystup, "Japan–China Relations: Troubled Waters: Part II," Comparative Connections, Vol.4, 2010, http://csis.org/files/publication/1004qjapan_china.pdf, 2011-10-10.

11. 《日媒评选2010年中日关系十大新闻 撞船事件居首》,环球网,2010年12月29日,http://news.xinhuanet.com/world/2010-12/29/c_12927906.htm,2011年10月3日登录。

12. 钱彤等:《四川汶川地震国际大救援: 中国人民将永存心底的记忆》,新华社北京2008年5月23日电,http://news.xinhuanet.com/newscenter/2008-05/23/content_8233872.htm;《真实报道感动日本民众 日本救援队搭起中日桥梁》,新华网,2008年5月23日,http://news.xinhuanet.com/world/2008-05/23/content_8232815_1.htm,2011年10月11日登录;菅直人:《Kizuna——情谊纽带(菅直人总理对中国援助的感谢辞)》,2011年4月11日,http://www.cn.emb-japan.go.jp/,2011年10月10日登录。

(金文学 译)

# 일·중·한 삼국 간 방재협력체제의 현상, 문제점과 전망

아라키다 마사루 (荒木田勝) *

## 처음에

본 섹션의 표제가「방재」로 되어 있지만 영역으로는「Rescue and Relief」로 되어 있다. 영문에 따르면 재해발생후의 구원, 구조만이 대상이라고 생각할 수 있지만 한편으로 일·중·한 수뇌회담의 성과 문서에 의하면 재해 예방이나 기반 정비를 포함하는 내용으로 되어 있다. 이 때문에 본고에서는 예방·응급·복구·부흥으로 이루어지는 종합적인 예방 정책을 대상으로써 현

* 아라키다 마사루 (荒木田勝), 아시아 방재센터 주임연구원이고, 1963 년에 태어났으며, 1987년 3월에 토호쿠대학 이학부 물리제2학과를 졸업하였다. 1993년 4월 주식회사 후지 종합연구소 연구개발 제1부 主事研究員. 2000년 4월 주식회사 후지 종합연구소 사회기반연구부 主事研究員을 퇴사. 2000년 5월 재단법인 도시방재연구소 아시아방재센터 연구원으로 근무. 2001년 5월 재단법인 도시방재연구소 아시아방재센터 주임연구원으로 승진되고 현재까지 종사하고 있다. 2000 년부터 아시아 방재센터에서 주로 아시아지역의 국제방재협력에 종사하고 재해정보공유, 방재원격감지, 주민참여형 방재계획 등을 진행하고, 여러 편의 연구 논문을 발표했다.

상 파악과 앞으로의 전망에 대해서 기술한다.

# 1. 삼국의 최대급 자연재해와 재해 후의 방재협력

(1) 일본 2011년 3월 10일의 동일본 대지진 (2011년 10월 4일 현재)

사망자·행방불명자: 19,752명, 부상자: 5,940명

건축물 전괴: 118,480호, 반괴: 179,704호

경제손실: 약 16조 9천억 엔

해외로부터의 지원:

◆ 해외지원 163개국·지역 및 43의 기관이 지원을 표명

◆ 구조대 28개국·지역·기관으로부터 접수 (현재 1개국이 활동 중)

◆ 구원물자 62개국·지역·기관으로부터 접수

◆ 기부금 92개국·지역·기관으로부터 수령 (약 175억 엔 이상

중국으로부터의 지원: 3/13 구조대원 15명 도착, 이와테현 (岩手県) 오후나토시 (大船渡市) 에서 활동, 3/20 철수

한국으로부터의 지원: 3/12 스텝 5명, 구조견 2구 도착, 미야기현 (宮城県) 센다이시 (仙台市) 에서 활동; 3/23 철수

제 2진 3/14 구조대 102명 도착·미야기현 센다이시에서 활동, 3/23 철수

(2) 중국 2008년 5월 12일 사천대지진 (2009년 7월 22일 현재)

사망자·행방불명자: 86,633명 (2009년 5월 7일 현재) 부상자: 374,176명

건축물 도괴: 216,000호, 손괴: 415만호

경제손실: 8,451억 4,000만 위안 (약 10조 1500억 엔)

일본으로부터의 지원: 5억 엔 상당의 지원, 5/15 국제긴급구조대팀 (구조) 파견, 북천 (北川) 에서 활동, 5/21 철수, 5/20 의료팀 파견, 성도 (成都) 시의 사천대학 화서병원에서 활동, 6/2 철수

일본이 제시한 부흥지원:

2008년 7월 9일의 일중수뇌회담에서 지진 부흥 계획에 대해서 일중간의 협력 추진을 합의하였다. 일본 측에서 한신아와지대지진의 부흥계획을 참고로

한 하나의 전체 계획과 다섯 개의 조항 (①건강 · 복지 ②사회 · 문화 ③산업 · 고용 ④방재 ⑤마을 만들기) 아래, 지진 부흥의 경험, 지식, 기술 등 소프트 면에서의 협력을 중점으로 하는 구체적인 프로젝트를 제시한 것에 대해서 중국측에서 우선 약 50항목에 대해서 협력 요청이 있었다.

주요 지원 예는 다음과 같다.

①건강 · 복지 - 심리 치료와 재해, 의료 시스템의 구축 등

② 사회 · 문화 - 학교나 학원 등의 복구, 북경일본학연구센터 등에서 방재교육 실시

③ 산업 · 고용 - 농업, 중소기업 지원 등

④ 방재 - 재해 대책 본부의 체제 강화, 지진방재 연구기관간의 공동 연구, 조사 실시, 댐 . 제방 등의 지원 등

⑤ 마을 재건 - 수도 등의 라이프라인 복구 지원, 건축물 · 도로의 내진, 부흥마을 만들기 등의 새로운 도시 건설 지원, 재해 폐기물 대책 등

### (3) 한국 2002년 태풍 루사 (Typhoon RUSA)

사망자 · 행방불명자 : 184명, 피해자 : 88,626명

건축물 침수 : 17,046호

경제손실 : 5조 4696억 원 (약 3530억 엔)

해외로부터의 지원 :

일본으로부터의 지원 : 약 1,670억 엔 상당의 긴급 구조물자 (20인용 텐트 10장, 슬 리핑 매트 75매, 2000L 간이 수조 20개, 3000L 간이 수조 10개, 정수기 10대, 목공세트 30세트)

(주기<注記> : 일본의 국제긴급원조대가 한국에 파견된 것은 2007년 원유유출사고 때만)

## 2. 국제방재협력의 경과

### (1) 국제방재의 10년

유엔에서는 1987년 12월에 제 42회 총회에서 90년대를 「국제방재의 10년」이라고 하고, 국제협조행동을 통해 전 세계, 특히 개발도상국의 자연재해에 의한 피해의 대폭적인 경감을 도모하고자 하는 결의안이 채택되었다.

## (2) 국제방재의 10년, 세계회의 개최

1994년 5월에 국제방재의 10년 중간 리뷰와 장래를 향한 행동계획의 입안을 목적으로 한「국제방재의 10년 세계회의」가 유엔 주최에 의해 요코하마시에서 개최되었다. 이 회의에서는 재해의 형태나 방재대책의 공통점을 갖는 지역차원에 있어서 국제협력의 중요성 등을 지적한「보다 안전한 세계를 향한 요코하마 전략」이 채택되어 이것에 따라 전 세계에서 국제 방재 10년에 관한 활동이 진행되게 되었다.

## (3) 아시아 방재 정책 회의의 개최

요코하마시의 계획에 의하여 지역차원의 협력의 첫걸음으로써 아시아 지역을 중심으로 하는 28개국의 방재관계 각료 등의 참가를 얻어「아시아방재정책회의」가 1995년 12월에 국제 방재의 10년 추진 본부 주최에 의해 고베시에서 개최되었다. 이 회의에서 아시아 지역에 있어서의 방재센터 기능을 갖는 시스템 창설의 검토를 일본에서 제안하는 등 국제 방재협력의 추진을 향한「고베방재선언」이 채택되었다.

## (4) 아시아방재전문가회의 개최

「고베방재선언」의 담겨진「아시아지역의 방재센터 기능을 갖는 시스템」의 창설을 의제로 한「아시아방재전문가회의」가 1996년 10월에 30개국의 방재담당국장등이 참가한 가운데 유엔 방재의 10년 추진본부의 주최에 의해 동경에서 개최되었다.

## (5) 아시아방재협력 추진회합

「아시아 지역의 방재 기능을 갖는 시스템」의 구체적인 활동 내용 등에 대해서 23개국의 방재담당부 국장 등의 참가에 의한「아시아방재협력추진회합」이 1997년 6월에 유엔 방재의 10년 추진본부의 주최에 의해 동경에서 개최되었다.

## (6) 아시아방재회의

아시아 각국의 방재기능 향상 및 아시아 지역에서의 방재 네트워크의 충실

· 강화를 도모하기 위해 개최국 일본 정부, 아시아 방재센터 및 유엔 국제방재
전략사무소 (UNISDR) 의 공동주최에 의해 아시아방재회의가 개최되고 있다.

　　　2002년 1월 인도 (뉴델리)
　　　2003년 1월 일본 (고베)
　　　2004년 2월 캄보디아 (시엠립)
　　　2006년 3월 한국 (서울)
　　　2007년 6월 카자흐스탄 (아스타나)
　　　2008년 11월 인도네시아 (발리)
　　　2010년 1월 일본 (고베)
　　　2011년 6월 스리랑카 (콜롬보)

### (7) 제 1 회 일중한 방재담당각료회의

　　2009년 10월 31일 효고현 고베시에서 제 1 회 일중한 방재담당각료급 회
합이 개최되었다. 회합에서는 일중한 삼국의 방재대책에 관해서의 기본인식이
확인됨과 동시에 재해 피해 경감을 향한 활동에 대해서 정보 공유나 앞으로의
삼국간의 방재협력의 자세에 대해서 의견 교환이 이루어졌다. 합의사항은 다음
과 같다.

　　① 재해피해경감을 향한 각국 활동의 정보 공유
　　■ 기후변동으로 인한 방재상의 활동에 대해서 정보 공유를 도모하고 앞으
로의 기술 개발과 그 활동에 대해서 논의한다.
　　■ 건축물 내진화의 활동에 대해서 정보공유를 도모하는 등 각국의 내진화
촉진을 향해 3 개국이 협력해 나간다.
　　■ 방재분야에서의 위성 기술의 이용에 대해서 정보 공유를 도모하는 것을
검토하고 재해 발생 시에 있어서 이재지의 긴급 관측에 삼국의 협력 가능성을
논의한다.
　　② 앞으로의 3 개국의 구체적인 협력
　　■ 인재육성세미나 개최 등을 통한 삼국 공동의 인재육성을 진행한다.
　　■ 삼국 내에 존재하는 국제기관과의 연계를 확대해서 국제방재협력을 추
진하는 일이나 삼국 내에서 개최되는 국제회의와의 연계를 강화한다.
　　또한, 일중한 방재담당 각료급 회합은 앞으로 삼 개국이 교대로 개최하고,
다음 제 2 회 회합은 2011년에 중국에서 개최된다 (10 월 28 일 북경에서 개최).

### (8) 일중한 수뇌회담

2011년 5월 22일에 동경에서 개최된 제4회 일중한 수뇌회담의 성과로써「방재협력」의 부속문서가 발표되었다. 구체적인 협력항목으로써 다음 네 가지를 들 수 있다.

①훈련 실시 · 능력의 향상

■ 지원 제공 및 접수능력의 향상을 위한 각국의 원조실시 및 접수담당국과 방재 · 재해 응급대책 담당, 당국 간의 교류촉진

■ 타 지역의 상황과 필요에 따라서 연계하면서 여러 재해의 패턴을 상정한 시뮬레이션 (탁상연습) · 공동훈련 실시의 검토

■ 이재지 각국의 효과적인 연계방법의 구축

② 재해 발생 시의 신속하고도 원활한 의사소통의 확보

■ 재해발생의 연락이나 이재지의 요구와 지원 매칭을 신속하게 행하기 위한 24시간 콤팩트 포인트의 설정

■ 두 나라 간의 의사소통을 보다 원활하게 하기 위한 일중한 협력사무국의 활용방법도 검토

■ 신속한 안부확인을 위한 체재정비를 향한 협력 강화

③ 긴급원조팀이나 물자파견 · 접수의 원활화

■ 긴급원조팀 파견이나 접수, 물자지원 접수에 관한 수속과 훈련에 관한 정보 공유

④ 방재에 관한 기술추진 및 정보공유의 강화

■ 각국의 방재 · 재해 구원에 관한 제도 · 정책에 관한 정보 공유

■ 적절한 지리 공간 정보를 방재에 활용하는 것에 관한 논의

■ 지역의 조직이나 유엔기관과 적극적으로 협력함으로써 이미 존재하는, 또는 계획되어 있는 플랫폼을 최대한 활용

# 3. 국제방재협력체재의 현상

## (1) UNISDR

유엔의 국제방재전략 (United Nations International Strategy for Disaster Reduction: UNISDR) 은 유엔총회에 의해서 2000년에 설립된 프로

그램으로 자연재해나 그것에 관련된 사고재해 및 환경의 현상으로 생긴 인적, 사회적, 경제적, 환경적 손실을 감소시키기 위한 활동에 글로벌한 짜임새를 마련한다는 목적을 갖는다. UNISDR은 지속 가능한 개발의 불가결한 요소로써 방재의 중요성에 대한 인식을 높이는 것으로 재해로부터의 회복력을 충분히 갖춘 커뮤니티를 만드는 것을 목표로 하고 있다.

### (2) 북동아시아 지역자치단체의 연합 방재분과위원회

북동아시아 지역자치단체의 연합 (The Association of North East Asia Regional Governments: NEAR) 은 북동아시아지역의 문화, 과학, 경제, 환경 관광 등의 다양한 분야에 걸친 교류협력을 주도하는 지역국제기관으로써 1996년에 설립되었다.

방재분과위원회는 국가 및 지방의 지진, 수해, 산불, 기아 등의 자연재해의 종류나 각 자치단체의 대치능력의 차이를 보완하기 위해 정보 및 인재 면에서의 교류 사업을 실시하고 있다.

### (3) 아시아 방재센터

아시아 방재센터 (Asian Disaster Reduction Center: ADRC) 는 1998년 7월 30일에 효고현 고베시에 설립되었다. 활동목적은 멤버국의 방재능력 강화, 사람들이 안심하고 살 수 있는 지역 만들기, 지속가능한 개발을 가능하게 하는 사회 만들기이다. 멤버국의 방재정보공유, 인재육성, 커뮤니티의 방재력 향상 의 세 가지를 주요 활동 항목으로 하고, 아시아의 다국 간 방재능력 향상을 위한 네트워크 만들기를 진행시키고 있다.

## 4. 방재협력의 과제

역사적인 이유로 일중한 관계가 반드시 좋지만은 않은 시기가 있었음에도 불구하고 근래에는 재해 발생 시의 협력이 실현되고 있다. 이것은 앞에서 기술한 바와 같이 국제방재협력의 조류나 대규모 자연재해에 직면했을 때 자연적으로 발생하는 인도주의적인 인식에서부터 생긴 것이라고 추측된다. 한편으로는 일중한 삼국에 한정되지 않고 긴급 시 국제구원활동의 접수에 관해서는 사천대지진이나 동일본대지진의 사례에서도 지원신청에 대한 접수 표명에 시간이 걸렸다. 보다 효과적인 긴급구조활동의 추진을 위해서는 이런 시간 단축에 관한 검토를 할 필요가 있다. 이것은 앞에서 기술한 일중한 수뇌회담「방재협력」항목 ③이다. 이러한 실현을 위해서 대규모의 자연재해 발생 시의 구원대, 구원물자의 제공과 접수의 순서를 검토, 향상시키는 것이 유효하다.

또, 인재육성이나 기술협력으로써 특히 이하의 분야의 협력 추진이 필요하다고 생각된다. (「방재협력」항목 ④)

■ 국제 재해 전세기나 센티넬아시아 등 근래 급속하게 이용이 진행되고 있는 지구 관측 위성 화상과 GIS를 이용한 이재범위 파악이나 피해추정 기술의 공유

■ 세계 재해 공유 번호 (GLIDE) 를 사용한 재해 이력 관리의 추진

■ 아시아 방재센터를 활용한 방재·재해 구원에 관한 제도·정책의 공유 추진

■ 아시아 방재센터를 활용한 인재교류 추진

# 5. 방재협력의 전망

일중한 모두 자연재해가 다발하는 나라이고, 근래에는 톱 레벨의 협력체제의 추진에 의해 긴급 원조대의 파견이나 지원물자의 제공, 민간차원에서의 의연금 등 여러 가지 방재협력이 실현되고 있다. 사천대지진 후의 활동을 보면 재해 시의 긴급원조부터 부흥계획 만들기의 지원, 인재육성 지원 등의 중장기적 방재협력이 실현되고 있다.

일중한은 삼국간의 방재능력을 향상시키는 것은 물론, 아시아지역의 방재능력향상의 추진 역할도 맡고 있기 때문에 보다 효과적인 아시아 전역에 대한 긴급 지원활동이나 방재협력활동의 실현에 관해서 일중한이 앞으로 검토를 진행시켜 갈 것을 기대한다.

## 참고문헌

1. 긴급재해대책본부, 2011년 동북지방 태평양 앞바다 지진 (동일본대지진) 에 관해서 2011년 10월 4일, http://www.kantei.go.jp/saigai/pdf/20110041700jisin.pdf (2011년 10월 8일 참조)
2. 내각부 (방재담당), 동일본대지진의 피해액의 추계에 관해서 2011년

6월 24일

3. 북동아시아 지역자치단체연합 http://www.neargov.org/app/index. jsp?lang=jp (2011년 9월 22일 참조)

4. 아시아방재센터, 아시아방재센터 년차 보고서 2000

5. 외무성, 제4회 일중한 (개요) http://www.mofa.go.jp/mofai/ area/ jck/summit2011/jck_gaiyo.html (2011년 9월 22일 참조)

6. 외무성, 제4회 일중한 수뇌회담 방재협력 (가역)

7. http:www.mofa.go.jp/mofaj/area.jck/summit2011/disaster_ management.html (2011년 9월 22일 참조)

8. 외무성, 중국 사천성의 대지진에 대한 우리나라의 부흥지원책에 관해서

9. http://www.mofa.go.jp/mofaj/press/release/h20/7/1181505_912. html (2011년 9월 22일 참조)

10. 홍보 방재 내각부 방재담당 2003년 3월 제14호

11. 인민일보 일본어판 2008년 9월 5일 http://j.people.com.cn/94475/ 94700/6493727.html (2011년 9월 22일 참조)

12. 인민일보 일본어판 2009년 5월 7일

13. http://j.people.com.cn/94475/6653063.html (2011년 9월 22일 참조)

14. NEMA, Disaster Report, http://eng.nema.go.kr/sub/cms3/3_2. asp (2011년 9월 22일 참조)

15. Qian Ye, November 2004, Typhoon Rusa and Super Typhoon Maemi in Korea, http://ccb.colorado.edu/superstorm/ss-korea- vl.pdf (2011년 10월 9일 참조)

(강희령 译)

# 긴급 구호·구급을 위한 지능·융합형 통합재난관리시스템 개발

정태성[*]

기후변화, 도시화로인한 재해규모가 증가하고 있으며 특히, 동아시아지역
은 인구 및 시설이 밀집하여 그 피해가 가중되고 있다. 최근의 재해양상이 복
잡하고 다양해지면서 재해관리의 중요성이 확산되고 있어 구조적 대책과 비구
조적 대책을 병행하는 종합적이며 체계적인 재해관리 방안이 요구된다. 대응
에 있어서 구호·구급은 매우 중요한 역할을 담당하는데, 종합적이고 일관된 정
책과 시스템이 매우 중요하다. 더불어 정부기관간, 정부와 민간단체간 효과적
인 협력체계 구축이 필요하다. 효과적인 협력 및 의사결정을 위해서 본 연구에
서는 재난정보 공유, 분석 그리고 재해위험도 평가를 위한 지능형·융합형 기술
기반 통합재난관리시스템을 개발하였다. 본 시스템에는 기후, 수문, 전조정보
모니터링을 위한 기반시설, 자원관리시설을 관리·운영하기 위한 기능이 포함
되어 있으며, 구호·구급을 위한 정보전파 및 쌍방향 소통을 위한 WEB GIS기

* 정태성, 1995년 8월 서울대학교 대학원 토목공학과 졸업 (공학석사) 2002년 2월 서울대
학교 대학원 토목공학과 졸업 (공학박사) 선후로 .서울대학교 공과대학 구환경시스템공학부
BK21 연구원, 서울대학교 공과대학 박사 후 연구원, 미국 지질조사국 (USGS) 책임연구원,
한국수자원공사 수자원환경연구원 책임연구원을 역임. 현재 소방방재청 국립방재연구소 시설
연구관.

반 시스템을 함께 구축하였다. 본 시스템은 구호·구급 지원시 구급을 위한 피해지역 파악, 적시적소에 구호물자가 지원될 수 있도록 하는 자원관리 정보공유 및 쌍방향 소통, 대피 및 응급복구를 지원하기 위한 기술 및 자원정보 공유, 복구를 지원하기 위한 방재정보분석 및 위험도평가 등에 활용이 가능할 것으로 기대된다.

# 1. 서론

기후변화로 인해 단순한 기온 상승뿐만 아니라 직접적으로 기온, 강수, 이상 현상 등의 영향을 미치고 있으며, 이는 수자원, 농업과 식량안보, 건강과 거주, 생태적 재화와 서비스, 경제의 각 분야에 2차적 영향을 미치고 있다. 지구촌 곳곳에서는 지구온난화 등 이상기후 현상으로 지금까지 경험해 보지 못했던 대규모 자연재해가 빈번하게 일어나고 있으며 급격한 도시화에 따른 많은 인명피해도 함께 발생하고 있다. 동아시아 지역은 전 세계에서 가장 빈번하게 태풍이 발생하는 곳으로 아시아 대륙 동해안을 따라 인구 및 시설이 밀집하여 태풍에 의한 피해가 큰 곳으로 알려져 있다. 인구가 많고 해수면 상승과 폭풍에 가장 취약했던 20개 도시 중 절반이 아시아의 저·중소득 국가에 있다. 세계에서 가장 큰 도시의 대부분은 저·중소득 국가에 있다. 전 세계 1,050만 명의 난민 중 2/3가 소도시와 도시에 살고 있다. 10억 명의 사람들이 빈곤하고 과밀한 주거환경이나 빈민가 또는 임시 주거지에서 살고 있다. 빈민가는 위험 지역, 예를 들어 홍수 같은 자연재해의 발생 가능성이 높은 지역에 형성되는 경우가 많다. 빈민가에 사는 사람들은 대부분 집이 위치한 땅의 소유자가 아니어서 이에 대한 대비가 어렵기 때문이다. 이들은 인간면역결핍바이러스 (HIV) 나 결핵과 같은 질병에 걸릴 위험이 더 높다. UN-HABITAT은 2020년까지 전 세계 빈민 인구는 거의 15억 명까지 증가할 수 있다고 예측했다.

Minich Re의 자료에 의하면 최근 27년 동안 (1980~2007) 아시아 지역에서 발생한 자연재해의 발생건수는 5,680건으로 이중 60% 정도가 태풍, 폭풍 및 홍수에 의해 발생하는 것으로 나타났으며 (그림 1a) , 자연재해는 점진적으로 증가하고 있음을 알 수 있다 (그림 1b) . 이 기간에 아시아 지역에서 자연재해에 의한 사망자는 약 900,000명에 이르는데 이중 극심한 피해가 발생했던 재해는 그림 2에서 보는 바와 같이 1991년 방글라데시를 내습한 Cyclone

GORKY (약 138,000명), 2004년 인도네시아 쓰나미 (약 220,000명) 및 2005년 파키스탄 지진 (약 88,000명) 등이었다. 한편 같은 기간의 재산피해는 약 940,000 Million USD (약 1,200조원) 에 달하는데 1995년에 발생한 일본 Kobe 지진에 의해 약 140,000 Million USD (약 170조원) 의 피해가 발생하였음을 알 수 있다. 즉, 자연재해에 의한 사망자는 주로 저개발 국가에서 발생하며 재산피해는 개발 중이거나 선진국이 크게 발생함을 확인할 수 있다.

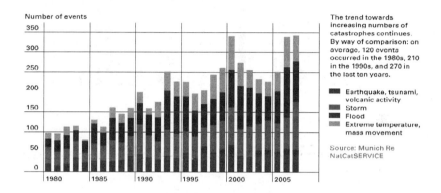

(a) 아시아 지역의 자연재해 발생 빈도

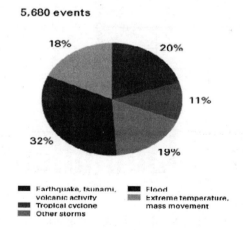

(b) 아시아 지역의 자연재해 재해원인 비교

그림 1   아시아 지역의 자연재해 발생 경향 (1980~2007)

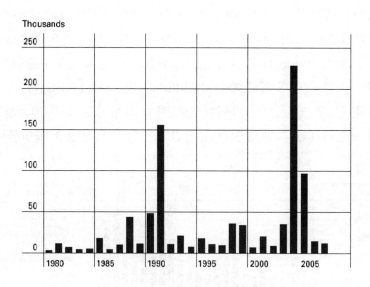

(a) 아시아 지역의 자연재해 사망자

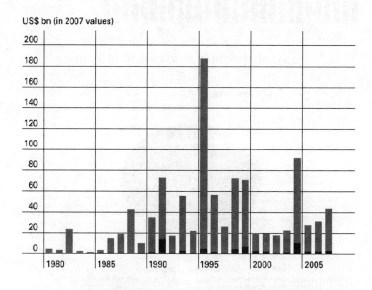

(b) 아시아 지역의 자연재해 재산피해액

그림 2 아시아 지역의 자연재해 발생 경향 (1980~2007)

　최근의 대규모 재해로는 2008년 5월 12일 중국 쓰촨성에서 규모 7.9
의 지진이 발생하여 약 8만 7천 명의 사망자가 발생하였으며, 재산피해는 약

344

134,000 Million USD (약 160조원) 에 이르는 것으로 나타났다. 2008년의 또 다른 자연재해는 5월에 발생한 Cyclone NARGIS에 의한 미얀마의 피해이다. 약 84,500명의 사망자와 53,800명의 실종자가 발생하였으며, 150만 명에 이르는 이재민이 발생하였다. 2010년 1월 12일에는 아이티에서 규모 7.0의 지진으로 약 22만 명의 사망자가 발생하였으며, 피해액은 79,000 Million USD (약 85조원) 으로 아이티 국내총생산 (GDP) 의 120% 이상에 해당하는 막대한 경제적 피해를 입었다. 특히 2011년 3월 11일 일본 동북부에서 발생한 규모 9.0의 지진으로 인한 지반진동과 대형 쓰나미는 2만 4천 여명의 인명피해와 엄청난 사회·경제적 피해를 야기하고 있으며, 원자력발전시설의 피해로 인한 방사능의 공포는 일본뿐만 아니라 전세계를 긴장시키고 있다.

한국의 경우 최근 10년간 (2000~2009) 자연재해 피해현황을 보면, 사망 684명, 이재민 275,008명, 건물, 농경지, 공공시설 피해 등으로 인한 재산피해가 20,460 Million USD (약 22조원) 에 이르고 있다 (정태성 등, 2011). 우리나라는 자연적, 지형적으로 볼 때 자연재해에 취약한 구조적 여건을 갖고 있으며 자연재해의 60% 이상이 태풍, 집중호우 등에 의해 발생하고 있다 (그림 3).

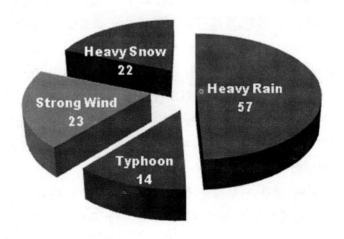

(a) 재해 발생 빈도

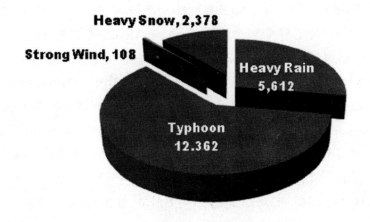

(b) 자연재해 총피해액

그림 3  한국의 자연재해 발생 경향 (2000~2009)

　　세계적으로 기후변화와 함께 산업구조가 복잡·다양해지면서 재해관리의
중요성이 확산되고 종합적이며 체계적인 재해관리의 대책이 요구되고 있다. 위
기관리와 위험도관리는 재해의 예방, 대비, 대응단계에서 필수적인 요소라고
할 수 있는데, 현 상황을 토대로 미래에 발생할 변화를 예측하고 취약성을 줄이
고자 지속가능한 발전계획을 수립하는 것이라고 할 수 있다. 위기관리 (Crisis
Management) 는 피할 수 없는 재해시의 복구과정에 초점을 둔 것이고 위험도
관리 (Risk Management) 는 평상시에 행해지는 피해경감 (Mitigation) 에
초점을 둔 것으로 피해의 극심한 정도와 그 발생확률을 고려해 가장 합리적인
대책을 결정하는 것이 중요하다. 즉, 위험도관리는 재해발생 전에 과거 피해사
례를 통계적으로 분석하여 미래의 위험에 대해 최적의 사전예방과 준비를 하는
개념인 반면 위기관리는 재해 시 상황에 따라 대응을 어떻게 할 것인가가 주요
문제로 대두되는 개념이다.

　　재해관리는 위험에 대한 위험도를 분석·평가하고 이에 대한 피해를 최소
화하는 것으로써, 자연재해를 예로 든다면 그림 4에 보이는 3가지의 요소를
파악 및 분석하고 이에 기반하여 적정 대응하는 것이 매우 중요하다. 첫번째 위
험요소는 풍속, 강수량 등의 기상현상을 정량적으로 나타내는 값으로 모니터링
을 통해서 분석되거나 통계적, 물리적, 수학적으로 모델링될 수 있다. 두 번째

요소는 피해대상 (Exposure 또는 Inventory) 으로 재화 및 인명과 같이 재해의 영향을 받는 대상이다. 이 두 가지 요소로도 피해 최대 규모는 추산이 가능하나 매우 부정확한 분석이 될 수 있으므로 마지막 요소인 지역 또는 피해대상의 취약도가 필수적이다. 이 취약도는 특정 위험요소에 의해 특정 대상에 피해가 발생할 확률을 나타낸다.

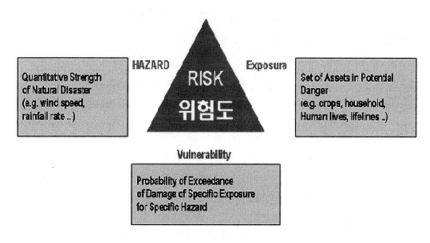

그림 4   자연재해 위험도 분석의 개념

　　재해관리에 있어서 국가의 역할은 안전대책을 개발·적용함으로써 잠재적인 피해분야를 찾아내고 이에 대해 지속적으로 포괄적·통합적인 위험분석·관리를 수행하는 것이다. 위기상황 발생에 대비해 지속적으로 준비한 국가는 그 피해를 최소화 할 수 있다. 재해는 자연적, 사회적 속성을 모두 지니고 있어 통합적인 관리방법이 필요하다. 즉, 구조적 방법으로 재해를 방지하는 동시에 사회 경제적 개발에 있어 재해저감을 위한 방향으로 조정하거나 조기경보, 방재정책 수립 등 비구조적인 방안이 동시에 고려되어야만 한다. 최근의 재해는 다양하고 복합적인데다 글로벌화되면서 하나의 국가에만 한정되는 것이 아니어서 인접국가의 재난에 대비하기 위한 예방, 점검, 전문인력 공동양성 등의 협력체계 구축이 필요하다. 더불어 세계화가 심화되어가면서 국제사회에서는 이데올로기로 인해 억눌려져 왔던 빈곤, 환경, 여성, 인구, 보건 등 지구적 과제들이 분출되어 왔고 이를 해결하기 위한 국제적 노력이 가속화되고 있다. 이러한 지구적 과제 중 개도국들의 주변화와 빈곤화에 대처하기 위한 국제사회의 공동 노력이 확대되면서, 빈곤퇴치가 국제협력의 최대 이슈로 부각되고 지속가능한 발전을 위한 개도국 원조확대가 국제적 차원에서 추진되고 있다.

한국 정부의 긴급구호 정책은 2004년 서남아시아 쓰나미 피해지원을 기점으로 점진적으로 발전해왔다. 먼저 양적 규모 면에서 크게 증가하여 2000년 총 ODA 대비 0.2%였던 긴급구호 지원은 2005년 5.6%까지 확대되었다. 특히 전체의 1% 미만으로 경제 규모에 비해 미흡하다는 평가를 받아왔던 긴급 구호 예산을, 2015년까지 개발원조위원회 가입국 평균 수준인 6%까지 대폭 확대하기로 했다. 정부는 해외 긴급구호 예산을 2009년 95억원에서 2010년 190억원으로 두배 가량 확대했지만 이는 아이티, 중국, 인도네시아와 같은 개발도상국에만 지원할 수 있는 ODA 예산이다. 긴급구호 관련 법적, 제도적 시스템도 구비되어, 2007년에는 '해외긴급구호에 관한 법률'이 제정되었고, 2006년 이후 2건의 긴급구호 실행 매뉴얼이 제작되었다. 또한 효과적인 긴급구호 수행을 위해 '민관합동해외긴급구호협의회'와 '해외긴급구호본부'가 구성되었다. 그리고 국제적 공조체제에 참여하기 위한 노력도 지속적으로 진행 되었다. 2006년에는 '유엔인도지원조정실 (OHCA) 공여국 지원그룹'에, 2009년에는 '인도적지원 공여국협의회 (GHD: Good Humanitarian Donorship)'에 가입하였다. 이와 같은 수년간의 노력과 발전에도 불구하고, 한국 정부의 긴급구호 정책에 대해서 다음과 같은 점에서 개선이 필요하다. 첫째, 한국 정부의 긴급구호 정책에는 긴급구호가 필요한 상황이 발생한 시점부터 이후 재건을 거쳐 개발지원에 이르기까지의 대응 과정을 종합적이고 일관되게 추진하는 효과적인 정책이 필요하다. 둘째, 국내·외적인 효과적 공조와 조정을 위한 노력이 필요하다. 신속한 정보공유와 이에 기반한 공조·협력체계 구축이 필요하다. 셋째, 전문성이 부족하다. 긴급구조전문가, 응급의료전문가 외에 구체적 분야의 긴급구호 정책 전문가의 양성이 필요하다.

본 연구에서는 긴급구호가 필요한 상황이 발생한 시점부터 이후 재건을 거쳐 개발지원에 이르기까지의 대응 과정을 종합적이고 일관되게 추진하기 위한 정보통합관리시스템 개발한다. 개발을 위하여 예방·대비·대응·복구단계별 기존 연구사례를 종합 분석하여 재해관리 업무에 따라 활용하고 있는 정보시스템 및 정보기술을 분류하고 기존의 재난관리시스템에 대한 문제점을 분석한다. 분석된 문제점에 기반하여 재난관리의 비효과성과 조직운영의 비효율성을 최소화하고 복합적 혹은 연속적인 재해의 예방 및 대응을 위한 수요자중심의 재난관리시스템이라는 요구를 충족하기 위해서는 지능형·융합형 기술 기반의 통합

재난관리시스템을 개발한다. 본 시스템에서는 다양한 정보를 지도 위에 표시한
다는 공통인식을 가지고, 각 국가 혹은 수요자가 중심이 되어 독자적으로 파악
하고 있는 정보를 GIS화하고 방재정보를 효과적으로 서비스하는 수요자중심
의 재난관리기능을 확립하고자 한다.

## 2. 기존의 연구 동향 분석

### (1) 방재정보시스템

방재정보는 다양한 측면의 효용성을 가지고 있으며, 이를 달성하기 위해서
는 방재정보시스템이 갖추어야 할 조건들로는 i) 정보의 신속·정확성 (반응성,
정확성, 재현성, 계측성 등) , ii) 정보획득 및 접근용이성 (상시감시, 명확 편의
성, 비용효과적인 서비스 등) , iii) 통합조정성 (공동이용가능성, 제공가능성 등)
을 들 수 있다 (김선경과 원준연, 2003) . 방재정보시스템은 그 효용성이 매우
크다. 먼저 적절한 대응 및 시간단축의 효용 (시간효용) 이 있으며, 둘째, 방재
정보 네트워크를 구축함으로써 의사결정자가 이용할 수 있는 정보의 양을 증대시
킴으로써 불확실성을 줄이고, 대안의 수를 증대시켜 합리적인 결정가능성을 제고
시키며, 마지막으로 다양한 데이터베이스와 시스템을 통한 전문지식에의 접근의
용이성으로 위기관리를 위한 다양한 지식을 확대시켜 준다 (김윤종 등, 2004) .

방재정보시스템과 관련된 국내연구로는 홍지훈 (2008) , 장은숙 (2007) ,
차대운 (2002) 등이 GIS를 이용한 재난관리 구축에 관한 연구를 통해서 GIS를
활용한 국내외 재난관리 시스템 현황 및 재난관리 구축방안을 검토하였다. 국토
연구원 (2008) 은 방재국토 구축을 위한 GIS활용방안 연구를 통해서 기술 패
러다임 변화로 인한 재난 환경의 변화 및 발생현황을 재해관리시스템에 반영하
는 것이 중요하며 이를 위해서는 IT 기반사회에서 구축기관별로 산재되어 있는
공간정보를 종합적으로 관리할 수 있는 관리시스템을 구축하고 이를 종합적으로
활용하는 것이 중요하다고 제시하였다. 국토연구원 (2008) 은 방재국토 구축
을 위한 GIS활용방안 연구 (Ⅱ) 를 통해서 지능형 도시방재 정보체계로서 방재
업무의 첨단화·고도화를 위한 uGIS 기반 시스템 구축의 필요성을 제시하였다.

김태윤 (2000) 은 미국·유럽·아시아의 IT 활용을 통한 재난 대응체계
현황분석을 통하여 IT기반 재난 대응체계 구축의 필요성을 제안하였다. 홍지
훈 (2008) 은 국가재난관리 체계화를 위한 정보기술의 역할 연구를 통해서

국가재난관리체계 (NDMS) 고도화 방안을 도출하였다. 한국정보사회진흥원 (2009) 은 현대사회의 위기발생과 대응실태 분석을 통하여 새로운 안전관리 패러다임에 적합한 ICT기반의 재난관리를 위한 4대전략을 제시하였다. 국외 의 관련 연구로는 도시지역을 세부적인 소지역으로 구분하고, 네트워크분석을 통해 장비와 인력을 배분하는 형태의 백터기반 분석 연구와 지진, 산사태 등의 면사상으로 재해의 피해지역을 예측하는 형태인 레지스터기반의 분석 예측 연구가 주로 진행되고 있다.

## (2) 구조·구급

구조·구급은 화재, 재난·재해 및 테러 등의 위험에 처했거나 그 밖의 위급한 상황에 처한 사람을 신속하게 구조하고, 재난현장에서 발생한 응급환자에 대한 전문적이고 신속한 응급처치를 통하여 장애 정도를 경감시키기는 활동을 말한다. 국가는 구조·구급업무를 효과적으로 수행하기 위한 체계의 구축 및 구조·구급장비의 구비, 그 밖에 구조·구급활동에 필요한 기반을 마련하며, 각종 재난현장에 최초로 대응하는 구조·구급대원에 대한 체계적이고 전문적인 교육·훈련시스템 등을 운영함으로써 국가의 구조·구급 업무 역량을 강화하고 국민의 생명·신체 및 재산을 보호하여야 한다.

구조구급에 관한 국내연구로는 재해이재민 구호대책에 관한 박연수 (1979) 의 연구, 일선 공무원에 대한 설문조사를 중심으로 한 우리나라 재해구호대책에 관한 김광섭 (1993) 의 연구, 서울지역 수해이재민 구제활동과 수해대책에 대한 박철하 (1999) 의 연구, 효율적 재해구호를 위한 정책방안 연구, 재해구호물품창고 운영평가 및 적정 설치방안 (김승권, 2002) 연구, 지방정부의 이재민 구호품 전달체계 개선 (이재원, 2000) 연구, Gilbert와 Specht의 정책 분석 틀을 중심으로 한 우리나라 이재민 구호정책 (심성화, 2004) 연구, 재해「재난관리에 대한 긴급지원체계 (한동우 외, 2004) 연구, 그리고 시민, 기업, 정부 간의 통합 재난구호시스템 구축 (성기환, 2006) 연구 등이 여기에 속한다 (이재은·양기근, 2006) .

국외 연구로서 자연재해에 대한 조기대응 및 피해평가 시스템에 대한 연구로 FEMA는 HAZUS 개발 이후 매년 정기보고서를 발행하고 있다. 즉 HAZUS 99를 통해 샌프란시스코와 1985년의 CUSEC 지방의 6개 도시의 지진에 대한 연구를 수행하였고, HAZUS「MH MRI 버전이 2004년 3월 발표된 이후, 2004

년 9월 발생한 허리케인 Ivan에 적용한 연구, 2004년 10월 Roseville 시의 홍수로 인한 건물의 피해분석 사례, 2005년 8월 Maryland 주의 홍수취약성 분석 모델링 등이 그것이다 (백종하, 2005: 2-3) . Morris (2003) 는 재해의 연금품 배분 (allocation) 을 위한 간단한 모델을 통해 재해구호품을 받을 확률은 부 (wealth) 보다는 재산적 손실 (assets losses) 과 관련이 있음을 입증 하였다. 즉 이재민들이 살고 있던 거처 (dwelling) 에 대한 피해로 고통 받는 것을 통제한다면, 제공받아야 할 의연금품의 양은 허리케인 미치 이전의 부 (wealth) 보다는 재산적 손실 (assets losses) 에 더 가중치를 두어야 한다고 주장하고 있다. Morris 의 연구는 본 연구에서의 이재민 구호를 위한 복구계획 수립 등과 관련하여 많은 시사점을 던져 준다. Mathbor (2008) 의 연구에 의하면, 해안지역을 강타한 자연재난의 영향을 완화하는 (mitigating) 데 있어 사회적 네트워크 (social networks) , 사회적 응집력 (social cohesion) , 사회적 상호작용 및 연대 (social interaction and solidarity) 와 같은 사회적 자본 (social capital) 의 효과적인 활용은 재난지역 공동체의 재난대비 향상에 도움이 된다는 것이다. 그는 공동체내, 공동체간, 그리고 재정적 및 공공기관들과의 연대를 통한 공동체와의 연계라는 세 가지 수준에 있어서의 사회적 자본을 특히 강조하고 있다 (양기근, 2009: 249-256) . Mathbor 의 연구는 재난이후 재난지역의 복구와 재건 등과 관련하여 사례연구를 통한 사회적 자본 개념을 적용하고 있다는 면에서 향후 우리에게 시사하는 바가 많다.

### (3) 피해조사 및 복구지원

자연재난에 대한 피해조사와 복구지원 및 감독체계 등에 관한 선행연구는 매우 빈약한 실정이다. 그 이유는 아마 피해조사 등의 분야가 매우 기술적이고 정부 지침적 성격이 강하기 때문이다. 최근의 연구로 이재은·양기근 (2008) 의 자연재난 피해조사 및 복구지원·감독체계 개선 방안에 관한 연구를 들 수 있다. 연구자들은 우리나라와 외국의 자연재난으로 인한 피해 조사방법, 절차 및 피해조사 조직의 비교, 외국의 피해산정 기준과 복구비 산정 기준 관련 법률 및 제도 탐색과 피해복구비용의 편법전용·부실집행, 부실감독에 대한 처벌규정 등을 비교·분석하여 우리나라의 자연재난 피해조사의 방법, 절차, 조직 등과 복구지원 및 감독시스템 등의 현황과 문제점, 그리고 개선방안을 논의하였다. 이성규 (2005) 는 태풍 루사와 매미 등 지방정부의 풍수해 사례를 중심으

351

로 한 지방정부 재해재난관리의 개선방안에 관한 연구에서 피해액과 복구비 산정의 문제점과 개선 방안을 제시하였다. 그는 재난의 피해합동조사 시 피해확인의 내용이 그대로 반영되는 피해상황의 불변화 제도를 고안하여 소요 예산이 실질적으로 전액 계상이 되도록 하여야 할 것을 제안하였다.

백종하 (2005) 는 홍수피해액 산정을 위한 GIS 입력데이터의 구축방안 연구에서 FEMA가 제작한 HAZUS-MH 프로그램을 벤치마킹 대상으로 선정하고, 데이터베이스의 구조를 HAZUS-MH의 세 가지 재해분석 모듈 중에서 홍수모델에만 국한하여 분석함으로써 우리나라의 재난복구비용 산정기준 마련과 홍수피해액 산정 데이터의 프로토타입 등을 제시하였다. 이영철 (2006) 은 자연재해의 원인과 관리전략에 관한 연구에서 미국, 일본, 한국의 자연재해 사례를 중심으로 재난관리 단계별 재난의 주요원인과 재난관리 상의 문제점을 비교·분석한 뒤 전문가들에 대한 AHP 설문조사 분석을 통해 우리나라의 재난관리 전략 방안을 제시하고 있다. 특히, 태풍 매미 사례를 통해 복구단계에서의 문제점으로 이재민 수용과 신속한 재해복구 조치의 미흡, 공공시설복구의 지연, 도덕적 해이로 인한 복구비 과다신청, 그리고 전문성 결여에 의한 피해조사의 부실 등을 제시하였다.

이렇듯 국내 및 해외 선행연구들은 자연재난의 피해조사 및 복구지원·감독체계의 개선 방안 연구로는 심층적이지 못하거나, 재난의 예방-대비-대응-복구 등 재난관리체계의 단계들에 논의를 하면서 일부 복구에서 피해조사 등에 문제점과 단편적인 방안을 제시하는 연구들이 대부분이다. 따라서 체계적이고 심도있는 자연재난의 피해조사 및 복구지원·감독체계의 개선 방안 연구가 필요한 실정이라는 점에서 본 연구의 의의를 찾을 수 있다.

# 3. 재난관리시스템의 문제점 분석

재해현장의 각종 방재정보는 재해의 예방, 대비, 대응단계에 있어 재해의 규모를 결정하는 변수인 동시에 가장 시급하고 필수적인 재해관리 인자 (Factor) 라 할 수 있으며, 재해정보를 수집하고 기록에 남겨두는 것은 위험도 평가에 활용이 가능하며, 이를 통해 차후 발생할 재해에 대한 피해를 최소화할 수 있으며, 또한 응급대응 및 복구에도 활용할 수 있다. 방재정보 분석을 위해서는 정보통합관리시스템 개발이 매우 중요한데, 이러한 시스템은 재해정보의 공유 그리고 재해대응능력 평가 및 역량제고를 위해서도 반드시 필요하다. 정보통합관리시스템은 관측 및 분석기기와 소프트웨어가 통합된 하나의 시스템으로 이루어지며 관련 기술만 해도 수문, 기상, 전송, 전산 등 다양해 국가전략사업화가 가능한 녹색성장 비즈니스 모델이라고 할 수 있다. 소방방재청은 국토해양부, 기상청, 산림청 등 유관기관에서 제공하는 실시간 수문, 기상, 재해위험도 정보와 더불어 시설물, 자원, 상황정보 등 방재정보를 공유·활용하기 위해 재난정보 공동활용 시스템을 구축하고 이를 기반으로 방재 및 정책개발을 위해 재난관리시스템을 구축·운영 중에 있다.

재난관리시스템을 재해 목적별로 구분하면 ① 과거 기록을 바탕으로 재해 발생시기, 진원지, 그리고 예상 피해지역 등을 예측하여 관련 지역에 이를 통보·대비하기 위한 재해 예·경보 시스템; ② 피해가 발생한 경우 피해지역에 대한 피해 상황을 신속히 재해대책본부나 관련부처 긴급구조센터에 전달하여 이재민 관리, 응급조치, 제2차 혹은 3차의 후속피해 방지 등의 신속 처리를 위한 재해 상황처리 시스템; ③ 중앙통제본부, 관련부처, 피해지역 주민을 연결하는 긴급 통신망을 구축하여 재해지 복구를 지원하는 재해 복구지원 시스템; ④ 재해 복구 완료 후 유사 재해의 재발 방지나 문제점 및 현 방재시스템의 성능분석을 통하여 재발시 피해 최소화를 도모하기 위한 재해 평가 및 사후대책지원 시스템으로 분류할 수 있다. 소방방재청은 재난관리시스템을 활용하여 향후 주요 재난위험지역 분석과 피해 예측 등을 통한 해당지역의 대피계획 수립지원 및 재난 발생시 신속한 정보제공 등으로 재난 예방과 대응역량이 한층 더 강화될 것으로 기대하고 있다.

그럼에도 불구하고 현재 부처별로 재난관리시스템이 분산 구축·운영되고 있어 유사기능의 중복 또는 분산운영으로 인한 재난관리의 비효과성과 조직운영의 비효율성이 존재한다. 예를 들면 4대강 사업과 같은 대규모 하천공사 이후의 재난 예방 및 대응의 효율화를 위해서는 현재 국토해양부, 환경부, 행정안전부, 소방방재청 그리고 지자체에서 분산 구축·운영하고 있는 하천관리 시스템을 국가하천과 중·소규모하천을 통합·연계하는 통합관리시스템으로의 전환이 요구된다. 실제 재난발생형태는 복합적 양상을 띠고 있으나, 현재는 재해유형별 단위시스템을 분산 구축·운영함으로써, 종합적인 영향분석 및 적정 대응방안 마련에 어려움이 존재한다. 예를 들면 가뭄·황사·고온·산불 등은 일련의 연관성을 갖는 복합적인 재해양상임에도 불구하고 단위시스템이 개별적으로 구축·운영되고 있어 예방 및 대응의 효율화를 위해서는 의사가 충분히 반영될 수 있도록 재난행정전담기구의 위상보강과 정보의 일관성 유지를 위하여 단위시스템간 연계·융합 기술의 개발이 요구된다.

# 4. 지능형·융합형 기술 기반 통합재난관리시스템

자연재해관리를 예방·대비·대응·복구 단계별로 구분하면 그림 5와 같다. 그림 5에는 단계별 구조적 대책과 비구조적 대책으로 구분하여 도시하였으며 재해위험도관리 방안을 제시하였다. 재해 예방을 위해 가장 중요한 것은 재해나 사고의 위험을 줄이고 비상시에 대처하기 위해 잠재적 위험을 정확하게 분석·예측하는 것이다 (UNDP, 2007). 재해발생에 따른 피해를 최소화하기 위해서는 예방단계에서 취약성 및 위험분석을 통해 위험요소를 제거하거나 강우, 수위, 유량 관측시설 및 CCTV 정보 (그림 6) 의 지속적인 모니터링 (Monitoring) 활동을 통해 관리하며, 방재시설물에 따라 피해예측시뮬레이션을 통해, 지역적 특성이나 산업적 특성에 따라 발생 가능한 취약성 및 위험요소를 적용하여 시설물에 대한 피해를 사전에 분석하여 예방활동에 적용한다. 본 시스템에는 CCTV 이미지 변환정도를 감지하고 자동적으로 재해상황을 감지·경보할 수 있는 기능이 탑재되어 있다. CCTV는 각 지역 지자체가 설치 운영하고 중앙정부는 이들 정보를 연계하여 종합 분석하는 체계를 구축하고 있다. 이들 정보는 4, 8, 16, 32개 등으로 분할된 화면에 시·군·구별, 태풍진로, 하천유역별로 구분표출할 수 있게 기능을 구현함으로써 종합분석이 가능하도록 하였다.

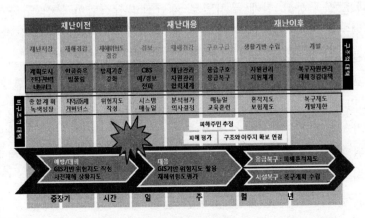

그림 5 재해관리 단계별 구조적, 비구조적 대책

그림 6 CCTV 모니터링 및 자동재난감지 시스템

　방재시설 및 시설물 관리는 재해로부터 인명 및 재산을 보호한다는 측면에서 가장 기본적으로 관리할 대상이다. 기존의 시설과 시설물관리는 도로, 교량, 건물 등 시설 및 시설물에 대한 정보가 시설 및 시설물이나 기 구축된 시설 및 시설물관리 데이터베이스에서 관리하는 방식에서 자동화된 관리방식으로 현장에서 시설 및 시설물을 관리할 수 있는데 전파식별 (RFID: Radio Frequency IDentification) 과 같은 센서를 부착하여 관리할 수 있다. 재난 상황 시 방재정보의 효율적인 운영 및 방재정책 수립 지원을 위해 재해정보분석을 위하여 GIS 엔진기반으로 DB를 운영 및 활용하기 위한 재난관리시스템을 구축하였다.

　재난관리시스템에는 관측정보 및 자원정보를 공유하기 위한 기능과 재난 시 행동요령 및 대응활동 등의 정보를 공유하기 위한 기능을 제공하고 있다. 관측정보는 기상, 수문, 유역유출 및 CCTV 정보로서 이들 자료는 재난관리에 직접 활용하거나 범람 등을 예측하기 위한 기초자료로 활용한다. 자원정보는 방재시설, 하천시설물, 배수시설, 복구시설, 대피시설, 응급시설 및 응급대응·복구를 위한 인력 및 시설 등의 정보로서 이들 정보는 대비 및 대응을 위한 기초자료 및 대피 및 대피시설 확보 등을 위한 의사결정 지원을 위한 정보로 활용된다. 현장에서 실시간 상황정보를 취득한다면 효율적인 대응활동이 가능한데, 이러한 대응활동을 지원하기 위하여 재난관리시스템에서는 재난상황정보, 지

역별 대응활동 사항 및 중앙정부의 지원활동 등을 실시간으로 제공한다. 재난
관리시스템에는 중앙정부, 지자체, 방재담당자, 유관관계 전문가 그리고 자원
봉사단체 등의 행동요령을 제공함으로써 효율적인 현장대응을 지원하고 있다.

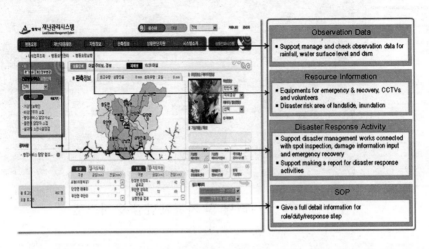

그림 7. 재난관리시스템 개요

통합재난관리시스템에는 지리정보시스템 (GIS: Geographic Information
System) 을 활용하여 재해 유형에 따라 매핑기술 (Mapping) 을 적용함으로
써 피해 발생에 따른 피해정도를 분석하고, 영향평가를 수행한다. 다양한 방
재, 기상, 수문, 화재, 소방정보의 효율적 분석 및 예측을 통하여 효율적 재난
관리를 위해 필요한 자연재해 및 인적재해 DB를 수집하고 분석하여 활용 가능
한 재해정보 형태로 제공하도록 정보를 표출 및 분석하는 기능을 구현하였다.
통합위험도 분석 시스템을 개발하기 위하여 먼저 국내외 재해위험도 분석 관련
연구결과를 조사 및 분석하고, 이를 바탕으로 통합위험도 분석 방향을 설정 하
였으며, 선정된 평가방안 만족을 위한 위험도 평가 지표를 선정, 선정된 지표
에 대한 가중치 결정, 평가 방법 및 시스템에서의 산정방안을 고려하여 그림 8
과 같이 통합위험도를 분석하였다. 최근의 재난발생형태는 복합적 양상을 띠
고 있어 재해 유형별 단위시스템으로는 종합적인 영향분석 및 적정 대응방안
마련에 어려움이 존재한다. 통합재난관리시스템은 재해위험 예측기술과 GIS
가 결합된 위험도평가를 통해서 일련의 연관성을 갖는 복합적인 재해양상을 연
계·융합 분석하는 기술을 개발하였다. 소방방재청은 효과적인 지리정보시스
템 (GIS) 의 활용을 위해서 유관기관의 재해관련 데이터베이스를 연계하는 유

관기관간 협력체계를 구축하였다. 예방단계에서는 중앙부처 및 지방자치단체, 유관기관 등이 관리하고 있는 시설 및 시설물에 대해서 이동전화나 PDA와 같은 휴대용단말기를 통하여 현장에서 시설 및 시설물 관리 업무를 수행할 수 있도록 자동화기술을 적용하였다.

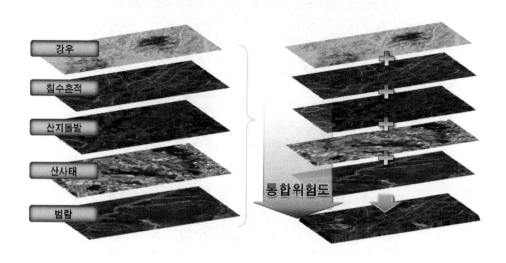

그림 8. 격자 기반의 통합위험도 분석

대비단계에서는 신속한 자원의 지원 및 배분이 필요하다 (Kathleen J. Tierney, 1985). 그리고 재해의 피해를 최소화하기 위한 조기경보체계와 긴급통신망 구축, 비상연락망과 통신망 정비 및 효과적인 비상 대응 활동의 확립이 포함된다 (Bruce B. Clary (1985). 이와 함께 예상치 못한 재해에 대해서도 자원이 투입될 수 있는 특별자원 확보방안도 마련되어야 한다 (Zimmerman, 1985). 특히 응급의료체계에 있어 병원들과 재해관리기관들과의 긴밀한 협조는 재해의 인명 피해를 줄이는 데 있어 중요한 문제이다 (Kathleen J. Tierney, 1985). 재해 발생에 대한 대비단계에서는 피해예측프로그램을 활용하여 위험도를 분석·평가하고 재해 발생의 경과에 대한 예측분석 결과를 바탕으로 인적·물적 자원을 확보·배분한다. 이를 위하여 소방방재청은 그림 9와 같이 재난관리에 활용가능한 의사결정지원시스템을 구축하고 위험도 분석 평가 및 대피로 확보 등에 활용하고 있다. 의사결정지원시스템에는 시나리오 기반 홍수 범람 모의를 통한 위험성 분석을 위해 하천단면 및 지형자료를 시스템에 Import 하는 기능을 구현하였으며, 홍수범람 모의 및 적용성을 검토하여, 해당 모형을 통해 분석된 홍수범람 모의결과를 시스템에 Import 하여 연구자가 홈수범람 피해정보를 직접 분석할 수 있도록 시스템을 구축하였다.

그림 9. 침수피해 저감을 위한 의사결정지원 시스템

　　더불어 대국민 재해관련 홍보서비스 제공 및 행동요령에 대한 정보를 제공한다. 또한 위성 또는 항공촬영 등을 통해서 재해정보를 수집하여 재해 발생을 사전에 인지하고, 관련 정보를 분석·평가한 후 관련정보를 중앙 및 지방자치단체, 유관기관 등에 제공한다. 제공된 재해정보를 바탕으로 각 기관들은 세부 대응계획을 마련한다. 그리고 대국민 재해정보를 제공하기 위하여 TV, 라디오 방송국을 활용하여 정보를 제공토록 한다. 소방방재청은 재해위험지역내에 거주 혹은 위치하고 있는 주민들에게 신속·정확한 정보를 제공하기 위하여 그림 10과 같이 Cell Broadcasting System (CBS) 을 구축 운영 중에 있다.

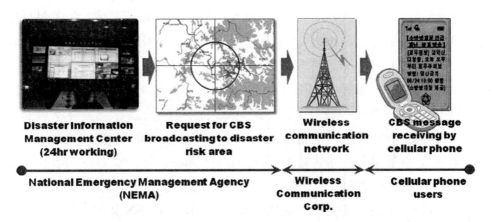

그림 10 재해위험지역내에 거주 혹은 위치하고 있는 주민들에게 신속·정확한 정보를 제공하기 위한 Cell Broadcasting System

한편, 어린이, 장애인이나 노약자등 이른바 재해약자들은 앞에서 설명한 전파식별 (RFID: Radio Frequency IDentification) 을 그림 11과 같이, 휴대용단말기나 시계 등 몸에 부착하여 재해 발생시 RFID를 통하여 장애인이나 노약자의 위치를 파악하고, 구조를 할 수 있도록 하며, 장애인이나 노약자를 우선 관리할 수 있도록 데이터베이스화하여 관리한다.

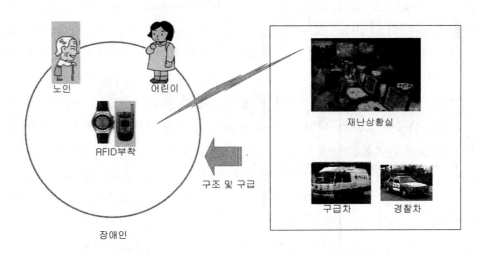

그림 11 전파식별 (RFID) 을 활용한 재해약자 구조

대응단계에 있어서의 중요한 것은 조직구성원들의 구체적인 역할을 사전

359

에 부여해 놓는 것이 필요하다. 또한 지휘관을 중심으로 실제현장에서 일사불란한 위계질서가 확립이 되어야만 한다. 아울러 재해현장에서는 통제관을 중심으로 부서별 협조체계가 총체적으로 이루어져야 하며, 협조체계의 원활한 구축이야말로 재해구조 활동에 있어서 가장 역점을 두어야 할 철학이다. 재해수습과 관련해서 일차적인 목표가 인명구조이고, 2차적인 목표가 재해의 확산방지이다. 재해 발생에 대한 피해를 최소화하기 위해서는 재해 발생 시 효과적으로 대응활동을 수행하여 인명피해 및 재산피해를 최소화하여야 한다. 각 유관기관들은 긴급지원체계를 바탕으로 수송, 의료, 건설 등 재해관리 업무를 수행한다. 이를 위하여 소방방재청은 재해현장영상지휘통신 (SNG: Satellite News Gathering) 차량을 이용하여, 재해 현장에서 피해 정보를 수집하여 전달하고 재해 현장에서 지휘·명령체계를 위하여 재해 관리·소방·경찰·군·민간 기구들 간의 재해통신무선망을 구축하였다. 재해 현장에서 인명 수색 및 구조 활동에 활용할 수 있는 위치추적시스템 (GPS: Global Positioning System) 을 구축하여 인명구조·시설 및 시설물 위치 파악·대피소 및 대피로 파악 등에 활용한다.

재해 현장에서의 정보와 상황실에서의 정보를 재해관리 정보시스템과 연동하기 위해서는 기존의 문자 중심의 입력형태가 아니라 이미지, 동영상 등 멀티미디어 형식으로 입력되어야 보다 효과적인 재해관리를 수행할 수 있다. 광대역통합망 (BcN: Broadband convergence Network) 을 구축하여, 차세대 이동통신을 활용한 고속 패킷 무선전송기술 및 IP기반의 이동통신망 기술을 중심으로 통합·발전시켜, 다양한 형태의 멀티미디어 정보를 기존 이동통신망, 인터넷망 등과 연동하여 고속·고품질로 송수신이 가능하다.

재해 상황이 종료가 되면, 복구활동을 진행한다. 복구활동은 단기간에 복구할 수 있는 긴급복구와 중장기간에 걸쳐 복구활동을 수행하는 예방복구로 구분한다. 현재 보유하고 있는 인적·물적 자원으로 복구를 할 수 있는 경우는 긴급복구를 수행하며, 중장기간이 소요되는 복구는 복구계획을 수립하고, 복구사업자를 선정하는 등 절차를 수행한다. 복구계획은 피해평가를 실시하여 피해액과 피해정도를 조사하고 분석한 후 복구계획을 수립한다. 피해평가에 대한 결과는 재해지역 선포 및 지원계획을 수립하는데 활용한다.

현재의 재해 피해에 대한 예측 및 평가시스템은 활용도가 높지 못한 실정이다. 자연재해인 경우 환경의 변화에 따라 일상적인 예측이 불가능할 정도로

급변하여 발생하고 있고, 피해평가인 경우에는 빠른 시간에 정확한 피해조사가 불가능하기 때문이다. 항공이나 위성을 통한 재해예측 및 평가가 가능하다. 기존의 피해평가는 현장에서 조사를 하고, 입력하는 방식으로 많은 시간 소요 및 평가의 정확성이 떨어지는 실정이다. 재해현장에서의 항공촬영이나 피해지역에서의 무선단말기를 통해 현장에서 입력하고 자동으로 피해조사 및 평가가 가능하도록 하는 그림 12와 같이 피해조사자동화시스템을 구축·운영 중에 있다 (국립방재연구소, 2004).

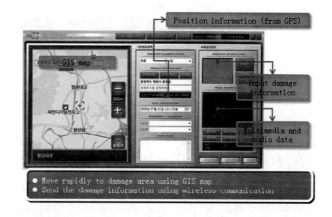

그림 12 피해조사자동화 시스템 개요

본 피해조사자동화시스템은 접근이 어려운 지역에 대한 피해조사가 가능하며 간단한 조작으로 피해규모 산정은 물론 측정 결과가 중앙의 메인 시스템에 전송되어 자동 기록되어 업무 효율이 높다. 그러나 본 시스템은 피해 규모가 광대한 경우 혹은 다수의 지역에서 피해가 발생한 경우 측정이 불편한 단점이 있어 이를 보완하기 위하여 항공이나 위성을 활용하여 피해예측 및 평가가 가능한 시스템을 그림 13과 같이 구축하였다.

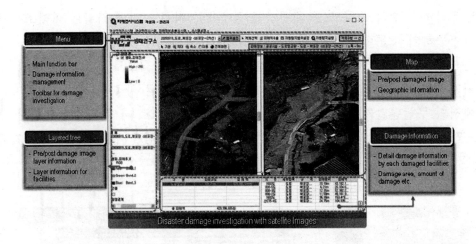

그림 13 항공이나 위성을 활용하여 피해예측 및 평가가 가능한 피해조사 시스템 개요

복구단계에서는 장래에 닥쳐올 재해의 영향을 줄이거나 재발을 방지할 수 있는 좋은 기회가 되며, 위기관리의 첫 단계인 재해예방과 완화단계에 순환적으로 연결된다는 점을 강조할 수 있다. (McLouglin, 1985) . 재해구호 및 피해복구 현장에서 ICT를 활용한 사례로는 '사하나 (Sahana) 재난관리 시스템'을 소개할 수 있는데, 이 시스템은 실종자의 수색과 추적 (tracing Missing Person) , 자원봉사자 그룹 조정과 지원 (Coordinating Donor Group) , 임시캠프 및 대피 확인 (Recording the Location of Temporary Camps DND Shelters) 등에 제공되었다 (UNDP, 2007) .

소방방재청은 원할한 복구사업을 위해서 보상협의 행정절차 기간을 단축하였다. 기존에는 복구사업과 관련한 보상업무에 대한 정확한 지침이 없어, 지자체별로 업무가 추진돼 보상이 지연되는 사례가 종종 발생한다는 문제가 제기됐다. 보상협의 행정절차 (사업시행고시, 토지조서 작성, 보상계획 공고·열람 등) 단계별 이행으로 보상협의기간이 장기적으로 소요되고, 보상협의 불응 시 수용 등 강제집행을 추진해야 하나 일선 지자체에서는 협의보상만 추진하는 등 소극적 대처를 하고 있었다. 게다가 일부 자치단체에서는 협의취득에 의한 보상협의만 추진해 보상협의 불응시 수용재결신청이 불가하였다. 이를 개선하기 위해 현행 법률 범위 내에서 보상협의 행정절차를 동시 이행해 보상협의 기간을 단축하고 편입 토지 (지장물 등) 는 협의취득과 수용재결절차 동시 이행을 원칙으로 하되, 보상협의 기간 내 미 협의된 토지와 지장물은 반드시 수용재결 절차를 이행하도록 행정절차를 간소화 하였다.

# 5. 결론

긴급 구호는 재난대응에 있어 매우 중요한 역할을 담당하고 있어 재해상황에 맞는 '사전 대응계획 (Contingency Plan)' 과 '재건과 개발로 전환하는 전략 (Exit Strategy)' 을 포함한 종합대책 개발이 필요하다. 종합대책 수립을 위해서는 정부 및 관련기관간의 역할구분을 구체적으로 명시하여 초기의 업무 중복을 피하는 것이 중요하다. 더불어 담당자의 전문성을 확보하기 위해 전문적인 국제기구, 국제NGO, 민간기관과의 긴밀한 협력 체계를 구축하고 상시적인 국내외 교육, 훈련을 수행하는 것이 중요하다.

재난관리 단계별 적정 대응방안 수립과 효과적인 협력 및 의사결정을 지원하기 위해서 본 연구에서는 재난정보 공유, 분석 그리고 재해위험도 평가를 위한 지능형·융합형 기술 기반 통합재난관리시스템을 개발하였다. 본 시스템에는 기후, 수문, 전조정보 모니터링을 위한 기반시설, 자원관리시설을 관리·운영하기 위한 기능이 포함되어 있으며, 구호·구급을 위한 정보전파 및 쌍방향 소통을 위한 WEB GIS기반 시스템을 함께 구축하였다. 본 연구에서 개발된 시스템은 구호·구급 지원시 구급을 위한 피해지역 파악, 적시적소에 구호물자가 지원될 수 있도록 하는 자원관리 정보공유 및 쌍방향 소통, 대피 및 응급복구를 지원하기 위한 기술 및 자원정보 공유, 복구를 지원하기 위한 방재정보분석 및 위험도평가 등에 활용이 가능할 것으로 기대된다.

**참고문헌**

1. 국토연구원. 2008, 방재국토구축을 위한 GIS 활용방안 연구 (1). p.16
2. 국립방재연구소. 2004. 자연재난 피해조사 자동화 기술개발 전략연구. 소방방재청 국립방재연구소.
3. 김광섭. 1993. 우리나라 재해구호대책에 관한 연구 - 일선 관계공무원 설문조사를 중심으로. 석사학위논문 (한양대학교).
4. 김선경, 원준연. 2003, 한국지역개발학회지 제15권 제4호, pp.97~118.

5. 김승권. 2002. 전국재해구호협회의 중·장기 발전방안. 한국보건사회 연구원 정책보고서 2002-38. 한국보건사회연구원·전국재해구호협회.

6. 김윤종, 강영옥, 신상영, 변미리, 이석민, 백창현, 강진구. 2004, 서울 시 대규모 재난관리를 위한 기본 추진전략 수립방안 (Ⅰ), 서울시정 개발연구원, pp.113~114.

7. 김태윤. 2000, 국가재난관리체계 구축방안 연구, 한국행정연구원, p.35.

8. 박연수. 1979. 재해이재민 구호대책. 「지방행정」. 312: 62-69. 대한 지방행정공제회.

9. 박철하. 1999. 1925년 서울지역 수해이재민 구제활동과 수해대책. 서 울학연구. 13 (1) : 153-190.

10. 백종하. 2005. 홍수피해액 산정을 위한 GIS 입력데이터의 구축방안. 석사학위논문, 연세대학교.

11. 성기환. 2006. 시민, 기업, 정부간의 통합 재난구호시스템 구축에 관 한 연구. 「한국위기관리논집」. 2 (1) : 80-93.

12. 심성화. 2004. 우리나라의 이재민 구호정책에 관한 연구 - Gilbert와 Specht의 정책분석틀을 중심으로. 충북대학교 행정대학원 석사학위 논문.

13. 양기근. 2009. 재난에 강한 지역공동체 형성 전략-허베이 스피리 트호 기름유출사고를 중심으로. 「한국콘텐츠학회논문지」, 9 (5) : 249-256.

14. 이성규. 2005. 지방정부 재해재난 관리의 개선방안에 관한 연구-의 령군의 풍수해 사례를 중심으로. 석사학위논문 (경상대학교).

15. 이영철. 2006. 자연재해의 원인과 관리전략에 관한 연구-사례 및 AHP분석을 중심으로. 박사학위논문, 인천대학교.

16. 이재원. 2000. 지방정부의 이재민 구호품 전달체계 개선방안 - 수해 이재민 구호를 중심으로. 부경대학교논문집. 5 (1) : 67-87.

17. 이재은, 양기근. 2008. 자연재난 피해조사 및 복구지원·감독체계 개 선 방안. 국회입법조사처.

18. 이재은, 양기근. 2006. 한국의 재해의연금 모금 및 배분 체계 개선방 향에 관한 연구: 미국·일본·독일·프랑스와의 비교를 중심으로. 행정

논총, 44 (4) : 339-372.

19. 장은숙, 2007. 효율적인 지역방재를 위한 방재정보 활용에 관한 연구, 강원발전연구원, pp. 42~43.

20. 정태성, 2011, 소하천정비사업 수선순위 선정기준에 관한 연구, 한국방재학회논문집, 11 (2) , pp. 163-170.

21. 차대운, 2002. 21세기 정보사회론, 형설출판사.

22. 한국정보사회진흥원. 2009. ICT 기반의 국가안전관리 패러다임 전환전략, pp.11~14.

23. 한동우, 이재은, 유태균, 홍백의, 노연희. 2004. 우리나라의 재해·재난관리 및 긴급지원체계의 실태와 개선방안. 서울 : 사회복지공동모금회.

24. 홍지훈. 2008. 국가 재난관리 정보체계의 고도화를 위한 정보기술의 역할연구, pp.72~73.

25. Bruce B. Clary. 1985. The Evolution and Structure of Natural Hazard policies, Public Administration Review 45, p.20.

26. Instructor Guide - Introduction to hazus. FEMA.

27. Kathleen J. Tierney. 1985. Emergency Medical Preparedness and Response in Disaster: The Need for Intergovernmental Coordination, Public Administration Review 45, pp77-84.

28. McLouglin. 1985. A Framework for Integrated Emergency Management, P.A.R 45, pp.169~170.

29. Mathbor Golam M. 2008. Enhancement of Community Preparedness for Natural Disasters: The Role of Social Work in Building Social Capital for Sustainable Disaster Relief and Management, International Social Work, 50 (3) : 357-369.

30. Morris, Saul S. 2003. The Allocation of Natural Disaster Relief Funds: Hurricane Mitch in Honduras. World Development. 31 (7) : 1279-1289.

31. Minich Re, Natural catastrophes 2007-Analyses, assessments, positions, 2008.

32. UNDP (United Nations Development Program) . 2007. ICT in

Disaster Management.

33. Zimmerman. 1985. The Relationship of Emergency Management to Governmental Policies on Man-Made Technological Disasters. P.A.R 45, pp35-36.

# 중국의 원전안전 및 한중일 핵안전협력

펑 쥔[*]

# 서 론

핵안전은 국가안전의 중요한 구성부분으로서 전세계의 안전과 안정에도 심각한 영향을 미친다. 최근에 발생한 일본 후쿠시마 원전 사고는 우리에게 엄청난 충격을 주었으며 핵안전의 극도의 중요성과 폭넓은 영향력을 다시 한번 과시하였다. 또한 일본 후쿠시마 원전 사고에 대응하면서 '핵안전에는 국경이 없다' 는 글로벌 특성을 실감할 수 있었다. 핵안전은 이미 각국의 고위층이 다양한 양자 및 다자간의 국제회의에서 주목하는 의제로 부상하였다.

이 글에서는 중국 원자력발전의 현황 및 현재의 핵안전 감독관리 현황을 뒤돌아보고 후쿠시마 원전 사고 발생 후의 중국의 대응 조치 및 현재 진행중인 업무를 소개하며 아울러 후쿠시마 원전 사고가 미친 영향 및 중점적인 연구가

---

* 펑쥔, 중국환경보호부 국제국 핵안보국제협력처 부처장. 1997년에 칭화대학 공정물리학부 원자로 공정 및 안보 석사학위를 취득. 1997-1998년 국가핵안보국 원전부서 프로젝트 담당 보조원. 1998-2000년 국가환경보호총국 판공청 비서. 2000-2005년 국가핵안보국 원전부서 프로젝트 담당. 2005-2010년 국제원자력기구 주재 중국 대표단 2급비서. 2010년부터 현직에 부임. 주로 핵안보 국제협력사무를 관장한다.

필요한 문제에 대해 고찰하며 글의 마지막 부분에서는 한중일 3국의 핵안전 협력에 대해 정리하고 전망하여 보고자 한다.

## 1. 중국의 원자력발전 현황

중국은 지속적이고 빠른 발전을 통해 세계경제 성장에 막대한 기여를 한 반면, 에너지에 대한 수요도 크게 향상되어 세계 제2의 에너지 소비국이 되었다. 원자력 (핵에너지) 을 발전시키는 것은 중국의 에너지절감 및 오염물감량 방출의 추진, 에너지구조의 개선, 온실기체 방출의 감소, 기후변화의 대응에 대하여 모두 중요한 의미가 있다.

현재 중국에는 15기의 가동중인 원전과 28기의 건설중인 원전이 있는데 주로 저장 친산 (浙江秦山), 광둥 다야완 (广东大亚湾), 쟝슈 톈완 (江苏田湾) 등 3개 원자력발전기지에 분포되어 있다. 현재는 가동중인 원전에 대한 관리 수준이 지속적으로 향상되어 전반적인 안전수준이 양호하며 건설중인 원전의 안전수준은 통제 가능한 상태에 있다. 2009년 기준으로 원자력발전기기의 설치 비중은 1.03% 안팎이었지만 2012년에 이르면 가동중 또는 건설중인 원전이 총 50여기에 달하게 될 것이며 2020년에 이르면 총 100여기에 달하여 원자력발전기기의 설치 비중은 4%로 향상될 것이다. 향후 중국은 도입과 수용을 기반으로 자주적인 지적재산권을 보유한 원자력발전 브랜드의 창출을 가속화할 것이며 또한 원자력 관련 인재의 양성을 강화하고 원자력발전 핵심장비의 국산화를 추진할 것이며 기술장비, 인재양성, 핵안전감독관리능력이 원전건설에 부응할 수 있도록 점진적으로 사업을 전개할 것이다.

## 2. 중국의 핵안전 감독관리 현황

핵안전은 원전 발전의 생명선으로서 국민의 생명안전, 재산안전과 사회의 안정, 그리고 원전 발전의 미래와 밀접한 관계가 있다. 중국 정부는 책임 있는 태도로 핵안전을 매우 중시하여 왔으며 원전 건설에서 항상 안전을 최우선 위치에 놓았다. 중국 정부는 핵안전을 확보하기 위하여 원전 개발 초기부터 개발부서에 독립된 핵안전감독관리기구인 국가핵안전국을 전문적으로 설립하여 중국 민용핵시설의 안전한 사용에 대해 통일적으로 감독하고 핵안전감독권을 독립적으로 수행하였다. 중국의 핵안전감독관리 사업은 20여년의 발전을 거쳐 중국의 국정에 부응되고 국제화된 핵안전감독관리메커니즘을 초보적으로 구축하여 적용하고 있으며 허가증제도를 실시하고 있고 전반 과정에 대한 관리를 진행하고 있다.

중국은 법적으로 국가핵안전국에 권리를 부여하여 그가 기술심사, 기술점검, 행정허가, 현장감독, 법집행, 환경모니터링 등 수단을 통하여 허가증 소지자의 핵안전활동에 대한 감독관리를 실시하며 안전책임을 부담하고 안전 관련 활동을 법에 따라 전개하도록 확보하였다. 20여년의 노력을 거쳐 중국은 법률, 행정법규, 부서규칙, 강제성표준, 안전가이드라인과 기술참고문서 등을 포괄한 다양한 차원의 핵과 방사능 안전 법규 표준 체계를 구축하였으며 원자력의 개발을 위해 튼튼한 기반을 마련하였다.

중국의 원전 개발사업은 비교적 늦게 시작하였지만 개발초기부터 국제표준을 기준으로 원전을 건설하였으며 미국 스리마일아일랜드 (TMI) 원전 사고와 구소련 체르노빌 원전 사고의 경험, 교훈을 바탕으로 중국의 핵안전법규는 주로 국제원자력기구 (IAEA) 의 표준을 기준으로 국제핵안전의 양호한 실천 경험들을 수용하였다.

중국 정부는 핵안전을 줄곧 중시하여 왔다. 국제 관례에 따라 민용핵시설에 대해 독립적인 심사와 감독을 실시하고 원전의 건설, 핵연료의 사용 및 원전의 운행에 대해 허가증제도를 엄수하고 있으며 국가핵안전국은 원전에 대해 일상적인 감독관리를 엄격히 실시하고 있다. 또한 구소련 체르노빌 원전 사고 이후에는 국제적으로 흥행하는 핵안전문화이념을 수용하여 제반 핵시설에 적용하고 있다.

중국 정부는 차세대 원전에 대한 현대사회의 요구에 부응하기 위하여 원자력 개발과정에서 노심 융해와 방사성물질 방출의 위험을 한층 더 절감시키고 중대한 사고 발생의 개연율을 낮추며 방사성폐기물의 방출량을 더욱 줄이고 최적의 핵폐기물 처리방안을 찾아내며 인체와 환경에 대한 방사능의 영향을 줄일 것을 요구하였다. 이 목표를 위하여 중국은 안전성이 우수한 제2세대 원전기술을 적용한 기초 위에 세계적으로 가장 선진적인 제3세대 원전기술을 도입하고 수용하였고 또한 그에 대해 개진하고 혁신하였으며 아울러 안전성이 더욱 우수한 제4세대 원전기술을 적극적으로 연구하고 실험하고 있다.

현재 중국의 원자력은 안정적으로 개발되고 있으며 그 안전성도 통제범위

내에 있다. 원자력발전 종사 요원의 안전의식이 크게 강화되었고 발전소의 안전도가 크게 향상되었다. 이런 업적들은 중국이 핵감독관리에서 많은 성과를 거두었으며 중국의 핵안전감독관리 체계와 제도가 비교적 과학적이고 합리적이며 안전감독관리의 독립성, 권위성이 충분히 보장되고 있음을 말해 주고 있다.

현재 중국 국가핵안전국 총부에는 임직원이 70명이 있고 화북, 서북, 동북, 서남, 화남, 화동 등 6개 지역별 감독부처에는 총 331명의 재직인원이 있으며 핵 및 방사능 안전센터에 600명 (인원을 점차 확보하는 중) 의 소정인원이 있고 베이징 핵안전 심사센터, 수저우 핵안전 센터, 핵설비 안전성 및 신뢰성 센터, 방사능 모니터링 센터 등 기타 기술지원부서에 총 260명의 직원이 있으며 그 외에도 전문가 110명으로 구성된 전문가위원회가 국가핵안전국을 위하여 전문적인 서비스를 제공하고 있다. 일본 후쿠시마 원전 사고 발생후 중국 정부는 조치를 강구하여 핵안전감독관리기구를 보강하고 인력과 물자 등을 충분히 공급하여 핵안전감독관리 의 능력을 한층 더 향상시켰다.

## 3. 후쿠시마 원전 사고 발생 후의 중국의 대응 조치

후쿠시마 원전 사고 발생 후 중국 정부는 이를 주목하고 일련의 과감하고 효과적이고 유력한 조치들을 강구하여 신속히 대응에 나섰다. 3월 11일부터 환경보호부 (국가 핵안전국) 은 주로 다음과 같은 업무들을 전개하였다.

(1) 여러가지 경로를 통해 이번 사고 관련 정보를 수집하고, 사태의 발전에 주목하였으며 정기적으로 일본원자력안전보안원과 전화통화로 실시간 정보를 확보하였다. 원전 사고의 최신 정보에 대한 파악과 분석, 연구, 판단을 바탕으로 대응되는 의견과 건의를 제기하여 중국 정부의 대응책 마련에 근거와 기술적지원을 제공해 주었다.

(2) 국내의 모든 가동중인 원전에 이번 지진 및 해일에 의한 영향을 주목하고 원자력 사고 예방과 운행관리를 실속 있게 강화하여 안전한 운행을 확보할 것을 지시하였다.

(3) 전국 환경방사능 감시망를 전면적으로 가동하여 엄밀한 모니터링을 시행하였다.

(4) 최단 시간내에 파악된 사고 현황과 환경방사능 감시 정보를 공개 발표

하여 국민들의 알 권리를 보장하였다. 또한 전문가를 초청하여 원전 및 핵안전 기초지식 등에 대한 해석과 홍보를 진행하여 대중들의 오해, 우려, 공포를 해소하였다. 이를 통해 루머를 통제하고 국민을 안심시키는 효과를 보았다.

# 4. 중국에서 현재 진행중인 업무

후쿠시마 원전 사고는 핵안전 강화의 중요성과 긴박성을 더욱더 절실히 느끼게 하였다. 중국 원전의 안정적이고 건강하며 안전한 발전을 확보하기 위하여 중국은 다음과 같은 업무들을 적극적으로 시행하고 있다.

(1) 핵시설에 대한 일상적인 감독관리를 실속있게 강화하고 있다.

(2) 건설중인 원전에 대한 전면적인 안전 재심사를 실시하고 있다.

(3) 신규 원전 프로젝트에 대한 심시, 비준을 엄격히 실시하고 있다.

(4) 가동중인 핵시설에 대한 전면적인 안전 검사를 진행하고 있다. 전면적이고 세밀한 안전검사를 통하여 안전위험요소를 제거하였으며 후쿠시마 원전사고의 진지 대처, 홍수 방지, 비상용 응급전원, 수소 폭발 등 방면에서의 경험과 교훈을 통하여 관련 개선조치를 적극 강구하여 안전수준을 개선하고 있다.

(5) 핵안전계획의 작성을 서둘렀고 원전 개발 중장기계획의 조정 및 보완을 위해 노력하고 있다. 핵안전계획이 비준되기 전에는 선행업무 진행중인 프로젝트를 포함한 신규 원전 프로젝트의 심사, 비준을 잠시 중단하고 있다.

(6) 핵안전감독관리 관련 기구건설과 인력양성 및 법규표준 제정, 기술능력 향상 등 3개 측면의 업무에 주력하고 있다.

# 5. 후쿠시마 원전 사고가 미친 영향 및 중점적인 연구가 필요한 문제

후쿠시마 원전 사고가 아직 끝나지 않았고 우리가 파악한 정보도 한계가 있겠지만 총체적으로 볼 때 이번 사고는 사태가 매우 심각하고 교훈도 매우 큰 사건이다. 우선 그 결과를 볼 때, 방사성물질의 누출로 인해 엄청난 방사선 오염을 초래하였고 경제에도 큰 영향을 미쳤으며 더욱 중요한 것은 원자력발전에 대한 국민의 수용도에 영향을 미치게 되어 국민들이 원전의 안전성에 회의를 느끼게 되었다. 교훈적 측면에서 볼 때, 이번 원전사고를 통해 많은 문제들이 노출되었는데 기술의 문제가 있었는가 하면 관리의 문제도 있었으며 불가항력적인 자연재해로 인해 초래된 문제도 있었다. 향후 다음과 같은 측면에서의 심층적인 연구와 검토를 통하여 대응책을 마련하여야 한다.

(1) 안전표준의 상향조절 및 그 전면적이고 효과적인 집행 문제. 후쿠시마 원전 사고는 자연재해에 대한 인류사회의 인식에 한계가 있음을 반영하였다. 방사능 유출 사고의 심각성을 감안할 때, 원전의 방사능 유출 방지 표준을 재고할 필요가 있다. 특히, 자연재해, 테러 등 외부사건에 대비하여 방사능 유출 방지 표준을 상향 조절하여야 한다. 또한 제반 안전표준이 전면적이고 효과적으로 집행될 수 있도록 하여야 한다.

(2) 긴급대응메커니즘 개선 및 긴급대응능력 보강 문제

긴급대응메커니즘에는 국내의 긴급대응메커니즘과 국제적인 긴급대응메커니즘이 포함된다. 후쿠시마 원전 사고시 실제 긴급대응을 하면서 사고의 영향이 한 국가에 국한되지 않고 인접국에도 그 영향을 미치게 됨을 절실하게 느꼈다. 때문에 원전 사고 발생시 당사국은 물론 주변국들도 긴급대응메커니즘을 가동하여 공동으로 대응하여야 한다.

(3) 강력한 핵안전감독관리기구 설립 문제

핵안전감독관리기구는 완전한 독립성, 권위성, 실효성이 있어야 하며 우수한 기술인력, 튼튼한 기술기반과 풍족한 자원보장이 확보되어 있어야 한다. 또한 긴급 상황에서 과감하고 정확한 결정을 내리고 과학적이고 합리적인 대책을 강구할 수 있어야 한다.

(4) 정보 공개와 홍보 문제

오해와 우려로 인해 사회문제 및 원전회사에 대한 대중의 수용도 문제가 유발되는 것을 방지하기 위하여 정보를 조속히 공개하고 홍보를 진행하여야 하며 원전 사고 정보를 조기 통보하고 공유하여 사회 공황의 발생을 미연에 방지하여야 한다. 또한 대중을 상대로 한 과학기술의 보급과 홍보 업무를 실속있게 수행하여 원전에 대한 대중의 옳바른 인식과 이해를 증대하여야 한다.

(5) 국제협력 강화를 통한 경험과 능력의 공유 문제

핵안전은 국경이 없어 사고 발생시 해당 국가에서 제대로 대응하지 못할 경우에 인접한 여러 국가에도 영향을 미치게 된다. 따라서 핵안전감독관리기구간에 경험과 능력의 공유를 강화하고 서로 돕고 서로 지원하여 공동으로 발전하여야

한다.

# 6. 한중일 3국의 핵안전 협력

한중일 3국은 모두 원자력 이용국으로서 모두 원전 수십 기를 보유하고 있으며, 세계 핵안전사무에서 중요한 영향과 역할을 발휘하고 있으며, 핵안전 영역에서 장기적으로 양호한 협력관계를 유지하고 있다. 2008년부터 한중일 3국의 핵안전감독관리기구간에 원자력안전규제책임자회의메커니즘을 구축하고 원자력안전규제책임자회의를 총 3회 개최하였으며 동북아지역의 핵안전협력메커니즘과 정보교류플랫폼을 형성하여 당해 지역의 핵안전협력을 공동으로 추진하고 중요한 역할을 담당하였다. 한중일 원자력안전규제책임자회의는 해마다 1회 개최되고 3국의 핵안전감독관리기구에서 순환적으로 주최한다. 2010년 11월, 중국환경보호국 (국가핵안전국) 은 베이징에서 제3차 한중일 원자력안전규제책임자회의를 주최하였다.

핵안전 영역에서의 한중일 3국의 협력은 주로 다음과 같은 내용들이 포함된다.

① 3국의 핵 안전에 대한 감독관리, 원전 운행상황, 원전 사고 통보 및 운행경험 피드백, 핵 안전 관련 법규표준의 새로운 변화 등 핵 안전 정보의 교류를 강화하고 기술요원의 교환과 상호방문을 확대한다. 이를 바탕으로 RCOP1 운행경험 피드백 프로젝트 및 RCOP2 결함 탐지 및 평가, 보수 정책 프로젝트를 가동하였으며 협력메커니즘의 업무추진방향을 확정하였다.

② 한중일 3국은 아세아지역은 물론 전세계에서도 원전 사업이 비교적 급속히 성장하고 있는 나라들이고 또한 인접국으로서 3국의 핵 안전협력을 강화하는 것은 3국 공동의 목표이고 공동의 이익과 관계된다. 후쿠시마 원전 사고를 계기로 3국은 자연재해 발생시의 원전 안전 강화 조치를 충분히 토의하고 원전 사고 예방 실용대책을 충분히 공유하며 홍보와 정보 공개를 충분히 강화하고 국민의 신뢰도와 자신감을 증대시켜야 한다.

# 결 론

후쿠시마 원전 사고는 한차례의 복합적인 재난이었지만 어떤 의미에서는 하나의 교훈 즉 전세계 원자력산업계의 교훈이라고 볼 수 있다. 이번 원전 사고는 우리에게 원자력산업의 재난 대비 전략을 뒤돌아보고 전반적으로 재검토하게 하는 계기가 되었다. 우리는 후쿠시마 원전 사고에 대해 심층적인 분석과 평가를 진행하여 그 속에서 경험과 교훈들을 정리해내고 이를 바탕으로 원자력개발사업을 지속적으로 개진하고 추진하여야 한다.

(金文学　译)

# 원자력 발전소의 안전성 확보와 향후 국제협력에 대해

모리타 유지 (森田裕二) *

## 머리말

2011년 3월 11일 발생한 동북지방 태평양 연안 지진과 이 지진이 일으킨 해일은 우리나 라 동북지방을 중심으로 막대한 피해를 가져왔다. 지진규모는 매그니튜드 9.0이고, 세계에서도 20세기 초부터 110년 내에 4번째 규모이고, 해일의 소상 고는 40.5m로 국내 관측사 상 최대였다. 10월 3일 현재 사망자는 1만 5,821명, 실종자는 3,962명에 이르며, 파괴된 건물은 102,886호, 반

* 森田裕二 (모리타 유지), 일본 에네지경제연구소 연구원이며 1951 (昭和26) 년에 태어났으며, 1974 년 교토 대학 이학부 유기 합성 화학학과를 졸업했다. 1974 년 4 월 공동 석유 ㈜, (주) 일본 에너지, 현 JX 일본 광산 일본 석유 에너지 ㈜에 입사. 1984 년 4 월 - 1986 년 3 월 (재) 일본 에너지 경제 연구소 파견. 1997 년 4 월 (주) 일본 에너지 기획부 주석참사 (主席參事) 1998 년 7 월 (재) 일본 에너지 경제 연구소 정책 예측연구그룹 전문 연구원. 2000 년 6 월 제2 연구부 석유 그룹 관리자. 2005 년 4 월 계량 분석단위 단위총괄 研究主干. 2006 년 4 월 계량 분석단위 단위총괄 研究理事. 2011 년 7 월 - 현재 까지, 석유 가스단위 단위담임 研究理事.

괴 (절반쯤 파괴됨) 는 58,515호[1], 전력, 가스, 수도를 둘러싼 철도, 도로 등의 라이프 라인 인프라에도 큰 손상을 받았다. 이 때문에 순식간에 39만 명에 가까운 사람 들이 피난을 하게 되었고, 현재도 73,000명 이상이 피난생활을 계속하고 있다.[2]

이 해일은 후쿠시마 현에 있는 도쿄전력의 2개 원자력 발전소를 습격하여, 후쿠시마 제1호 원자력 발전소에는 대규모와 장기적인 원자력 사고가 발생했다. 원자로로부터 대기 중으로 방사성 물질이 방출되어서 총 방출 량은 INES 평가 (국제 원자력·放射線事象評価尺度) 로 1986년 4월 체르노빌 발전소 사고와 같은 "레벨 7"에 해당하는 값으로 되었다[3].

이 사고는 대규모 해일의 습격에 대한 예상과 대응이 충분히 진행되지 못한 것에 기인하였으며, 자연 재해를 계기로 발생한 여러 원자로사고가 동시에 일으키게 된 핵연료의 붕괴, 원자로 압력용기 및 격납 용기의 손상이라는 가혹한 사고에 이른 것 등, 1979년 3월 미국 쓰리 마일 섬 발전소 사고와 체르노빌 발전소 사고는 양상에서 많은 다른 점이 있다.

다음은 사고의 발생과정과 그 발생원인, 향후 안전대책에 대해, 현재까지 발표된 보고서 등을 기초로 개괄적으로 논하고자 한다.

# 1. 사고의 발생과정

일본 시간 2011년 3월 11일 14시 46분, 三陸沖 해안 약 130km 해역에서 리히터 지진계로 9.0의 지진이 발생했다. 진원은 북위 38.1도, 동경 142.9도, 깊이는 23.7km이고, 일본 해구를 따라 태평양 플레이트가 북아메리카 플레이트 아래에 가라앉는 영역에서 발생했다. 그 후 7급 파도에 걸쳐 동북지방에 해일을 습격하고 모든 침수면적은 561km2에 이르렀다.

도쿄전력 주식회사의 후쿠시마 제1원자력 발전소는 후쿠시마 현 双葉군 大熊도시 와 双葉도시에 위치하고 있으며 비등수형 경수로 (BWR) 가 1호기부터 6호기까지 6기에 설치되어있다. 총 발전량은 469.6만 kW이다 (표-1). 제1 원자력 발전소에서 약 12km 떨어진 후쿠시마 현 남쪽의 双葉군 楢葉과 富岡 도시에 걸쳐있는 지역에는 福島 第二原子力發電所가 있고 비등수형 경수로 1호기부터 4호기까지 4기를 설치하여져 있다. 총 발전용량은 440만 kW이다 (표-2).

지진 발생전, 후쿠시마 제1원자력 발전소에서는 1호기, 2호기, 3호기가 정격 출력 운전 중에 있으며, 4 호기, 5 호기 및 6 호기는 정기 검사에 있었다. 그 중 4 호기는 원자로 압력 용기 안에 있던 핵연료는 전부 사용 후 연료 풀에 이송된 상태에 있었다. 한편 福島第二原子力発電所에서는 1 호기부터 4 호기까지의 모두가 정격 출력으로 운전 중에 있었다.

| | 1号機 | 2号機 | 3号機 | 4号機 | 5号機 | 6号機 |
|---|---|---|---|---|---|---|
| 原子炉形式 | BWR-3 | BWR-4 | BWR-4 | BWR-4 | BWR-4 | BWR-5 |
| 主契約者 | GE | GE・東芝 | 東芝 | 日立 | 東芝 | GE・東芝 |
| 格納容器形式 | Mark-1 | Mark-1 | Mark-1 | Mark-1 | Mark-1 | Mark-2 |
| 炉心燃料集合体数(本) | 400 | 548 | | | | 764 |
| 建設着工 | 1967年9月 | 1969年5月 | 1970年10月 | 1972年9月 | 1971年12月 | 1973年5月 |
| 営業運転開始 | 1971年3月 | 1974年7月 | 1976年3月 | 1978年10月 | 1978年4月 | 1979年10月 |
| 電気出力(千kW) | 460 | 784 | | | | 1100 |
| 非常用ディーゼル発電機 | 2 | 2 | 2 | 2 | 2 | 3* |
| 3月11日時点におけるプラントの状態 | 運転中 | 運転中 | 運転中 | 燃料交換停止 | 燃料交換停止 | 燃料交換停止 |

\* 한 대의 비상용 발전기는 空冷

표-1 후쿠시마 제1 원자력 발전소 설비의 개요

| | 1号機 | 2号機 | 3号機 | 4号機 |
|---|---|---|---|---|
| 原子炉形式 | BWR-5 | BWR-5 | BWR-5 | BWR-5 |
| 主契約者 | 東芝 | 日立 | 東芝 | 日立 |
| 格納容器形式 | Mark-2 | Mark-2改良 | Mark-2改良 | Mark-2改良 |
| 炉心燃料集合体数(本) | 764 | | | |
| 建設着工 | 1975年11月 | 1979年2月 | 1980年12月 | 1980年12月 |
| 営業運転開始 | 1982年4月 | 1984年2月 | 1985年6月 | 1987年8月 |
| 電気出力(千kW) | 1100 | | | |
| 非常用ディーゼル発電機 | 3 | 3 | 3 | 3 |
| 3月11日時点におけるプラントの状態 | 運転中 | 運転中 | 運転中 | 運転中 |

표-2 福島第二原子力発電所 설비의 개요

## (1) 지진의 발생

후쿠시마 첫 원자력 발전소에는 총 6 회선의 외부 전원이 연결되어 있었지만, 지진에 의해 차단기 등이 손상 되었고, 송전 철탑도 무너져서 외부 전원에 의한 전원 공급이 모두 멈췄다. 지진 발생 직후의 대지진의 가속도를 받아 원자로가 비상 정지 (스크럼) 되고, 14시 47분에 제어봉이 삽입 되면서 모든 원자로가 정상적으로 자동운행중지 되었다. 외부전원은 상실했지만, 비상용 발전기가 정상적으로 자동적으로 작동하고 전원은 확보되었다. 운전원은 정해진 절차를 따라 냉각 작동에 들어갔다.

福島의 第二原子力発電所도 모든 호기가 지진에 의해 자동정지 됐다. 외부전원은 점검 작업 중이기 때문에 정지되었고, 1회선을 뽑아서 3회선을 연결하게 하였지만, 지진에 의한 단로기 碍子破損이나 피뢰기 손상으로 2회선이 멈췄다. 다만 남아 있는 1회선 외부 전원연결이 유지되었기에, 비상용 장비의 전원은 확보되었다. 또한 중지된 회선은 3월 12일 13시 이후에 순차적으로 복구했다.

### (2) 해일의 습래

①福島의 第二原子力発電所

福島 第二原子力発電所에는 지진발생 후 37분이 경과한 15시 23분경에 첫 번째 큰 파도가, 15시 35분경에 다음 큰 파도가 도달했다. 해일의 침수높이는 6.5 ~ 7m에 달하며, 이 해일은 보조 기기 냉각의 해수 펌프시설은 3호기를 제외한 모든 것이 침수되어 기능을 멈췄다. 원자로 건물 지하 2층에 설치되어 있던 비상용[4] 디젤 발전기 각 3개, 3호기의 두 대 및 4호기 한 대의 발전기는 기능을 확보했지만, 1호기, 2호기 발전기는 멈췄다.

1호기, 2호기, 4호기는 그 후 압력억제실 (S / C, Suppression Chamber) 의 온도가 100 ℃이상으로 되어 원자로의 압력억제기능을 상실했지만, 외부전원이 확보되었으며, 전원보드, 직류전원 등이 수몰을 면할 수 있었기에 복구작업에 의한 제열 기능을 회복했다. 1호기에 대해서는 3월 14일 17시 00분, 2호기는 같은 날 18시 00분, 4호기에 대해서는 3월 15일 7시 15분에 원자로 냉각재 온도가 100℃ 미만의 냉온정지가 되었다. 3호기는 원자로 제열 기능이 상실하는 정도에 이르지 못하고 유지되었기에, 3월 12일, 12시 15분에는 냉온 중지했다.[5]

②福島의 第一原子力発電所

한편, 후쿠시마 제1원자력발전소는 지진 발생 후 41분이 경과한 15시 27분경에 첫번째 큰 파도가, 15시 35분경 다음 큰 파도가 도달했다. 해일의 높이는 후쿠시마 제1원자력발전소를 초과하여 14~15m에 달하였고, 전체 호기의 보조기기 냉각 해수펌프시설이 침수되어 기능을 멈췄다. 이에 더해 1~5호기 시멘트 건물 및 터빈 건물의 1층, 지하에 설치되어 있던 비상용 디젤 발전기 및 配電盤가 침수했다. 6호기는 3대의 비상용 발전기중에 디젤 발전기는 건물 1층에 설치되어 있던 한 대만 기능을 상실하지 않아서, 비상용 전원공급이 가능했다.

냉각 동작에 들어간 후쿠시마 제1 원자력 발전소에서는 해일에 의한 6호기 한 대를 제외하고 모두 교류 전원을 상실했다. 전원 상실에 의해 매개 변수정보를 확인 할 수 없게 된 것 외에, 정지 시 냉각계통 (SHC, Shut Down Cooling System) 을 사용할 수 없고 원자로의 붕괴열을 제거할 수 없는 상태로 되었다. 운전원은 심각한 사고 (중대 사고) 지침에 따라, 비상전원을 확보하는 시도를 했지만 결국 전원을 확보할 수 없었다.

그 결과, 증기를 이용한 1호기의 비상용 복수기 (IC, Isolation Condenser) , 2호기의 원자로 隔離時 냉각계통 (RCIC, Reactor Core Isolation Cooling system) , 3호기의 원자로 隔離時 냉각계통과 고압주입계통 (HPCI, High Pressure Coolant Injection System) 의 작동이 수행되었지만, 이들을 제외하고는 비상용 냉각기능이 모두 상실했다.

그 후, 교류 전원을 사용하지 않는 이러한 노심 냉각기능도 중지되었기에 디젤 구동의 소화펌프와 소방차를 이용한 소화 시스템 라인에 의한 담수, 해수의 대체 스프레이에 의한 냉각으로 전환되었다. 아울러 전원차량을 이용한 전원복구도 진행되어 3월 13일에는 6호기부터 5호기로 전력융통이 시작되었다.

주입된 물은 핵연료로부터 기화열량을 빼앗아 원자로 압력 용기내 (RPV, Reactor Pressure Vessel) 에서 수증기로 되기 때문에 원자로 압력용기의 내압이 상승한다. 이 수증기는 안전 밸브를 통해 격납용기내 (PCV, Primary Containment Vessel) 에 누설한다. 이 결과 1호기~3호기는 서서히 격납용기의 내압이 상승했다. 격납용기가 압력에 의해 손상되는 것을 방지하는 목적으로 압력억제실의 기상부에서 배출통을 통해 격납용기 내부의 기체를 대기 중에 방출하는 격납용기을 몇 번에 걸쳐서 진행하였다.

다만 1호기~3호기는 원자로 압력용기에 주입할 수 없는 사태가 일정한 시간 계속됐기 때문에 노심의 핵연료가 물에 덮히지 않고 노출되어 노심용융에 이르렀다.

|  | 1号機 | 2号機 | 3号機 |
|---|---|---|---|
| 3月11日 | 14:46 : 外部電源喪失、非常用ディーゼル発電機起動<br>14:52 : 非常用復水器起動<br>15:37 : 全交流電源喪失<br>17:00頃 : 燃料が露出し、その後、炉心溶融が開始 | 14:47 : 外部電源喪失、非常用ディーゼル発電機起動<br>14:50 : RCIC (原子炉隔離時冷却系)起動<br>15:41 : 全交流電源喪失 | 14:47 : 外部電源喪失、非常用ディーゼル発電機起動<br>15:05 : RCIC起動<br>15:41 : 全交流電源喪失 |
| 3月12日 | 05:46 : 消火系から淡水注入を開始<br>注水は、約14時間9分にわたり停止したとみられる<br>15:36 : 原子炉建屋で水素爆発 |  | 11:36 : RCIC停止<br>12:35 : HPCI(高圧注水系)起動 |
| 3月13日 |  |  | 02:42 : HPCI停止<br>08:00頃 : 燃料が露出し、その後、炉心溶融が開始<br>09:25 : 消火系統から淡水注入を開始<br>注水は、約6時間43分にわたり停止したとみられる |
| 3月14日 |  | 13:25 : RCIC停止<br>18:00頃 : 燃料が露出し、その後、炉心溶融が開始<br>19:54 : 消火系から海水注入開始<br>注水は、約6時間29分にわたり停止したとみられる | 11:01 : 原子炉建屋で水素爆発 |
| 3月15日 |  | 06:00頃 : 格納容器の圧力抑制室付近で爆発音 |  |

표-3 각 호기의 노심상태

연료봉 被覆管의 손상에 따라 사용되는 지르코늄과 수증기와의 화학반응에 의해 대량의 수소가 발생함과 동시에 핵연료 봉내의 방사성 물질이 원자로 압력용기 내에서 방출되었다. 원자로 압력용기을 감압하는 작업과정에서 이러한 수소와 방사성 물질은 격납용기 내에 방출되었다.

1호기와 3호기에서는 격납용기가 젖어서 통풍이 된 우물로 변한 후에, 격납용기에서 유출된 수소가 원인이라고 생각되는 폭발이 원자로 건물위쪽에서 발생하여 각각의 원자로 건물의 작업바닥이 파괴되었다. 이에 따라 환경에 대량의 방사성 물질이 대기 중에 방출되었다.

계속하여 정기검사를 위해 노심연료를 전부 사용한 연료 풀로 이동된 4호기에도 원자로 건물에서 수소가 원인으로 보이는 폭발이 원자로 건물의 상부가 파괴되었다. 또한, 2호기는 격납용기 압력억제실의 부근이라고 추정되는 장소에서 수소폭발이 발생하여, 저장 용기에 손상이 생긴 것으로 보인다.

전원 상실에 의해 1호기부터 4호기 각 호기의 사용 후 연료 풀 물냉각이 정지했기 때문에 사용 후 연료의 발열에 의한 물이 증발하여 수위가 계속 내려갔다. 따라서 처음에는 자위대, 소방 및 경찰 헬기와 放水車를 이용하여 사용 후 연료 풀에 주입이 진행되었다. 궁극적으로 콘크리트 펌프차량을 확보하고, 해수 후, 가까운 저수지 물 등의 담수 주입이 진행되었다.

## 2. 사고의 원인과 당면대책

### (1) 福島 第一原子力発電所

후쿠시마 제 1 원자력 발전소의 부지 높이는 1~4호기가 OP (小名浜港공사 기준면, 즉 해수면) + 10 m, 5호기 및 6호기는 OP + 13 m이다. 발전소 설치허가에 디자인 해일 수위는 칠레지진 (1960년 5월 22일, 규모 9.5) 을 대상파원으로, OP + 3.1 m로 되어있었다. 그 후 2002년 토목학회가 실시한 "원자력 발전소의 지진해일평가 기술"에 따른 평가에서 각 호기의 수위는 OP + 5.4 m에서 OP + 5.7 m으로 되었기 때문에, 도쿄전력은 6호기 해수펌프 설치높이의 부피를 증가하는 등 OP + 5.7 m를 기준으로 대책을 실시하고 있었다. 그러나 해일은 OP에서 높이가 있는 침수 높이가 14 ~ 15m에 도달하여, 주요 건물설치 부지의 거의 전역이 침수했다.

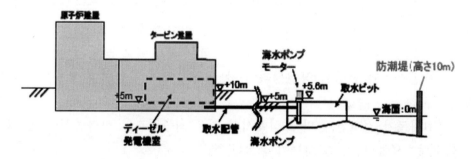

그림-1 후쿠시마 제 1 원자력 발전소 1호기의 개요

해일에 의하여 높이 5.6~6m로 설치된 보조기 냉각해수펌프 시설은 전호기가 침수되었다. 또한 원자로 건물 및 터빈 건물 지하 (높이 0m ~ 5.8m) 에 설치되어 있는 비상용 디젤 발전기 및 配電盤 많은 피해를 받아서 비상용 전원공급이 분실되었다.

### (2) 福島 第二原子力発電所

한편, 부지 높이가 OP + 12 m인 福島第二原子力発電所는 설계에서의 해일 높이가 3.1 ~ 3.7m로 되어있다. 또한 2002년 토목학회의 평가에서 최고 수위가 5.1~5.2m로 되어있다. 해일 침수높이 6.5~7m에 이르렀지만 주요건물의 설치부지에서는 1호기, 2호기 건물주변 및 3호기의 건물남쪽의 침수에 머물러 있었기 때문에 후쿠시마 제1원자력 발전소와 비교하면 해일에 의한 피해는 적다.

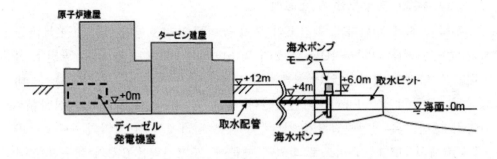

그림-2 福島 第二原子力発電所의 개요

### (3) 사고의 원인과 정부의 긴급 안전대책

2011년 3월 30일 원자력 안전과 보안원은 거대지진에 동반하는 해일이 사고의 확대를 초래하고, 재해규모를 크게 한 직접적 요인으로 생각된다고 했다. 그리고 사고에 이르는 이유로서 다음의 몇 가지를 예로 들고 있다.

①핵발전소외 전원이 상실됨과 함께 긴급시기의 전원이 확보될 수 없는 것.

②원자로가 정지한 후의 노심에서의 열을 최종적으로 바다중심에 방출하는 해수체계시설, 혹은 그 기능이 상실된 것.

③사용후 연료저장풀의 냉각와 풀으로 보통 핵발전소내 물공급이 정지될 때 자동적으로 냉각물의 공급을 할 수 없는 것.

따라서 긴급 안전대책로서 만일 해일에 의한 상기의 ① 모든 교류전원 ② 해수냉각 기능 ③ 사용 후 연료 저장 풀의 냉각기능인 3가지 기능을 모두 상실하였을지라도 노심 손상이나 사용 후 연료의 손상을 방지하고, 방사성 물질의 방출을 억제하면서 냉각기능의 회복을 도모할 수 있도록 다음의 6항목에 대해 약 1개월 이내에 대응할 것을 요구했다 (표-4).

① 긴급 점검의 실시: 해일에 의한 비상 대응을 위한 장비, 시설의 긴급점검을 실시.

| フェーズ | 緊急安全対策<br>短期 | 抜本対策<br>中長期 |
|---|---|---|
| 完了見込み時期 | 1ヶ月目途<br>(4月中旬頃) | 事故調査委員会等の議論に<br>応じて決定 |
| 目標<br>(要求水準) | 津波により①全交流電源、②海水冷却機能、③使用済燃料貯蔵プール冷却機能を喪失したとしても炉心損傷、使用済み燃料損傷の発生を防止 | 今回の災害をもたらした津波を踏まえて設定される「想定すべき津波高さ」を考慮した災害の発生を防止 |
| 具体的対策の例 | 【設備の確保】<br>・電源車の配備 原子炉や使用済み燃料プールの冷却用)<br>・消防車の配備 冷却水を供給するためのもの)<br>・消火ホースの配備 淡水タンクまたは海水ピット等からの給水経路を確保するためのもの) 等<br>【手順書等の整備】<br>・上記の設備を利用した緊急対応の実施手順を整備<br>【対応する訓練】<br>・実施手順書に基づいた緊急対策の訓練を実施 | 【設備の確保】<br>・防潮堤の設置<br>・水密扉の設置<br>・その他必要な設備面での対応<br>※以下順次設備面での改善を実施すること 例 :空冷式ディーゼル発電機、海水ポンプ電動機予備品の確保等)<br>【手順書の整備】<br>【対応する訓練】 |
| 保安院の確認等 | ・緊急安全対策の実効性を担保する省令の改正、同対策を盛り込んだ保安規定の認可<br>・緊急安全対策の実施状況に対して検査等で厳格に確認 | |
| 事業者の対応 | ・設備については、現在、鋭意調達中。配置場所も確保中)<br>・今回の事故を踏まえて手順書を新規に作成し、訓練を実施。<br>・緊急安全対策確認後も継続的な改善に取り組み、その信頼性向上を図る。 | |

표-4 후쿠시마 제1 원자력 발전소 사고에 입각한 대책

② 비상시 대응계획의 점검과 훈련 실시: 모든 교류전원 상실, 해수 냉각기능 상실 및 사용 후 연료저장 풀 냉각기능 상실을 상정한 비상대응계획의 점검과 훈련의 실시.

③ 비상시의 전원확보: 발전소 내 전원이 상실되어 비상시 전원을 확보할 수 없는 경우에 필요한 전력을 기동적으로 공급하는 대체전원의 확보.

④ 비상시의 최종적인 제열기능의 확보: 해수 계통시설, 혹은 그 기능을 상실한 경우를 상정한, 기동적인 제열기능의 복구대책을 마련.

⑤ 비상시 사용 후 연료 저장풀 냉각확보: 사용 후 연료 저장풀 냉각이나 풀로의 보통 발전소내 물 공급이 정지했을 때, 기동적으로 냉각수를 공급하는 대책의 실시.

⑥각 사이트에서의 구조 등을 감안한 당장 필요한 대응책의 실시.

원자력 안전보안원은 5월 6일이 실시상황에 대해 각 전기 사업자의 보고를 받고 적절하게 실시된 것을 확인했다.

## (4) 사고 수습을 위한 로드맵

후쿠시마 제1 원자력 발전소의 사고 수습을 위해 도쿄전력은 2011년 4월 17일, "당면의 활동 로드맵"을 수립했다 (표-5). 원자로 및 사용 후 연료 풀의 안정적인 냉각을 확립하고 방사성 물질의 방출을 억제하는 것을 기본적인

생각으로 하며 "방사선량을 착실하게 감소하는 추세로 되고 있는 것"을 "1단계", "방사성 물질의 방출을 관리하고, 방사선 량이 크게 억제되어 있는 것"을 "2단계"라고 하는 두 가지 목표가 설정되었다. 목표 달성시기에 대해 "1단계"는 3개월 정도, "2단계"는 1단계 종료 후 3~6개월 정도를 기준으로 했다. "2단계"의 달성에 가장 중요한 과제로 된 원자로의 냉온 정지조건에 관해서 (1) 압력용기 바닥의 온도가 대략 100℃이하 (2) 새롭게 방출되는 방사성 물질에 의한 부지경계에서의 피폭 (피폭) 이 연간 1mSv (밀리 시버트) 이하로 정의했다.

| 分野 | 課題 | 目標と対策 | |
|---|---|---|---|
| | | ステップ1 | ステップ2 |
| Ⅰ 冷却 | (1) 原子炉の冷却 | ① 安定的に冷却できている<br>・窒素充填<br>・燃料域上部まで水で満たす<br>・熱交換機能の検討・実施<br>②（2号機）格納容器が密閉できるまでは、滞留水の増加を抑制しつつ冷却する | ③ 冷温停止状態とする(号機ごとの状況に応じて十分に冷却されている)<br>・ステップ1での諸対策を維持・強化 |
| | (2) 使用済燃料プールの冷却 | ④ 安定的に冷却できている<br>・注入操作の信頼性向上<br>・循環冷却システムの復旧<br>・（4号機）支持構造物の設置 | ⑤ プールの水位が維持され、より安定的に冷却できている<br>・注入操作の遠隔操作<br>・熱交換機能の検討・実施 |
| Ⅱ 抑制 | (3) 放射性物質で汚染された水(滞留水)の閉じ込め、保管・処理・再利用 | ⑥ 放射線レベルが高い水を敷地外に流出しないよう、十分な保管場所を確保する<br>・保管/処理施設の設置<br>⑦ 放射線レベルが低い水を保管 処理する<br>・保管施設の設置/除染処理 | ⑧ 汚染水全体の量を減少させていく<br>・保管/処理施設の拡充<br>・除染/塩分処理(再利用)等 |
| | (4) 大気・土壌での放射性物質の抑制 | ⑨ 建屋/敷地にある放射性物質の飛散を防止する<br>・飛散防止剤の散布<br>・瓦礫の撤去<br>・原子炉建屋カバーの設置 | ⑩ 建屋全体を覆う(応急措置として) |
| Ⅲ モニタリング・除染 | (5)避難指示/計画的避難/緊急時避難準備区域の放射線量の測定・低減・公表 | ⑪ モニタリングを拡充し充実し、はやく正しお知らせする<br>・モニタリング方法の検討 着手 | ⑫ 避難指示/計画的避難/緊急時避難準備区域の放射線量を十分に低減する |
| | | (注)避難指示/計画的避難/緊急時避難準備区域での放射線量のモニタリングや低減策については、国と十分に連携かつ県・市町村に十分にご相談しながら、当社としてできる限りの対策を進めたい。 | |

표-5 즉각적인 대처 로드맵

사고에서 거의 3개월을 경과한 7월 19일, 정부의 원자력재해 대책본부는 방사선 량을 착실하게 감소하는 추세로 되는 "1단계"을 거의 달성하였다는 견해를 발표했다. 또한 도쿄전력은 9월 28일 후쿠시마 제1원자력 발전소 2호기의 원자로 압력용기 바닥의 온도가 오후5시의 측정으로 99.4℃로 되고, 사고 후 처음으로 100℃로 내려갔다고 발표했다. 1호기, 3호기는 각각 78℃, 79℃로 이미 70℃대로 하락하고, 노심 용융을 일으킨 1~3호기 모두가 100℃로 내려갔다. 부지경계의 방사선양도 0.4 mSv로 감소하고, 사고로부터 약 6

개월 반을 거쳐, 수치적으로 "냉온 정지상태"의 조건이 갖추어졌다.

## (5) 다른 원자력 발전소의 대응

후쿠시마 제1 원자력 발전소 사고의 소식을 전달 받고, 다른 지역의 원자력 발전소에 대해서도 지역의 지자체 및 주변주민의 불안이 높아졌다. 5월 6일, 정부는 중부 전력주식회사에 대해 향후 예상되는 지진에 의해 대규모 해일이 발생할 가능성이 높아졌기 때문에 정부의 중장기적인 대책이 완료할 때까지 浜岡原子力發電所에 전호기의 운전을 정지하도록 요청했다.

또한 정부는 7월 11일, 스트레스 테스트를 참고로 한 안전평가를 실시하기로 결정했다. 평가는 "1차평가"와 "2차평가"로 나누어졌으며, "1차평가"는 정기검사에서 작동준비가 정리된 원자력 발전소에 대한 운전의 재개여부에 대해 판단하기 위해 실시한다. 안전상에서 중요한 시설장비 등이 디자인에서의 상정을 넘는 사건에 대해 어느 정도의 안전여유도를 가지는가의 평가와 허용치 등에 대한 어느 정도의 여유도를 가지는가 하는 관점에서 실시한다.

| 評価項目 | | 評価内容 |
|---|---|---|
| 自然現象 | 地震<br>津波<br>地震・津波の重畳 | 想定を超える地震や津波に対して、どのような安全機能で、どの程度の大きさまで、燃料の重大な損傷を防止できるか |
| 機能喪失 | 全交流電源喪失 | 発電所外部送電線からの受電ができず、かつ、非常用ディーゼル発電機が全て停止し、発電所が完全に停電した事象 全交流電源喪失)に対して、どのような安全機能で、どのくらいの期間まで、燃料の重大な損傷を防止できるか |
| | 最終的な熱の逃し場<br>最終ヒートシンク)喪失 | 海水系ポンプが全て停止し、原子炉や使用済燃料プールの冷却が完全に停止した事象 最終ヒートシンク喪失)に対して、どのような安全機能でもって、どのくらいの期間まで、燃料の重大な損傷を防止できるか |
| シビアアクシデント・マネジメント | | 燃料の重大な損傷とそれに引き続き起こる放射性物質の大規模な外部への放出に対して、多重防護の観点から、どのような防護対策がとられているか |

표-6 스트레스 테스트 평가항목

"2차평가"는 운전중인 원자력 발전소에 대한 유럽 국가의 스트레스 테스트의 실시상황, 후쿠시마 원자력 발전소 사고조사 검토위원회의 검토상황에 입각하여 운전의 지속 또는 중단을 결정하기 위해 실시한다. 설계상의 기준을 넘기는 사건의 발생을 가정하고, 평가대상 원자력 발전소가 어느 정도의 사고까지 연료의 심각한 손상을 발생시키는 일이 없이 견딜 수 있는가? 안전 유도 (내력) 을 종합적으로 평가한다. 또 연료의 심각한 손상을 방지하기 위한 조치에 대해 다중방호의 관점에서 그 효과를 나타내는 것과 동시에, 클리프 에지를 특정하여 잠재적인 취약성을 밝혔다.

이에 따라 원자력 안전보안원은 7월 21일, 스트레스 테스트 평가방법과 실시계획을 원자력 안전위원회에 제출했다. 전력회사가 년도 내를 목표로 이런 평가를 하고 결과를 원자력 안전보안원에 제출한다. 원자력 안전보안원은 결과를 평가함과 동시에, 원자력안전위원회에 대하여 평가를 확인하는 것을 요구하게 되었다.

### (6) 원자력 안전 대책의 검토를 향해

정부는 8월 15일, "규제와 이용의 분리"관점에서 현재 경제산업성의 外局인 원자력 안전보안원의 원자력 안전규제부문을 경제 산업성에서 분리하기로 결정했다. 동시에 원자력 안전위원회 설치법에 따라 원자력 안전위원회의 기능도 통합하여 2012년 4월을 목표로 환경부 그 外局으로 "원자력 안전청 (가칭) "를 설치하기로 했다[6]. 원자력 안전규제에 관한 관계업무를 일원화하여 규제기관으로 한층 기능 향상을 도모하는 것이 목적으로 원자로 및 핵연료 물질 등의 사용에 관한 안전규제, 핵보안에 대한 대응, 환경 모니터링의 사령탑 기능을 한다. 또한 사고 발생시 初動대응에 따른 위기관리를 "원자력 안전청" 의 중요한 역할과 위치, 그것을 위한 체제정비를 실시할 예정이다.

# 3. 사고의 교훈과 안전 대책

아래에 "원자력 안전에 관한 IAEA 각료회의에 대한 일본정부의 보고서 (2011년 6월) "및 "국제 원자력기구에 대한 일본정부의 추가 보고서 (2011년 9월) "을 중심으로 이번 사고 교훈과 향후 안전대책에 대해 개괄적으로 관찰한다.

### (1) 대규모 해일에 대한 대응이 충분하지 않았다.

원자력 발전소의 내진설계지침은 2006년 9월에 개정을 진행하였다. 고려해야 할 활동 단층의 활동시기의 범위를 12~13만년 이내로 하고 매그니튜드 6.5의 직하형 지진을 대신하여 국내외의 관측기록을 바탕으로, 보다 엄격한 "진원을 특정하지 않고 측정하는 地震動"을 설정하였다. 수평 방향뿐만 아니라 수직 방향에 대해서도 기준 地震動을 책정하는 것으로 하고, 지진발생 메커니즘을 상세하게 모델화 할 수 있는 단층모델을 지진동 평가방법으로 채택했다[7].

이러한 지진에 대한 대책강화에 대해 해일에 대한 설계는 과거 해일의 전승과 흔적에 기초하여 실시하고 적절한 재생주기를 고려한 것과 같은 것처럼 되지 않았다. 후쿠시마 제1 원자력 발전소를 습격한 해일은 예상을 크게 넘는 14~15m의 규모였지만, 지침에서는 이러한 해일에 대한 대응은 상정되지 않았다.

이번 지진은 1100년 전인 西曆869년 거의 같은 지역에서 발생한 지진계 8.3의 "貞観地震"의 재현이라고 볼 수 있다. 산업기술 종합연구소가 貞観地震 해일에 의한 퇴적물을 조사한 결과, 후쿠시마 제1원자력 발전소의 약 7km 북쪽에 위치한 후쿠시마현 浪江도시에서 현재 해안선로부터 약 1.5km의 침수 흔적을 발견하고, 해일은 해안선에서 최대 4킬로미터의 내륙까지 도달했다.

2006년 새로운 新耐震指針制定을 받고, 도쿄전력은 후쿠시마 제1원자력 발전소의 耐震性을 재평가했다. 이 중간 보고서 방안에 대하여 검토하는 위원회가 2009년 6월에 개최되었지만, 후쿠시마에서 1938년 5월 23일에 일어난 塩屋崎지진 (규모 7.5) 이 해일의 가정으로써 설정되어 있기 때문에 貞観地震에에 근거한 검토의 필요성이 지적되었다[9]. 이에 따라 원자력 안전보안원은 2009년 7월, 貞観地震 지진 해일에 대한 새로운 연구결과가 얻어진 경우는 설계 해일수위평가를 검토하도록 도쿄전력에 요구했다.

2003년부터 2005년까지 토목학회가 확률론적 평가방법의 검토를 실시하였기 때문에 도쿄전력은 후쿠시마에서 明治三陸沖地震規模 규모 매그니튜드 8.2 이상의 대지진이 일어났을 때, 해일이 후쿠시마 제1원전에 밀려드는 확률론적 평가를 조사했다. 이 결과, 8.4~10.2m의 거대한 해일 (소상고는 1~4 호기 15.7m, 5호기, 6호기에서 높이 13.7m) 를 예측하고 2011년 3월 7일에 원자력 안전보안법원에 보고했다[10]. 도쿄전력은 토목학회가 지침을 개정하는 2012년 4월 이후 대책에 반영시킬 계획이었다고 보도되고 있어[11], 결과적으로는 대책이 확정되기 전에 해일이 일어나게 되었다.

정부는 지진의 가정에 대해서는 여러 진원이 연동하는 경우를 고려함과 동시에, 외부 전원의 내진성을 강화할 계획이다. 해일에 관하여서 가혹한 사고를 방지하는 관점에서, 재생주기를 고려하여 해일의 발생빈도와 충분한 높이를 상정한다. 그 위에, 해일에 의한 부지로의 침수영향을 방지하는 구축물 등의 안전설계, 해일이 갖는 파괴력을 고려해서 진행한다. 더욱이 가정한 해일을 초과한 해일이 시설에 미치는 위험의 존재를 충분히 인식하고, 부지의 침수와 소상파도의 파괴력의 크기를 고려하여 중요한 안전기능을 유지할 수 있는 대책을 취할 계획이다.

### (2) 전원의 다양성을 도모하지 않았다.

이번 사고의 큰 요인으로서 원자로를 "중지", "냉각" 그리고 방사성 물질을 "한정"이라는 기능에 필요한 전원이 확보되지 않은 것을 예로 들 수 있다. 정부는 공냉식 디젤 발전기, 가스 터빈 발전기 등 다양한 비상용 전원의 정비, 전원 자동차 배포 등에 의해 전원 다양화를 도모하는 내성적인 配電盤등과 배터리 충전용 발전기를 정비하는 것 등에 의해, 비상시 어려운 상황에서도 전원을 확보할 수 있도록 할 계획이다.

### (3) 침수에 대한 대책이 도모되지 않았다.

이번 사고원인 중 하나로서 많은 중요한 장비시설이 해일로 침수되고 그 때문에 전력공급 및 냉각 시스템의 확보에 지장이 초래된 것을 예로 들 수 있다. 따라서 설계상의 상정을 넘는 해일과 홍수에 습격 당한 경우에도 중요한 안전기능을 확보할 수 있도록, 해일과 홍수의 파괴력을 대처한 방수문 설치, 배관 등 침수경로의 차단, 배수펌프 설치 등으로 중요한 장비시설의 水密性을 확보할 수 있도록 할 계획이다.

### (4) 수소 폭발에 대한 대책이 도모되지 않았다.

이번 사고에서는 1호기와 3호기, 4호기의 원자로 건물에서 잇따라 수소에 의한 것으로 볼 수 있는 폭발이 발생했다. 沸騰水型軽水炉에서는 격납 용기는 내부를 불활성화하고, 가연성 가스의 농도제어 시스템을 설치하고 있다. 그러나 이번과 같은 원자로 건물 수소가 누설되어 폭발하는 사태를 상정하지 않고, 원자로 건물의 수소대책은 취하지 않았다.

정부는 생성한 수소를 정확하게 배출하거나, 농도를 줄이기 위해 중대사고

때 작동하는 원자로 건물의 가연성 가스농도 제어계의 설치, 수소를 밖으로 뽑기 위한 시설의 정비 등의 수소폭발 방지대책을 강화할 생각이다.

# 4. 국제 협력에 대해

정부는 이번 사고발생 후 받은 해외 각국에서의 기자재등의 지원신청에 대한 지원을 국내의 요구에 결부시키는 정부내부의 체제가 갖추어져 있지 않고 충분한 대응을 할 수 없는 것을 반성해야 할 점으로 예를 들고 있다. 또한 대량의 오염물 보관장소를 확보하기 위해 4월 4일 실시한 저수준 오염물을 해양으로 방출한 것에 대하여, 인근 국가와 지역으로의 사전 연락이 이뤄지지 않은 것 등, 국제사회에 정보제공이 충분하지 못한 점도 들고 있다.

이 때문에 국제 협력에 관한 향후 대응으로

① 사고 대응에 효과적인 資機材의 재고 목록을 국제협력에 따라 작성해놓은 것.

② 사고시의 각국의 접촉지점을 미리 명확하게 하는 것.

③ 국제적인 통보제도의 개선을 통해 정보공유체제를 강화하는 것.

④ 과학적 근거에 기초한 대응을 가능하게 하는 더욱 신속하고 정확한 정보제공을 진행하는 것 등, 국제적으로 효과적인 대응을 하는 시스템 구축, 국제협력을 통해 구축하여 갈 생각이다.

정부는 사고 수습상황을 살피면서 "원자력 안전기반연구 강화계획"을 추진해갈 것이라고 한다. 이 계획에서는 중대사고 대책강화를 위한 연구 등을 국제협력에 의해 추진하고, 그 성과가 세계의 원자력 안전을 향상시킬 수 있도록 노력했다. 이번 사고에서 얻은 교훈에 대해서는 향후 사고 수습과 추가조사해명에 의하여 수정하고, 그러한 것을 이어 국제원자력기구 및 세계 각국에 계속 제공할 생각이다.

정부는 9월 30일, 원자력 재해 대책본부 (본부장 野田佳彦首相) 를 소집하고, 반경 20킬로미터 ~ 30 킬로미터 지역에 설치된 비상 대피준비지역을 해제했다. 긴급 시 피난 준비지역은 수소폭발 등의 예상치 못한 사태에 대비해 주민에 대하여 언제든지 실내대피 및 지역 밖으로 대피하도록 요구해 온 것으로, 4월 22일에 설정되었다. 향후 대상의 후쿠시마현 5市町마을이 정리한 복구계획에 따라 학교, 병원등 인프라 복구를 서두르고 지역 지자체와 방사성 물질의 오염제거 작업을 진행하게 되었다.

　앞으로의 과제는 원자로를 냉온, 정지시키는 "2단계"의 실현이다. "2단계" 달성 후 반경 20킬로미터 거리에 원칙적으로 출입금지 되고 있는 경계구역과 20킬로미터 권외로 되는 것의 방사선 량이 높은 계획적인 피난지역 해제의 구체적인 검토가 진행되고 있지만, 해제까지는 아직 시간이 걸릴 것으로 보인다[12].

　또한 피난이 해제되었다고 해도 방사성 물질의 오염제거가 진척되지 않으면 피난주민의 대부분이 집으로 돌아가는 것을 기대할 수 없다. 제염은 表土를 깎는 작업이 중심으로 되었지만, 오염토 등의 중간 저장시설에 대해서도 미정비 단계에 있고, 과제가 산더미처럼 쌓여져 있다[13]. 정부는 세슘 등의 방사성 물질이 쌓인 물질에서 방사성 물질을 제거하는 작업에 관하여 IAEA에 대해 협조를 요청하고, 제염 전문가 12명에 의한 파견단이 10월 9일 일본을 방문했다. 앞으로는 이 같은 전문가의 조언을 받으면서, 제염대책을 추진하게 된다. 사고 수습을 위해, 그리고 향후 원자력 발전소의 안전성 확보를 위해 앞으로도 이러한 국제적인 협력이 필수적이다.

# 5. 맺음말

　이번 지진, 해일, 그리고 원자력 발전소 사고에 따른 전무후무한 피해에 대해 중국, 한국을 비롯한 세계 130개 국가 · 지역과 40개 가량의 국제기구에서 많은 지원을 보내주었다. 중국에서는 텐트, 담요 등, 한국에서는 식량, 물, 수건 등 다양한 생필품이 전달되었다. 난방과 수송, 발전에 빼놓을 수 없는 석유, 천연 가스 등에 대해서도 중국에서는 가솔린 1만 톤, 軽油 1만 톤을 제공해주었고, 한국 Korea Gas Corp (KOGAS)에서 40만 톤 ~ 50만 톤의 LNG 지원을 받았다. 그리고 양국에서는 주민 구원활동을 위해 한국은 宮城県仙台市, 중국은 岩手県大船渡市에 구조 대원을 파견하였다.

　특히 본고의 주제와 관련해서 중국 三一重工業集団有限公司에서 높이 62m인 방수할 수 있는 콘크리트 펌프 차를 기증한 것을 언급하고 싶다. 이 펌프 차는 폭발 사고를 일으킨 후쿠시마 제 1원자력 발전소 건물 윗부분에서 방수하는 데 사용되어 원자로의 냉각에 큰 효과를 가져왔다. 정부간의 지원 뿐 아니라 민간 사업자에게서도 같은 기자재의 제공을 많이 받게 되었다. 그 외에 수

많은 비정부 조직, 그리고 전 세계의 많은 분들로부터 따뜻한 위안의 말, 격려의 말과 기부금 등 다양한 지원이 제공되었다. 여기에 다시 한번 감사를 드리고 싶다. 우리 나라는 반드시 이번 재해를 극복하고 지원을 해준 여러분의 기대에 어긋나지 않을 것이라 확신하고 있다.

## 미주

1. 内閣府中央防災会議・東北地方太平洋沖地震を教訓とした地震・津波対策に関する専門調査会（第一回）2011年5月28日　なお、警察庁緊急災害警備本部がまとめた2011年10月7日現在の全壊戸数は118,516戸、半壊は180,700戸となっている。

2. 東日本大震災、中越地震及び阪神・淡路大震災の避難所数・避難者数（避難所生活者）の推移について、2011年9月16日、復興対策本部。

3. チェルノブイリでの放出量520万テラベクレルに対し、原子力安全委員会の発表値は63万テラベクレル、原子力安全・保安院の概算値は37万テラベクレルとなっている。（2011年4月12日、経済産業省）

4. 補機：余熱除去ポンプ、余熱除去冷却器、高圧注水ポンプなどのポンプ、冷却器類。

5. 東北電力の女川原子力発電所も地震により3つの号機が停止し、地震及び津波後も、一部の外部電源線及び海水ポンプの機能が維持されたことから、3月12日1時17分には冷温停止に至った。

6. 原子力安全規制に関する組織等の改革の基本方針、2011年8月15日、閣議決定。

7. 1981年の旧指針は5万年以内、マグニチュード6.5の「直下型地震」を想定している。

8. 地震の発生には一定の周期性が認められる。1896年6月15日に起きた「明治三陸沖地震」は、マグニチュード8.2〜8.5と推定されており、津波の最大遡上高は岩手県大船渡市の綾里湾では38.2mに達した。死者・行方不明者は21,959人。また、1933年3月3日に起きた「昭和三陸沖地震」は、マグニチュード8.1、津波は大船渡市三陸町で28.7m、死者・行方不明者は3,064人に及んだ。

9. 第32回総合資源エネルギー調査会原子力安全・保安部会　耐震・構造設

計小委員会 地震・津波、地質・地盤合同WG、2009年6月24日。

10. 津波の安全性評価に係る主な経緯、2011年8月25日、東京電力記者会見資料。

11. 日本経済新聞、2011年10月4日。

12. 東京電力株式会社福島第一原子力発電所第一～4号機に対する「中期的安全確保の考え方」に関する指示について、2011年10月3日、原子力安全・保安院。

13. 環境省は、除染が必要となる地域として、年間被曝線量1mSv（ミリ・シーベルト）以上を対象とする考えであるが、仮に年間被曝線量5 mSv（ミリ・シーベルト）以上を対象としても、その地域は森林を100％含めると1,778km2、土壌の量は、最大で約2,838.5万立方メートルに達すると試算されている。（環境省・第2回環境回復検討会、2011年9月27日）

## 参고문헌

1. 復興への提言～悲惨のなかの希望～、2011年6月25日、東日本大震災復興構想会議。

2. 福島第一・第二原子力発電所事故を踏まえた他の発電所の緊急安全対策の実施について、原子力安全・保安院、2011年4月4日。（2011年3月30日経済産業大臣指示）

3. 原子力発電所及び再処理施設の外部電源の信頼性確保について、2011年4月15日、原子力安全・保安院。

4. 原子力安全に関するIAEA閣僚会議に対する日本国政府の報告書－東京電力福島原子力発電所の事故について－、2011年6月、原子力災害対策本部。

5. 国際原子力機関に対する日本国政府の追加報告書- 東京電力福島原子力発電所の事故について -（第二報）、2011年9月、原子力災害対策本部。

6. 東北地方太平洋沖地震を教訓とした地震・津波対策に関する専門調査会報告、2011年9月28日、中央防災会議。

7. 福島第一原子力発電所東北地方太平洋沖地震に伴う原子炉施設への影響について、2011年9月、東京電力株式会社。

8. 東京電力（株）福島原子力発電所の事故について、2011年6月20-24日（原子力安全に関する国際原子力機関（IAEA）閣僚会議）、原子力災害対策本部・日本国政府。

9. 福島第一原子力発電所・事故の収束に向けた道筋、2011年4月17日、東京電力株式会社。

10. 東京電力株式会社福島第一原子力発電所第一〜4号機に対する「中期的安全確保の考え方」に関する指示について、2011年10月3日、原子力安全・保安院。

11. 東京電力株式会社福島第一原子力発電所における事故を踏まえた既設の発電用原子炉施設の安全性に関する総合的評価に関する評価手法及び実施計画（案）、2011年7月21日、原子力安全・保安院。（第55回原子力安全委員会資料）

（金愛华　译）

# 후쿠시마 사고대응 경험을 통해본
# 인접국 방사능사고 대응

이세열*

## 서론

2011년 3월 11일 발생한 후쿠시마 원전사고는 그동안 있었던 1979년 TMI 사고 1986년 체르노빌 사고와 더불어 원자력역사에 기록될 만한 대형 사건이었다. 원자력산업계뿐만 아니라 일반인들에게도 엄청난 충격을 주었던 금번 후쿠시마 사고는 지진·해일로 유발된 사고로서 극한 자연재해에 대한 대비의 중요성 인식과 더불어 그동안의 방사선재난대응 전략을 전반적으로 재검토하게 하는 계기가 되었다. 또한, 사고 당사자가 아닌 인접국으로서의 대응경험을 통해 원자력발전이 활발히 진행중인 동북아 한·중·일 3국 간에 원자력사고에 대한 긴밀한 협조가 필요함을 더욱더 절실히 느끼게 한 사건이었다. 본 논문

---

* 이세열, 1978년-1984년 서울대학교 핵공학 학 사, 서울대학교 대학원 핵공학 석사. 1987년 -1992년 미국 Texas A&M University Nuclear Engineering 박사. 선후로 원자력연구소 원자력안전센터 연구원, Texas A&M University (미국) TA 및 RA 조교 및 연구 조교, 한국원자력 안전기술원, 책임연구원, 방사선원보안대책실장, 방사선이용안전실장, 방사선기기운반안전실장 역임.

에서는 후쿠시마 원자력발전소 사고시 인접국으로서의 한국의 사고대응 경험을 뒤돌아보고 88기의 원전이 가동중인 동북아 3국간의 비상시 협조방안에 대해 고찰해 보고자 한다.

# 1. 방사능사고의 특성

방사능 재난은 방사선의 특성에 따라 일반적인 다른 재난과 다른 몇가지 특성이 있고 이러한 특성 때문에 일반적인 재난과 다른 특별한 대응이 필요하다.

첫번째로, 방사선은 5감에 의해 감지가 불가능하다. 따라서 방사선을 감지하기 위해서는 계측기 등 특수한 장비가 필요하다. 또한, 방사선 방호를 위해서는 방사선의 특성에 대한 전문지식이 필요하다. 이러한 특성 때문에 방사선 사고시에는 일반인들이 개별적으로 행동을 해서는 안 되고 전문지식과 장비를 갖춘 전문가 또는 정부의 지시를 따라 행동해야 한다. 그렇기 때문에 원자력 사업자와 정부는 종사자와 일반 주민의 보호를 위해 갑상선방호약품, 방독면, 방호복, 피폭선량계 등 방호용품 등을 사전에 미리 준비해 놓고 있다.

두 번째로, 방사선 사고의 영향이 매우 광범위하고 장기간 지속 될 수 있다는 점이다. 원자력시설에서의 사고시 외부로 방출된 방사성물질은 수십km에서 멀리는 수천km의 확산범위를 가지며 방사성물질의 반감기는 핵종에 따라 짧게는 1개월 미만에서부터 수 개월 혹은 수십년 이상이 된다. 또한, 광범위한 지역의 오염물질 제거는 막대한 기술적,경제적, 물질적 노력이 필요함이 체르노빌 원전주변의 현실에서 잘 알 수 있다. 이와 같은 방사선사고의 광범위함 때문에 국제기구 및 인접 국가간 협조체제 구축은 필수적이다.

세 번째로, 방사선이 인체에 미치는 영향은 급성 방사성증후군 유발, 장기간에 걸친 인체에 영향 유발 등 다양한 형태로 나타 날수 있으며 전문의료진에 의한 의료구호가 필요하다.

네 번째로, 일반인들이 방사선에 대해 갖는 막연한 두려움 때문에 방사선 피폭 및 방사성물질에 대한 불안감과 심리적 우려가 과도해지고 나아가 공황상태를 유발할 수도 있다. 이를 방지하기위해서는 적시에 정확한 정보제공이 필요하며 강력한 루머 통제가 필요하다.

다섯 번째로, 방사선 사고의 경우 잠재적 사고 유발자가 존재하며 대개의 경우 알려져 있다. 원자력시설 내에는 불활성기체, 방사성옥소, 방사성입자 등 다량의 방사성물질이 있고 환경유출 가능성을 전제로 방사선비상대책을 수립하고 있다. 이와 같은 이유로 원자력시설 주위에 비상계획 구역을 설정하고 집중적으로 비상대책을 수립 하고 있다.

## 2. 한국의 후쿠시마 사고대응

### (1) 상황실 유지

일본에 대지진이 일어나고 인근의 원자력발전소들이 영향을 받을 수 있다는 사실을 접하고 한국원자력안전기술원 (Korea Institute of Nuclear Safety, KINS) 는 즉시 비상대기 태세에 들어갔다. 당일 (3월 11일) 16시 40분에 최초 보고를 한 이후 일일 2회 후쿠시마 원전 상황, 기상예보, 전국 환경방사능 감시 현황, 공항만 출입자 오염검사 결과 등을 방사선비상 주무부처인 교육과학기술와 관련 부처에 보고하였다. 일본은 인접국가이고 한-일 간 원자력관련 교류가 있었으나 실제 원자력발전소에서 사고가 났을 때 정보 제공의 의무 등에 관련된 조약은 없었다. 일본 매스컴의 보도와 일본원자력안전보안원 (NISA) 의 정보 공개, IAEA 공개 정보 및 개별적인 접촉을 통하여 일본의 지인을 통한 정보를 종합적으로 정리하여 현황을 파악하였다.

### (2) 환경방사능 감시

국내 원자력시설에서의 사고가 아닌 인접국가의 원자력사고시에는 사고수습과 관련한 직접적인 개입이 불가능하므로 인접국사고에 의한 영향이 자국에 미치는 영향을 예측하고 대응하는 것이 중요한 업무가 된다. 따라서 기류분석 등을 통한 영향평가와 더불어 환경방사선감시를 통한 영향 평가 및 대응이 중요하였다.

KINS에서는 평시에도 전국토 환경방사능 감시를 실시하고 있었으나 비상상황에는 감시 주기를 단축하도록 되어있다. 공간감마선량률 관측은 평시 15분 간격에서 5분 간격으로 강화하였으며 대기부유진 관측도 월 1회 실시하는 것을 주 1회로 상향조정하였다가 매일 관측하는 것으로 강화하였다. 수도물 분석은 주 2회, 해양 방사능 분석은 매월 1회 수행하였다.

### (3) 공항만 출입자 오염감시

일본 동북 지역의 한인 및 외국인 여행자가 한국으로 입국함에 따라 입국자의 오염여부를 확인하고자 3월 17일부터 일본과 연결되는 4개 국제공항 (인천, 김포, 김해, 제주) 및 4개 항만 (부산, 동해, 제주, 광양) 에서 일본으로부터의 입국자를 대상으로 하여 오염 검사를 실시하였다. 3월 17일부터 6월 7일까지 총 329,188명을 검사하였으며 이중 2명의 오염자가 발견되어 제염작업 후 귀가 조치하였다.

### (4) 언론 대응

언론보도 등을 통해 방사선영향에 대한 우려가 커짐에 따라 다양한 문의전화가 KINS 상황실에 걸려왔으며 언론 기관에서도 여러차례 방문하여 취재하였다. 원자력안전기술원에서는 전국토 환경방사능 감시망 자료를 다음, 네이버 등의 포탈 업체에 제공하여 국민들의 정보 접근성을 높이고 방사성물질이 검출되었을 경우 언론을 통해 즉시 발표하는 등 투명하고 적극적인 대응을 하였다.

방사선에 대한 일반인의 관심과 우려를 나타내는 지표중 하나는 KINS가 홈페이지를 통해 공개한 환경방사능감시사이트에 대한 일반인 접촉 건수 일 것이다. 2004년부터 2010년까지 년간 평균접촉건수가 8,845건에 불과하였으나 2011년은 5월 31일 현재 3,595,860건 접촉하였으며, 3월에만 1,973,771건 접촉하였다. 이런 국민의 높은 관심을 반영하여 교육과학기술부 홈페이지와 일반 국민들이 많이 방문하는 국내 주요 포털사이트 (네이버, 다음, 네이트) 에 실시간 환경방사선 측정결과를 제공하여 국민을 안심시키는데 주력하였다. 또한, 한국내 1위 포털사이트인 네이버의 지식iN에 KINS, 원자력의학원, 기상청, 외교통상부 등이 참여하여 방사능위험과 대응책 등에 대한 전문적 지식을 제공하였다.

## 3. 인접국사고시 국제협력

원자력사고시 방사선에 대한 일반인의 예민한 반응에 대응하기 위해 정확한 정보의 신속한 제공이 중요함은 전술한 바 있고 후쿠시마 사고시 실제 비상

대응을 하면서 절실하게 느꼈던 바이다. 자국내 원자력 사고의 경우 사고 상황에 대한 정확한 정보획득이 적시에 가능하지만 인접국 등 타국의 사고정보 획득은 상대적으로 어렵다. 체르노빌사고후 원자력발전소 사고가 한나라에 국한되지 않고 인접한 여러국가에 영향을 미칠 수 있음을 인식하여 IAEA는 '원자력사고시 조기통보에 관한 협약'(Convention on Early Notification of a Nuclear Accident, 1986)을 제정하였으나 사고 발생시 실질적인 정보의 신속한 제공을 위해서는 부족한 감이 있다. 실제 후쿠시마 사고 대응시에도 신속한 사고 정보가 필수적이었으나 공식적인 정보 공개 창구인 일본 원자력보안원(NISA)의정보 공개, IAEA를 통한 공개 정보는 신속성이 떨어져서 매스컴의 확인되지 않은 보도의 홍수에 대처하기에는 어려웠다.

후쿠시마 사고후에 제4차 한,중,일 정상회의를 통해 원자력안전규제책임자회의 (TRM)을 강화하고 비상시조기통보체제구축, 기류분석 및 예측정보 공유 방안 등 실질적 협력강화 방안을 모색하고자 하고 있으나 실효성이 있는 협력방안을 위해서는 한·중·일 3국간 방사능방재 네트웍을 구성하고 각국간 전담연락관을 지정하여 비상시 신속한 정보제공이 가능토록 해야 할 것이다. 또한, 발전소 유형, 사고내용, 방사선방출량 등 비상시 대응을 위해 실질적으로 필요한 정보를 선정하여 신속히 제공 할 수 있는 체제를 갖추고 실무 수준의 방사능방재 Working Group을 구성하여 평상시 3국간 방사능 조기통보전담연락관 지정, 정보교환 훈련, 지역내 공동 방재훈련, 상호 방재훈련 참관 및 통신 훈련 등에 관한 사항을 정기적으로 논의하고 협력할 수 있도록 해야 할 것이다.

# 결 론

이번 일본 후쿠시마의 원전 사고에 대응하면서 방사능사고가 가지는 여러 가지 특성을 실감할 수 있었으며 특히, 국민 및 언론과의 커뮤니케이션 측면에서 많은 경험과 교훈을 얻는 계기가 되었다. 일반인에게 정확하고 투명한 정보 공개가 매우중요하며 국민들은 전문가들이 생각했던 것보다 훨씬 더 구체적이고 다양한 의문점을 갖고 있는 것으로 나타났다. 향후 효과적인 대응을 위해서는 질의 자료를 상세히 분석하여 비상상황을 대비한 FAQ 작성이 필요할 것이다. 또한, 실제 담당 창구역할을 했던 원자력규제기관의 업무 범위를 초과하는 다양한 질의에 대비하여 기상, 식품, 의학, 등 다양한 분야의 잘 훈련된 언론

대응 전문가 확보가 필요할 것으로 보인다.

금번 후쿠시마 사고는 극한 자연재해에 따른 복합재난으로서 다수호기 동시 사고, 장기간 전원 상실 등 기존의 비상대책에 대한 전반적 재검토가 필요하였으며 장기간에 걸친 방사성물질 환경방출에 따른 방사선방호기준 적용, 대규모 폐기물에 대한 처리, 복구시 적용할 방사선방호기준 등 방사선사고의 특성에 따른 대응도 고려해야 할 사항이다.

한·중·일 3국은 88기의 가동중인 원전과 37기의 건설중 원전 200여기의 원전 추가 건설계획을 가지고 있는 원자력 집중 지역이다. 3국간 지리적, 경제적 연관성 등을 고려할 때 원자력사고시 상호협력은 매우 중요하며 실무차원의 실질적 협력을 시급히 시작해야 할 것이다.

## 참고문헌

1. Government of Japan, Report of the Japanese Govern -ment to the IAEA Ministerial Conference on NuclearSafety, 2011
2. IAEA GS-R-2, Preparedness and Response for a Nuclear or Radiological Emergency (2002)
3. KINS 홈페이지 (www.kins.re.kr) 및 정보공개센터 홈페이지 (nsic. kins.re.kr)

# 대중들의 감정과 행위를 긍정적인 방향으로 유도하는 것에 동의함

## ― 재난 구조와 피해 감소를 위한 매스컴의 공공외교 사명

중 신*

오늘날 경제의 글로벌화, 재난영향의 글로벌화 및 국간 간의 상호 의존성이 날로 증폭되는 시대라는 시점에서 보면 각 국가 대중들간의 서로에 대한 이해와 인정, 그리고 존중은 국제협력이라는 큰 과제에서도 매우 중요한 의의를 지니게 된다. 이러한 국제협력은 바로 재난피해의 최소화와 공동이익의 수호를 그 핵심 목표로 한다. 중일한 삼국은 3천년 이라는 기나긴 경제 및 문화 교류사를 공유하고 있고 그러함으로써 서로가 이해하고 신임하며 인정할 수 있는 역사문화적 기반을 공유하고 있게 된다. 하지만 근대에 들어선 후 근 백 년 간에 거친 일본군국주의가 중한 양국을 침략했던 역사는 반대로 삼국이 서로에 대한 신뢰를 쌓아 가는데 있어 가장 큰 걸림돌이 되고 있다.

---

\* 중신, 중국인민대학교 뉴스학대학 교수, 박사생 지도교수. 중국인민대학교 커뮤니케이션학 박사학위 취득. 미국 University of Denver 과 University of Maryland 방문학자. 연구 영역으로는 방송뉴스학, 국제 커뮤니케이션, 공공외교, 위기전파, 뉴스교육 등이 있다. 저서로는 『위기전파: 정보 흐름 및 잡음 분석』, 『매스미디어 귀감: 외국의 뉴스케미니케이션교육 권위성 해독』, 『뉴스쓰기와 보도훈련 강좌』등이 있다.

"3.11" 일본 대지진이 일어난 당일날, 봉황넷 (ifeng.com) 에서 73,293 명의 네티즌을 상대로 진행한 조사결과에 따르면 77.6%의 사람들이 일본에 인도주의적 원조를 제공하여야 한다고 대답했다. 그 중 55.9%는 "양국간에 그 어떠한 역사문제 그리고 현실적인 충돌이 있더라도 우리는 마땅히 도움의 손길을 내밀어야 한다." 고 밝혔다. 하지만 이 조사결과에서 17.2%에 달하는 사람들이 일본에 인도주의적 원조를 제공하지 말아야 한다고 하였는데 그 원인은 "일본인들이 역사적으로나 현실적으로 모두 우리와 갈등이 있다." [1] 는 것이었다. 다른 측면에서 보면 일부 중국인이 반감을 갖는 이유는 일본에서 중국을 대하는 태도와 관련이 있는데 그것이 생성된 원인은 일본의 고위 지도자들이 일본 국민이 중국을 대하는 태도에 영향을 주거나 또는 압력을 가하는 것과 연관이 있는 것이다. 중일 대중간의 호감을 강화하고 안정적이고 깊이 있는 상호 신임을 쌓기까지는 아직도 긴 시일을 필요로 하고 더 많은 노력을 필요로 한다. 바로 이 또한 공공외교가 맡아야 할 임무인 것이다.

자연재해를 포함한 재난들은 인류의 생존에 위기를 가져다 줌과 동시에 인류에게 재난 구조 및 피해 감소를 위한 노력을 기반으로 서로 간의 이해와 대화 그리고 협력을 할 수 있는 기회를 제공하였다. 가장 현저한 일례는 바로 2011년 5월 22일날 중일한 삼국 지도자들이 도쿄에서 공동으로 반포한 <제4차 중일한지도자 회의선언>이다. 이 선언에서는 향후 재난관리 및 핵안전, 경제성장, 환경의 지속발전 등 영역에서의 협력을 제기하였다. 북경대학교 국제관계대학 교수이자 아세아-태평양 연구센터 부주임이신 양바오윈 (杨宝云) 에 의하면 금번 삼국 지도자 회의에서 실질적인 협력성과를 거두었는데 그 중 일본에서 일어난 재난이 추진 촉매 작용을 하였다. 일본 <아사히뉴스 (朝日新聞)>의 사설에서는 일본의 재난 후 재 건설은 아세아의 지원을 필요로 하고 일중한의 협력관계는 그 기반이 된다고 하였다. [2]

매스컴에서 보여주는 국제적 재난 구조와 피해 감소에 관한 보도들은 국제 대중들에게 서로를 이해하고 신임하고 용납할 수 있는 정보 플랫홈, 여론 플랫홈, 사회동원 플랫홈을 구축하였다. 바로 이러하기에 매스컴은 공공외교를 행사할 수 있는 공적인 기능을 가지게 된다. 본문은 주로 중국 매스컴에서 일본 대지진에 대한 보도를 예로 하여 토론을 하려고 한다. 즉, 매스컴에서 재난 구조와 피해 감소에 관한 보도들에 의거하여 공공외교 사명을 실행하는 과정을 토론하게 되고 동시에 매스컴에서 재난국의 대중들에게 어떠한 메세지를 전달하여야 국제 대중들의 감정과 행위가 긍정적인 역동을 이룰수 있는가에 관하여서도 토론하게 된다.

# 1. 신속하고 정확한 재난상황 보도 :

재난국 대중들에게 전달한 메세지 --- "우리는 당신들이 직면한 상황을 매우 걱정하고 있습니다."

신속하고 정확한 재난상황 보도는 분명히 매스컴의 기본 직책이다. 다시 말하면 매스컴의 환경 감시 및 검측 공능을 실현하고 대중을 도와 그들 자신이 놓인 환경의 변화를 알도록 하고 대중들의 행위를 선택하는데 참조를 제공하는 것이다. 글로벌화한 오늘날에 이르러 외부 세계와 아무런 연계가 없는 "외딴섬" 은 아마 거의 존재하지 않을 것이다. 하기에 모든 나라의 매스컴을 놓고 볼 때 지구의 다른 한쪽에서 터진 사건을 보도하는 일은 바로 주변에 위치한 자국 국민들과도 관계가 있게 된다. 세계의 어느 한 곳에서 재난이 발생하였을 때 전 세계의 사람들은 모두 가장 기본적인 두가지 문제를 제기하게 된다. 바로 "우리는 어떠한 위기에 직면하고 있는가?", "우리는 어떻게 할 것인가?" 라는 문제이다.

이같은 두가지 문제에 기초하여 매스컴의 재난보도가 제공해야 할 핵심정보 (메세지) 는 바로 위기식별정보와 위기대응정보이다. 위기식별정보는 사람들이 위기의 성질과 위기의 현실상황을 식별하도록 보조해주는 정보이다. 예를 들면, 지진 발생의 시간, 지점, 지진강도 (매그니튜드) , 진앙, 파급범위, 파괴 정도 등이다. 위기대응정보는 사람들로 하여금 적합한 행위를 함으로 위기에 대응하여 손해를 감소시키거나, 피하도록 보조해주는 정보인데 주로 위기대응 방법과 대응안 등 정보를 포함한다. 위기식별정보의 신속성, 정확성, 충분성의 여부와 위기대응정보의 정확성, 유효성의 여부는 재난 방지, 재난 구조, 재난 감소에 있어서 제일 중요한 것이라 하여도 과언이 아니다.[3]

세계 여러 나라 매스컴에서 진행되는 신속하고 정확한 재난 보도는 해당 나라에서 정확한 국제 원조조치를 취하여 재난국에 번거로움이 아닌 도움을 줄 수 있는 중요한 참고사항 이다. 뿐만 아니라 국제 매스컴들의 광범위한 관심은 재난국 대중들이 고립되지 않았고 홀로 허덕이는 것이 아니라는 심리적 위안을 줄 수 있다. 그러므로 매스컴의 신속하고 정확한 재난보도는 재난국의 이익에

도 부합되는 것이다.

일본 동부 대지진은 북경시간 2011년 3월 11일 13:46에 발생하였다. 중국 매스컴에서는 전례 없는 속도와 규모로 일본 대지진을 보도하여서 중국 매스컴이 국제 보도를 함에 있어서의 새로운 이정표를 확립하였다. 보도 속도 방면으로 보면 신화넷은 지진 발생 7분후인 13:53에 "11일 오후 일본에서 지진 발생, 도쿄에 강렬한 진동이 있음" 이라는 속보를 전송하였고 이 신화넷 속보는 몇 분사이에 씬랑넷 (sina.com), 봉황넷 (ifeng.com) 등 포털 사이트에서 전송 되었다. 그후 중국 CCTV 중문국제채널의 <중국뉴스>프로에서 14:04에 구어방송형식으로 이 소식을 알렸고 영어뉴스채널에서도 14:07에 구어방송으로 전달하였다. 보도 규모 방면에서는 여러 대형 방송국에서 긴 시간대를 할애하여 즉시 특별 프로그램을 만들었고 그 시작화면의 대부분은 심각한 지진의 위력을 보여주는 그림과 음악으로 장식하였다. 이와 함께 전통매스컴에서는 표지의 톱뉴스, 전문 판면 등 형식으로 일본 지진의 심각성을 대대적으로 보도하였다. 동시에 인터넷 매스컴에서도 대량의 칼럼을 실어서 실시간으로 연속 보도가 가능한 멀티미디어 보도를 진행하였다. 보도 내용 방면에서 보면 국제 매스컴의 보도상 우위와 그 보도 내용을 적절히 조정하는 것이 중국 매스컴에서 자체 보도를 풍부히 하는 중요한 방식이다. 예를 들면, CCTV 영어뉴스채널에서는 가장 빨리 일본NHK방송국에서 전송한 보도를 자체 스튜디오와 연결시켰고, CCTV 뉴스채널에서도 마찬가지로NHK방송국의 보도를 수입 전송 하면서 스튜디오에서 동시통역으로 방송하였다. 이것은 국제 매스컴들이 재난 구조와 피해 감소 보도에서 협력을 진행하는 한가지 실례이다.

중국 매스컴의 신속하고 대규모적인 보도는 중국 대중들로 하여금 일본 대지진에 대한 관심을 매우 빠르게 북아프리카 정세에 대한 관심으로 전환시켰다.

## 2. 재난 현장에 대한 깊이 있고 섬세한 보도 :

재난국 대중들에게 전달한 메세지 --- "우리도 똑같이 느끼고 있습니다."
매스컴의 재난 현장에 대한 깊이 있고 섬세한 보도는 국내 대중들로 하여금 실감나는 그림으로 현장을 느끼고 재난 상황을 인지할 수 있도록 하여 효과적으로 국내 대중들이 재난국 대중들에 대한 감정과 정서 그리고 구호 활동을 불러 일으킬 수 있게 하였다. 일본의 재난은 국제 대중들과 재난국 대중들간에 서로에 대한 관심을 불러 일으켰고 그들의 감정과 정서 그리고 구호 활동은 매스컴이라는 플랫홈 위에서 상호 전달 되고 움직이게 할 수 있게 된다.

일본 대지진에 대한 중국 매스컴들의 보도를 보면서 가장 눈에 띄는 가치를 가진 것은 바로 자체보도의 대폭 증가이다. 국제 뉴스에 대한 자체보도능력은 중국 매스컴들이 국제 전송능력을 향상시키고 이에 대한 노력을 경주해야 할 중요한 방향이다. 3월 11일 지진 발생 당일, 주요한 대형 매스컴들은 즉시 도쿄 등 일본 내에 주재한 기자들을 재해구역의 최전선으로 파견하였다. 3월 12일부터 시작하여 중국 기자들은 북경, 상해 등 일본 외 지방에서 일본의 재해구역으로 출발하였다. 예를 들면, CCTV에서는 긴급하게 인력을 조정하여 일본 동경, 홍콩 아세아-태평양센터, 태국 방콕 등 세 곳의 주재기자 10명을 지진 발생지 후쿠시마에 파견하여 보도를 진행하도록 하였다.

일본 주중대사관에서는 녹색통로를 개설하여 중국 기자들이 신속하게 일본 재해구역으로 가서 취재를 할 수 있도록 편의를 도모하였다. 3월 12일, 녕하위성방송의 스페셜프로그램인 <타깃-일본대지진>에서 "일본 주중국대사관에서 녹색통로를 개설함으로써 여러 매스컴들이 앞다투어 일본으로 향한다." 라고 보도하였다. 중국 기자들은 전례 없는 대 인원을 구성하여 일본 재해구역으로 달려갔고 그들이 현장에서 직접 얻은 정보들을 신속하게 매스컴 보도, 블로그와 트위터 전송 등의 형식으로 국내에 전송하였으며, 또한 세계를 향하여 전송하였다.

중국 대중들은 중국 매스컴의 보도를 통하여 금번 일본 대지진 재난상황에 대한 총체적인 판단을 하였고 그것은 바로 이번 지진은 일본에서 기록을 측정한 이래 가장 큰 강도의 지진이라는 것이다. 지진으로 인한 해일이 주변으로 확산됨과 동시에 50여개 나라들에서 해일 주의보를 내렸다. 이로부터 알 수 있다시피 이번 대지진은 일본 혼자서 대응하는 천재지변이 아니라 모든 인류가 함께 대응해야 하는 큰 재난인 것이다.[4]

중국 대중들은 중국 기자들이 심각한 피해를 입은 재난지역을 취재한 것을 보면서 마치 바로 옆에서 일어난 사건을 보는 것처럼 상세하고 많은 것들을 느끼게 되었다. 공원을 가로지른 커다랗게 균열된 땅, 파괴된 건축물들의 잔해, 해일에 의하여 지붕 위에 떠밀려 올라간 승용차, 볼품없이 망가진 피아노 등 지진과 해일이 지난 후 남겨진 폐허가 된 모습들을 직접 두 눈으로 보았다. 뿐만 아니라 중국 대중들은 일본 대중들이 집과 정원을 잃은 가슴 아픈 마음, 교통마비로 인하여 언제 집으로 돌아갈 수 있을지를 걱정하는 조급한 마음, 일본 기사들이 몇키로미터 줄지은 차량들 속에서 급유를 기다리는 마음, 일본 대중들이 물과 음식이 부족한 상황, 후쿠시마 부근의 주민들이 핵 복사로 인한 불안한 마음 등등을 마치 자신의 일처럼 느끼게 되었다. 매스컴의 생생하고 객관적인 보도들은 중국 대중들이 이러한 사연과 마음들을 자신이 직접 겪은 것처럼 똑같이 느낄 수 있도록 하고 대중들이 국제 인도주의에 대한 인식을 증가시키는데 도움이 되기도 한다. 이 같이 지진에 대한 간접적인 체험은 봉황넷의 조사를 받은 사람들의 "양국 간에 어떠한 역사문제 그리고 현실마찰이 있더라도 우리는 마땅히 원조의 손길을 내밀어야 한다." 는 생각을 하도록 하는 부분적 원인이 되었다.

## 3. 재난국 대중들이 재난 앞에서 보여준 이성적 반응에 대한 보도 :

재난국 대중들에게 전달한 메세지 --- "우리는 당신들을 존경합니다."

이재민이 재난을 대하는 반응은 국민의 의식수준을 보여주고 매스컴의 재난 보도와 함께 신속하게 전 세계에 알려지게 된다. 이에 따라서 국제 대중들이 재난국의 국민의식수준에 대한 평가를 하게 하고 또한 국제 대중들이 재난국 대중들에 대한 태도와 행위에도 영향을 주게 된다. 이러한 것들은 바로 재난이 불러 일으킨 국제 대중들 간의 상호 작용이다. 뿐만 아니라 재난의 엄중성과 국제 사회에서 재난에 대한 드높은 관심으로 인하여 흔히 국제 대중 간의 감정과 행위의 역동이 한층 더 많은 사람들의 주목을 끌게 된다. 매스컴은 국제 대중들이 상호 작용하며 역동하는 교량으로, 이를 보여주는 전시플랫홈이 된다.

중국 매스컴이 일본 대지진에 대한 보도는 중국 대중들에게 몇가지 방면에서 아주 깊은 인상을 주었다. 바로 일본 이재민들의 재난 앞에서 냉정하고 이성적이며 질서 있는 모습, 일본 건축물들의 강한 지진에 대한 견고성 그리고 일본 매스컴에서 이재민들의 고통과 재난자 시체를 과도하게 전시하지 않고 이성적으로 대응하는 모습 등이다.

2011년 3월 11일 저녁 9시, CCTV-2의 <일본 대지진 전경 기록>이란 특별프로그램에서 아나운서와 전문가의 대화를 통하여 일본 국민들의 높은 시민의식 그리고 지진에 대한 일본 건축물의 내진성능을 보여 주었다.

루이청강 (芮成钢) (아나운서) : 오늘 우리들이 일본에서 응급 조치를 진행하는 모습을 살펴 보면 냉정과 질서가 가장 돋보이는 인상을 남겼고 대규모적인 공황사태는 찾아 볼 수 없었습니다. 일본의 응급메커니즘은 우리들이 참고하여 거울로 삼을 만한 가치가 있는 것입니다. 예를 들면, 가정에 응급박스를 준비하고 빵과 물 등 기본 생필품을 저장하며 정기적으로 바꾸는 것 등에 대한 것들 입니다.

짱홍 (章弘) (일본문제 전문가) : 일본 가정들의 공구함에는 모두 도끼를 구비하고 있는데 이는 긴급한 시기에 창문을 부수고 나갈 수 있도록 하기 위함입니다. 그리고 신간선의 모든 유리창문 옆에는 작은 쇠망치가 있는데 이 역시 필요한 경우에 유리를 깨부수고 나가기 위함입니다. 지진이 발생하게 되면 수돗물이 제일 쉽게 오염될 수 있는데 일본인들은 이를 대비하여 식용수를 대량 저장하여 재난 발생시에 비상용으로 합니다. 그리고 훈련이 있는데 매 가정마다 탁자가 있고 평일 리허설 훈련을 할 때에 탁자 밑으로 기어 들어가 몸을 피합니다. 이런 훈련은 초등학교 때부터 시작하여 고등학교 때까지 지속됩니다. 또한 일본 고층건물에서 종종 하게 되는 긴급상황 리허설은 아주 진지하게 진행되고 남녀노소 할 것 없이 매우 열심히 참여합니다.

루이청강 (芮成钢) : 오늘 많은 분들이 관심을 갖게 된 이슈중의 하나는 바로 일본 건축물의 구조와 내진성능입니다. 일본의 다수 건물들은 10급 지진에도 견딜 수 있습니다.

짱홍 (章弘) : 1970년대 전까지 일본에는 보통 5, 6층 정도되는 건물들 뿐 이었습니다. 70년대 이후 경제 발전과 더불어 신주쿠 (新宿) 에 높은 빌딩을 건설하기 시작하였는데 그렇다면 지진문제는 어떻게 해결했을까요? 그들은 소프트구조를 이용하였는데 바로 빌딩 기저 밑부분에 구슬모양의 물체들과 이동장치가 있어서 지진이 발생하여 진파가 전해올 때 빌딩들은 그 진파에 따라 흔들거리면서 일부 충격을 완화시킬 수 있는 것입니다. 이 기술은 타이베이 (台北) 101 빌딩에도 사용되었습니다. 고층 건물의 내진성능문제가 해결되자 도쿄, 오사카, 삿포로, 후쿠오카 등과 같은 대도시들에서도 고층 건물들이 연이어 일어섰습니다. 오늘 오후 우리들의 관찰한 바로 보면 대지진이 지난 후 고층 건물들은 비록 유리창이 부서지긴 하였지만 큰 문제는 일어나지 않았습니다. 오히려 낮은 건물에 있었던 사람들이 해일의 충격으로 심각한 피해를 입었습니다.

중국 매스컴의 이러한 보도들은 국내 대중들에게 일본은 배울 가치가 있고 존경 받을 자격이 있는 나라라는 메세지를 전달하였다. 3월 11일날 봉황넷의 조사를 받은 73,293명의 네티즌들 중 39%는 "일본인들이 큰 재난 속에서 보여준 질서정연한 모습들이 실로 사람의 마음을 크게 흔들어 놓았다."고 하였고, 43.5%는 "큰 재난 속에서 발생한 사상자의 수가 상대적으로 적다는 사실이 사람을 탄복하게 한다."고 하였다. 하지만 단지 9.4%의 네티즌들이 "일본 각 정부기구의 반응속도가 만족스럽다."고 생각하였다.[5] 중국 대중들이 일본 대중들에 대한 평가는 일본 정부에 대한 평가보다 현저히 높았고 그 주요한 판단근거와 정보출처는 바로 중국 매스컴에서 진행된 보도들이었다.

## 4. 자국과 국제상에서 재난국에 준 원조에 관한 보도 :

재난국 대중들에게 전달한 메세지 --- "우리는 우호적이고 선의에 찬 지구촌의 주민들입니다."

일본 동부 대지진 후 중국 매스컴에서는 중국과 기타 나라들이 일본을 원조한 사실을 대대적으로 보도하였다. 3월 11일 봉황방송의 <봉황전세계연결>이라는 프로그램에서는 중국 적십자회 파란 하늘 구원팀의 총지휘자인 치유리리(邱莉莉)와 연결하여 그로부터 중국 구조대가 이미 구조 준비를 마치고 출발을 기다리는 상태임을 전해 들었다. 치유리리(邱莉莉)는 그들이 출국수속준비, 팀원준비와 설비준비 등 세가지 방면의 준비를 하였다고 말하였다. 12일날 치유리리(邱莉莉)는 녕하방송국의 "타깃-일본대지진"이란 프로그램과 인터뷰를 한 팀원들은 자비로 구조활동을 갈 준비를 하고 있다고 밝혔다.

우호와 선의는 공신력을 구성하는 중요한 요소이다. 객체의 입장에서 볼때 그에 대하여 존경을 표하고 그의 복지에 진정 어린 배려를 해주는 행위주체는 공신력을 갖추고 있는 것이다. 예를 들면, 2004년 12월 인도네시아 해일이 발생한 후 미국에서는 구원금을 모금하여 수재지역에 식품과 약품, 재 건설에 필요한 원조를 제공하였다. 그 후 2005년 3월에 진행된 대중 설문조사에 의하면 65%의 인도네시아인들이 미국에 대한 호감이 원조를 받기 전에 비해 증가한 것으로 나왔다. 미국이 재난원조 과정에서 보여준 우호와 선의는 자체의 공신력을 향상시킨 것이다.[6]

<해방일보>에서는 일본에 있는 화인 (华人) 들이 모금활동을 전개하는 장면을 다음과 같이 보도하였다. "지난 일요일 일본 호남인협회는 도쿄의 거리에서 모금활동을 조직하기 시작하였고 모금함에는 '죽은 이들을 위하여 묵도하고 살아있는 이들에게 응원을 보내자.' 라는 표어가 씌여져 있었다. 일본에 있는 수많은 화인들은 모두 적극적으로 기부를 하였는데 이를 본 일본 노인들은 '실로 감격스럽고 감사하다!' 고 연신 말하였다." 또한 <해방일보>의 이 보도문에서 알리기를 "일본TBS방송국의 보도에 따르면 일본 관원의 감사를 받을 당시 중국 구원팀 팀장이자 중국 지진국 지진재해 응급구원부 부부장인 인광휘 (尹光辉) 는 힘있게 말하였다. '우리가 여기에 오게 된 것은 다름이 아닌 바로 폐허 속에서 사람을 구해내기 위함이다!' 그의 이 말은 수많은 일본 시청자를 감동하게 하였다." [7] 중국인민의 우호적이고 선의에 찬 언행은 매스컴을 통하여 한층 더 광범위하게 퍼져나갔다.

외부의 원조를 받아들이고 대외 원조를 진행하는 것은 지금까지 많은 나라들이 국제사회를 향하여 개방적이고 협력하고자 하는 자세를 보여주고 인본주의를 기본으로 하여 재해손실을 최대한으로 감소하기 위한 중요한 방법으로 사용되었다. 원조를 받아들이고 대외 원조를 진행하는 것은 이미 중국의 국가정책으로 되었다. 하지만 그렇다고 하여 중국 대중들이 원조의 의의와 중국에서 행한 원조의 역사적 배경을 모두 이해할 수 있는 것은 아니다. 중국에서 원조를 받거나 대외 원조를 실행할 때 매스컴에서 우선 살펴보는 것은 원조동향에 관한 정보들이다. 원조동향에 대한 보도를 진행 함과 동시에 매스컴은 사람들이 원조에 주의력을 돌리는 기회를 이용하여 대중에게 원조의 필요성에 관한 계몽을 할 수 있다. 예를 들면, 라디오방송은 중국의 원조역사를 단편 다큐멘터리로 만듦과 동시에 전문가 인터뷰와 시청자 참여를 곁들여서 원조라는 논제로 토론을 벌릴 수 있다. 인터넷 매스컴은 재난 원조라는 제목으로 토론 주제를 내놓고, 소셜네트워크 매스컴을 적극적으로 이용하여 대중적인 토론을 진행할 수 있다. 동시에 인터넷 매스컴들에서는 네티즌들이 검색하여 찾아 볼 수 있도록 재난 구조에 관한 멀티미디어 정보와 데이터 베이스를 제공할 수 있다. 또한 전통적인 평면매스컴은 구원이란 화제에 초점을 맞추어 상황 배경을 알려주고 조사를 통한 심도 깊은 보도를 진행할 수 있다.

# 맺는 말

　　공공외교는 일방적인 주입식의 대외 선전을 폐기하고 대화와 협력을 통한 상호간의 이해와 신임 그리고 인정을 증진 함을 강조하고 상대국의 이익에 대한 진정 어린 관심을 강조하며 또한 국제 대중간의 긍정적인 상호작용을 강조하였다. 공공외교의 이념 하에서 대외전파는 예전의 대외 선전 매스컴들의 일만인 것이 아니라 모든 매스컴에서 마땅히 짊어져야 할 의무이다. 내부 지향적인 매스컴과 외부 지향적인 매스컴들이 손을 잡고 협력하여야만 중국 대중들과 외국 대중들 간의 적극적이고 긍정적인 상호작용을 추진할 수 있다. 또한 양호한 국제 대중들간의 관계는 국제관계의 중요한 초석인 것이다. 본 문으로써 재난 구조와 피해 감소를 위한 매스컴의 공공외교 사명에 관여된 더욱 많은 토론들이 이루어 질 수 있기를 희망하는 바이다.

## 미주

1. 리양 (李杨), 단독조사:근 80퍼센트 네티즌은 중국에서 마땅히 일본에게 원조를 제공하여야 한다고 생각한다, 2011. 3. 11, 봉황넷 칼럼, http://news.ifeng.com/world/special/ribendizhen/content-2/detail_2011_03/11/5107586_0.shtml.

2. 쪼우지예 (赵杰), 중일한: 한 마음으로 협력하여 곤경을 헤쳐나가고 위기를 기회로 만들자. <중국뉴스주간지>, 2011년 5월 30일. P 20.

3. 위기 핵심에 관한 정보는 쭝씬 (钟新) 의 저작을 참조. <위기 커뮤니케이션: 정보류 및 소음분석>, 중국전매대학출판사 (COMMUNICATION UNIVERSITY OF CHINA PRESS), 2007년 6월 1판, P34-47.

4. 2011년 3월 11일, 봉황위성 <봉황 전세계를 연결하다>라는 프로그램의 "일본 대지진, 후쿠시마 핵유출" 에서 아나운서가 한 말.

5. 리양 (李杨), 단독조사:근 80퍼센트 네티즌은 중국에서 마땅히 일본에게 원조를 제공하여야 한다고 생각한다, 2011년 3월 11일, 봉황넷 칼럼, http://news.ifeng.com/world/special/ribendizhen/content-2/detail_2011_03/11/5107586_0.shtml.

6. 참 조: Robert H.Gass and John S. Seiter, "Credibility and Public Diplomacy" , in Nancy Snow and Philip M. Taylor, (2009) (ed.) , Routledge Handbook of Public Diplomacy, Routledge 2009, pp. 154-162.
7. 본 신문 기자들의 집체작성, 일본 대지진중의 중국인, http://news.sina.com.cn/o/2011-03-16/084022123812.shtml.

（罗国华　译）

# 위기전파 과정의 뉴스배포

허원파* 마원진**

## 개요

이 글은 주로 오늘날 정보화와 글로벌화에 의해 추진되고 있는 글로벌 리스크 커뮤니케이션의 환경에서 위기전파 (Crisis dissemination) 과정의 뉴스배포 (News Release) 를 보다 더 효율적으로 수행하는 것에 관해서 연구, 토론하고자 한다. 일반적인 정보전파와 정례적인 뉴스배포와 비교할 때 위기전파 과정의 뉴스배포는 자체의 독자적인 특징을 가지고 있다. 실제로 위기전파 과정의 뉴스배포는 사회민중들과 정보 및 관점을 교류하는 역할을 맡고 있다. 이런 역할을 성공적으로 수행하면 사회여론을 선도하여 사회의 안정을 수호하는 효과를 볼 수 있지만, 그렇지 못한다면 오히려 역효과를 보게 될 것이다.

* 허원파, 중국커뮤니케이션대학교 외국어학원 부교수. 산시사범대학교 영어전공 문학학사, 동북재경대학교 경제학 석사, 중국커뮤니케이션대학교 국제뉴스학전공 문학박사 학위를 취득하였다. 미국뉴욕주립대학교 버펄로캠퍼스 (University at Buffalo, the State University of New York) 방문학자. 주요 연구 영역으로는 대외보도와 국제 커뮤니케이션, 돌발사건과 위기전파, 미국뉴스발전사 등이 있다. 주요 저서로는『대외적인 홍보와 보도를 에떻게 할것인가』,『돌발사건과 대외보도』등이 있다.
** 마원진, 중국커뮤니케이션대학교 2009급 대외중국어 전공.

키 워 드

돌발사건, 위기전파, 뉴스배포, 여론선도

뉴스배포에는 여러가지 종류가 있는데 그중에서 위기전파 과정의 뉴스배
포가 가장 까다롭고 또한 도전적이다. 모든 위기전파는 하나의 위기사건을 둘
러싸고 진행된다. 중국에서 일반적으로 위기사건 뉴스배포의 주체는 주로 각급
정부기관, 기업기구 및 개인 등이 있다.

이 글은 주로 정부기관의 뉴스 배포를 다루려고 한다. 왜냐 하면 전자의 두
가지 주체인 경우에 매체의 개입이 쉬워 정보의 교환과 전달이 비교적 원활하
며, 돌발성 위기사건의 이익 관계자들은 그 범위가 제한되어 일반적으로 이슈
가 될 가능성이 적고 사회안정에 큰 악영향을 미치지 않기 때문이다.

# 1. 중국의 정부 위기전파와 뉴스배포 현황

국무원 신문판공실 2010년 연말 정례 뉴스브리핑 자료에 따르면 중국 정
부는 뉴스배포제도를 이미 보편적으로 구축한 것으로 나타났다. 현재 국무원
각 부서, 전국인대, 전국정협, 최고인민법원, 최고인민검찰원 등 90여개의 부
서와 기구 및 31개 성 (자치구, 직할시) 당위원회와 정부 에서는 대변인을 두
고 있다.

뉴스배포가 점차 정상적인 궤도에 올랐지만 여전히 문제점이 존재하는데
특히, 위기전파 과정의 뉴스배포가 그러하다. 2003년 사스 발생시기 중국의
뉴스배포제도가 시작단계에 있었다면 2008년 문천 (汶川) 지진 시기에 이르
러 중국의 뉴스배포제도는 이미 안정단계에 들어서 있었다. 단, 문천지진은 자
연적인 돌발성 위기사건이다는 점을 감안하여야 한다. 현재 중국은 인위적이고
사회 요소로 인한 돌발성 위기사건에 대한 대처에 비해 자연 요소로 인한 돌발
성 위기사건을 대처하는 능력이 더욱 강하다. 이러한 특성은 중국뿐만 아니라
세계적 범위내에서 보편적으로 존재하고 있는 문제이기도 하다. 뉴스배포 과정
중 자연 요소로 인한 돌발성 위기사건이 미디어 (대중) 로부터 도발적인 질문
을 받는 경우는 거의 없다. 대변인의 주요 직책은 발생한 객관사실 관련 정보를
미디어 (대중) 와 교류하는 것이다. 그러나 인위적이고 사회 요소로 인한 돌발

성 위기사건이 발생할 경우, 대변인이 가장 골치 아파 하는 것이 바로 위기사건 특히는 대규모 재난성 사고 발생시 사회책임의 추궁문제이다.

대변인은 자체 부서의 과실로 인한 돌발성 위기사건을 처리함에 있어서 뉴스배포의 영향력을 빌려 해당 부서의 이미지를 최대한 유지하는것이 늘 최대의 문제이다. 그렇다고 위기사건 뉴스배포의 골든 규칙, 다시 말하면 객관사실에 충실하는 원칙을 따르지 않으면 안 된다. 사실 이는 모든 위기사건의 뉴스배포 종사자들이 피할 수 없는 딜레마이기도 하다. 이익을 추구 (두 가지 해로움이 나타날 경우 상대적으로 피해가 적은 것을 택함) 하는 원칙에 따르면 진실한 정보에 충실한다는 전제하에 가능한 해당 부서의 이익과 이미지를 유지하는 것이야 말로 성공적인 대변인으로서의 직책을 충실히 이행하는 것이라 할 수 있다.

전체적으로보면 현재 중국의 경우, 돌발성 위기사건에 대처하는 뉴스배포는 정보배포의 "적시성 (timeliness)" 요구에 이미 기본적으로 부응되었다고 할 수 있으나 구체적인 뉴스배포 기술 면에서는 아직도 개선해야 할 점들이 적지 않다. 다시 말하면, 기술 면에서의 부족점은 대체적으로 위기전파 및 뉴스배포의 원리특성에 대한 전면적이고 명확한 인식이 결핍되어있다.

## 2. 위기전파 및 뉴스배포의 특성

모든 위기전파는 한 가지 핵심사건을 중심으로 전개된다. 그 핵심사건이 바로 흔히 말하는 <돌발사건>이다. 일반적으로 사회적인 위기를 야기시키는 돌발사건은 필연적으로 당사자 또는 이익관계자들의 생명, 재산 및 감정에 상처를 주거나 손상을 가져다 주는 등 부정적인 의미가 있다. 긍정적 의미가 있는 사건은 위기사건으로 악화될 가능성이 적다.

옛말에 이르길 좋은 일은 쉽게 드러나지 않고, 나쁜 일은 이내 천리밖까지 퍼진다고 한다. 이는 돌발성 위기사건의 전파 특성을 고도로 개괄한 말로서 유사한 사건에 대한 사람들의 관심 정도를 반영할 수 있다 .위기전파의 <신속성>의 특성은 뉴스배포가 <적시성 (timeliness) >, <정확성 (correctness) >, <안정성 (steadiness) > 등 세가지 특성을 동시에 지니도록 한다. 적시성이 뉴스의 전제라면 정확성은 뉴스의 생명이 되며 안정성은 대변인의 생명선인 셈이다. 적시성이 결여되어 있는 뉴스배포는 유언비어를 초래하기 마련이고 정확성이 부족한 뉴스배포는 미디어 및 대중의 신뢰를 잃기 마련이다. 필자가 안정성을 논한 목적은 대변인의 생명선이 안정성이기 때문이며 더욱이 <안정성>은 침착과 냉정 및 겸손과 신중을 내포하고 있는데 있다. 전자가 대변인의 패기를 구현하고 있다면 후자는 대변인의 태도를 나타내고 있다. 사실 겸손과 신중은 바로 대변인이 사태의 (악성) 발전을 수습하기 위해 만회할 여지를 남겨 두고자 하는데 있다.

적시성이 위기사건에 대처하는 대변인팀에 대한 가장 기본적인 요구라고 판정하면 정확성은 위기사건 발생 시 대변인 맴버들이 가장 짧은 시간 내에 사태 발전에 대한 판단을 내린 후 신속하고 정확하게 해당 사건을 중심으로 전체 요소가 잘 갖추어진 대처방안을 제정할 수 있느냐 없느냐를 가늠하는 시금석 중의 하나이다. 한편 안정성은 대중들의 시선이 집중되어 있는 무대 앞자리, 플래시램프 (스포트라이트) 아래 서있는 대변인 답변기술에 대한 전면적인 테스트이다. 대변인에게 있어서 가장 어려운 부분이 바로 안정성이다.

천 번 두드려야 날카로운 칼이 되고 백 번 제련해야 강철이 되는 만큼 성숙된 대변인으로서 안정성에 대한 연마는 필수적이다. 설사 그렇더라도 위기사건 폭발의 예측이 불가능한 돌발성, 위기사건의 <특종기사>라는 특성 및 사건 폭발 후 여론에서 오는 압력 등은 모두 대변인의 완벽한 <안정적인 대처>에 영향을 미친다.

일반적으로 동방 나라에 비해 일부 서방 선진국 대변인의 안정성이 더욱 돋보인다. 이는 서방 선진국이 비교적 일찍 뉴스배포에 정력을 기울인 것과 연관되나 더욱 중요한 것은 서방의 문화, 특히 정치전파문화 과정에서 대중을 상대로 하는 연설전통과 관련이 있다.

총적으로 위기전파 과정 중 뉴스배포에 대한 본질적인 요구가 바로 가장 짧은 시간내에 최대한 풍부한 양의 정보를 제공하는 것이다. 때문에 위기전파 관련 뉴스배포를 대처함에 있어서 평소에 많은 노력을 기울여야 한다. 대변인 팀에게는 항상 위기사건에 대처하는 대응책이 마련되어 있어야 한다. 일단 위기사건 폭발 시 해당 위기에 대한 경제적 평가를 진행함과 동시에 시기적절하게 위기대처 대응책을 조정하여야 한다.

# 3. 위기전파와 뉴스배포의 특성에 따른 뉴스배포의 기술운용

위기전파 및 뉴스배포의 본질적 특성은 정보와 관점 (입장) 의 교환과정에 있다. 또한 정보와 관점의 교환과정에서 피드백한 정보, 관점 및 정서 등에 대해 판단, 정리, 연구하고 후속 발표할 정보, 관점을 적시에 조정한다. 대부분의 경우에 위기사건의 해결은 법정에서의 법적판결에 의거하는 것이 아니라 흔히 사회 대중의 공중여론 판결에 의거하여 해결된다. 구체적으로 뉴스배포 현장에서의 공공관계 테크닉이 바로 숙련된 인간관계 커뮤니케이션 테크닉이다.

(1) 미디어 배후에 위치한 대중의 정서에 대한 파악이 가장 중요하다. 모든 위기사건은 해당 이익관계자들의 우려, 불만 심지어 분노정서 및 외부 관련 대중들의 다양한 심리상태가 동반되기 마련이다. 단, 위기사건의 진실한 정보에 대한 파악은 양측 모두 한계가 있다. 그러나 이 점이 위기전파의 대변인으로 하여금 정보비대칭의 유리한 고지를 점령하는데 도움이 된다. 대중에 비해 대변인이 장악하고 있는 위기사건 관련 정보가 훨씬 더 풍부하기 때문이다. 때문에 정보배포 전에 대중의 보편적인 감정지수를 파악하는 것은 대변인에게 있어서 극히 중요하다. 이른바 감정지수라 함은 주로 돌발성 위기사건 폭발 시 사건 책임자에 대한 대중들의 다양한 정서 심리 상태를 말한다. 일반적으로 감정지수를 초기의 공포와 우려, 중기의 불안과 불만 및 후기의 실망과 분노 등 3단계로 구분할 수 있다.

(2) 대중들의 정서에 대하여 일정 정도 파악이 되어 있다는 전제하에 스스로 용감하게 책임을 져야 한다. 책임을 회피하는 것은 위기전파 과정에서 뉴스배포의 금기사항이다. 일반적으로 비교적 까다롭고 대중들의 불만정서를 유발하기 쉬운 위기사건일수록 실제적으로 인위적인 태만, 실수 등 원인이 존재하기 때문에 대변인의 책임은 어디까지나 대중에게 자신감과 침착한 태도를 전달해야 한다.

(3) 뉴스배포의 프롤로그를 효과적으로 이용하여야 한다. 책임담당을 제외하고도 뉴스배포의 프롤로그 및 사전에 준비해 놓은 위기사건 대처 대응책에는 대중들의 정서를 위안할 수 있는 표현이 필요하다. 대중들의 정서를 위안할 수 있는 표현이 관례적이고 규정된 순서가 있는 정례 동작인 경우 이러한 정례 동작을 최대한 완벽한 형식을 통해 특정한 뉴스배포 현장의 특정한 분위기 속

에서 표현하는 것이 바로 대변인의 레벨을 가늠하는 기준이 된다.

(4) 뉴스배포에 사용되는 단어를 신중하게 선택하여야 한다. 대변인을 수사학 전문가로 볼 수 있다. 정보배포에 사용되는 언어는 간단 명료하고 직설적이며 효과적이어야 한다. 일반적으로 전문적인 지식배경이 필요하는 돌발성 위기사건의 전파인 경우 뉴스배포 진행 시 보통 대중들이 이해하기 어려운 전문용어를 삼가하여야 한다. 위기사건 뉴스배포 과정에서 참고가치가 있는 원칙이라면 바로 기자를 전문가로 간주하지 말아야 하는 것이다.

(5) 대변인은 기본적인 미디어 및 뉴스 지식을 갖추어야 한다. 더욱이 합격된 대변인으로서 최소한 미디어종사자의 기본적인 직업적 소양을 일정 수준 갖추어야 한다. 또한 미디어의 운영 특성과 기자의 업무수행규범에 대한 충분한 인식이 있어야 하며 위기사건 발생 시 정보획득의 시효성에서 오는 기자들이 받는 압력을 충분히 이해하여야 한다. 이러한 압력은 대체로 가능한 정확하면서도 가장 빠른 시간 내에 편집 부서에 위기사건 관련 메시지를 전달하는 것에서 온다.

(6) 적시에 돌발성 위기사건 관련 정보배포를 진행하여야 한다. 가능한 빠른 시간 내에 뉴스배포를 진행하는 것은 유언비어가 퍼지는 것을 막을 수 있으며 더욱 중요한 것은 미디어 및 대중들의 신임을 쉽게 얻을 수 있다는 것이다. 일단 돌발성 위기사건이 폭발하면 사건 관련 정보가 극히 결핍한 상황 하에서 대변인은 미디어의 <규칙적인 보도>와 비슷한 <규칙적인 상황 설명>형식으로 실시간 정보를 배포할 수 있다. 이는 미디어의 원고 마감 압력을 완화할 수 있다.

(7) 준비 없이 전쟁터에 나가지 말아야 하며 충분한 준비가 없는 상황에서 경솔한 발언을 하지 말아야 한다. 만약 그렇지 않으면 결과가 예상했던 것과 정반대의 결과가 될 수도 있다. 일부 중요한 정보인 경우 구체적인 정보출처 제시는 기본이다. 또한 대변인의 결론적 발언은 충분한 증거가 있어야 하며 대중의 질문 및 반문에 답변할 수 있어야 한다.

(8) 뉴스배포 과정에서 전후의 일치성에 주의하여야 한다. 일단 자가당착현상이 나타나면 미디어, 기자 및 대중의 신임을 잃기 마련이다. 신임은 돌발성 위기사건 처리 시 가장 중요한 요소이다. 때문에 확실한 파악이 부족한 상황하에서 사태의 역발전을 만회할 여지를 남겨두는 것이 필요하다. 이는 또한 다수 위기정보가 갖는 특성이기도 하다. 예를 들면, 사스발생시기에 과학은 아직

이러한 전염병에 대한 충분한 파악이 부족하였으므로 뉴스 배포 시 관련 정보 및 데이터의 <제한성 (limitation) > 및 <불확정성 (uncertainty) >을 강조하여야 했다.

(9) 충분한 파악이 없는 상황 하에서 아직 발생하지 않은, 비현실적인 가상문제에 직면한 경우 답변을 회피하여야 한다. 이것이 바로 이른바 <공론을 기피하고 진실을 이야기>한다는 것이다. 이는 결코 정례 뉴스브리핑에서 기자들의 질문에 <문제의 실체를 떠나 공론만 이야기>하는 기교와는 다르다. 위기전파의 뉴스배포인 경우 가능한 이미 발생된, 분명히 존재하고 있는 사실적인 정보를 제공함과 동시에 적극적으로 해당 조치를 강구하여 위기사건을 해결하고자 하는 의지를 나타내야 한다.

(10) <노코멘트> 등 표현을 가능한 삼가하는 것이 좋다. 이러한 단어 사용은 대중들의 신임을 잃기 쉽고 의심을 자아낼 수 있기에 이는 위기전파 과정에서 가장 치명적인 타격이다. 대변인으로서 충분한 인내심이 필요하며 위기사건에 대한 대중 (미디어) 들의 우려, 초조 및 공포 등 심리상태를 충분히 이해하여야 한다. 대변인이 그 어떤 원인으로 인하여 이미 파악하고 있는 일부 메시지를 대중들에게 공개하기 싫거나 즉시적으로 공개할수 없을 경우일지라도 대중들이 납득하기 쉬운 표현을 통해 정보 공개발표의 시간을 미루거나 더욱 시기적절한 상황에서 메시지를 공개하는 것이 합리적이다.

(11) 대답할 수 없는 문제인 경우 <모른다>고 성실하게 인정해야 한다. 뉴스배포 과정에서 실례를 들거나 이야기를 하거나 비유를 하는 등 방식을 효과적으로 사용하여야 한다. 일부 <공격성 (attacking) >을 지닌 질문에 답변할 경우 구체적인 사실을 중심으로 대답하여야 하며 가능한 상대방의 정서를 완화시켜야 한다. 상대가 던진 <공격성>질문을 보다 격한 <논쟁성 (변론성) >문제로 만드는 것은 금기이다. 뉴스배포 목적 중의 하나가 바로 논쟁을 종결시키는 것이지 결코 변론을 야기하기 위한 것은 아니다. 바꾸어 말하면 미디어가 제출한 문제에 대해 대변인은 절대로 화를 내서는 안된다. 결론적으로 대변인은 미디어를 통해 대중에게 정보를 공개하기 때문에 일단 기자의 감정이 통제를 잃게 되면 필연적으로 정확한 사건보도에 영향을 미치기 마련이다.

(12) 위기사건 처리 및 뉴스배포 과정에 위기사건에 대한 미디어의 보도를 지속적으로 연구하여야 한다. 착오가 있는 정보를 배포한 경우 즉시 해당 정보를 보충, 개정, 조절하여야 하며 이러한 착오가 발생한 원인에 대해서도 충

분한 해석을 하여야 한다. 마찬가지로 가장 빠른 시간 내에 미디어에 의한 거짓 보도나 오류보도를 지적하고 시정하여야 한다.

## 4. 위기전파 및 뉴스배포 과정에서의 여론 선도

현재 중국의 뉴스체제하에서 위기전파 과정 중의 뉴스배포에 대한 주요 저해요소는 다음과 같은 두가지 방면에서 나타난다. 한편으로는 기존 정치 프레임 하에서 뉴스 주무 부서 및 지방 각급 정부가 제정한 적절하지 않은 권력 통제 (특히 위기사건 전파과정) 를 돌파하는데서 나타나며 다른 한편으로는 현재 중국은 아직 뉴스체제의 재구성 및 변천 과정을 거쳐야 하기 때문에 부득이 미디어에 진입한 여러 자본세력에 맞서야 한다.

일단 외부에서 오는 관여 역량이 지나치게 클 경우 (특히 위기사건의 뉴스 전파 과정이 그러하다) 이러한 이중압력 환경에 자리한 뉴스체제는 쉽게 대범하게 대처하지 못하고 스스로 위축되는 결과를 초래하는 자아성찰 또는 자기제한 등 미디어의 특성을 지니게 되며 더욱 심하게는 <정보 진공 (information vacuum) >상태를 야기시켜 미디어의 뉴스보도가 위기사건에 대한 사회 대중의 정보수요 및 알 권리를 만족시키지 못하는 결과를 빚어낼 수 있다.

때문에 현재 중국의 위기전파 및 뉴스배포의 중점은 돌발성 위기사건의 사태 발전에 따라 즉시 관련 정보를 배포하는 것이다. 인위적 요소로 인한 사회성 돌발사건이 폭발할 경우 특히 사회 대중의 여론을 제때에 진실하게 반영함으로써 정보진공으로 인한 사회혼란이나 대중의 심리적 위기상태를 완화시킨 기초 위에 사회여론에 대한 과학적인 선도를 진행하여야 한다.

언론인 마달 (马达) 은 상술한 문제에 대해 일련의 견해를 제기하였다. < 중국 신문매체의 현황은 대체로 아래와 같다. 대중에 대한 의견과 건의 및 민정, 여론에 대한 반영이 가능한 더 많고 더 충분할 수록 좋은 것이 아니다. 또한 여론 선도 면에서 부족한 것이 아니라 사회여론에 대한 반영이 충분하지 못한 것이다. 이 외 여론에 대한 선도는 종종 적당한 방법을 찾지 못하거나 간섭, 제한이 지나치게 많은 등 문제가 동반된다.> (뢰의<雷颐><마달 (马达) 의 사고>, <경제관찰보>2011년 9월 12일, 제49판)

여론을 선도하거나 여론발전의 방향을 정하는 것은 필요하다. 또한 전파학의 의사일정에 따라 이론을 설치하는 것은 반드시 효과를 거둘 것이다. 단, 그 전제는 바로 기존 사회여론에 따라 진행되어야 함을 명기하는 바이다. 바꾸어 말하면, 일단 유도 작용이 있는 여론 또는 여론의 발전방향이 사회적 여론에 어긋나거나 또는 사회적 여론을 완전 무시할 경우 여론유도는 역효과를 낳게 될 가능성이 있다. 특히 위기전파 과정에서 이러한 현상이 더욱 각별하다.

## 5. 뉴스배포가 모든 문제 해결의 영단묘약 (灵丹妙药) 인가?

결말에서 이러한 질문을 던진 것은 결코 상술한 돌발성 위기사건의 뉴스전파 과정에서 뉴스배포가 일으킨 적극적인 영향을 부정하고자 한 것이 아니다. 더욱 중요한 것은 필자가 위기전파 과정에서의 뉴스배포의 포지션, 역할 및 기능을 정확히 지적하고자 함에 있다.

오늘날 사회는 이미 다양한 미디어 형식이 병존하고 있는 글로벌화 미디어 시대에 진입하였음이 분명하다. 어떻게 보면 돌발성 위기사건의 뉴스전파는 이미 기존의 국가적, 지역적, 공간적 한계를 벗어나 글로벌 미디어가 이끄는 핫이슈가 되었다. 중국 인터넷 (네트워크) 정보 센터 (CNNIC) 에서 발표한 보고에 따르면 2011년 6월 말에 이르러 중국 네티즌수는 이미 4.85억 명에 달한다. 2011년 상반기, 중국 휴대폰 네티즌수는 3.18억 명에 달하였으며 마이크로 블로그 사용자수는 1.95억명에 달하였다. 최근 몇 년간의 위기전파에 대한 연구에 따르면 절대다수 돌발성 위기사건에 대한 발표는 모두 국민 기자들이 새로운 미디어의 <무장보호>하에 최초로 발표한 것이다.

이러한 미디어 구조 하에 일단 돌발성 위기사건이 폭발하면 전통적인 소위 주류 미디어과 다양한 뉴미디어, 전문기자팀 및 개인 국민기자, 그리고 국내외의 미디어까지 모두 정보배포에 몰려들 수 있다. 기존 <뉴스 차단>, <기자 방비> 등 <타조정책 (현실을 직시하지 못하는 정책) >은 이미 통하지 않는다. (필자가 군이 이 문제를 지적한 것은 이런 보수파 관념이 여전히 중국 정부기관 특히 일부 지방정부에 존재하기 때문이다. ) 또한 위에서 언급한 것처럼 정부기관에 의한 위기정보의 봉쇄 또는 위기사건 보도 과정 중 미디어의 자아성찰로 인한 <정보 진공>상태는 생존 가능성을 잃게 된다. 위기전파 과정에서 정부는 미디어 <점검인>의 역할을 강행함으로써 사회안정에 필요한 <여론일치>의 상태를 마련하는 경우가 종종 나타나게 되는데 오늘날 이런 현상도 거의 사라질 것이다.

이로써 뉴스배포 과정에서 정부가 진정으로 해야 할 일은 가능한 적시에 객관적이고 공정한 태도로 진실한 정보를 배포하며 오류정보를 제때에 해명한 기초 위에 미디어 여론과 사회여론을 유도함으로써 최대한 위기사건으로 인한 부정적인 영향을 경감시키는 것이다. 바꾸어 말하면, 대변인의 역할은 바로 미디어의 영향을 빌어 사회대중과 정보 및 관점을 교류함으로써 위기사건으로 인한 대중의 공포심리, 사회압력을 완화시키는데 있다. 가장 중요한 것은 시기적절하게 잘못된 정보 유통으로 인한 사회적 혼란을 제거하는 것이다. 이러한 혼란 상태는 일명 위기전파 과정의 '정보위기 (미디어 위기라고도 함)' 라고도 한다.

　　현재 미디어 환경에서 정부는 돌발성 위기사건 대처 시 반드시 뉴스배포를 중시하여야 한다. 이와 동시에 뉴스배포를 통하여 돌발성 위기사건이 초래한 모든 영향을 근원적으로 즉시에 해소할 수 있다는 지나친 기대는 삼가하는 편이 좋다. 중국은 이 두가지 방면에서 모두 부족점이 있기에 아직은 노력이 필요하다.

(金文学　译)

# 대지진 원전 사고와 일본 신문

## 시미즈 요시카즈 (清水美和) *

3월 11일 오후 2시 46분, 宮城県에서 약 130 ㎞ 떨어진 진원에서 발생한 진도 9.0의 거대한 지진과 태평양 연안 각지에 몰려든 큰 해일로 사망자 1만 5811명, 실종 4035명 (9월 26일 현재) 라는 큰 피해가 발생했다. 또한 이 지진과 해일에 의해 원자로의 긴급 냉각 장치가 작동하지 않아 후쿠시마 제1 원전은 1,2, 3 호기가 붕괴 (노심 용융) 되어 11만 3000명에 이르는 주변 주민들이 피난해야 했다.

원전 사상 최악이라는 레벨 7의 사고를 일으킨 후쿠시마 제1원전은 지금 도 방사성 물질 배출이 멈추지 않고 있으며 일본동부 뿐만 아니라 일본전국 및

* 시미즈 요시카즈 (清水美和), 1953년에 태어났으며 나고야시 (名古屋市) 출신이고, 77년 에 교토대학교 경제학부를 졸업한 후 중일신문사에 입사하였다. 삼중총국、도쿄본사사회부 및 특별보도부에서 근무하였으며, 홍콩, 북경특파원, 미국 콜롬비아 객원연구원을 역임하였 다. 중국 총국장을 거쳐 편집 위원, 논설 위원. 현재 논평 주간직을 맡고 있다. 2003년『중국 농민의 반란』으로 태평양상 특별상을 수여받고, 07년에 저서,보도,평론활동에 대한 일본기 자클럽상을 받았다. 저서로는『中国農民の反乱』『人民中国の終焉』(講談社＋α文庫)、『中 国はなぜ「反日」になったか』(文春新書)、『驕る日本と闘った男——日露講和条約の舞台裏 と朝河貫一』(講談社)、『中国が「反日」を捨てる日』(講談社＋α新書)、『「中国問題」の内 幕』『「中国問題」の核心』(ちくま新書) 등 이 있으며, 최근 저작으로는「2011年の世界情勢」 (PHP、共著)、「中国はいま」(岩波新書、共著) 등이 있다.

주변 국가까지 방사능에 대한 불안이 고조되고 있다. 있어 본적이 없는 재해에 대해 일본 언론, 특히 신문은 어떤 역할을 하였고, 또 어떤 반성을 해야 할 것인가? 이 점을 중국과 한국의 여러분과 함께 이번 재해 보도를 통해 얻은 교훈을 되새기고 싶다.

# 1. 피해 지역에 용기를 주다.

우선 신문의 정보매체로서의 역할을 재검토하고, 다른 매체보다 신문이 특히 대형재해에 휩쓸린 피해지역과 일본 전국에 용기를 주었다는 점이다. 일본에서도 미디어라고 하면, 인터넷과 페이스북, 트위터 등 소셜 네트워크가 각광을 받고 있으며 신문은 사양산업으로 간주되고 있다.

그러나 지진발생과 함께 일본동부 전체를 습격한 대 정전, 통신망의 두절은 소셜 네트워크의 위력을 절감시켰다. 피해지역에서는 TV방송도 볼 수 없고, 라디오도 건전지가 떨어지면 쓸모없게 되었다. 지진과 해일로 많은 신문사 직원도 피해를 입었고, 신문 제작기능도 역시 마비되었다. 신문을 각 가정에 배달하는 신문 판매점도 해일로 떠내려가는 등 각 신문사의 피해는 막대하였다. 하지만 신문인들은 신문을 계속 발행하였다.

宮城県 이시노마키시 (宮城県石巻市) 의 현지신문 "이시노마키 일일신문"은 회사건물이 파괴되어 신문을 제작할 수 없게 되자, 직원들은 대피소를 뛰쳐나와 큰 모조지에 손으로 기사를 쓴 "대자보" (壁新聞) 를 만들고 피해정황을 전했다. 도쿄신문과 협력관계에 있고, 仙台市에 본사가 있는 河北日報는 신문제작의 호스트 컴퓨터가 파괴되어 약 250㎞ 떨어진 新潟県의 종이로, 新潟日報 본사까지 정리기자가 가서 지면을 제작하고 그 紙型을 仙台에서 인쇄하여 신문을 계속 발행했다. 신문을 배포할 수 있는 판매점이 없는 지역에서는 직원들이 직접 신문을 나르고 대피소에서 무료로 신문을 배포했다. 河北新報의 雅彦社長 사장은 최근 강연에서 사람들에게 "신문에서 처음으로 피해지역의 정황을 알게 되고 온몸이 떨렸다", "신문이 도착했다는 소리를 듣고 안심했다"라는 피해지역 주민의 말을 전하였다.

일본 신문은 주로 사회의 부정적 측면을 소개한 적이 많았지만, 지진 후에는 피해지역과 일본전국 사람들에게 용기를 주는 뉴스를 많이 보도했다. 인구 약 1만 7000명의 마을 전체가 해일에 삼켜진 宮城県 남부 三陸町에서는 해일의 습격을 받으면서도 방재무선으로 주민에게 대피 소식을 전한 여직원이 있었다. 도시위기관리과 직원인 遠藤未希 (25세) 는 지진 후에도 동 사무소 별관 방재대책청사 (3층) 에 남아 있었고 무선방송을 계속했다.

지진이 발생한 약 30분 후, 높이 10 미터 이상의 해일이 사무소에 덮쳐, 청사옥상 무선용 철탑에 매달려있던 10명을 제외하고 다른 직원은 다 떠내려갔다. 끝까지 마이크를 계속 잡았던 未希씨는 시체로 발견되었다. 南三陸町거리 전체가 파괴되었지만 사망자는 530 명에 그쳤다는 것은 未希 씨의 긴급방송이 있었기에 큰 피해를 막을 수 있었다.

9월에 결혼을 앞두고 있었지만 자신의 목숨을 희생시켜 주민을 구한 未希씨의 이야기는 신문, TV로 전국에 보도되어 감동의 눈물을 짓게 했다. 野田佳彦 수상도 9월 13일 취임 후 첫 소신 표명 연설의 시작부분에서 未希씨의 이름을 소개하고 그가 국민들에게 준 감동과 용기를 칭송했다.

宮城県 女川거리에서는 수산가공회사 "佐藤水産" 전무, 佐藤充씨 (55 세) 가 공장 뒤의 2 층 기숙사에서 지진의 공포에 떨고 있던 중국인 실습생 20 명에게 "해일이 올 거야 ", "도망 가자" 라고 알리고, 실습생들을 기숙사에서 약 50 미터의 작은 산에 데려갔다. 佐藤씨는 산위의 신사 (神社) 에 실습생들을 피난시키고 다시 산을 내려와 다른 직원을 구출하려다 실종되고 시체로 발견됐다. 佐藤씨가 목숨을 걸고 구출한 사건은 중국에서도 크게 보도되고, 5월 일본을 방문한 원자바오 총리도 "국적에 관계없이 구출을 한 재난에서 얻은 우정이 가장 중요하다." 라며 佐藤 씨를 높이 칭송하였다.

이밖에 재해지역에서도 가장 극한 상황 속에서도 사람들이 이성을 잃지 않고 서로 돕는 모습이 나타났다. 사랑하는 가족을 잃거나 행방을 알 수 없는데도 피해를 입은 사람들을 구출하거나 전력을 다하는 용감한 사람들이 있었다. 원전재해에 맞서 필사적으로 방수를 한 소방대 책임자는 자신의 피폭량이 대원보다 많은 것을 알고 안심했다고 말했다. 현장에서 분투 하는 자위대, 소방, 경찰대원들의 과묵한 태도는 많은 사람들의 마음을 울렸다. 신문은 이런 에피소드를 많은 지면을 이용하여 전달하였고 "예상 외"의 대지진과 믿어 온 "원전안전신화"의 붕괴로 무너진 국민을 다시 일어서게 했다.

朝日、産経、毎日、読売등 전국 4개 신문사는 4월 하순에, 각자의 신문 구독자를 대상으로 지진과 원전사고에 대한 소식을 어느 언론 매체를 통해 알게 되었는지를 공동 조사하였다. 그것에 따르면 지진과 원전 사고 이후 중요해진 매체 혹은 소식통으로 신문이 86.2 %, TV 방송 (NHK) 85.0 %, TV 방송 (민방) 70.8 %였다. 뉴스의 속보성에서는 TV방송이 신문을 앞질렀지만, "구체적인 피해상황 및 원전사고의 해설 등 상세한 정보"에 대해서는 신문이 79.3 %로 TV 방송 (NHK) 61.8 %로 신문이 우세했다. 신문에는 텔레비전과 인터넷에는 없는 정보가 있다는 것은 40%나 되는 사람이 신문을 재인식하고, 또한 높이 평가하게 하는 계기가 되었다.

## 2. 진실을 보도하였는가?

이처럼 지진과 원전보도를 통하여 신문에 대한 평가는 높아졌지만, 독자의 뜨거운 기대에 부응할 정도로 신문이 진실을 보도했는가 하는 점에 대해서는 반성할 점이 많다. 피해지역의 참상을 전하는 것보다 사람들에게 용기 내어 보도에만 집중하고, 한번도 일어난 적이 없는 참극의 현장을 제대로 전하지 않았다. 일본신문이 시신사진을 게재하지 않는 방침은 잘 알려진 사실이다. 그리고 재해지역에서 피해를 당한 사람들에게 도둑질하거나, 빈집이 된 주택에 들어가 도난을 하는 범죄가 다발하고 있고, 치안이 악화된 것을 신문은 거의 전하지 않았다. 그 중에는 상당히 심각한 범죄도 일어났지만 지진 발생 이래 신문지면에서 그러한 보도를 찾기는 어려웠다. 피해지역의 범죄 보도는 본사와 편집 책임자가 지시한 것은 아니고, 기자가 각자 스스로 취재, 집필을 한 예가 많았다. 현장에서는 누구를 막론하고, 사태의 적극적인 측면을 주목하고 알리는 "전면보도" 정책이 일관적으로 진행되었던 것이다.

재해 발생지의 보도에서 기자가 이런 심정을 가지는 것은 이해할 수 있지만, 원전 보도에서도 이런 태도로 일관한 것은 문제가 있다. 지진발생 후 다음날인 3월 12일, 경제산업성 원자력 안전보안원의 中村幸一郎 심의관은 도쿄전력의 후쿠시마 제1원전 1호기에서 원자로의 심장이 손상되어 "노심 용융 (붕괴) 이 진행되고 있을 가능성이 있다"고 발표했다. 발전소 주변지역에서 연료의 핵분열에 따른 세슘과 요오드가 검출되고 연료가 융화되어 누설되었다고 한다. 노심 용융이 사실이라면 최악수준의 원자력 사고가 발생하게 될 것이었다.

그런데 정부는 3월 12일 심야에 中村幸一郎 심의관을 다른 사람으로 임명한 후 원자력 안전보안원의 발표는 "붕괴의 공포를 부정할 수 없다", "연료봉의 손상은 있지만 용융은 없다"고 사태를 진정시키고 菅直人총리는 "격납용기로 쌓여져 있기때문에 붕괴와 같은 위기상황이 되지는 않을 것이다."고 낙관적인 전망을 밝혔다. 실제로 한달 후 4월 18일에 원자력 안전보안원은 후쿠시마 제1원전 1, 2, 3호기에서 원자로 핵연료의 용융이 일어나고 있었다고 정부에 보고하고 붕괴를 사실상 인정했다.

신문을 비롯한 미디어는 당초 발표에서 붕괴 가능성이 높은 것을 알고 있었고, 전문가 중에도 붕괴가 일어나고 있다는 의견이 강했다. 그러나 신문은 정부발표와 반대되기 보다는 그것에 맞춰 붕괴 가능성을 애매하게 보도하는 것으로 후퇴했다. 이것은 정부와 다른 견해를 보도하는 것을 두려워했다기보다는 붕괴를 단정함으로써 주민사이에 공황이 일어나는 것을 피하고 싶은 미디어의 특수성 때문이 아닐까? "사태가 심각하길 원하지 않는다"라는 재해특유의 심리에서 미디어도 자유로울 수 없고 결과적으로 정부의 사태 은폐에 가담해버린 꼴이 되었다.

사회에 불안과 공포가 퍼지는 것을 피하고 싶은 언론의 보도자세가 방사성 물질의 오염 및 오염제거대책을 세우는데 한발 늦어지게 된 요인이 된 것을 부정할 수 없다. 일본정부는 약 128억 엔을 들여 원전사고 등에 의한 방사성 물질의 확산을 예측하는 "비상 신속 방사능 영향 예측 네트워크 시스템 (SPEEDI)"을 개발해냈다.

그러나, 후쿠시마 제1원전사고에서는 확산에 대한 시산(試算) 결과를 발표한 것은 3월 23일과 4월 11일 두 번에 그쳤다. 원전이 전원이 끊기고 예측에 필요로 하는 원자로 및 방사성물질에 대한 정보를 입수할 수 없었다고 하여 데이터의 발표를 대기하였다. 정확한 데이터에 기초 한 확산은 예측할 수 없었지만 SPEEDI는 가정 조건에 기초하여 시산을 진행하고 어느 정도 정확한 확산의 모습을 보여줄 수 있었다. 하지만 그것도 "쓸모 없는 혼란을 자아낸다"(원자력 안전위원회) 라는 이유로 발표할 수 없었다.

이에 대해 유럽 각국의 기상당국 등은 독자적인 예측을 신속하게 홈페이지에 공개했다.

독일 기상청은 후쿠시마 제1원전이 최초 수소 폭발을 일으킨 3일 후에 3월 15일부터 국제기관에서 입수한 데이터를 기초로 방사성물질 확산범위 등을 예측하여 발표했다.

영국과 오스트리아, 프랑스, 핀란드 등도 후쿠시마 사고에 관한 수치를 받아서 부랴부랴 확산을 예측하고 대중에게 공개했다.

이러한 예측을 바탕으로 재일독일대사관은 3월 16일까지 피해지역과 수도권에 거주하는 독일인에 대해 국외 대피를 당부했다. 재일미국대사관은 3월 17일, 일본에 있는 자국민에 대해 후쿠시마 원전에서 "80 킬로미터 권외 대피 권고"를 발표하고, 영국과 호주, 한국 등도 비슷한 권고를 발표했다. 일본정부는 3월 15일 원전에서 반경 20 km이내 주민대피를 지시하고, 20~30km 주민에게 실내대피를 지시하였지만, 동심원에 설정된 피난, 대피지역은 실제로는 북서로 연장된 방사성물질의 확산 영역과는 엇갈려 있었다. 그리고 원전에서 20km내 재해대책기본법에 따라 경계구역으로 설정하여 출입금지를 한 것은 4월 22일까지 늦춰졌다.

신문은 각국이 원전주변에서 대피권고를 자국민에게 보내고 있다는 사실을 전하고, 본사 기자에게도 원전에서 50km내에 출입취재를 제한하면서 일본정부의 피난경고가 늦어진 것에 대해 확실하게 추궁하지 않았다. 결과적으로 방사성 물질에 의한 오염확대를 묵인한 것이다. 그것은 관청인 원자력 안전보안원 도쿄전력의 발표가 모순되어 초래한 진상을 파악하는데 어려움이 있었고 게다가 원전 주변주민들에게 공포와 혼란이 퍼지는 것을 우려했기 때문이었지만, 신문 역시 정부와 마찬가지로 그 책임을 면할 수 는 없다.

사실 이런 사태는 지금도 계속되고 있다. 7월 28일, 중의원 후생노동위원회 (衆議院厚生労働委員会) 児玉龍彦 도쿄대학 첨단 과학기술 연구센터 교수는 참고인으로 방사성 물질확산 현상을 밝히고, 내부 피폭대책과 오염제거의 긴급성을 호소했다. 児玉龍彦는 후쿠시마 첫 원전에서 "우라늄 확산으로 히로시마 원폭의 20개 분의 방사성 물질이 누출되고 있다"고 지적했다. 또한 "방사선의 잔존량은 1년에 원폭의 1000분의 1정도로 감소되는 반면, 원전의 방사선 오염물질은 10분의 1정도로 밖에 감소되지 않는다"고 경고했다. 그리고 오염지역의 방사선 양측정과 체내 피폭을 초래할 수 있는 식품검사를 철저히 하고 방사선에 약한 아이들을 노출을 최소화하여, 일본정부가 국민들의 힘을 모아 오염된 토양의 방사능 오염 제거를 해야 한다고 주장했다.

체내 피폭을 초래하는 식품에 대한 방사성물질의 오염은 수돗물, 주식인 쌀과 야채, 차, 벼, 그리고 쇠고기, 수산물 등 차례로 문제가 되고 있다. 그러나 저준위 방사성물질의 인체에 대한 영향에 관하여 기준이 없고, 정부의 규제치는 일시적으로 정한 것이라, 보도 시 소비자의 안전과, 생산자의 입장 그리고 사회에 혼란을 일으키지 않기 위해 그 사이의 딜레마에 빠져 방사능 오염 문제에 대한 정확한 실태를 파악하지 못하고 있다.

# 3. 탈 원전 의존을 목표로 하여

히로시마, 나가사키에 원폭이 떨어졌던 일본은 원자력에 대한 거부반응이 강했다. 그러나 원자력발전은 핵의 평화적 이용이라는 점이 강조되어 많은 일본인들 사이에 "핵무기는 안 되지만, 평화이용은 좋다"는 의견이 지배적이었다. 정부는 국가안보측면에서도 핵이 필요했기에 핵무기 개발로 전환할 수 있는 원전건설과 핵연료사이클 확립에 주력하며, 전력회사와 함께 "사고는 절대로 일어나지 않는다."라는 안전 캠페인을 펼쳤다.

많은 사람들이 일본의 기술력에 대한 과도한 믿음으로 원전의 안전을 굳게 믿게 되었고, 일본열도 전체에 활성단층이 있는 위험한 지진대국에서 원전에 의지하고, 처리할 수 없는 핵 폐기물을 모으는 일에 익숙해졌던 것이다. 지구온난화 방지를 위해 이산화탄소를 배출하지 않는 원전은 깨끗한 에너지로 선전되었다. 그러나, 후쿠시마 제1 원전사고가 일어나면서 원전의존이 얼마나 돌이킬 수 없는 위험한 일이었는지를 많은 일본인에게 재인식시켰다.

도쿄신문가맹 일본 여론조사회가 6월11, 12일 실시한 전국 여론조사에 따르면 국내에 현재 54기의 원전에 대해 "즉시 전부 폐기해야 한다.", "정기검사에 들어간 후부터 폐기한다.", "전력수요와 공급에 따라 폐기를 진행한다."라고 하는 사람이 모두 82%에 달하며, "현재 상황을 유지해야 한다."는 겨우 14%에 불과했다.

원전에 대한 불안을 사고 전후로 조사하였는데, 사고 전에는 "매우 불안을 느끼고 있었다.", "어느 정도 느끼고 있었다."가 총 43%인 반면, 사고 후에는 총 94%로 원전에 대한 불안감이 배로 증가해 이번 사고가 준 심리적 변화의 크기를 잘 뒷받침하고 있다. 정부가 에너지 기본계획에서 내걸었던 "2030년까지 원전 14기 이상을 신설, 증설한다."는 방침에 대해서는 67%가 "신설, 증설해서는 안 된다."고 답변했다. "14기를 더 감소해야 한다."는 22%로, "방침대로 진행해야 한다."는 6%에 그쳤다.

또한 중점적으로 추진해야 할 에너지 분야 (두 가지로 답변) 에서는 태양광 등 재생가능 에너지가 84%로 가장 많았고, 수력 45%, 천연가스 31% 순이었다. 원자력은 7%로 석유, 석탄 (각 4%) 등을 넘어섰다.

이러한 여론의 변화를 배경으로 신문사는 "원전이 없는 사회 - 지금이야말로 정책의 대전환을" (朝日新聞 7월 14일자), "원전에서 재생에너지로" (每日新聞 8월 2일자) "원전에 의지하지 않는 국가에" (東京·中日新聞, 8월 6일자) 라는 사설과 논설특집을 내걸고 에너지정책의 전환을 호소했다. 한편, 読売、産経、日本経済의 3개 신문사는 원전의 안전성을 주장하면서 재 가동을 요구하는 입장을 고수했다.

東京新聞 사설은 원전 폐기 문제에서 "전력이 부족하게 되면 어떻게 하느냐."는 의견에 "사람의 생명과 안전은 경제성보다 우선시 되어야 한다."며 반박했다. "핵 통제 어려움은 물론, 일본은 네 개 판도 위에 있는 세계에 손에 꼽힐 정도의 地震国이다." 는 것도 원전이 없는 국가를 목표로 하기 때문이다. 후쿠시마 첫 원전사고에서 "값이 싸고, 깨끗한 에너지, 원전의 안전 신화는 무너졌다."며, "전력 자유화, 자연 에네르기 청의 신설, 철저한 정보공개" 를 제안했다. "중국과 인도, 중동 등에서 원전을 증설하려는 것은 각국의 사정에 달려있다."며, "일본의 특수한 기술과 국민의 단결로 원전이 없더라도 풍요로운 사회를 구축할 수 있는 새로운 국가 모델을 세계에 보여 줄 것이다."고 했다.

탈 원전을 지향하는 의견에 대해 독자가 신문사에게 "읽어주셔서 조금 안심됩니다. 탈 원전으로의 길은 멀고 또 어렵지만, 그 태도를 바꾸지 말고 다른 매체들도 참여하도록 지도하여 주십시오.", "독자의 미래도 전망하게 하는 훌륭한 내용에 탄복했다."라는 공감과 격려의 팩스와 메일이 많이 전해졌다. 한편 "원전이 일본에 필요하지 않다는 느낌을 강하게 받았습니다. 이러한 편견이 가득한 생각을 신문 일면에 게재해서는 안 된다고 생각합니다."라는 비판의 목소리도 있었다. 그러나 탈원전을 지향하는 주장, 보도는 독자들로부터 대체적으로 지지와 공감의 소리를 얻어냈고, 이것은 후쿠시마 제1차 원전사고로 인해 일본인의 원전에 대한 의견이 많이 바뀐 것을 반영한 것이다.

## 4. 국경을 초월한 협력을 가르친 대 재해

내가 동일본 대지진의 발생을 알게 된 것은 중국취재를 위해 상하이 공항에 도착하고, 시내에 들어가자마자 곧바로 알게 되었다. 상하이 지국에 도착하자, 위성방송 NHK TV에 해일에 떠밀려 내려가는 집과 자동차가 비춰지고 있었다. 마치 재난 영화와 같은 영상에 놀라며 서둘러 귀국 항공편을 찾았지만,

成田도 羽田도 모두 폐쇄되어 있었다. 다음날 아침 결국 일본으로 돌아가는 제일 이른 비행기를 타지 못하고 두근거리는 가슴을 억누르지 못한 채 호텔로 돌아갔다. 호텔 직원에게 일정을 변경하여 내일 귀국한다고 전하자, "빨리 돌아갈 수 있으면 좋겠네요"라고 했다.

중국 TV도 재해지역의 정황을 끊임없이 중계하고 있었다. 그것은 일본에 있는 중국인의 안전여부를 전하기 위해서였다. 그러나 가족의 죽음에 눈물을 흘리며, 파괴당한 고향 앞에 멍하게 서있는 일본인들의 모습을 비장한 음악과 침통한 목소리로 전하는 화면에서 중국인들의 동정심이 전해졌다. 일본과 중국의 관계는 역사적인 배경과 지난해 센카쿠제도의 영유권을 둘러싼 대립도 있어 양국 모두 국민감정이 악화되어 있었다. 그러나 대 재해는 그런 장애도 넘게 한 것처럼 느껴졌다.

중국의 인터넷에서 일본의 불행을 환호하는 일들은 격렬한 비판을 받았다고 한다. 겨우 하룻밤만 지내게 된 상하이의 밤, 나는 중국 친구 집에서 TV를 보면서 보냈다. 7시 정시뉴스는 개최중인 전국인민대표대회가 중심이었지만, 그 다음은 일본의 대 재해를 전하는 특별 방송이었다. "사천 대지진에서 일본 구조대가 가장 먼저 온 것을 중국은 잘 기억하고 있어. 시신에 고개를 숙여 묵념하는 모습에 감동했어"라고 친구는 말했다. 중국 TV가 끊임없이 전달한 재해의 모습이 사람들에게 많은 영향을 끼친 것처럼 보였다.

三陸海岸에서 엄청난 해일로 무너진 제방을 열심히 쌓는 사람들을 비웃기라도 하듯 해일은 너무 쉽게 제방을 넘어 가 버렸다. 마치 거인의 손으로 도시를 밀어버린 것처럼 도시는 사라져버렸다. 그것은 대자연의 맹렬한 위력 앞에 인간이 얼마나 슬프도록 무력한가를 전세계인에게 알려 준 일이었다. 거대한 자연의 위협 앞에서 나라와 나라 사이의 작은 문제를 가지고 대립하는 것이 얼마나 미련한 일인가를 느끼게 했다. 아니, 인간이 지구의 환경을 자신들의 뜻대로 될 것처럼 생각하여 "환경 보호"를 제창하는 것조차 자만이었다는 생각이 들었다.

지구는 인류가 생태계에 끼친 영향들을 참을 수 없게 되어 온 몸으로 몸부림을 쳐 인류를 뿌리 채 뽑아버리는 것은 아닐까? 정말 보호받아야 하는 것은 인간이었던 것이다. 약한 인류는 서로 어깨를 기대며 살아갈 수 밖에 없다. 서로 물어뜯고 대립할 여유가 없다. 이러한 교훈이 국경을 넘어 공유되게 된다면 이번 대지진도 비극만으로 끝나지는 않을 것이다. 결국 다음날 아침 가장 이른

비행기를 타고 도쿄로 향하면서 이런 생각들을 해 보았다.

대 재해의 보도는 인류가 국경을 넘어 서로 도와주어야만 한다는 지구의 현실을 우리에게 가르쳐 주었다. 국제적인 구조 활동과 지원물자의 운반도 각국의 정치적 의도를 넘어 인간으로서의 연대감이 뒷받침된 것이었다. 이러한 연합을 이루는 것이 국경을 초월한 보도였다. 2008년 5월 사천 대지진으로 피해지역 취재가 외국 언론기관에도 개방된 결과, 피해지역의 구원을 호소하는 목소리가 외국에서도 높아졌다. 동일본 대지진에서 중국의 TV는 피해지역의 모습을 중계하고 신문도 그 내용을 자세히 보도했다.

이러한 보도를 각국의 보도기관이 협력하여 전개한 것은 결과적으로 사람들의 관계를 우애 깊게 만들었다. 그러나 과학적 지식의 부족과 사회 혼란에 대한 우려 때문에 사건의 진상을 제대로 파헤칠 수 없을지도 모른다. 그러나 실제로 보도된 피해지역의 모습에 자극을 받게 되고, 정보통제와 스스로의 심리적 장벽을 극복하는 노력만이 독자와 시청자로부터 지지를 받는 보도를 할 수 있게 되리라 나는 믿는다.

(金愛华 译)

# 한·중·일 재난 보도와 재난 구조 협력을 위한 매스 미디어의 역할과 기능

박승준*

## 서론

　자연재해는 인위적인 국경을 넘어서 확산된다. 동아시아의 인접국가인 한국과 중국, 일본에서 발생하는 자연재해도 이들 3개국의 국경과는 관계 없이 육지와 바다를 통해 전파된다. 매년 동남아 해역에서 발생하는 태풍은 대체로 한-중-일 3개국의 국경을 넘나들면서 이들 국가의 국민들에게 피해를 입히지만 한-중-일 3개국간의 정부간 공조도 이들 국가의 미디어들간의 공조도 아직은 이루어지지 않고 있다. 최근 서울에 3개국간의 정치적 협력을 위한 한-중-일 정상회의 사무국이 발족했지만, 아직은 정부간, 미디어간의 본격적인

* 박승준, 1978년 2월 서울대학교 인문대학 중어중문학과 졸업 (학사) , 2010년 2월 고려대학교 대학원 정치외교학과 국제정치 전공 정치학 박사. 선후로 조선일보 홍콩 특파원, 조선일보 베이징 특파원, 조선일보 국제부장, 조선일보 전문기자, 조선일보 베이징 특파원 겸 지국장, 조선일보 북·중 전략문제연구소 소장, 한국신문방송편집인협회 국제위원회 위원장, 전략적 협력 동반자 관계를 위한 한·중 전문가 공동 연구위원회 사회문화분과 위원, 인천대학교 중국학연구소 겸임교수, 인천대학교 중어중국학과 초빙교수 역임.

협력은 이뤄지지 않고있다.

# 1. 한·중·일 매스 미디어 재난 보도 사례

## (1) 중국 四川 대지진

2008년 5월 12일 四川省 汶川县을 비롯한 중국 8개 성과 시 일원에서 리히터 지진계 진도 8.0의 지진이 발생했다. 지진 발생 1개월만인 6월 10일 新 华통신 보도에 따르면 이 지진으로 사망 6만 9164명, 실종 1만 7516명, 부상 37만 명 등 모두 46만 여 명의 인명피해가 보고됐다. 이 지진은 중국 내에서는 1976년 7월 26일에 발생한 河北省 唐山市 대지진 이래 최대의 피해를 낸 지진으로, 당시 중국 정부의 공식 발표는 7200여 가구 매몰에 4200여 명의 고아가 발생했다는 것이었으나, 외부에서는 唐山市 대부분의 건물이 파괴되고 24만 명이 사망한 것으로 파악됐다.

중국의 미디어들은 唐山市 대지진과 四川省 대지진을 보도하는 과정에서 크게 달라진 보도 자세를 보여주었다. 개혁개방 정책이 실시되기 이전인 1976년에 발생한 唐山市 대지진 당시에 新华통신을 비롯한 중국 미디어들은 지진에 의한 피해를 제대로 전하지 않았으며, 지진 피해는 주로 홍콩에서 발행되는 South China Morning Post 등 외국 미디어들의 보도를 통해 전해졌다. 그러나, 鄧小平이 중심이 되어 추진된 개혁 개방 정책 실시 30년 만에 발생한 四川省 대지진은 발생한 순간부터 新华통신과 CCTV (中国中央电视台) 가 24시간 철야 보도와 방송을 통해 지진피해 현장과 사망-실종-부상자수에 관한 四川省 당국과 중앙정부의 집계를 시시각각 보도함으로써 唐山市 대지진 당시와는 '桑田碧海' 처럼 완전히 달라진 보도 자세를 보여주었다.

## (2) 일본 东北 지진해일

2011년 3월 11일 일본 NHK는 국회 예산심의를 생중계 방송으로 내보내고 있었다. 갑자기 东京 국회의사당 3층 참의원 제1위원회 회의실 건물이 흔들리면서 천장에 매달린 샹들리에가 심하게 흔들렸다. 간 나오토 총리와 내각, 그리고 국회의원들은 놀라 허둥거렸고, 일부 의원들은 벽을 짚고 몸을 지탱했다. 진원지인 东北县에서 373km 떨어진 일본 국회에서 벌어진 상황은 NHK 방송을 타고 전 세계에 전해졌다.

지진이 발생하자 NHK는 방송화면 하단에 '긴급 지진 속보'를 띄웠고,

1분 27초 뒤 정규방송을 중단하고 재난방송으로 전환했다. 아나운서는 지진피해 상황을 전달하기 시작했고, 방송 헬기들은 지진해일이 밀려드는 광경을 생생하게 전달했다.

일본은 1962년 '재해대책 기본법'이 시행되면서 재난방지 기본체계가 만들어졌다. NHK가 재난방송 시스템을 확립한 것은 1983년 동해 중부 지진때 발생한 지진해일이 직접적인 계기가 됐다. NHK는 이보다 앞서 1954년 9월에 발생한 태풍으로 여객선이 전복되면서 1155명의 사망자가 발생한 대참사때 항공기에서 촬영한 화면을 전국에 보도함으로써 재난방송의 첫 장을 열었다. 일본 방송법 제6조는 '재해를 줄일 수 있는 방송'을 의무화 하고 있으며, NHK는 전국 54개 지역 방송국을 통해 독자적인 판단에 따라 재난방송을 하고 있다.

### (3) 한국 2011년 여름 태풍과 호우

2011년 여름 한국은 이상 기후로 7~8월 2개월 여름 사이에 메아리를 비롯한 태풍이 한반도에 상륙하고, 비가 내리지 않은 날이 7일에 불과할 정도로 잦은 호우가 내려 전국 곳곳에서 많은 사망자와 실종자를 낸 피해를 입었다. 특히 7월 25일부터 28일까지 서울과 경기도를 비롯한 수도권과 강원도, 경남북, 전남북과 북한 지역을 포함해서 강물이 범람하고, 주택이 침수되는 등 많은 피해가 발생했다. 서울의 대표적인 고급 주택가중의 하나인 서초구 우면동과 강원도 춘천시 신북읍 등지에서 산사태가 발생하면서 많은 사상자를 냈다. 사망-실종자 수는 7월 30일까지만 70명이 넘을 정도였다. 우면동 형촌 마을과 전원마을에서는 산사태로 18명이 사망했으며, 이 가운데에는 재벌그룹 신세계 회장의 부인도 포함돼있어서 많은 한국인들에게 충격을 주었다.

우면산 산사태의 경우, 산사태가 발생하는 광경이 SNS를 통해 방송사에 전달되어 전국에 전해졌으며, 기존의 공중파 TV방송이 커버하지 못하는 지역과 시간에 촬영된 태풍과 호우 피해 장면이 SNS를 통해 직접 전달되거나 공중파 TV에 방송되어 전국에 알려졌다. 우면산 산사태는 재난구조를 담당해야 하는 정부 부처가 피해지역인 서초구 담당자에게 재난 예고를 제대로 못하고, 이미 서초구에서 떠난 전직 담당자에게 모바일 문자로 경고문이 전달된 것으로 밝혀져 물의를 빚기도 했다.

# 2. 3개국 매스 미디어 재난보도 특성

미디어가 제공하는 재난 정보의 기능은 크게 3가지 형태로 구분할 수 있다. 첫째는 재난 발생을 미연에 방지하는 '재난 예방정보'를 제공하는 기능이고, 둘째는 재난이 발생했을 경우 피해를 최소화 하는 '재난 응급정보'를 제공하는 방재의 기능, 그리고 셋째는 재난을 조기에 복구하는 '재난복구와 희망정보'를 제공하는 부흥의 기능으로 구분할 수 있다. 이처럼 미디어가 제공하는 재난 정보의 3가지 기능과 관련, 한-중-일 3개국 미디어들은 각국의 정치체제와 사회의 특성에 따라 각자의 강점을 지닌 재난 보도를 하고있다.

## (1) 중국 미디어

1976년에 발생한 唐山市 대지진 당시 중국 미디어들은 재난예방 정보와 재난 응급정보, 재난 복구와 희망정보를 제공하는 세 가지 기능 모두를 제대로 수행하지 못했다. 지진 예고를 하지 않았음은 물론, 응급정보를 제공하지도 않았고, 재난 복구와 희망정보도 제대로 제공하지 않았다. 엄청난 지진으로 인한 피해의 발생 자체를 제대로 전하지 않았기 때문이었다.

그러나, 개혁개방 정책 실시 30년만에 발생한 四川省 대지진이 발생하자 新┌통신과 CCTV는 긴급뉴스 타전과 긴급 재난방송을 통해 대재난의 발생과 피해를 신속하게 전달함으로써 재난예방 정보와 응급정보, 재난 복구와 희망정보의 세 가지 기능을 제대로 수행한 것으로 평가된다. 특히 지진으로 인한 지형변화와 계곡이 바위와 흙으로 차단되어 생긴 언색호 (堰塞湖)의 형성과 그로 인해 발생할 피해를 미리 예상하여, 피해지역 주민들을 미리 대피하게 한 점은 재난예방과 응급 정보를 훌륭하게 전달한 것으로 평가된다. 지진 발생 후에는 지속적인 전국적 방송을 통해 재난 복구와 희망 정보를 충분히 전달함으로써 이 분야에서 한국과 일본의 미디어를 압도하는 기능을 수행한 것으로 평가된다.

## (2) 일본 미디어

NHK를 비롯한 일본 미디어들은 재난 예방과 응급, 그리고 재난 복구와 응급 정보의 세 가지 기능 모두를 세계에서도 가장 잘 수행하는 미디어인 것으로 평가되고 있다. 그중에서도 특히 일본 공영방송인 NHK는 재난에 관해 보도진들을 사전에 잘 교육하고, 재난 방송에 대해서도 끊임 없는 훈련을 하며, 가능한 한 피해를 최소화 하고, 재난 과정에서 일본인들의 의지가 꺾이지 않도록 하는 보도를 잘 하는 미디어 시스템을 가진 것으로 높게 평가된다. NHK는 지진 재난 방송의 경우 진도 3이상이면 TV 자막을 통해 공지하고, 진도 6이상이면 정규방송을 중단하고 임시 뉴스를 내보내는 시스템을 가동하고 있다.

일본 미디어들은 이처럼 평소에 잘 훈련된 재난 방송을 하고 있으나, 이번에 발생한 東北 대지진때는 현지 행정기관들의 예상을 훨씬 넘는 규모의 해일이 발생하여 엄청난 사상자와 피해를 냈으며, 특히 福島 원전의 방사능 유출에 대해 일본 정부가 정확한 정보를 제때에 제공하지 않아 현재도 그 피해가 어떤 정도가 될 것인지 가늠하지 못하고 있는 정도의 피해를 낳았다.

## (3) 한국 미디어

공영방송인 KBS와 MBC, 민영방송인 SBS와 YTN을 비롯한 한국의 방송 미디어들은 재난보도에 관한 한 경쟁적으로 재난 예방과 응급정보, 그리고 재난 복구와 희망정보를 전달하는 노력을 하고있다. 중국이 CCTV와 新华통신을 주축으로, 그리고 일본이 NHK를 주축으로 하는 재난 방송 시스템을 구축하고 있는 것과는 달리 공영과 민영방송들이 모두 경쟁에 의한 재난 보도 시스템을 구축하고 있다.

특히 한국의 방송 미디어들은 재난이 발생할 경우, 중앙정부를 비롯한 지방 행정당국이 재난의 규모를 축소하거나, 재난 예고 기능을 제대로 수행하지 못하고도 자신들의 직무 태만을 은폐-축소하려는 기도를 찾아내어 보도함으로써 다음 재난에는 중앙정부와 행정당국이 제대로 대처하여 재난 피해를 최소화 할 수 있도록 만드는 보도 관행을 수행하고 있다. 한국의 미디어들은 방송과 신문을 가리지 않고, 재난 복구와 희망 정보 전달에 관한 한 재난 직후에는 물론 장기간 동안 피해자 추적 보도를 통해 재난 극복의 희망 정보 전달을 극대화 하려는 노력을 잘 수행하고 있는 것으로 평가된다.

# 3. 3개국 매스 미디어간 재난보도 협력

위에서 살펴본 것처럼 한-중-일 미디어들의 재난 방송 시스템은 각자의 특장을 가지고 있다. 중국 미디어들의 경우, 넓은 국토와 많은 인구를 대상으로 한 재난보도를 중국공산당과 국무원이 제공하는 정확한 지도방침과 정보에 따라 통일적으로 수행하는 한편, 재난 발생 직후에는 미디어의 역량을 총동원해서 재난 극복과 희망 정보를 전달하는 데 강점을 발휘하고 있다.

일본의 경우, NHK를 중심으로 재난보도를 전담하는 보도진에 대한 사전교육과 반복된 사전 훈련을 통해 사태가 실제로 발생했을 경우 피해를 최소화하고 재난을 빠른 시간내에 극복하는 한편, 지나치게 슬픔이 확산되지 않고 국민들의 사기가 꺾이지 않도록 배려하는 재난 보도에 특장을 보여주고 있다.

한국의 미디어들은 정부가 제공하는 재난 정보의 범위를 넘어서 국민들의 시각에서 국민들의 재난 극복에 실제로 도움이 되는 정보를 제공할 수 있도록 경쟁적으로 재난보도를 하는 특장을 보여주고 있다. 한편 재난 극복에서도 정부의 능력 범위를 넘어서는 수준으로 재난 피해 국민들에게 물자와 희망정보를 제공하는 노력을 기울이고 있다.

한-중-일 3개국 미디어들간의 재난보도에 관한 협력은 3개국 미디어들이 지닌 이 같은 특장을 결합하는 'Three- in- one '을 목표로 한 협력을 진행하는 것이 바람직 할 것으로 판단된다.

# 결론

3개국 미디어간의 재난 보도에 관한 협력은 아직은 시작 단계에 불과한 한-중-일 정치적 협력에 앞서 이루어져서 3개국간 정치-경제적 협조체제 구축을 선도할 수 있는 분야인 것으로 판단된다. 3개국 미디어들간의 재난 보도에 관한 협력체제 구축은 3개국 국민들의 마음을 하나로 묶는 계기를 제공할 수 있을 것이며, 실제로 국경을 가리지 않는 재난의 피해를 극복하는 데 큰 도움이 될 것으로 생각된다. 더구나 3개국 모두가 미국과 유럽등 선진국들이 선도한 산업발전에 의한 이산화탄소 생성으로 온실가스 효과가 빚어내고 있는 이상기후로 인한 재난의 피해가 갈수록 확대되는 국면이므로 3개국 미디어들간의 재난보도 협력 체제 구축은 하루 빨리 구축해야할 시급한 과제인 것으로 판단된다.

1. 박덕근, '복합 재난이 대부분, 긴급뉴스, 단순 보도 탈피해야', 「신문과 방송」, 2008.7. p. 76.
2. 김대홍, '일본 NHK 재난보도 시스템 심층분석', 「관훈저널」, 2011. 여름, p.18.
3. 이민규, '재난 보도 어떻게 해야 하나', 「관훈저널」, 2011. 여름호, p.14.

**图书在版编目（CIP）数据**

中日韩救灾减灾合作研究：中日韩救灾减灾合作研讨会论文
集/虞少华主编. —北京：社会科学文献出版社，2012.5
ISBN 978 - 7 - 5097 - 3310 - 3

Ⅰ.①中… Ⅱ.①虞… Ⅲ.①救灾 - 国际合作 - 中国、日
本、韩国 - 文集 ②减灾 - 国际合作 - 中国、日本、韩国 - 文集
Ⅳ.①D57

中国版本图书馆 CIP 数据核字（2012）第 066181 号

**中日韩救灾减灾合作研究**
**——中日韩救灾减灾合作研讨会论文集**

主　　编／虞少华

出 版 人／谢寿光
出 版 者／社会科学文献出版社
地　　址／北京市西城区北三环中路甲 29 号院 3 号楼华龙大厦
邮政编码／100029

责任部门／编译中心（010）59367004　　责任编辑／段其刚　冯立君
电子信箱／bianyibu@ ssap. cn　　　　　责任校对／王洪强
项目统筹／祝得彬　　　　　　　　　　　责任印制／岳　阳
总 经 销／社会科学文献出版社发行部（010）59367081　59367089
读者服务／读者服务中心（010）59367028

印　　装／北京季蜂印刷有限公司
开　　本／787mm×1092mm　1/16　　印　　张／29.5
版　　次／2012 年 5 月第 1 版　　　　 字　　数／509 千字
印　　次／2012 年 5 月第 1 次印刷
书　　号／ISBN 978 - 7 - 5097 - 3310 - 3
定　　价／99.00 元